《浙江通志》质量与特色研究

主编　郑金月

副主编　董郁奎　颜越虎

方志出版社
Publishing House of Local Records

图书在版编目（CIP）数据

《浙江通志》质量与特色研究 / 郑金月主编 .—北京：方志出版社，2022.9
ISBN 978-7-5144-5718-6

Ⅰ.①浙… Ⅱ.①郑… Ⅲ.①浙江-地方志-研究 Ⅳ.① K295.5

中国版本图书馆 CIP 数据核字 (2022) 第 256682 号

责任编辑：丛　珺
责任校对：刘玉霞
责任印制：梅中英
出 版 者：方志出版社
地　　址：北京市朝阳区潘家园东里 9 号（国家方志馆 4 层）
邮　　编：100021
网　　址：http://www.zgfzcb.cn
发　　行：方志出版社图书营销中心（010-67110500）
印　　刷：新华通讯社浙江分社印务有限公司
开　　本：710×1000 毫米　1/16
印　　张：32.25
字　　数：412 千字
版　　次：2022 年 9 月第 1 版
印　　次：2022 年 9 月第 1 次印刷
定　　价：118.00 元

本 书 系

浙江师范大学方志文化协同创新中心

研 究 成 果

《〈浙江通志〉质量与特色研究》编纂委员会

序　一

崔唯航

今天我们齐聚古都杭州，隆重举行《浙江通志》首发式。在此，我谨代表中国地方志指导小组及其办公室向《浙江通志》的编纂、出版工作的完成和《浙江通志》编纂成果转化应用“十佳”典型案例奖牌获得单位表示热烈祝贺！向所有关心重视地方志工作的领导与社会各界人士表示衷心感谢！向为《浙江通志》编纂出版辛劳付出的方志同仁表示诚挚敬意！

刚才，聆听了俞文华总编作的《浙江通志》编纂工作汇报以及陈龙、洪俊两位同志的发言，我非常感动，也很感慨。《浙江通志》自2011年启动编纂，历经十余载，形成百余卷、1亿多字的皇皇巨著，这一成就凝结着新时代奋斗者的心血和汗水。成绩的取得，与浙江省委、省政府对地方志工作的一贯重视和大力支持密不可分，这充分体现了浙江在传承和弘扬中华优秀传统文化过程中的使命担当和文化自觉，也充分彰显了浙江作为经济强省、文化大省的历史自信和文化自信。

党的十八大以来，以习近平同志为核心的党中央高度重视地方志工作。党中央、国务院在一系列文件中对地方志工作进行顶层设计和战略规划。

习近平同志在许多重要场合都强调，“要高度重视修史修志”。他认为：“了解历史的可靠的方法就是看志”，“修志是一项很有意义的工作。其意义，说通俗一点，就是使我们做一个明白人”。习近平同志在浙江工作期间，多次关注地方志工作。2002年，他用了一个多月时间在浙江各地考察，了解和熟悉省情。白天调研，晚上查阅市县志书，把各地情况掌握得很全面透彻。2004年10月，习近平同志到江山市凤林镇白沙村考察，他在村会计毛兆丰的书房里看到了1991年出版的《白沙村志》，很感兴趣，拿起来翻阅，并鼓励村民们继续努力，把白沙村新志写出来。2012年7月，第二部《白沙村志》公开出版。2006年12月，习近平同志在温州市苍南县考察台风"桑美"灾后重建工作期间，调阅了《苍南县志》，并在与当地领导座谈时大段朗读了书中关于台风的记载，希望广大干部要以史为戒，科学决策，不断提高处置台风等自然灾害的能力。

实践证明，浙江省地方志工作者没有辜负习近平同志的谆谆教诲和殷切嘱托，他们自觉坚守人民情怀，以功成不必在我、功成必定有我的高尚境界，辛勤耕耘、无私奉献，为地方志事业的发展做出了突出贡献，可以说，浙江省地方志工作干在了实处、走在了前列，为全国奉献了"浙江经验"。

地方志是我国特有的文化瑰宝，是中华优秀传统文化的典型代表，连接着中华民族的历史、当下与未来。从先秦"四方之志"到西汉魏晋地记，从隋唐图经到两宋方志，从元明清大一统志再到社会主义新方志，方志编修源远流长、赓续不断。《浙江通志》自明嘉靖以来，虽历经数次重修、续修，但已不能满足时代的需求。此次《浙江通志》的编纂出版，距离清雍正朝《浙江通志》付梓刊刻已有近300年的历史，将在中国方志发展史上留下浓墨重彩的一笔，具有里程碑意义。

地方志是记录历史变迁、反映政风民情、体现民族精神的重要载体，具有秉笔直书、述而不论的客观精神，发挥着存史资政、教化育人、鉴往知来的重要功能。作为一省之通志，《浙江通志》篇幅巨大、体系完备、内容丰富、主题突出、特色鲜明，全面系统记述了浙江的历史与现状，客观展示了浙江大地源远流长的辉煌文明，高度凝结了新时代浙江精神和浙江风采，生动彰显了浙江作为"鱼米之乡、丝茶之府、文物之邦、旅游胜地"的独特魅力。作为一地之百科全书，《浙江通志》是走进浙江、了解浙江的重要途径，是宣介浙江、传播浙江的重要媒介，是学习浙江、借鉴浙江的重要参考。我们相信，新编《浙江通志》必将和浙江历史上的名志佳志一样，在存史、资政、育人等方面发挥不可替代的重要作用，必将传之久远。

修志为用，地方志是一座文化富矿，蕴含着十分宝贵的文化资源，需要我们去挖掘、去利用。浩如烟海的方志资源不应该是束之高阁的珍藏品，而是可供社会公众利用的公共文化产品。开发利用地方志资源，推进地方志与经济社会发展深度融合，与人民群众日益增长的文化需求高度契合，是我们义不容辞的责任。从《浙江通志》编纂成果转化应用“十佳”典型案例可以看出，方志资源开发利用大有可为。希望浙江省地方志工作者抓住机遇，进一步深化成果转化，持续扩大地方志服务经济社会发展、服务人民群众的范围和能力，进一步推动浙江方志事业高质量发展，为浙江的经济社会发展做出新的更大贡献！

伟大的时代成就伟大的事业，让我们以习近平新时代中国特色社会主义思想为指导，立足中华民族伟大复兴战略全局和世界百年未有之大变局，把握大势，担当作为，忠实记录伟大的新时代，以优异成绩为喜迎党的二十大贡献“志”礼！

（崔唯航，中国地方志指导小组秘书长，中国地方志指导小组办公室党组书记、主任。此序系崔唯航2022年7月15日在《浙江通志》首发式暨编纂工作总结大会上的致辞）

序　二

邱新立

新编《浙江通志》是浙江地区自清雍正《浙江通志》编竣后近300年间的第一部完整省志。该志共113卷(其中公开出版111卷)、131册、约1.13亿字，记述内容上起距今1万年左右的上山文化、下迄2010年底，全面、系统、客观地记述了浙江自然、政治、经济、文化和社会等各方面的历史和现状，反映了浙江大地源远流长的历史文明、博大精深的传统文化，展示了社会稳定、民生改善、改革深化、开放猛进的浙江风采，颂扬了"求真务实、诚信和谐、开放图强"的浙江精神，体现了习近平总书记提出的"秉持浙江精神，干在实处、走在前列、勇立潮头"的新要求，堪称是浙江这一"文化荟萃，著述斐然"之邦又一厚重之笔，必将成为浙江文化高地建设的一座耀眼丰碑，必将在中国方志发展史上留下浓墨重彩的一笔，并为全国地方志事业提供宝贵的"浙江经验"。

新编《浙江通志》编纂工作正式启动于2011年，至2022年6月全面完成出版任务。11年间即完成如此一部卷帙浩繁、体量巨大，且内容丰富、体例完备、特色鲜明、诸多创新的质量上乘之作，除全体编纂人员锲而不舍、兢兢业业的艰辛付出外，在编纂工作部署、推进，篇目框架设计、推敲，资料收(征)集工作扎实、创新，总纂统稿工作斟酌、损益等方面，都有不少创新做法，提供了值得学习、推广的"浙江经验"，尤其在时间紧、任务重的情况下，如何保障志书质量，确保编纂出一部存古续今，经得起时间和人民检验的名志佳作，“浙江经验”尤值得深思。

百年大计，质量为本。质量是志书的生命所系、价值所在，为了保障新编《浙江通志》质量，浙江省委、省政府领导高度重视，各单位参与具体编纂工作的同志坚守质量至上理念，“不忘初心担使命，拼尽心力铸精品”，树立全员、全方位、全过程质量意识和精品意识，从基础抓起，从建立可追溯、可控制、可评估的相关机制做起，全方位抓落实，全过程抓实施，有不少成功做法、经验。探究考量其中荦荦大者，大致有三端。

其一，先期擘画

就全国二轮省级志书而言，新编《浙江通志》是启动编纂时间较晚，而完成时间用时较短的一部。作为一个庞大的系统工程，如何做到又好又快、后出转精？质量保障体系建设无疑是其中关键一环。兹举三者，以窥一斑。

一是高度重视。浙江从建设方志工作强省的全局和编纂精品志书的高度出发，根据《浙江通志》编纂工作起步晚、体量大、时间紧、任务重等实际，在《浙江通志》编纂工作启动之初，就把质量问题作为工作的重中之重提了出来。2012 年 9 月，时任浙江省地方志编纂委员会副主任张曦要求《浙江通志》总编室从全国范围查找地方志书质量保障体系建设的相关材料，以备取长补短，推陈出新。同年 11 月，他从宏观层面正式提出了关于质量保障体系建设的思考和要求，“建立全员、全方位、全过程的质量保障体系与保障机制”，“防止各卷志书质量良莠不齐，杜绝‘豆腐渣工程’，经得起历史检验”，防止出现“两个工程”（即“胡子工程”和“豆腐渣工程”）。省委、省政府及编委会相关领导也先后从不同角度、不同工作阶段对编纂工作质量问题提出明确要求，对质量保障体系建设产生了重大影响，确保编纂工作高质、高效进行。

二是精心设计。篇目设计是地方志编纂的重要基础性工作，它规划了整部志书的蓝图，界定了志书的编纂方向和总体范围。《浙江通志》编纂工作启动之初，编纂人员搜集全国第一轮和第二轮新编省级志书及历代浙江通志篇目2000余种，供参考借鉴、斟酌损益，经两年余集思广益、充分论证（其成果后结集成《〈浙江通志〉篇目研究》，河海大学出版社2015年出版），形成初步100卷的篇目框架，印发各责任单位结合各自实际调整细化，逐卷评议，前后5年，最终形成今日113卷的《浙江通志》篇目架构。篇目是志书编纂宗旨、指导思想、内容范围的具体体现，也是保证志书质量的关键一环。重视篇目设计，就是抓住了质量体系建设的“牛鼻子”。

三是建章立制。质量保障，制度护航。为了确保《浙江通志》编纂质量，从编纂工作部署到总纂班子的搭建，从资料收（征）集到资料长编编辑，从初稿编写到总纂统稿，从审查验收到出版发行等各阶段、各环节，建立全员、全方位、全过程的质量保障体系与保障机制。诸如分级责任制，分阶段工作计划，工作进度调控体系与调控机制，重要环节管控机制，总编办公会议制度、总纂工作会议制度和编纂工作例会制度，编纂人员选择及必要的素质、能力培养和提升机制等，从篇目抓起，从资料抓起，从初稿抓起……一环一环地抓，其中既有宏观总体性要求，又有具体实践针对性措施；既有各级、各部门领导的讲话，也有编纂人员的实践概括；既继承了前人修志的优良传统，又据浙江实际进行适度创新。如对首轮“浙江省志丛书”相关资料的运用，对《浙江通志》使用的3种注释方式，对志书各卷部分内容的写法，对志书内容交叉问题的处理，对各卷编纂时间、编写主体、编写程序、通志文体、编写内容、志稿报送等，均作出明确规定。这些规定有大有小，有先有后，全面、明确，可操作性较强，对实际编纂工作起到了很好的规范作用，也对志书质量的提升起到了有效的管控作用。

其二，过程严管

作为“文化大省建设的一项标志性工程”，为了确保新编《浙江通志》质量，浙江从18个方面入手，把质量保障体系建设的相关要求落到实处，将领导相关讲话精神、制度规范措施，各个阶段层层贯穿，各个方面人人落实，从观念和行动上坚守质量底线。一是重视学习，提高认识；二是着眼质量，确定班子；三是集思广益，提高起点；四是加强培训，提高素质；五是建章立制，规范引路；六是夯实基础，筑牢根基；七是借助外力，优化评审；八是明确流程，把控节奏；九是典型引路，全面提高；十是借力科技，辅助编纂；十一是注重交流，取长补短；十二是抓实碰硬，摈弃虚招；十三是强化督促，确保成效；十四是抓好评优，激励争先；十五是积极介入，协调服务；十六是编纂出版，配合协同；十七是学术引领，助力创优；十八是不断完善，永不止步。（参见本书颜越虎《〈浙江通志〉质量保障体系建设的实践与思考》一文）相关工作或独立推进，或交叉进行，共同作用，相辅相成，确保志书质量不断提升，其中的每一个环节，既有全国共性的做法，也有浙江独特的经验。以其中“典型引路，全面提高”为例，第101卷《天目山专志》是《浙江通志》113卷中最早进入评审程序的志稿，在该志资料收集和志稿编写过程中，大量使用了以前编纂的天目山志书中的相关资料，种种原因，原书中的许多资料存在史实差错，而此次又将一些未经考订的资料纳入，评审人员一一指出，又以此为典型案例举办专题培训班，以点带面，典型示范，讲授资料考订的意义、要求、方法及必须具备的态度等，提醒重视入志资料质量，从而放大其典型意义，警示效应远超预期，而该志编纂人员也以此为契机，对入志资料进行了“地毯式”考订，使志书质量特别是资料质量得到极大提升，后浙江省方志办和浙江人民出版社开展志书质量检查，该志名列第一，受到读者好评，也为全国正在开展的“中国名山志文化工程”提供了一个范本。

实践是检验真理的唯一标准。严守标准、严守史实、严守关口，倾力打造能够惠及当代、传承后世的经世之作，领导重视志书质量与人人重视志书质量并重、遵循通常做法与坚持从自身实际出发并重、抓质量意识的提高与抓质量措施的落实并重、抓质量建设与抓进度推进并重、抓质量保障体系建设与抓机构队伍建设并重、抓担当意识与抓担当能力并重、抓志书编纂质量与抓志书出版质量并重、抓志书质量与抓志书应用并重（参见颜越虎文），既是编纂《浙江通志》积累的宝贵经验，也是全国地方志事业高质量发展的必由之路。

其三，事后评估

评审验收，既是全国大规模开展新编地方志工作以来施行的一项基本工作措施，也是保障志书质量的一种重要手段和经验。评审验收也是一种评估，目的是优者进、劣者汰。所谓评估，简言之，就是评价、估量。从不同角度，评估工作可以有不同划分类型。如从阶段分，有事中评估、事后评估；以内容分，有综合性评估、专题性评估，等等。无论哪种方式的评估，对质量把控，既可裨益当下，又可启发来者。这方面的“浙江经验”，是两相结合。

关于前者，浙江既重视事中评估，又重视事后评估。事中评估的主要方面是“三审定稿”，即初审、复审、终审，这是全国做法共性的一面。浙江的特色是“借助外力，优化评审”，即在评审志稿尤其是专业性较强的志稿时，重视发挥相关领域专家学者的作用。专家学者的深度介入，对于准确把控志书相关专业内容，提升志书质量，作用明显且巨大。至于事后评估，《浙江通志》出版后，浙江省社会科学院即将其质量与特色评估列为2022年度唯一重点课题，拨付专项经费予以支持，本书即为结集出版的部分成果；中国地方志指导小组办公室已经或即将在《中国地方志》《方志中国》及“中国方志网”等刊物、媒体上，或以专刊、或以专栏形式，向全国推介其编纂工作经验。千辛万苦，众手成书，其质量与特色若何？成功何在？不足有哪些？有何启迪裨益？如此等等，无论在编者或于阅者，都期望有个说法，同时也可起导读作用，此事后评估的价值所在。而从全国而言，市县志书出版发行后，邀集专家学者对其质量进行评估者颇不乏其例，省级志书中零篇断简亦时有所见，但就整部省志的情况进行全面评估，我个人视野中，浙江似为首例。零篇单文与全面系统，分量孰轻孰重，价值高大孰低，不言而喻，故此浙江筚路蓝缕、昭示路径之功，善莫大焉！

关于后者，浙江既有专题性评估，也有综合性评估。关于专题性评估，有就某部志书者，也有就某个专项者，事中评估的不少内容即属此类，如前述关于《天目山专志》志稿的评估。此外，为提高志书质量，浙江在编纂过程中即非常注意及时总结实践经验，进行理论思考，将理论研究与指导实践相结合，推出了一批研究成果，如《〈浙江通志〉篇目研究》《省志政治部类如何突出时代特征和地方特色》《〈浙江通志〉部分卷篇目设计的实践与思考》《从志书功能探析资料收集的要求——以〈浙江通志〉自然与经济部类一产组为例》等。相关研究，深化了对编纂实践指导。关于综合性评估，本书收录的一些文章即是从总体着眼进行的审视，而各个单篇组合在一起即是一种综合。当然最佳者，是一个人能贯通各卷，条分缕析，进行全面、系统的评估，但就一部卷数多达百余、字数上亿的鸿篇巨制而言，是求全责备了，实在难能焉。至于评估的公正性、专业性、客观性，细绎参与评估人员的身份即可略见，大致包括三类——参与该志具体编纂工作人员（含总纂室和各分卷编纂室）、全国方志系统资深专家和相关专业领域学者，特点与专长结合，方志与其他学科专业互鉴，一定程度上证实了评估工作的全面性、专业性、客观性。毋庸讳言，尽管此集所概已基本涵盖新编《浙江通志》的主体及主要方面，但总体而言，此次评估工作还只是开了个头，更多蕴藏于其中的“亮点”“金矿”，更深更厚更浓“浙江味”“时代味”的发掘，则仍有待来者。

“修志问道，以启未来”。方志之能够启迪未来者，不仅在于其“横陈百科，纵观古今”的丰厚史料，编纂工作如何部署、资料如何收集甄别、质量如何把控提升等，总结既往，以资来者，也是它山片玉的重要方面。以此，本书出版之际嘱序于我，感佩于浙江同仁之勇于自我省思的精神，乃就省志编修之“浙江经验”中有关质量保障的基本做法和经验，也是个人以为尤须着意者，略陈数端，以见其要云。至于评估的具体内容、结论，何者可益、何者可损，何者当扬、何者当弃，读者诸君可一览本书所录，不赘言。

是为序。

（邱新立，中国地方志指导小组办公室一级巡视员，中国地方志学会副会长，研究员，博士生导师）

目 录

一部通贯古今、堪存堪鉴、彰显浙江之美的精品佳志

——浅谈《浙江通志·自然环境志》编纂特色

林 浩 李连秀

提　要:《浙江通志》是全国第二轮修志中一部规模宏大的省级通纪体志书。《自然环境志》是这部通志的第四卷，其观点正确、资料翔实、内容丰富，规范严谨，特色鲜明，是一部通贯古今、堪存堪鉴、彰显浙江之美的精品佳志。《自然环境志》编纂者秉承着“直笔著信史，彰善引风气”的理念，使其具有鲜明的编纂特色，表现为：通贯古今、化静为动，动态地展现浙江山川变化的历史之美；史料翔全、规范严谨，展现方志文献的学术之美；诸体并用、特色鲜明，展现方志文献堪存堪鉴的质量之美；立足时代、远观未来，直笔著史书写浙江生态文明之美。

关键词: 地方志　浙江通志　自然环境　编纂特色

浙江素有“方志之乡”的美誉。2020 年 11 月，《浙江通志》113 卷全部完成终审并送交出版，如期完成编纂任务。作为“文化浙江”的标志性重大工程，它从编纂伊始，就受到全国方志同仁的瞩目和关注。笔者有幸一读其中的第四卷《浙江通志·自然环境志》(以下简称《自然环境志》)，2019 年 10 月由浙江人民出版社出版。

通读全志，笔者感到浙江与福建两省的自然环境有许多相似相通之处。浙江与福建相邻相亲，山水相依，风物相近，浙江“七山一水二分田”，福建

“八山一水一分田”，有着一脉相承的生态文明建设历程，有各具风格的山海之美、山海之韵。

这部《自然环境志》立足浙江，全志共设7章，依次为《地质》《地貌》《气候》《水文》《土壤》《海洋》《生物》，内容记述上限从事物的发端开始，下限至2010年，采用通纪体记述。记录全省自然环境风貌及其发展演变，其观点正确、资料翔实、内容丰富，规范严谨，特色鲜明，是一部通贯古今、堪存堪鉴、彰显浙江之美的精品佳志。该志编纂者秉承着“直笔著信史，彰善引风气”的理念，在编纂中颇具匠心，注重把握“通”的要义，注重资料翔全准确，注重学术引领提升志书质量等，这些编纂经验与做法，对新时代全国地方志事业转型升级，开展第三轮修志具有启发和示范意义。

一、通贯古今、化静为动，动态地展现浙江山川变化的历史之美

作为通纪体专业分志，《自然环境志》精要在于一个“通”字。编纂者贯穿“通”的编纂理念，通贯古今，化静为动，用方志之笔记录和展现地质、地貌、气候、水文、土壤、海洋、生物等自然事物的递进演变。

如在第二章《地貌》第五节记述河口地貌变迁时，表述为：“杭州湾的构造基底相对稳定，海平面变化则成为沉积过程重建的主要背景。自上更新世早期末至全新世，该区先后有3次不同程度的海侵。全新世的海侵规模最大，海水先沿着河口和低洼处入侵，在距今7000年前达到高峰。河口两岸平原地貌和岸线的变化，主要是江流、潮浪对泥沙冲蚀淤积的结果。总体上表现为北岸冲蚀、南岸淤涨的特点。河口平原形成之初，北岸有古东苕溪、东江，南岸有古姚江分散的溪流分别汇入河口段和杭州湾。后因江潮横溢，泥沙淤积两岸等环境变化，古东苕溪北折改道入太湖，东江淤塞，姚江溪流改向东南汇聚经甬江入海。杭州湾北岸岸线在东伸中北移，但速度缓慢，直到公元4世纪，长江口南岸沙嘴东端才从漕泾伸展到柘林略东。此后，岸线东伸加快，迄今已东移近50千米。与此同时，杭州湾北岸岸线北移。公元4世纪，王盘山诸岛尚是东晋屯兵之处；12世纪岸线已退到海盐、金山故城

之南；15世纪初期，岸线与现代岸线大体相当。由于修筑石塘和秦山以西山体的阻挡，制止了岸线侵蚀。公元4世纪时，河口南侧岸线大约在西兴、龛山、孙端、临山、浒山一线；此后渐向北淤伸，至11世纪已涨到浒山以北约8千米，呈凸弧状；11世纪中叶以后，受潮流冲刷开始内坍，至14世纪又坍回到临山、浒山、观海卫一线，即大古塘所在位置；此后又外涨，至18世纪末，大体上恢复到11世纪的位置。近6个世纪的外涨过程中，岸线共外移16千米。中华人民共和国成立以来，大规模围垦造田，修筑堤坝，杭州闸口至海宁十堡之间的河道缩窄至1千米～4千米，形成现代的岸线。"①这样的动态记述在志书中各个章节都有所见，编纂者很好地遵循和贯彻地方志编纂横排门类、纵述史实，反映发展变化的原则，以方志记录的形式反映浙江自古至今的地理现象，呈现历史时空的连续性、动态性。

由是观之，编纂者用动态的方志笔触，梳理出自然环境的历史变化，纵横交织，令人对其由来和演变有了更好的把握，也提供了全面的、连续的、科学的地理记录，为浙江自然环境科学研究积累丰富的数据资料，大大提升了志书资政辅治的实际应用效能。同时，编纂者还科学地记述自然环境的要素、结构、特征及其与人类活动的关系，用凝练的语言化繁为简，化艰涩枯燥为通俗可读、可信可用。这正是编纂者匠心独到之处。

从整部通志上说，编纂者在内容记述上都注意贯穿"通"的立意和编纂理念，这是总编意识的体现。总编对通志编纂的性质定位与规划布局，在每部志书中得到贯彻落实，有利于增强通志通贯古今的历史感、时代感，增强通志系统性、整体性，使之呈现丰厚的历史底蕴和人文情怀。无疑地，这样的做法和经验值得我们修志同仁进一步借鉴和思考。

二、史料翔全、规范严谨，展现方志文献的学术之美

地方志是资料性文献，资料性是最根本的属性。著述性是对地方志内容

①《浙江通志·自然环境志》，浙江人民出版社2019年版，第223—224页。

记述深度、广度和科学规范的全面考察。从某种程度上说，资料性和著述性构成了方志文献学术价值的两翼，也是衡量一部志书质量的重要标准。“如果说真实性、资料性是新方志的生命，那么著述性则是志书的力量和价值所在，是新方志活化的生命”①。通读这部《自然环境志》，笔者认为该志具有较高的方志文献学术价值。

第一，该志征集、采撷了丰富全面的资料、最新的专业数据和研究信息，具有全面丰富的资料性、规范严谨的专业性。

资料是地方志书的灵魂，是衡量地方志书质量和资治存史的决定性因素。一部志书资料搜集是否全面、系统，资料选用记述是否科学合理，直接影响到志书的质量。《自然环境志》具有丰富全面的资料性和规范严谨的专业性。

首先，编纂者采用多方面的地方文献与档案史料，使得全志记述基础厚重扎实。《大事年表》的记述就给予充分佐证，每件大事记述采撷了丰富厚重的历史典籍资料和既往的方志成果。

其次，编纂者征集采编海量的信息资料，不仅有相关职能机构的专业资料、统计数据资料、调查报告、综合评价报告、区划报告、地方标准，而且吸取大量的学术研究成果，吸收、占有学术界相关研究成果，从而提升志书的权威性和学术性。该志对“金钉子”成果的吸收运用就充分体现这一点。如概述中以“注”的形式介绍该新成果：“‘金钉子’是全球年代地层单位界线层型剖面和点位（Global Stratotype Section and Point，缩写为GSSP）的俗称，是国际地质科学联合会（IUGS）和国际地层委员会（ICS）批准的，具有追溯地质历史重大科学研究价值的典型地层剖面和古生物化石组合带地层剖面，是确定国际地质年代表中已建各地层系、统、阶之间的界线剖面和点位。《国际年代地层表》需要100枚左右‘金钉子’。截至2011年8月，全

① 胡嘉楣:《加强方志著述提高志书质量》,《黑龙江史志》1989年第4期。

球已确定‘金钉子’64枚，其中有10枚在中国（4枚在浙江）。1997年1月，浙江省常山县黄泥塘达瑞威尔阶‘金钉子’被确认为中国第1枚‘金钉子’；2011年8月，江山阶‘金钉子’被确认为中国第10枚（浙江第4枚）‘金钉子’”[①]。此外，又在正文第一章第一节“寒武系”的记述中对江山阶“金钉子”进行更深入的介绍，加深读者对“金钉子”的认识和了解：“2011年8月，浙江省江山市北部的碓边寒武系B剖面被国际地科联批准为寒武系第九阶（江山阶）的全球界线层型剖面和点（GSSP）（俗称‘金钉子’）。剖面出露寒武系荷塘组、大陈岭组、杨柳岗组、华严寺组和西阳山组地层，产有寒武系第九阶底界上下4个连续的全球广泛分布的球接子三叶虫化石带，江山阶的底界以球接子三叶虫东方拟球接子（Agnostotes orientalis）首现点为标志，点位在华严寺组底界之上108.12米处（即B剖面0米起点之上19.72米处）[②]”。

又如第二章第六节《地貌》分区就吸收不同学者对浙江地貌分区的研究成果，从而提升了志书的学术水准。具体记述为：“依照周廷儒、施雅风、陈述彭等所著《中国地形区划草案》一文，浙江省分别划入长江中下游平原、江南丘陵（两者属华中组）和东南沿海丘陵（属华南组）3个2级区内。嗣后，严钦尚又把浙江省划分为9个3级地貌区，细化了上述3区方案。即将太湖流域及杭州湾南北平原细分为河漫滩区、湖沼淤积及湖沼区、海滨平原区；江南丘陵细分为百丈峰—天目山中山区、浙西丘陵区、金衢—东阳—浦江盆地；东南沿海丘陵细分为浙南中山区、浙东丘陵区和里亚斯型海岸区。此外，在沈玉昌的《中国地貌区划》一书中，全省又被分别划入长江三角洲、金衢丘陵、浙东低山与丘陵、闽浙流纹岩低山与中山、闽西北低山与中山和浙皖边区低山6个3级区。顾嗣亮的划分方案，把全省划分为浙北平原、浙西中山丘陵、浙东低山盆地、浙中丘陵盆地、浙南中山、沿海岛屿丘陵与平原等6个3级地貌区。其中，浙北平原属于中国东部低山平原大区的华北华东平

①《浙江通志·自然环境志》，浙江人民出版社2019年版，第4页。

②《浙江通志·自然环境志》，浙江人民出版社2019年版，第19页。

原区，其余皆属于东南低中山大区浙闽低中山区。”①

再次，编纂者注重采集福建、江西等相邻省份的自然地理信息资料，使得内容记述更加全面系统，山形水域流向更为清晰。如第四章《水文》第一节水文环境专列《流出省境河流》一目，记述流入福建省和流入江西省河流。《流入福建省河流》重点记述水北溪、交溪、松溪、大石溪等河流发源、流域面积、流向情况。如记述“松溪”为：“松溪是福建省闽江水系2级支流，竹口溪汇合断面以上河段又称松源溪，发源于浙江省庆元县举水乡落岭村。流域面积4778平方千米，涉及浙江省庆元县和福建省松溪县、建瓯市、政和县，在庆元县境内972平方千米。自河源先向北流，至庆元县后广乡八垟村右纳后广溪，折向西流经兰溪桥水库，续西流经庆元县城区、屏都镇，至庆元县屏都镇菊水村左纳安溪，续向西流经马蹄岙水电站入福建省境，至福建省松溪县旧县乡六墩村桥下坑右纳竹口溪后折向西南流，流经倒‘U’字形路线至河东乡大布村左纳水口溪；西南流经松溪县城，至松溪县松源街道南门村左纳七里溪；续西南流至福建省建瓯市瓯宁街道水西村从左岸汇入建溪。”②这样的内容记述十分全面而清晰，便于读者掌握跨界河流的地理信息资料，便捷性与实用性增强。

第二，该志注重资料归纳考证，具有简洁准确的著述性。

除充分采编资料外，编纂者对资料运用记述十分严谨，坚持方志为信史的理念。在编纂工作中，编纂者对资料进行筛选、分析、总结、归纳，并考证、锤炼有用的资料，沟通资料之间的内在逻辑关系，彰明因果，让资料说话，客观真实反映事物的变化情况，揭示发展规律，运用方志语言记录资料，行文简洁凝练，表达准确。这就是志书著述性的内在要求。志书贵在使用，简洁准确的内容记述便于读者阅读和使用，增强志书的可读性，才能发挥志书存史、资政、教化的功能。

---

①《浙江通志·自然环境志》，浙江人民出版社2019年版，第240页。
②《浙江通志·自然环境志》，浙江人民出版社2019年版，第323页。

如该志在第四章《水文》第一节《水文环境》记述钱塘江水系时，认真梳理考证了钱塘江河源在不同年代的不同说法，资料引用丰富，记述论证规范严谨。具体记述为："钱塘江河源在不同年代有不同说法。《山海经》《水经注》及民国32—38年(1943—1949)编纂的《重修浙江通志稿》，多以徽港为正源。明清时期，曾出现过新安江、信安江(衢港)、东阳江(婺港)三源和衢港、徽港南北二源之说。民国29年(1940)发行的《最新中外地名辞典》首先认定衢江'为浙江之上游'。其后，民国36年(1947)出版的《辞海》又持南北二源之说。20世纪50年代，电力工业部上海水力发电设计院和浙江省水利厅勘测设计院组织查勘钱塘江，确定钱塘江源出于浙皖赣3省交界处的莲花尖。1983年和1985年，浙江省科学技术协会组织浙江省水利厅、杭州大学等9个单位的科技人员实地考察两次，根据科学量算数据和实地考察情况及历史文献资料，按河源唯长、唯远的历史习惯，确定新安江为钱塘江正源，新安江源头为安徽省休宁县六股尖东坡。2010年9月，浙江省测绘与地理信息局发布《关于启用浙江省主要河流长度、流域面积、主要湖泊面积数据的公告》，确认钱塘江南、北两源。2010年，按第一次全国水利普查河湖基本情况普查规则，干流以'河长唯长、面积唯大、水量唯大'并结合河流发育情况，综合确定钱塘江河源位于安徽省休宁县龙田乡江田村，新安江为钱塘江最大的1级支流"①。

第三，该志注重学术规范，运用丰富和规范的注释入志，促进了志书资料性文献和学术性著述互相结合。

翻阅已出版的新编地方志书，令众多学者、专家扼腕叹息的是大多数志书没有注明资料出处，因此影响志书的可信度和学术品位。随着第二轮志书普遍编修，地方志合理运用注释已渐成共识。2008年，中国地方志指导小组颁布的《地方志书质量规定》第四十条提出："注释符合学术规范，便于查找

---

①《浙江通志·自然环境志》，浙江人民出版社2019年版，第297页。

原文。注释形式全书统一。引文和重要资料注明出处”。2017年，浙江省人民政府地方志办公室编印《〈浙江通志〉行文规范》明确规定：“直接引用（引文）、地图、图片、表格及其有关重要内容，均需注明资料来源”。《自然环境志》编纂者很好地遵循这些规定，充分运用注释入志，统一了志书注释的形式、内容以及编排格式，这是该志具有较高方志学术价值的又一个突出表现。

注释是对书籍、文章中的词语、内容以及引文出处等所作的说明。注释的运用范围很广，可注人、注物、注事。通读全志，《自然环境志》编纂者以运用文内注和页末注为主，对地图、图片、表格（含《大事年表》）和重要文字资料进行注释。地图、图片的注释主要以括注为主，注明资料来源，并且图照时间、提供者等要素齐全。表格主要为表下注，注明资料来源和表内说明。正文中的注释以页末注为主，它们发挥着不同作用。

一是注明资料来源。这类注释占多数，如《概述》中第一页的第二个、第三个注释：②金翔龙主编:《浙江海洋资源环境与海洋开发》，海洋出版社2014年版，第2页。③《浙江省水文志》，中华书局2000年版，第1—2页。

二是阐释专业词汇、单位等，如第一章第一节第15页的注释：① Ma：代表百万年，是million annum的缩写，地质学通常用Ma作为时间单位。第20页的注释：①礁火山是由藻类堆积的石灰石。第31页的注释：①侵入岩按其出露面积和形态特征分为岩基、岩株、岩枝，大于100平方千米称岩基；小于100平方千米称岩株；不规则枝杈状的脉状侵入岩体称岩枝。第297页的注释：①河流湖泊数据均源自第一次全国水利普查数据，摘自浙江省水利厅:《浙江省河流手册》，中国水利水电出版社2016年版。高程采用85国家高程基准。0级河流是指流入海洋的河流干流，1级河流是指流入干流的河流，2级河流是指流入1级河流的河流，余类推。第494页的注释：① 1节＝1海里/小时＝1千米/小时。

三是延伸补充正文内容，将志书未能记载的内容予以补入。如概述第4页和第一章第19页关于“金钉子”的注释，对“金钉子”的由来、界定、现状和浙江的情况进行详细说明，延伸补充正文内容。第339页的注释：①舟山市大陆引水二期工程于2009年6月13日开工建设，2016年5月通过通水、完工验收。第340页的注释：①浙东引水工程于2005年12月开工，2012年建成，2013年2月28日通水。第341页的注释：①楠溪江供水工程于2007年12月28日正式开工；至2011年年底，主体工程基本完工；2012年2月2—3日，浙江省水利厅组织对输水系统进行了通水验收；2013年8月14日正式启用运行。这是对正文超下限内容延伸补充记述，其使内容更加完整系统。

四是专业信息多说并存。如第15页对“中元古界陈蔡群”的注释：②按《浙江省区域地质志》（地质出版社1989年版）和《浙江省岩石地层》（中国地质大学出版社1996年版）置于中元古代。据20世纪90年代以来的部分同位素测年资料，陈蔡群和双溪坞群的年龄值大多在870Ma～970Ma，故部分学者认为其时代应归属新元古代。第23页的注释：①浙江建德群和磨石山群的时代，按《浙江省区域地质志》（地质出版社1989年版）和《浙江省岩石地层》（中国地质大学出版社1996年版），置于晚侏罗世—早白垩世早期。部分学者根据2010年前火山岩同位素年代学和生物地层学的研究资料，认为应属早白垩世早期。该志用注释的形式反映学术界研究的不同观点，有利于拓展志书的信息，便于读者分析参考。

五是统计口径和数据的说明。如第244页第三章《气候》，该志以注释的形式明确该章气候数据使用的资料来源、标准等。其注释为：①文中所用气象资料、图表数据来源于浙江省气象局数据库，历年平均值采用全省海拔高度低于300米而资料观测年代超过30年的具有连续性、均一性、代表性的65个气象观测台站资料，沿用国际通用标准30年滚动式的跨度间隔，取1981—2010年的平均值，极值为有气象记录以来所有的气象观测资料和历史文献记载所搜集到的数据，还搜集了多年来野外考察的数据和研究成果。

六是详见、互见内容。该志对前后关联内容采取详见、互见处理，注明关联的篇章或志书。如第192页的注释：①岩石地貌的详细内容见第一章第八节。第94页的注释：①有关天目山冰川地貌的学术论争，详见《浙江通志·天目山专志》中有关内容。

这些注释和正文一起构成丰富的文献信息系统，发挥了拓展信息空间、延伸信息链条和加大信息容量等作用，有效提升方志文献的学术价值。《浙江通志》广泛运用注释的做法与经验对探索地方志书“如何注释、注释什么”作了很好的示范，值得总结和借鉴推广。

三、诸体并用、特色鲜明，展现方志文献堪存堪鉴的质量之美

鲜明的区域性、特色性是地方志书区别于其他著作的重要特征，也是一部志书为高质量志书的充分必要条件。作为自然部类的专业分志，自然环境所包含的地质、地貌、气候、水文、土壤、海洋、生物等分布特点与演变过程，均落实在特定的区域内，展现最鲜明的特色就是区域性。《自然环境志》也不例外，编纂者注重突出区域特色。同时，该志通贯古今，汇聚专业资料，定性与定量分析相结合，探寻其中的发展演变规律，为学术研究提供堪存堪鉴的广阔空间。

第一，该志广泛运用图、表、录等体裁，突出展现浙江自然特色。

图体是第二轮地方志书普遍运用的体裁之一。《自然环境志》的图体运用颇具匠心，以突出浙江自然特色为中心，综合运用各类图，如地图、示意图、分布图、照片、趋势图、比较图、曲线图等。这些图分布在全志各个章节，为志书增色不少，让志书更加通俗生动，化繁为简，增强志书的可读性，使读者观大势于有形，览全景而无余。如卷首彩页的图照内容丰富，在地质、地貌、气候、水文、土壤、海洋、生物等方面选用 57 张照片和 9 张图，从不同角度反映浙江自然环境风采。这些图中，既有全国闻名的“钱塘江潮”“杭州西湖”等特色图照，也有专业微观的土壤剖面图照，还有整体宏观的地质图、地貌图、地势图、气温图、降水量图、水系图、土壤分布图、近岸海域图；既有自然物产，也有人类加工作品。除卷首彩页集中设图外，各章设有随文插图，图与文字相间，相得益彰，增强志书表达的生动直观性，有着一图胜千言的表达效果。

《自然环境志》还通过设表、附录的形式展现浙江自然特色。如该志根

据专业资料设置表格，记述读者关心的“浙江之最”，第 188 页设置了《浙江省海拔高度名列前茅的 5 座山峰一览表》，第 229 页设置了《浙江海岛地貌之最一览表》，第 230 页设置了《浙江省岛域面积最大的前 10 座海岛一览表》。这些“浙江之最”具有知识性和新颖性，增强志书的存史性和可读性。该志在有关章下设《附录》，突出记录浙江自然生态，如《浙江省重要海洋生物名录》《浙江省特有维管束植物及归化和入侵植物名录》《浙江省野生动物名录》《浙江省微生物名录》。

第二，该志活化运用数据，使科学严谨的地理记录形象化、生动化，让地方志书更为可读可信可用。

《自然环境志》是一部专业性很强的分志，专业词汇、专业数据数量众多。如果直接采用专业数据、专业信息来记述，则内容艰涩，很难吸引读者阅读。因此，该志编纂者善于思考，面对数量众多的数据资料，他们创新编纂方式，活化数据资料，根据内容选择运用不同数据图形，让数据自己“说话”，直观、形象地展现事物的发展变化，揭示其中蕴含的规律。

如第一章《地质》第一节《区域地质》中，抓住地质构造特征，编制了分区图、曲线图，如《浙江省构造单元分区图》及说明、《浙江省主要褶皱和断裂构造分布图》及说明、《浙西北、浙东南地区岩石元素含量比值曲线图》等，使得枯燥的内容记述变得生动形象。第二章《地貌》第四节《平原》中，抓住地貌特征，编制了《常山港阁底村段河谷横剖面图》，让读者一目了然，迅速读懂宽谷平原常山港地层变化。第五节《海岸与海岛》中，编纂者运用钱塘江河口地貌的数据资料编制了《钱塘江河口纵剖面图》的曲线数据图，对“钱塘江潮”的产生作直观的描述。而后，根据历史数据资料编制的《钱塘江口杭州湾古海岸变迁示意图》《浙江全新统海平面变化过程曲线图》《东海 4 万年来海平面变化过程曲线图》等，让志书内容记述更加形象生动，通俗易懂，增强可读性和可信度。

再如第三章《气候》第二节《主要气候要素和天气现象》中，编纂者抓住气候特征，编制了 13 张反映气候要素变化的分布图和 3 张数据表。第六章第一节《海洋水文》中，编纂者抓住海洋特征编制13幅反映海洋水文变化的数据图，有曲线图如《浙江海平面变化及趋势图》，示意图《黄海—东海冷、暖半年的环流示意图》《浙江海域春季（夏季、秋季、冬季）水温分布图》《浙江海域春季（夏季、秋季、冬季）盐度分布图》及平面图《潮汐类型平面分布图》等。该章第四节《海洋资源》中运用“908”专项调查资料编制了饼状图《浙江沿海各市海岛面积统计图》。第七章《生物》第一节《植物》中，编纂者抓住植物区系组成特征，编制比例图《浙江维管束植物科大小级别及所含种的统计示意图》、柱状图《浙江与全国种子植物区系成分比例比较图》，根据植物区划编制《浙江省植被分区示意图》，等等。这些图、表与正文内容相印证，前后对比，通过数据自身体现发展变化、揭示发展变化、预测未来趋势。

四、立足时代、远观未来，直笔著史书写浙江生态文明之美

志载盛世，盛世修志。自然环境是经济社会发展赖以持续发展的基础和保障，是最基本的省情之一。《自然环境志》编纂者牢记“修志问道，以启未来”的初心和使命，深谙修志为用的理念。正如该志《概述》所明确的，该志“旨在科学地记述浙江自然环境的要素、结构、特征及其与人类活动的关系，以便为资源环境的合理开发、利用、保护，以及生产力的合理布局提供科学依据。”因此，该志全面、客观、系统地记载地质、地貌、气候、水文、土壤、海洋、生物等自然环境全貌及各个自然环境要素间的相互依存和相互作用等内容，科学、客观记述自然环境各要素的历史演变和2010年的自然现状，直笔记述人类在利用自然、改造自然过程中的失误、问题、经验与教训，从而发人深省，警示后人。

如第一章《地质》第四节《地下水化学特征和环境质量》一目中直接设置“地下水环境质量问题”，明确记述地下水天然水质不良、人类活动产生的地下水污染、地下水开采中引起的水质恶化3个方面质量问题，为有关治水、饮水工程的管理者和单位提供思考。同章第六节设置了《区域稳定性和

主要工程地质问题》一目，一方面科学记述了影响浙江区域稳定性的因素，另一方面点明地面沉降、地面塌陷、滑坡、崩塌及坍塌、不均匀沉降、砂土液化、潜蚀、管涌8个方面的主要工程地质问题，并设《1971—1974年浙江部分坍塌一览表》《部分建筑物不均匀沉降一览表》，以专业和事实资料揭示其中已发现的工程地质问题，对今后的治理与预防工作提供了借鉴和参考。

再如第四章《水文》中《水土保持》一目的记述，也秉承直笔著史的原则。无题概述中直接指出："水土流失的形成是自然因素和人为活动共同作用的结果……人为活动对水土流失的发生发展具有双重作用。一方面，人为活动通过改变局部坡度、截短坡长、改善土壤条件、增加植被覆盖、修建防护工程等方式抑制水土流失发生与发展。另一方面，不合理的人为活动将加剧水土流失发生与发展。虽然陡坡开垦、乱砍滥伐等易造成严重水土流失的行为已大为减少，但无水土保持措施的顺坡耕作、林种单一、不合理土地利用方式造成水土流失的现象依然存在。平原区河网密布，航运发达，船行波对河岸的冲刷造成河岸坍塌；交通、小水电、土地开发利用、开发区、工业园区、市政设施建设和采矿等活动，如果忽视水土保持，也易造成水土流失"[①]。在《水土流失》目中则重点记述水土流失发生的主要原因、主要地区、历次卫星遥感普查的数据变化和水土流失治理的成果，所设《2004浙江省各行政区水土流失情况一览表》《各时期浙江省水土流失面积变化一览表》《2009年浙江省水土流失面积一览表》则从纵横、点面等相互结合的角度指明了水土流失治理的方向和成果，尤其是20世纪90年代以来，水土流失治理取得明显成效。这也正合中共浙江省委、浙江省人民政府在改善自然环境的持续努力。2002年以后，浙江省加大生态省建设，生态环境治理正加速开展。坚持人与自然和谐共生，坚持绿色发展，环境美丽、人民幸福是经济社会高质量发展的最佳形态，也是贯彻习近平总书记倡导的"绿水青山就是金山银山""共同构建人与自然生命共同体"施政理念的必然结果。

---

①《浙江通志·自然环境志》，浙江人民出版社2019年版，第341页。

立足时代，远观未来。浙江省充满希望和信心，“随着‘创新、协调、绿色、开放、共享’发展理念的践行，‘绿水青山就是金山银山’的科学论断日益深入人心，浙江省的生态文明建设‘干在实处、走在前列、勇立潮头’。自然环境变得天更蓝、水更清、山更绿、地更净，富饶清丽、和谐安康、人文昌盛、宜业宜居、海陆共荣的美丽浙江，正成为美丽中国的典范”①。《自然环境志》不仅呈现了浙江的生态文明之美，而且透过志书的记述，人们也可以从中预见其更加辉煌的前景。

（林浩，中共福建省委党史研究和地方志编纂办公室一级巡视员，编审，主要研究方向为地方史、地方志书、地方综合年鉴；李连秀，女，中共福建省委党史研究和地方志编纂办公室省志指导处二级调研员，编辑，主要研究方向为地方史、地方志。）

①《浙江通志·自然环境志》，浙江人民出版社 2019 年版，第 12 页。

统揽全志　贯通各方　特色突出　览读方便

——读《浙江通志·国土资源志·概述》

刘　星

提　要：概述，作为志书的重要体裁之一，被喻为一部志书的“窗口”和“导游图”，是一部完整志书不可或缺的重要组成部分。《浙江通志·国土资源志》的概述编写十分成功，达到了“统揽全志、贯通各方、特色突出、览读方便”的目的，从中，可以总结出许多值得我们学习和借鉴的地方。

关键词：国土资源志　概述　统揽　贯通　特点

浙江是一片风光优美、令人神往的大地，更是一个历史悠久、文化璀璨的家园。正如《美丽中国系列·美丽浙江》中介绍的浙江：每一个毛孔都浸润并散发着江南的温柔气质。想到浙江，就会在眼前出现那风光旖旎的江南水乡、出现那让人永远不会忘记的美丽西子湖畔，就会想到浙江人那永不服输的创业精神，想到那蓬勃发展的民营经济、创新发展的数字经济，更会想到温州人闯荡全国、闯荡世界的不屈场面。这是一块美丽的土地，更是一块创业创新、活力迸发的热土。也正因为此，在收到《浙江通志·国土资源志》（以下简称《国土资源志》）的当天，笔者就迫不及待地打开了这本装帧精美的志书，翻寻着自己熟悉和想知道的内容。首先阅读的是这部志书的概述，阅后便为其精彩而拍案叫好。

概述，作为志书的重要体裁之一，其不过近百年的历史，相较于志书的其他体裁，可谓是“嫩芽”。历史虽短，但其在志书中的作用与地位却不容忽视，被喻为一部志书的“窗口”和“导游图”。也正因为此，其一经产生，就被志界高度重视，特别是社会主义新方志的编修，概述更是被定型为一部完整志书不可或缺的重要组成部分。从一、二轮修志看，志书的概述目前存在着多种写法，《国土资源志》的概述，就是其中之一种。多种写法，我们暂不在此评其优劣，但就这部志书的概述写法而言，可以看出，作者认真研究了浙江省国土资源这一重要的地情，认真研究了如何才能通过地方志书这种方式更好地反映出这一地情。概述分为6个部分，归纳了本志10章的所有内容，达到了“统揽全志、贯通各方、特色突出、览读方便”的目的。

一、统揽全志、鸟瞰全貌，总括大势大略

概述写得好不好，最主要的衡量标准就是能不能用不多的文字、不长的篇幅，概括地反映出一个地方、一项事业古今之嬗变，给读者留下对这个地方或这项事业发展的总体印象，也就是能否反映出一个地方、一项事业发展的大势大略。虽然这只是对一部志书概述的基本要求，但要达此目标，还是需要下些功夫的。首先，编写者的站位要高，要在掌握全面资料的基础上，认真研究一个地方或一项事业的基本情况，从大量的纷繁复杂的资料中，去粗取精、去伪存真，辨识和刻画出事业发展的主要脉络；其次，要对志书的总体结构和占有的资料有清晰的认识和把握，具有统揽全志、驾驭资料的能力。唯有此，才能编写出能够“统揽全志、鸟瞰全貌，总括大势大略”的概述。

《国土资源志》是反映地情的一部重要专业志，它要记载和反映的不仅仅是国土资源管理方面的内容，还有对一个地方“家底”的记载和反映。这部分“家底”，不但在这部专业志中重要，而且是整部《浙江通志》的基础性内容。因此，阅读这部志书不但会影响读者对整部通志的阅读，也会在一定程度上左右读者对浙江全省的认识。编写者紧紧把握住了这一点，所有的表述既从“国土资源”的角度出发，但又不是简单化来处理。如概述的

引言部分，从国土资源角度反映浙江沿革大势。

浙江省最大的河流为钱塘江,《越绝书》《史记》等称作“浙江”,《庄子·外物篇》称作“制河”,《水经》称作“渐江”，浙、制、渐都是一音之转。浙江省现境见于历史的最早记载是《竹书纪年》卷四《周纪》：周成王二十四年，“于越来宾”。公元前 11 世纪末至越王勾践时代，部族中心从山区迁入平原，即春秋越国。秦建郡县，浙江省现境分属会稽、闽中、故鄣 3 郡。唐乾元元年(758 年)，出现浙江东道和浙江西道两个方镇名称，是为浙江或浙作为政区名称之始。北宋有两浙路，南宋有两浙东路、两浙西路。元置江浙行省。明、清及民国均置浙江省，浙江省名与区域从此基本稳定。至 2010 年，浙江省行政区划分为杭州、宁波两个副省级城市，温州、嘉兴、湖州、绍兴、金华、衢州、舟山、台州、丽水 9 个地级市，下辖 36 个县(包括 1 个民族自治县)、22 个县级市和 32 个市辖区、728 个镇、443 个乡、341 个街道。据 2010 年浙江省第六次人口普查，全省常住人口 5442 万人；按户籍人口计算，全省人口密度为 466 人 / 平方千米。

文字不多，紧扣“专志贵专”的基本要求，就把 3000 多年浙江悠久的历史发展脉络勾勒清楚了：为何叫浙江，重要历史时期区划演变，2010 年的行政区划情况。落脚点更是精彩：按户籍人口计算，全省人口密度为 466 人 / 平方千米。这样的地方,《概述》中多处可见，有兴趣的读者可细品。

二、贯通各方，融科学性、整体性为一体

《国土资源志》要记述的内容很杂，正如其《概述》第一段所说的：国土资源，狭义地讲，就是土地、矿产、海洋、水、大气、森林、风景等自然资源。广义地讲，国土资源是自然资源、劳动力资源和社会经济资源的总称。按照科学分类与社会分工相结合的原则以及浙江省国土资源系统的职责,《国土资源志》着重记述浙江省土地资源、矿产资源的管理、规划、保护和利用等情况。虽然这段话放在志书的《凡例》中讲可能更合适，但我们也可以看出，这部专业志的章节所涉及的内容之广泛与庞杂，部分章节内容是纯粹的

“自然”内容，也有相当章节是行政管理、政府行为的反映，加之从事物发端写起，历史与现实交织在一起，志书《概述》的内容虽然“高”于章节内容，但又离不开章节内容，需要凝练来源于志书章节的内容。把这么多不同的方面“揉”在一起，确实不易，但《概述》较好地做到了这一点。

《国土资源志》篇目设置共分为10章，但《概述》没有机械地依此分为10个部分，而是又适当地归并其内容，分为6个部分来记述。给笔者留下较深印象的是，分量很重的“自然”部分，在《概述》中只是作为1个部分，但也采取了对其“要素”分段记述的方法，内容简洁明了。其余5个部分分别是土地、矿产制度与法规，土地、矿产资源的开发利用，土地、矿山税赋、规费管理，土地、矿山调查及登记发证，科技教育与机构队伍建设。明显编者将管理工作放在了突出位置，这样是符合实际的，也比较好地解决了管理方面内容较多、杂，条理不容易厘清的矛盾。同时，不是简单地按章的内，分别在概述中对应记述，比较好地解决了志书“横排部类”导致的“因果不彰”的问题，贯通各方，大大增强了这部志书的整体性和科学性。

三、突出特色，彰显规律，突出了思想性

特点纷呈，是《概述》给人最为印象深刻的亮点。从“浙江省位于中国东南沿海，东濒东海，北接苏、沪，西连皖、赣，南邻闽北，地处北纬27° 02′ 44″ ~ 31° 10′ 57″，东经118° 01′ 16″ ~ 123° 09′ 23″，属亚热带季风区，气候温和，土地肥沃，自然地理条件优越，素称鱼米之乡、丝绸之府、山海之利、文物之邦、旅游之地。全省陆域土地面积10万平方千米，仅占全国陆域面积的1.06%，在全国32个省、区、市中列第25位”开始，到“浙江省地层自元古界至新生界均有分布，发育齐全”“浙江省矿产资源种类较多”“浙江省地貌形态复杂多样”“浙江省是个多山的省份”“浙江省海岸线曲折蜿蜒”“浙江省河流众多”“在地形、气候、土壤母质、植被等自然环境和人类的长期耕作活动影响下，浙江省形成多种多样的土壤类型”，都是在反映基本情况的基础上，总结归纳出的浙江国土资源的特色、特点。这

样的表述，既反映了地情，又突出了特色、特点，自然也会给读者留下深刻的印象。

在记述管理方面，编写者同样注意突出特色特点。

“土地开发利用。浙江省土地开发利用较早。考古发现表明，距今约5000～7000年前的河姆渡文化时期，先民就已经进行水稻种植，并开始了原始的土地开发。至良渚文化时期，农业已从耜耕进入犁耕阶段，土地开发进一步扩大。春秋战国时期……”；

“中华人民共和国成立后，浙江省的土地开发利用向深度、广度发展。开展农田水利建设、改造中低产田，实行山、水、田、林、路综合开发，建设旱涝保收、稳产高产农田”。

地方志书要反映特色，突出特点，这是我们一直强调的，但如何做到这一点，如何从浩如烟海的资料中提炼和萃取出特色和特点，除了扎实的资料作为支撑，需要编写者具备较高的站位和分析、写作能力和水平，更需要编写者对地情的认真研究。

四、述论结合，重点突出，方便读者览读

有论有述、述论结合，是概述不同于志书其他体裁的重要表现方式，但如何论，如何述，如何结合得浑然一体，却是要下一番功夫的。从《概述》看，编者在这方面是掌握比较好的。

《概述》的要求高，文字不多，内容不少，更要求在勾勒一个地区或一项事业发展全貌的基础上，在体现特点、特色的同时，能够彰显出与众不同，这就需要编写者在关键之处的画龙点睛之笔。笔者认为，这也是《概述》中所谓“论”的要求。论从史出，要让读者感觉自然，言之有物，更不能无病呻吟，空洞无物。

“总体上，浙江省能源和金属矿产资源禀赋不高，规模开发的矿种不多，主要开采煤、石煤、铁、铜、铅锌、钼、金银等矿种；非金属矿产资源较为丰富且具有特色，萤石、明矾石、叶蜡石、膨润土等部分矿种的开采在国内

长期占据重要地位”。

“浙江省土地资源的最大特点是地少人多，也是浙江省最基本的省情之一。浙江省土地面积仅占全国土地总面积的1.06%，但人口占全国总人口的3.64%。根据全国第二次土地利用现状调查汇总，2009年浙江省耕地面积2980万亩，仅占全国耕地面积的1.49%。全省人均耕地为0.55亩，不足全国人均耕地的一半，远低于联合国粮食及农业组织确定的人均耕地0.795亩的警戒线。至2010年，浙江省单位耕地面积承载的人口压力仍然很大”。

“土地法规。与各个历史时期的土地制度相适应，浙江省制定了相关的土地法规。中华人民共和国成立前，历代统治者制定的土地法规都是为维护其社会经济制度服务的”。

这样的记述，虽文字不多，但却给人耳目一新的感觉，其中“论”的作用功不可没，特别是总结和归纳出的劣势、不足，更让人感觉到了编写者的客观、公正和实事求是。

五、生态文明建设是党的十八大确立的五大建设的内容

2012年11月17日，习近平总书记在主持十八届中央政治局第一次集体学习时指出：“党的十八大把生态文明建设纳入中国特色社会主义事业总体布局，使生态文明建设的战略地位更加明确，有利于把生态文明建设融入经济建设、政治建设、文化建设、社会建设各方面和全过程。这是我们党对社会主义建设规律在实践和认识上不断深化的重要成果”。

“我们过去讲既要绿水青山，又要金山银山，实际上绿水青山就是金山银山”，这是2005年8月15日，时任浙江省委书记的习近平同志在浙江安吉县余村考察时创造性地提出和“两山论”。“两山论”以后丰富发展成为习近平生态文明思想，成为习近平新时代中国特色社会主义思想的重要组成部分，运用于实践中，极大地推动了我国生态文明建设取得举世瞩目的巨大成就。

《国土资源志》虽然不是环境保护志，但是体现生态文明建设的重要志

书之一，特别是土地开发、矿产资源的开发，更是直接与生态文明建设息息相关。志书较好地体现了这一点。

“矿产保护。浙江省矿产开发利用，曾在中华人民共和国成立之初和改革开放之初，出现乱挖滥采、浪费资源的情况。从20世纪90年代初开始，浙江省根据国家的有关部署，连续3次比较集中地开展矿业秩序的治理整顿。按照《浙江省矿产资源总体规划》，进行矿产资源开发整合，压缩矿山总数，合理布局矿山企业，严格控制矿产开采总量，并对萤石等优势矿种实行特殊保护。至2010年，全省矿山数减少到1900个，比2000年减少了7203个。按照《浙江省矿产资源总体规划》，全省划定萤石等9种限采矿种、9个限采区和84个禁采区。同时，把矿山生态环境保护与治理，列入生态省建设的重要内容，建设绿色矿山，治理废弃露天矿山和废弃矿井，努力实现人与自然的和谐相处。至2010年，全省建成绿色矿山152个；治理废弃露天矿山1457个，占应治理矿山总数的90.5%，治理废弃矿井805个，占废弃矿井总数的28.7%”。

稍感遗憾的是，虽然《概述》中涉及生态文明建设的内容，但没有对属于断限范围内的“两山论”产生与发展给予适当的记述。

一叶而知秋，一“概”而知全志。通过《概述》，我们大略了解了浙江国土资源的“家底”，更了解了其土地制度的变化及土地资源的开发利用过程、矿产资源管理及开发的演变和发展概貌；通过概述，也为我们深读和了解这一事业的发展情况提供了线索。这也是这部志书《概述》的成功之处吧。

（刘星，新疆维吾尔自治区地方志编委会原一级巡视员，编审。）

谨记自然灾异　启迪防灾意识

——评《浙江通志·自然灾异志》

车安宁

提　要：《自然灾异志》系《浙江通志》之一卷。浙江省面临海洋，岛屿众多，地理、地质条件复杂多样，有史以来就属于自然灾害多样、多发区域。近代更属于中国经济发达省份，人口密度较大，因此各类自然灾害对人们的生活、生产威胁和影响也大，专设《自然灾异志》十分必要。本文从3个方面对该志进行系统的评论。笔者认为其编辑体例得当、归类合理、内容翔实、通俗易懂，并且在编纂体制创新、凸显科学记述、普及灾害知识、启迪防灾意识等方面都做了有益的探索，同时该志可以作为一本科普读物普及大众。

关键词：自然灾害　防灾减灾　合作编纂　科学记述　创新　普及

中国幅员辽阔，地理多元，但也是一个自然灾害种类繁多并发生频繁的国家。在中华民族几千年的文明史上，中国古代人民就与各种自然灾害进行了顽强的抗争。中国是世界上最早有自然灾害记录的国家，历代各类方志、杂记中，都有关于自然灾害事件和自然异常现象丰富、真实的记载。

当今世界，人类所面临的各种自然灾害形势十分复杂和严峻，且几乎每年都有惨重损失，所以联合国及国际社会都十分关注和提倡全球范围内的防灾减灾工作。一直以来，中国党和政府也十分重视防灾减灾及灾害救援工作。因此，在新时期的修志工作中，对自然灾异事件的记述就应当是一项不可或缺的内容。此轮《浙江通志》共113卷，规模宏大，《浙江通志·自然灾异志》(以下简称《自然灾异志》)系其中之一。

所谓自然灾异志，即对一定区域内发生的各类自然灾害事件和当时人们一时不可理解、不能解释的异常自然现象的史学记载。在中国传统方志中，这也是其中一项重要的内容。

浙江省虽然面积不算大，但地处东南沿海，气候、地貌、地质、水文复杂多样。浙江省面对海洋，岛屿众多，山水交错，有史以来就属于自然灾害多样、多发区域，灾情交织复杂。而且由于浙江省属于我国经济发达省份，人口密度相对较大，因此，各类自然灾害发生时所造成的损失也就较大。这一点，与地广人稀的西北地区形成鲜明反差。因此，专设《自然灾异志》十分必要。

《自然灾异志》所载内容跨度两千余年，搜历代记载于一书，集多种灾害成一志，对有史以来全省范围内发生的各类有一定规模的灾情和灾情应对进行了集中系统的搜集、整理、甄别、记述，这不仅具有文化层面的意义，也更具有警示、资政和科学研究价值。

总体来看，《自然灾异志》是一部集思想性、科学性、专业性、资料性和可读性高度统一的现代志书。笔者认为，该志有以下几点特色。

一、创立编纂体制，多方通力合作

要做成、做好一件事，必先建立一个好的体制。这也是现代修志不同于传统修志的一个重要的先决条件。

《自然灾异志》以浙江省气象局作为牵头单位，跨行业联合省直多部门，包括浙江省自然资源厅、浙江省水利厅、浙江省农业农村厅、浙江省林业局、浙江省地震局等6个厅局合作展开编纂工作，7个单位共同成立了技术力量雄厚的编纂机构，并向外辐射，持续努力，最终高质量完成了编纂任务。

不同行业和部门之间，由于隶属关系不同、行业规则不同、工作视野不同、关注热点不同，要实现一部志书的联合编纂，不仅需要强有力的组织协调，更需要各个部门和编纂人员之间的相互理解、相互学习和相互支持。

气象是多种自然灾害成因和诱发的主要因素，且专业性强，技术规则多，牵扯面大，因此，由气象部门牵头成立编纂机构，是一个明智的选择。

在现实工作中，各行业、多部门之间有许多相互推诿，互相扯皮，甚至争权争利的现象。《自然灾异志》的编纂时间跨度长，工作交叉性大，内容繁复，更需要多部门明确目标，分解任务，有机协调，各司其职，通力合作。这有点像现代战争中的多兵种协同作战，不仅需要统一的指挥部署，也更需要相互协调，同步推进，甚至还需要妥协让步，实属不易。

这种合作编纂的优势不仅避免了志书内容单一、单调以及某一部门的视野狭窄和偏颇倾向，同时也为今后在防灾减灾方面各行业、各部门之间协调沟通奠定了相互理解、相互信任和相互支持的基础。这实际上对于贯彻落实习近平总书记所强调的"大局意识"也是一种检验。因此，这在修志界也应当是属于一种新的有益探索，值得在今后的修志实践中发扬光大。

二、编纂体例得当，凸显科学记述

《自然灾异志》不同于其他单一卷目的志书，其涉及面极广，包含了天文、气象、水文、地质、海洋、农林、生物、生态、生产等各个方面。将不同的自然灾异事件以及防灾减灾应对措施等集中记述，单独成卷，这在新时期各地的修志工作中，也是一种有益的创新探索。因为在各地的一、二轮修志中，许多通志和省志对于不同的灾异事件都是按其行业门类志分散在不同的卷中记述的，如《气象志》《农业志》《水利志》《民政志》等。而《浙江通志》则单独设《自然灾异志》，不仅没有违反中国传统修志中的突出特色、重点单列规则，也更加便于当今社会的资政和专业研究。

《自然灾异志》分设图版、《凡例》、《序》、《目录》、《概述》、正文8章34节、附录一:《自然灾异编年》、附录二:《丛录》《大事年表》《编后记》等。全志约67万字，其体例完备，结构合理，主线明确，资料丰富，行文规范自不待言。该志根据历代记录，上溯春秋，下至公元2010年，灾异记录跨度两千余年，其中记载的历史灾异现象共一百多项。按照明古详今、纵不断线、横不缺项原则，合理设计章节目，突出重点，主次分明，点面结合。有骨有肉，详略得当。尤其各类历史资料，内容翔实，均注明出处，做到有据可依、有史可查。

《自然灾异志》不同于一般的行业或产业类志书，其记述的内容科学性突出，专业性强，严格地讲，它应当归类于自然科学类书籍。因此，该类志书必须兼顾科学与方志两个方面的特性，体现在内容排序上，须注意三个方面：一是注重按照灾异事件发生的历史顺序记述；二是必须注重突出地方特色；三是需要严格按照现代自然科学学科分类不同的自然灾害。

《自然灾异志》主要内容包括台风、干旱、洪涝、强对流天气、高温、冰雪低温、风暴潮海浪、海洋赤潮、地质灾害和地震、农林病虫害、森林火灾、畜禽疫病、流星陨石、天降异物、不明飞行物等，涵盖了现代科学中的天文、地理、气象、水文、地质、海洋、农林、生物等多个学科领域。可以说该志记述内容庞杂，学科级别不一，大小事件兼顾，全局与局部交错。特别是目前国内外对于灾害学的确立是认可的，但是对于具体灾害种类的划分与归类，还是见仁见智，意见不一。笔者曾在《灾害学新论》（中共中央党校出版社，2011年版）一书中也有专门论述。但总的来看，《自然灾异志》在这些方面立足本省实际，不拘一格的处理方式是成功的。这不能不归功于各个不同学科的专家们对现代自然科学的深刻认知和对方志编纂体例规则的尊重。

史有史例，志有志体。在凸显科学编纂方面，该志有如下特点：

第一，在分类排序方面，不仅体现分门别类地科学归类设章，也同时注重突出浙江当地的灾害特点，例如该志把当地最常见、危害影响最大的台风，放在第一章记述，就是实例。

第二，对于灾害的认识，需要宏观与微观并举。这种宏观与微观结合，在该志中也体现得比较好。例如该志在每一章的开头，都有一段综述，勒其概况，使读者明了相关灾害的名称、分类、成因、发生频率、历史记录及影响范围和损失数据等。还有在记述中统计灾害发生频次和损失时，列出的数据宏观，能使人对具体灾种的发生情况一目了然，而在记述具体事件时，却也不乏常有微观“特写镜头”的出现。例如：“2007 年 8 月 18 日 23 时 30 分，……苍南县龙港镇突发强龙卷风……并将一艘 18 吨重的铁壳船卷上屋顶。”（见该志第三章第 89 页）

第三，图表运用到位。图表运用得当，不仅可以大量节省文字篇幅，也可使表述内容更清晰了然。在该志中，主要图版照片放在卷首，多达 100 余张，令人开卷明了。图版照片作为当代志书的一种有效呈现形式，具有形象、直观、简明、鲜活、冲击力强且信息容量大的特点。

该志中正文大量图示与表格的运用，也是恰到好处，如《杭嘉湖地区地面累计沉降量等值线图》（见该志第六章第 210 页，图 5-6-6-1），《1981—2008 年浙江省海域赤潮记录一览表》（见该志第五章第 140—163 页，表 5-5-2-1）。特别是后者，以 24 页的篇幅连续使用表格，这在一般志书中比较少见，却不显多余。它不仅体现了科技类志书的特点，也使得该志中的述、记、志、图、表、录等体裁完备。

第四，名称、名词科学准确，专业术语表述得当，数据细微真实。如在记述不同灾情的发生和受灾情况时，都是以该学科的专业术语表述。所涉及的各种繁多的计量单位、专有名词等也都是采用现代学科的口径。如将寒潮冻害的程度不同分类为“暴寒型寒潮”“骤冻型寒潮”“剧冷型寒潮”（见该志第四章第 105 页）；还有如“境内主要大断裂带有北东向、北西向和近东西向 3 组，其中以北东向断裂占优势”等（见该志第六章第 216 页）。

三、普及灾害知识，启迪防灾意识

《自然灾异志》在 113 卷的《浙江通志》中格外醒目，一是由于“灾异”二字容易吸引读者的眼球，二是在记述中，确实起到了普及灾害知识的作用。

该志中记录的古往今来各种灾害及损失情况，令人悲怆、沉思。在感叹大自然的无情和巨大威力时，也感到了人类的渺小和无奈。可以说，自然灾异种类繁多，每当一地发生灾害事件，不仅与当地每个城镇、每个村落、每个企业有关，也同时与每个家庭、每个人的生命财产息息相关。人们的感觉来自于亲身体验过或感同身受，这与读其他志书的感觉完全不同。它能唤起人们对灾害的深切痛苦记忆和同情心，感受入微，如临其境，触目惊心，发人深省。

以前，沿海的居民不知道山里的自然灾害，同样山里人也不太知道与海洋有关的灾害，例如赤潮等。有了这类志书，人们对灾害的认识、视野就更宽了。譬如过去，笔者以为沙尘暴只有在靠近沙漠戈壁的北方地区才会有，现在读了《自然灾异志》才知道，地处东南沿海的浙江居然也有沙尘暴。并因此感慨，浙江省虽小，却也是中国疆域内灾害频发的一个缩影。

志书中的许多灾害记录及灾情应对，不仅是对我们进行了一次灾害知识的全面普及，也促使我们以现代眼光认识大自然及自然灾害，感受到保护生态家园的重要性。

在普及防灾减灾知识方面，卷尾收录了历代杂记、诗词、谣谚、文牍等，还设有按时间顺序编写的《大事年表》，便于查阅。值得一提的是，该志不仅在卷尾收录了部分谣谚，正文中也结合记述，穿插记录了许多与灾害相关的当地民间习俗谚语，如“五月不扇扇，早稻空一半”“六月盖絮被，有谷无米”等(见该志第四章第115页)。

该志还专设了“灾异杂录”一栏，记载了诸如流星陨石、天降异物、不明飞行物以及老虎食人、地生毛、竹子生米、海市蜃楼之类的异常现象或事件。这些现象和事件，其中有许多已经可以用今天的科技理论解释清楚，而另外也有一些至今还解释不清楚的，作为资料保存下来，以备后人研究，也是很有意义的。此外，该志还专设《外来入侵生物》名录等，因此，从某种意义上说，该志甚至也可以看作是一本科普读物。

近些年，中国设立有专门的防灾科技学院，还有多所大专院校也开设了防灾减灾专业，该志也可作为其辅助教材。

《自然灾异志》还注重体现中华人民共和国成立以后，特别是改革开放以来，当地人民在防灾减灾和避免重大生命财产损失方面取得的主要成就，并加强了各部门、机关学校、企事业单位和广大人民群众在党和政府的领导下对灾异事件的预报、预警、强力应对的记述，使人们从中体会到，同样性质、规模的灾害，在当今条件下，生命财产的损失已经大为减小。

在新的历史条件下，每当灾害发生，我们并不是被动地接受灾害，或进行个体的抗争，而是在各级党和政府的领导下，以集体力量积极应对，进行有组织的大力抗灾，包括调动人民解放军、武警部队、预备役部队，动员医疗卫生队、工程救援队以及汽车、飞机、舰船等一切可用的人力、物力、财力等，还会得到四面八方各兄弟省市的大力支援。这一点，不仅是现代社会有别于旧社会的最大区别，也是新时代中国特色社会主义的时代特征。

当然，统揽该志，也不是无懈可击。譬如：卷首若设一幅浙江全省的地形、地貌图或灾害多发图，更便于读者对全省灾害地理概念的认识。还有后面的《丛录》非常有趣，可当作趣味科普书籍来读，如果译成现代汉语，则更好。再如，卷首的历史图照，特别是民国时期和中华人民共和国成立初期的图照偏少，也是一种遗憾。

地方志编纂是一项十分艰苦、细致的工作，同时，也是一项专业性很强的工作。如果说，中华人民共和国成立后几十年的相关资料，由于机构变化等一些特殊原因，比较分散，收集整理不易，那么对于几千年来历朝历代灾异事件的收集整理，就更是一件十分繁重琐碎的工作。特别是像《自然灾异志》这样的志书，涉及面广、工作量大、编务繁杂，能够达到如此高的水准，实属不易。

笔者以“谨记自然灾异　启迪防灾意识”为题，撰此拙稿，谨向付出辛勤劳动、编修《自然灾异志》的同“志”们，表示深深的敬意！同时也愿浙江及我国的防灾减灾事业的发展更上一层楼！

（车安宁，甘肃省地方史志办公室原副主任，甘肃省人民政府参事。）

波澜壮阔的历史画卷

——读《浙江通志·中国共产党志》

马小彬

提　要：本文对《浙江通志·中国共产党志》作系统评介，认为该志内容系统全面，史事翔实可靠；志书记录了1921—2010年浙江党的组织成立、发展壮大的历史过程；记录了中共浙江省委领导社会主义革命建设、改革创新的光荣实践；记录习近平同志在浙江的领导工作历程；史料弥足珍贵。本文认为该志编纂坚持政治站位，是一部真实客观记录中国共产党人在浙江这块中国共产党诞生地之一、"建党精神"诞生地之一、我国改革开放的先行区奋斗的恢宏地方党史。

关键词：浙江通志　中国共产党志　评介

2020年12月，《浙江通志·中国共产党志》（以下简称《中国共产党志》）作为《浙江通志》113卷中的第11卷，由浙江人民出版社出版，这为庆祝中国共产党成立100周年送上了一份厚礼，也为全党、全社会广泛开展的党史、新中国史、改革开放史、社会主义发展史的学习教育活动提供了一部重要用书。浙江历史悠久，人杰地灵，是中国共产党诞生地之一、改革开放的先行区、习近平新时代中国特色社会主义思想的重要萌发地。笔者有幸得到浙江同仁馈赠此书，读后感受颇多，主要如下。

一、志书内容系统全面

《中国共产党志》共113万余字；设图照100余幅、《概述》、正文14章，附《丛录》《大事年表》《编后记》，集中记述了1921—2010年中共浙江省委及所属部委办党的事业起始、发展、壮大的光辉历程，以及中共浙江省委领导全省各族人民在浙江进行的社会主义事业的建设、发展、改革的各项重大决策实施和实践活动，所记录的内容（含数据）具有非常珍贵的价值。

该志收录了浙江历届省委、省纪委、省顾委委员、常委、书记（主任）名单，历届参加全国中共代表大会的浙江省代表和中共中央委员会浙江省委员名单，历次浙江省中共代表大会代表的名单，共8000余人。

该志收藏了最新的党史资料。如完整收录解放前历届省委书记（代理书记）的照片及人物资料，历次省党代表大会会场照片；完整列出全省各市、县（市、区）历史上的第一个中共组织成立时间表；完整收录历次省委全体（扩大）会议和省顾问委员会全体会议、省纪委全体（扩大）会议内容；历次浙江省党代表大会代表名单，浙江推荐参加中共全国代表大会代表名单；证实1927年至1929年省委机关的宣传刊物不仅一二份；证实浙江参加中共七大的代表是4人不是5人；对收录人员名单中受党纪国法处理的情况均做出特别标注。许多材料属首次对外公布，弥足珍贵。

二、志书史事翔实可靠

浙江是我国近现代史上许多重大历史事件的发生地，红色遗迹遗址多。《中国共产党志》正文、大事年表中记录了中共中央多次重要会议在浙江召开的情况。如1921年7月23日，中国共产党第一次全国代表大会始于上海召开。8月2日后，代表们转移至浙江嘉兴南湖船上，继续中共一大会议议程。在此次会议上，通过了党的纲领与决议，选举产生党的领导机构——中央局，宣告了中国共产党成立，浙江由此成为中国共产党诞生地之一、“建党精神”的诞生地之一。再如，1922年8月，中共二大在杭州举行会议（史称西湖会议），决议建立民主联合阵线，共产党员可以个人名义加入国民党，这为中共三大正式决定实行中国共产党与中国国民党合作方针奠定了基础。

浙江是中国红色武装、革命根据地的重要诞生地。该志记录了红色武装建立发展壮大的历史进程。如 1930 年 5 月以来，浙南各地组织的赤卫队、游击队整编为中国工农红军第十三军，成为中共中央军委序列的全国 14 支红军之一；抗日战争时期，浙东敌后抗日根据地为全国 19 块抗日民主根据地之一；1943 年 12 月后，浙东抗日武装正式入编新四军浙东游击纵队、浙东南游击根据地也成为解放战争时期中共领导下的南方 7 块游击根据地之一。这些党领导的革命武装斗争的成功经验以及革命先烈的丰功伟绩以志铭记，为后世留下难忘的历史记忆和启示。

三、志书记录了浙江党的组织成立、发展壮大的历史过程

浙江是中国共产党组织成立较早的地区。《中国共产党志》用大量的篇幅展示了中共浙江省委领导革命武装斗争、抗日战争以及解放战争等项革命事业的光辉业绩，以及各级党组织和浙江共产党人不忘初心、牢记使命，浴血奋斗的生动场景。

如 1921 年 9 月，浙江历史上最早的中共地方组织——中共杭州小组在杭州皮市巷 3 号成立；1927 年 6 月，浙江第一个省级中共组织——中共浙江省委员会诞生。根据最新史料所载，确认了 1927 年中共浙江省委机关成立后，最早的办公旧址之一——今杭州狮虎桥河。土地革命时期，1921 年 9 月，中共领导的全国第一个农民协会在浙江萧山衙前成立，发表了中国现代史上第一个农民革命斗争纲领——《衙前农民协会宣言》《衙前农民协会章程》，在萧山绍兴平原开展了声势浩大的抗租减租斗争等活动。这些记述，不仅显示了浙江党的组织成立、发展壮大的历史过程，而且体现了浙江在中共党史中不可或缺的重要地位。

四、记录了中共浙江省委领导社会主义革命建设、改革创新的光荣实践

浙江是改革开放的先行区。《中国共产党志》记述了1949年中华人民共和国建立后，中共浙江省委及各级党组织按照中共中央部署，结合省情，推进社会主义革命事业建设、改革开放的实践，记述在党的领导下广大共产党员与人民群众，创造许多敢为人先的经验成果。

如1955年浙江永嘉农村的“包产到户”试验，创造性地在农村实施了“包产到户”试验；20世纪80年代，“温州经验”（1986年，温州被列入全国首批农村改革试验区之一）、“义乌经验”以及海盐衬衫总厂厂长步鑫生解放思想、大胆改革、努力创新探索经验的提炼与推广，让人们重温了浙江勇于改革、勇立潮头的一幕幕场景；1992年邓小平南方谈话发表后，温（州）台（州）地区农民率先实行股份制和股份合作制，体现了先行先试的勇气；1995年3月开始，杭钢集团、巨化集团公司等百家国有大中型骨干企业中的建立现代企业制度试点为全国开了先河。特别是进入21世纪后，中共浙江省委开展的“千村示范、万村整治”“创业富民、创新强省”等具有创新性的重大举措，特别是“八八战略”的提出与实施，更是具有浙江特色、符合浙江实际的全面性、长远性的战略，影响深远；浙江在深入进行经济体制改革过程中，坚持以公有制为主体、多种经济成分共同发展方针，放手发展个体、私营等非公有制经济等鲜活实例在志书中比比皆是，展示颇具时代特色、浙江特点的发展改革之路。

五、记录习近平同志在浙江的领导工作历程

2002年10月至2007年3月，习近平同志在浙江担任省委副书记、代省长和省委书记，《中国共产党志》记述了习近平在浙工作期间，团结带领省委班子，承上启下，把中央部署与浙江省情实际结合，谋划长远，采取系列举措推进全省党的建设和政治、经济、文化、社会等各项事业全面发展的

领导历程。如2003年7月，浙江省委十一届四次全体(扩大)会议召开，习近平同志代表浙江省委提出发挥“八个优势”、推进“八项举措”的“八八战略”，作为浙江省域治理总纲领和总方略；在党建工作中，提出“抓基础、强本领”的“八八部署”；社会治理上，提出“千村示范、万村整治”工程，决定用5年时间，重点改善农村生产、生活、生态“三生”环境，全面整治1万个村，其中1000个中心村全面建设成小康示范村。在文化上，2005年7月，浙江省委十一届八次全会通过《关于加快建设文化大省的决定》，提出重点实施文明素质工程、文化精品工程、文化研究工程、文化保护工程、文化产业促进工程、文化阵地工程、文化传播工程、文化人才工程“八项工程”，加快建设教育强省、科技强省、卫生强省、体育强省“四个强省”。这是习近平同志把进一步发挥浙江人文优势，加快建设文化大省作为实施“八八战略”的重要内容，所做出的文化建设的顶层设计，体现了他对发挥文化力量的高度重视、发展先进文化的高度自觉。2005年6月21日，习近平同志在《光明日报》发表了题为《弘扬“红船精神”走在时代前列》的署名文章，阐释了“红船精神”的深刻内涵，即开天辟地、敢为人先的首创精神，坚定理想、百折不挠的奋斗精神，立党为公、忠诚为民的奉献精神，是“红船精神”的深刻内涵，也是中国革命的精神之源。这对共产党员坚定理想信念，保持先进性，产生了重要的政治影响。在绿色发展上，2005年8月15日，习近平考察浙江省安吉县天荒坪镇余村，对当地为创造良好生态环境，下决心停掉所有矿区的做法给予高度评价，提出了“绿水青山就是金山银山”的理念，以“绿水青山”和“金山银山”之间的辩证关系对打造绿色浙江、生态浙江做了形象概括，提出浙江经济社会可持续发展模式的宏伟战略构想，为积极探索具有时代特征、中国特色、浙江特点的发展路子奠定了基础。

志书中所记述的习近平同志在浙江的领导工作历程和革命实践，所提出的发展浙江的全面规划和顶层设计，为浙江经济社会的转型发展和长远发展奠定了坚实基础，正如《中国共产党志》的《概述》中言：“浙江是中国革命红船起航地、改革开放先行地、习近平新时代中国特色社会主义思想重要萌发地。”

六、坚持政治站位，真实客观记录历史

始终坚持党的坚强领导核心作用。该志坚持“不忘初心、牢记使命”的政治站位，并以此指导修志。《浙江通志》中专设《中国共产党志》，在编纂中始终坚持中国共产党的领导，省委各项重大决策实施以及省委各部门工作展开记述，真实记录党的组织领导、决策指挥、引导向导作用；突出中国共产党各级组织、共产党人在浙江的党史、新中国史、改革开放史、社会主义发展史中所处的重要历史地位和现实作用。

始终坚持正确的政治方向。该志在编纂大纲指导思想、方案拟定、篇章节目设置、大事年表及正文的入志内容、体例体裁应用等方面，坚持党的正确领导、政治站位的主线，立足省情，有关如“红船精神”“浙江精神”“义乌经验”“温州经验”“八八战略”等精练概括，既突出了浙江地域、时代特色，又凸显了党的领导的关键作用。

在总结和概括不同历史时期(时段)中共领导浙江革命、社会和经济发展的过程与经验中，该志对重大历史事件、人物、史实作真实客观的记述并进行考证，作了尝试性的探索。如省委根据中共中央有关指示精神，对全省在反右、“反右倾”、“四清”、“文化大革命”等政治运动中的重大冤假错案的平反，对党的知识分子政策、原国民党起义投诚人员政策、宗教政策、少数民族政策、侨务和台胞及台属政策等的调整落实；对违纪违规人员的典型案件的查处立案审查人数、简况等据实客观记述，对收录人员名单中受党纪国法处理的情况作特别标注，起到存史、教育、警示、惩戒作用。

《中国共产党志》的编纂出版，正逢全国全党庆祝中国共产党成立100周年及全社会开展党史学习教育之际，成果应用成效显著。

该志为庆祝建党百年活动提供了真实史料。从相关媒体报道上，我们看到，在省委宣传部、省委党史和文献研究室、省档案局、浙江日报报业集团、浙江广电集团钱江都市频道联举办的《百年潮涌——浙江省庆祝中国共

产党成立100周年大型展览》，省委宣传部、省委党史和文献研究室、浙江广播电视集团联合拍摄的《红船领航——百年浙江潮》（6集）文献纪录片等展览、电视片中，都采用了该志中所记录的展示1949年前历届省委书记（代理书记）、历次省党代表大会会场的照片及人物等最新人物资料成果。

该志为党史学习教育提供了最新史料。如《中国共产党志》编辑部整理推出了《习近平总书记在浙江工作期间的党史情怀》一文，受到了省委领导的高度重视和批示，并将该文列为全省党史学习教育重要学习资料印发全省，成为全省党史学习必学内容。

该志为革命纪念场馆建设提供了丰富内容。在展现浙江"红色根脉"的过程中，《中国共产党志》的出版为各地红色纪念展馆内容的深度挖掘和内容的不断更新提供了依据。如有关最新收集到的中共浙江省委第四任省委代理书记陈之一的照片及档案资料；今杭州狮虎桥河下2号——1927年中共浙江省委机关旧址场景等。在此期间，浙江一大批红色遗址遗迹建成开放，成为教育人、激励人、塑造人的红色教育基地。该志的编纂出版为浙江红色文化的创造性转化与创新性发展提供了依据和基础，使浙江党组织波澜壮阔的历史画卷变成了广大群众心目中的鲜活事例，发挥了不可替代的重要作用。

（马小彬，政协四川省第十二届委员会原常务委员，四川省地方志工作办公室原党组书记、原主任，研究馆员。）

用心用情用力记录“全过程人民民主”协商制度、堪存堪鉴的省志范本

——读《浙江通志·人民政协志》

黄俊军

提　要:《浙江通志·人民政协志》是《浙江通志》113卷中第14卷，该志坚持“志书姓党”的原则，突出政治引领，反映1950年8月至2010年12月，60年间浙江省人民政协事业全面发展进步的历史，系统完整梳理了浙江省人民政协事业的发展历史和发展脉络，是一幅反映党加强对人民政协工作领导，人民政协在浙江政治生活中发挥不可替代作用的历史画卷。该志遵循志书的框架体例，篇目设计科学合理，展现了浙江省政协工作的特色和亮点；采用“三用”观念和贯彻志书“三品意识”，在每一个环节的处理上都独具匠心和独具慧眼。该志是一部对得起历史、对得起人民和对得起子孙后代的精品佳志。

关键词: 人民政协志　政协工作　篇目　资料　特色

《浙江通志》总编室主任颜越虎邀请笔者就《浙江通志·人民政协志》(以下简称《人民政协志》)写一则书评，先是发来书稿的电子版，后来又寄来纸质版《人民政协志》。该志118.9万字，由浙江人民出版社于2019年12月出版，堪称鸿篇巨制。由于湖南省地方志编纂院领导调整分工，笔者分管办公

室，这是一个全新的领域，管理方面的知识都要边学边干，在干中学，学中干，以至于《人民政协志》断断续续地读了两个多月，边读边做了不少读志笔记，逐渐形成了对该志的一些认识。全志读后总的印象是：《人民政协志》是名副其实的通志，是全方位、多维度、广视角、多层次全景式反映了“省政协自成立以来，在中共浙江省委（以下简称省委）的领导下，坚持贯彻中国共产党同各民主党派和无党派人士长期共存、互相监督、肝胆相照、荣辱与共的方针，牢牢把握团结、民主两大主题，紧紧围绕省委、浙江省人民政府（以下简称省政府）在各个时期的中心任务，认真履行政治协商、民主监督、参政议政职能，为促进浙江省社会主义建设，推动浙江省的改革开放和现代化建设，全面建设惠及全省人民的小康社会，促进祖国和平统一，开创中国特色社会主义事业新局面，发挥了重要的作用，取得了不平凡的业绩，见证了中国共产党领导的多党合作和政治协商制度的独特优势，彰显了中国特色社会主义协商民主的旺盛生命力。”[①]该志政治站位高，坚持“志书姓党”的原则，把牢了政治方向，体现了鲜明的政协特色，框架科学，篇目合理，资料翔实，文字规范，是一部成功的方志作品。正如编后记所说的，“为总结政协工作历史经验、拓展政协工作实践创新，探索政协事业发展规律、深化人民政协理论研究，提供重要和可信的史料依据。”[②]也就是说为中国特色社会主义协商民主提供了浙江方案和浙江解读。具体体现在以下几个主要方面：

一、坚持“志书姓党”的原则，突出政治引领，政治站位高，把牢了正确的政治方向

社会主义协商民主是“中国社会主义民主政治中独特的、独有的、独到

①《人民政协志》，浙江人民出版社 2019 年版，第 1 页。

②《人民政协志》，浙江人民出版社 2019 年版，第 836 页。

的民主形式。”“具有深厚的文化基础、理论基础、实践基础、制度基础”①。中国共产党领导的多党合作和政治协商制度是我国的基本政治制度，中国共产党就国家重大事务与各民主党派进行政治协商，为协商民主在国家层面有序开展提供了重要制度支撑。十八大以来，以习近平同志为核心的党中央对政协工作提出了一系列新思想新部署新要求，相继出台《中共中央关于加强社会主义协商民主建设的意见》《关于加强人民政协协商民主建设的实施意见》《关于加强城乡社区协商的意见》《关于加强政党协商的实施意见》等文件，对包括政协协商、基层协商、政党协商在内的协商民主建设做出了具体性的制度安排。党的十九大报告强调：“人民政协是具有中国特色的制度安排，是社会主义协商民主的重要渠道和专门协商机构。人民政协工作要聚焦党和国家中心任务，围绕团结和民主两大主题，把协商民主贯穿政治协商、民主监督、参政议政全过程，完善协商议政内容和形式，着力增进共识、促进团结。加强人民政协民主监督，重点监督党和国家重大方针政策和重要决策部署的贯彻落实。增强人民政协界别的代表性，加强委员队伍建设。”“统一战线是党的事业取得胜利的重要法宝，必须长期坚持。”②总之，社会主义协商民主将团结和谐作为重要原则，“坚持团结和民主两大主题，提高政治协商、民主监督、参政议政水平，更好凝聚共识”③这些都是对统一战线理论的创新发展。中国共产党确立了符合中国国情的政党制度，广泛开展党际协商、多党派合作。正如中共十九届六中全会《中共中央关于党的百年奋斗重大成就和历史经验的决议》指出的“党坚持和完善中国共产党领导的多党合作和政治协商制度……加强人民政协专门协商机构制度建设，推进社会主

① 习近平：《在庆祝中国人民政治协商会议成立 65 周年大会上的讲话》，2014 年 9 月 21 日，2014 年 09 月 22 日《人民日报》。

② 习近平：《决胜全面建成小康社会夺取新时代中国特色社会主义伟大胜利——在中国共产党第十九次全国代表大会上的报告（2017 年 10 月 18 日）》，《党的十九大报告学习辅导百问》，党建读物出版社、学习出版社 2017 年版，第 30—31 页。

③ 习近平：《在中央政协工作会议暨庆祝中国人民政治协商会议成立 70 周年大会上的讲话》，2019 年 9 月 20 日，《求是》2022 年第 6 期。

义协商民主广泛多层制度化发展，形成中国特色协商民主体系。”①

《人民政协志》是《浙江通志》113卷中第14卷，该志坚持“志书姓党”的原则，突出政治引领，反映1950年8月至2010年12月，60年间浙江省政协事业全面发展进步的历史。在这一历史时期，人民政协坚持团结和民主两大主题，聚焦党和国家中心任务，完善协商议政格局，强化民主监督职能，拓展团结联谊工作，加强履职能力建设，在继承中发展、在发展中创新，在发展中前进，进一步开拓了团结民主、务实进取、蓬勃发展的新局面，彰显了中国共产党领导的多党合作事业的生机活力，为党和国家事业发展做出了重要贡献。这些显著进步、重要贡献，都被如实记载下来，这样编辑文史资料是政协工作的优良传统，也是编纂《人民政协志》的良好基础。浙江省方志办和省政协充分发挥了优势，把《人民政协志》编纂成浙江省政协成立以来历史资料工作经验之集大成，历届省政协围绕中心、服务大局、参政议政、建言献策之集大成。总之，《人民政协志》系统完整梳理了浙江省人民政协事业的发展历史和发展脉络，是一幅反映党加强对人民政协工作领导、人民政协在浙江政治生活中发挥不可替代作用的历史画卷。历史是人民政协事业发展的最好见证，我们从《人民政协志》中可以看到浙江省政协工作的不断发展、不断进步、不断创新。《人民政协志》为认识政协、研究政协、宣传政协提供科学的依据，为谱写新时代中国特色社会主义浙江篇章提供历史资鉴。这充分体现了浙江省地方志工作者和政协工作者义不容辞的使命和责任，反映了他们崇高的方志情怀。

二、遵循志书的框架体例，篇目设计科学合理，展现浙江省政协工作的特色和亮点

首先是志书名称科学合理。查阅了全国20多个省市自治区省级志书该

---

①《中共中央关于党的百年奋斗重大成就和历史经验的决议》，《党的十九届六中全会〈决议〉学习辅导百问》，党建读物出版社、学习出版社2021年版，第43页。

志的名称，只有北京、上海和浙江称为《××省(市)志·人民政协志》，从下面列表中可以清楚看出。

全国部分省级志书有关“人民政协志”的名称一览表

表1

序号	篇名	序号	篇名
1	上海市志(1978—2010)·人民政协分志；上海人民政协志(专志)； 《上海通志》第七卷人大、政协、代议机构第三章中国人民政治协商会议上海市委员会	10	福建省志·政协志(1998—2007)
2	云南省志·卷二十二·政协志(1978—2005)； 云南省志·卷四十八·政协志(首轮)	11	江西省志·政协志(首轮)
3	天津市志·政协志(1998—2013)	12	广东省志·政权卷第三篇政协(第26册)
4	河北省志·政治协商志	13	《山东省志·卷11·政权志》第二篇人民政协地方委员会
5	内蒙古自治区志·政协志	14	河南省志·第三十四篇·人民政治协商会议
6	吉林省志·政协志	15	安徽省志·人大政府政协志(首轮)
7	江苏省志(1978—2008)·政协志	16	湖北省志·政协
8	黑龙江省志·政协志	17	四川省志·政务志·政治协商会议(首轮)； 四川省志·政协志(1996—2005)
9	湖南省志(1978—2002)·政协志	18	甘肃省志·政协志(1998—2012) 甘肃省志·政协志(1950—1998)

续表1

序号	篇　名	序号	篇　名
19	新疆通志（1986—2005）第二编政权政协第三章人民政治协商会议	24	青海省志（2006—2015）·中国人民政治协商会议青海省委员会志
20	海南省志（1991—2010）·政协志	25	北京市志·人民政协志（2003—2013）
21	贵州省志·政协（1978—2010）	26	广西通志·政协志（1950—1994） 广西通志·政协志（1993—2005）
22	陕西省志·政治协商会议志	27	浙江省政协志（专志） 浙江通志·人民政协志
23	宁夏通志·政权政协卷·卷十二·第四篇人民政协		

（备注：没有注明的即为中华人民共和国成立后编修的第二轮省级志书）

关于该志的名称选取：主要有6种类型，一取是《××省志·人民政协志》，二是《××省志·政协志》，三是《××省志·政权志·第×篇人民政协地方委员会》，四是《××省志·中国人民政治协商会议××省委员会志》，五是《××省志·政权政协卷·第×卷人民政协/人民政治协商会议》，六是《××省志·政治协商会议志》。这6种志名的取法，应以第一种为宜。理由如下：我国社会主义民主政治的目标是实现人民当家作主，保障人民民主权利充分行使，它的显著特点和巨大优势就是实现选举民主与协商民主有机结合。习近平总书记指出：“人民是否享有民主权利，要看人民是否在选举时有投票的权利，也要看人民在日常政治生活中是否有持续参与的权利。”[①]社会主义民主政治给人民有效参与政治生活提供了广泛的渠道，既包括通过各级人大体现的选举投票的民主形式，也包括以人民政协为平台的协商民主。尤其是我国的协商民主呈现主体广泛、形式多样等特点，广大人民群众能够

①《习近平谈治国理政》第2卷，外文出版社2017年版，第292页。

通过各种制度化协商渠道广泛持续地参与民主决策、民主管理、民主监督，体现了社会主义协商民主所具有的尊重人民主体地位、以人民为中心、增进人民福祉的鲜明价值取向，正如习近平总书记所言："民主不是装饰品，不是用来做摆设的，而是要用来解决人民要解决的问题的。"[①]社会主义协商民主的独特优势是有利于扩大公民有序政治参与，更好实现人民当家作主。因此"人民"二字不能少，《××省志·人民政协志》是从政治协商的角度体现了中国特色的"全过程人民民主"，从志名突显了中国式民主的政治制度。浙江方志界对于这一具有中国特色的"协商民主"的政治制度的认识也是不断深化的，首轮浙江省志丛书之一《浙江省政协志》是2007年11月由浙江人民出版社出版，也和全国大多数省份的省志一样称为政协志，这次新编《浙江通志》则改为了"人民政协志"，不仅仅是多了"人民"二字，更重要的是修志工作者政治站位提高了、认识深刻了、视野格局扩大了，更加有利于深入、准确、全方位地记录和反映中国特色的"全过程人民民主"的政治协商制度。

其次，篇目设计科学合理。志书框架设置科学与否，取决于修志工作者对于该事物的认识和把握准确与否。笔者查阅了全国20多个省市自治区省级志书该志的篇目，五花八门。从笔者看到的篇目设置来看，人民政协志篇目有的按政协的三大职能分设政治协商、民主监督、参政议政3个部分；有的分目为政协委员、历届政治协商会议、政治协商会议常务委员会；有的分为机构设置、人员组成、主要会议、经常性工作、重要活动和自身建设6个部分；有的用事以类聚、横分门类的方法，将志书主体结构分为政协机构、主要会议、专委会工作、指导市县政协、办公厅工作、研究室工作、重大活动7个部分，均以涵盖政协所有工作为目标。有的省志人民政协志干脆就是一届届写，一届为一篇。笔者认为《人民政协志》的篇目最为合理，最为全面，同时突出了重点。其框架篇目为:《概述》、第一章《政协委员》、第二

---

①《习近平谈治国理政》第2卷，外文出版社2017年版，第296页。

章《组织机构》、第三章《重要会议》、第四章《政治协商》、第五章《民主监督》、第六章《参政议政》、第七章《团结联谊与服务工作》、第八章《理论研究与新闻宣传》、第九章《特色工作》《丛录》《大事年表》《编后记》。[①]该篇目既有政协工作的主责主业，又包括了政协其他工作，还突显了特色工作。采取这样的篇目结构，既可以囊括政协工作的方方面面，又可以科学地、合理地把人民政协的工作的来龙去脉清晰地反映出来。

再次，特色篇目科学合理。人民政协志的重点内容是体现“团结和民主”两大主题，包括政治协商、民主监督、参政议政、团结联谊和特色工作等，这是人民政协的性质所决定的。中华人民共和国成立后，是执行中国共产党领导的多党合作制，由各党派、人民团体组成的人民政协，通过政治协商、调研、提案等方式进行民主监督、参政议政。编纂《人民政协志》，就是要突出记好政治协商、民主监督、参政议政、团结联谊和特色工作等内容。该志的《政治协商》《民主监督》《参政议政》《团结联谊与服务工作》和《特色工作》5 章共有 401 页，占全书 837 页的 47.91%，差不多占了一半篇幅，大书特书浓墨重彩。尤其是第九章《特色工作》，升格为章，全国省志独此一家。用了第一节《提案工作》、第二节《界别建设与委员履职服务》、第三节《文史资料工作》，共 3 节 117 页的篇幅来记载特色工作，娓娓道来，详尽明了。[②]

三、浙江方志工作者采用“三用”观念和贯彻志书“三品意识”[③]，每一个环节的处理都独具匠心和慧眼

浙江省方志办和人民政协志编写组全体人员运用“用心用情用力”的“三用”观念记录和抒写这个伟大时代的“全过程人民民主”的政治协商制度，

---

①《人民政协志》，浙江人民出版社 2019 年版，《目录》第 1—7 页。

②《人民政协志》，浙江人民出版社 2019 年版，第 608—725 页。该章占全书 836 页的接近 14%，资料十分丰富。

③“三用”观念：用心用情用力记录和抒写伟大时代；“三品意识”指精品意识、名品意识和样品意识。

他们用心谋事、用情干事和用力成事，始终贯彻志书“精品、名品和样品”的“三品意识”，在每一个环节的处理上都独具匠心和慧眼，下面列举一些主要方面加以说明。

第一，《人民政协志》是通志性质的省志，比断代志更能反映中华人民共和国成立以来人民政协工作的发展历程。一册《人民政协志》在手，能够全方位读懂人民政协制度经历了从中华人民共和国成立初期代行权力机构到统一战线组织再到基本政治制度的转变过程。

第二，专记的设置。浙江省政协的前身是浙江省各界人民代表会议协商委员会（简称为省协商委员会），该志采用“专记”的办法用8页的篇幅记录了“省协商委员会”这一特殊的组织机构，详细记录了产生的背景、功能以及存续期间的第一届和第二届省协商委员会的主要活动和成员名单等，存史价值高，完整保留了“省协商委员会”的资料。[①]专记是专题记述一件事，专记不是志书的基本志体，但又可成为志书内容的一个部分，是志书的特殊载体。专记是创造性的劳动，不同于志书条目的记述，它最大的优点，就是能保证所记述事物的完整性。

第三，为了避免内容上的交叉重复，该志采用了许多行之有效的办法。最简单的处理办法是采用互见法。最为典型的是第五章《民主监督》第二节《专项集体民主监督》许多内容与第一节听证会机械重复，采用“互见法”。例如2007年9月21日，省政协召开“发展和谐劳动关系”专项民主监督听证会，详见第五章第一节《听证会》[②]。二是采用不同角度进行记述，这需要高文字水平，因为许多内容和资料都是你中有我，我中有你，很难剥离。“政治协商、民主监督、参政议政”这12字的政协职能，是一个不可分割的整体，人民政协的每一项履行职能的工作，都包含这3个方面的内容。例如，人民政协的全体会议，既是政治协商的重要平台，又是履行民主监督的重要

---

①《人民政协志》，浙江人民出版社2019年版，第140—148页。

②《人民政协志》，浙江人民出版社2019年版，第383页。

职能，还是实现各个党派、团体和政协委员参政议政的重要渠道和舞台。《人民政协志》编者将这些资料拆分开来，从不同角度归纳资料，显示了他们坚实的文字功底和对政协职能工作的准确定位。例如第四章《政治协商》第一节《政协全体会议政治协商》，开宗明义写到“全体会议是人民政协履行政治协商的最高形式，省政协全体会议政治协商的主要任务是：协商讨论省政府工作报告及其他报告，协商讨论浙江省大政方针以及政治、经济、文化和社会生活中的重大问题，提出建议和批评；协商讨论省政协常委会工作报告、提案工作情况的报告及其他报告；协商讨论省政协重大工作方针、任务并做出决议；协商讨论全省政协工作及有关人事事项。1984 年 6 月 25 日，省政协全体会议期间举行落实知识分子政策等 3 个专题座谈会，开始以专题座谈会形式进行政治协商的探索尝试；自 2003 年 1 月九届一次全体会议迄今，全体会议期间均举行专题座谈会进行协商讨论”①。他们从这一角度记录政协全体会议政治协商，绝对不与第三章《重要会议》第二节《政协浙江省委员会全体会议》机械重复。三是采用综合归纳记述条目避免与前面一次次会议记录相重复。例如第四章《政治协商》第二节《政协常委会会议政治协商》第五目《省政协第五届委员会常委会会议政治协商》“第五届省政协共召开常委会会议 22 次。这一时期，省政协在继续开展对党和政府大政方针协商讨论的同时，更加重视对加强自身制度建设、组织建设方面的协商讨论，进一步完善工作机构。”重点用了归纳资料的方法写了 3 个子目《(一)围绕党和政府大政方针开展协商讨论》《(二)围绕政协自身建设开展协商讨论》《(三)围绕政协全体会议召开开展协商讨论》②。而第三章《重要会议》第三节《政协浙江省委员会常务委员会会议》第五目《省政协第五届委员会常务委员会会议》则用了整整 6 页篇幅把 22 次会议一一记录在案，翔实可靠。③

---

①《人民政协志》，浙江人民出版社 2019 年版，第 309 页。

②《人民政协志》，浙江人民出版社 2019 年版，第 325—327 页。

③《人民政协志》，浙江人民出版社 2019 年版，第 208—214 页。

第四，写作规范，堪称范本。该志800多页，记述得体，用词和表述规范，全志文风统一，堪称省志范本，用不着举例了，强烈推荐大家读一读该志。特别值得一提的是：该志的《大事年》表长达74页，[①]对入志的大事资料都一一标明“资料来源”以供查验，这从源头上确保了志书的真实性和权威性。首轮和二轮修志实践中许多志书的引文和重要资料都没有标明资料出处，这不仅影响了志书的使用效果，还大大降低了志书的权威性。

第五，资料翔实。一部高质量的志书不应满足于一般性资料的占有，而应注重资料的质量和有价值资料的挖掘。在全志的正文、概述、丛录和大事年表上，都贯穿了这一指导思想，通篇闪耀着浙江特有的政协资料和政协故事，其资料带有“浙江政协味道”；在资料的占有、选取和运用上要彰显人民政协工作本质，前面在论述该志如何处理交叉重复上已经列举的一些例子，足以说明该志选取资料的角度根据主题的不同而量体裁衣，并且占有的资料十分丰富。当然，该志编者通篇都认真组织材料记好重点内容。重点内容设的节、目，都认真编写。第九章《特色工作》最为典型，其记述内容不是一般罗列记述，而是注意突出重点，如记提案内容，注意记各届政协提的重点提案有哪些，重点提案被采纳产生良好效益的情况等，还有大量的“优秀提案一览表”补充文字资料，达到文表结合。[②]同时在资料的选择上彰显浙江省人民政协工作的创新成果和工作经验。例如第六章《参政议政》、第五节《社情民意》第二目《民情热线》“浙江省政协民情热线设立于2005年4月，是全国政协系统首个民情热线电话，是浙江省各级政协委员、民主党派及成员履行职能的一个平台，人民群众反映与政协工作有关的意见建议的一条渠道。”从2005年4月20日设立写起，一直记载到2010年该志下限年份，逐年记载反映了多少问题，交办了多少件，办结率多少，满意率多少，都是用数据说话。[③]再举一例，第四章《政治协商》第四节《专题协商会协商》说明资料的丰富和无题概述的妙用。开头一段节下无题概述，虽然字数不多，做

①《人民政协志》，浙江人民出版社2019年版，《大事年表》第762—835页。

②《人民政协志》，浙江人民出版社2019年版，第608—660页。

③《人民政协志》，浙江人民出版社2019年版，第499—500页。

到了言简意赅，说明专题协商会产生的背景、主要活动和作用等，原文是：专题协商会是人民政协履行政治协商职能的一种重要形式。第十届省政协贯彻落实《中共中央关于加强人民政协工作的意见》和《中共浙江省委关于加强和完善人民政协政治协商促进科学民主决策的意见》，探索实践政治协商在浙江的新载体新形式。自2008年以来，省政协聚焦浙江全省经济社会发展重大问题，开展"系列浙江"重点课题调研，在此基础上先后就建设"山上浙江""生态浙江""人文浙江""和谐浙江"举行专题政治协商会，发挥专题政治协商会"切口适中、专题性强、时间紧凑"的特点和优势，提出的相关意见建议为省委、省政府决策所采纳，扩大了政协的话语权和影响力。然后用4目《建设山上浙江，发展山区经济专题协商会》《打造人文浙江，提升发展软实力专题协商会》《推进生态文明建设政治协商会议》和《构建和谐浙江，推进科学发展专题协商会》分别记载4个专题协商。

当然，也有美中不足之处。志书中照片有彩照和黑白照片，尤其是黑白照片十分珍贵，全都集中置于书前。要是能够增加一些图片，图片不集中在书前，做到随文附图，使全书图文并茂，增加视觉观感效果可能会更好。

总之，编修《人民政协志》是一件大事、好事、实事，通过修志工作，回顾总结了浙江省人民政协所走过的风雨历程，起到了宣传政协、反映政协工作，讲好政协故事、展示政协形象。浙江省方志人发扬工匠精神、"三苦"精神（清苦、辛苦和艰苦）、吃苦精神和实践精神，以"三品"（精品、名品和样品）为目标，通过认真编纂、精雕细刻，编纂出一部对得起历史、对得起人民和对得起子孙后代的精品佳志，可喜可贺！

（黄俊军，历史学博士，湖南省地方志编纂院党组成员、副院长，副编审。）

存真求实　精耕细琢

——读《浙江通志·公安志》

王广才

提　要：《浙江通志·公安志》贯通古今，唯物辩证，统摄得当，内容丰富，重点突出，广深结合，文笔流畅，学术品位上乘，真实反映出浙江公安工作的历史与现状，特别彰显出域内陆海相连、环境复杂、政治敏感、任务繁重、业绩突出等地方和时代特点，积累了强力部门对编史修志由陌生到入门到驾轻就熟的成功经验。

关键词：存真求实　精雕细琢　佳志力作

《浙江通志·公安志》（以下简称《公安志》），是浙江省2011年开始部署编纂113卷本《浙江通志》中的一卷，序为第20卷。全书103.4万字，卷首为彩页、《概述》；中设20章87节，有内文插图220张、表格162张；卷末为《丛录》和《大事年表》。拜读此志，甚感欣慰，欣慰的是全国新编省志分志中又诞生了一部佳志力作。以下所述的5点虽不能说多么全面，但也足可窥斑察豹，让人深思，给人启迪。

一、篇目设置得当

《公安志》以章作为顶层，属于下沉一级的设置，有利于减少层次，解决志界时常诟病的“叠床架屋”问题。所辖内容，共计20个类项，覆盖了公安工作的全部，内容涵括：机构、队伍管理、维护政权安全、刑事犯罪侦查、经济犯罪侦查、禁毒、监所管理、治安行政管理、警卫、群众治安保卫、网络安全保卫、边防管理、出入境管理、户政与人口管理、道路交通管理、消防管理、内部安全保卫和行业公安、公安法制、公安科技与装备、受理群众报警与信访等，可以说是全面而又系统。坚持"突出重点、兼顾一般"的原则，"抓大带小"，对属于关乎公安全局的核心事项，或将其位置前移，或作升格处理。例如网络安全保卫，笔者特意检索了4部省级《公安志》篇目，发现都把它放在目的层级，而且占位很少，反观浙江《公安志》，则将其由下类提升为上类，使之更加醒目，也扩展了记述的空间。除各地公安常规内容外，还增加了"人无我有、人有我特"的内容。章与章之间，字数大都控制在3万至9万字之间，内容基本均衡，避免了某些志书存在的"畸轻畸重"问题。其他同类志书篇目中存在的部门志痕迹、平均用力缺乏重点、分类和统辖不当的问题，在本志篇目中都得到了避免。

二、据实对待历史

《浙江通志》属于贯通古今的志书，分卷之一的《公安志》亦然。记述的内容包括晚清和民国时期的警察事务以及中华人民共和国建立后的公安工作，修志自然面临着时间跨度长、搜集资料难、分寸难把握的问题。但从志书中可以看出，这些问题都一一得到圆满解决。编纂者经过不懈努力，搜集到包括历史警务方面的资料1200余万字，为志书的存真求实奠定了坚实的基础。对中华人民共和国建立前的警务（治安），不论是顺势的还是反动的，都坚持历史唯物主义的观点，站在客观的角度进行审视和记述。如对旧警察机构和制度的产生，写明是始于清道光二十年（1840年）鸦片战争及之后的几次外国侵华战争，浙江逐渐沦为半殖民地半封建地区，英国和日本根据不平等条约在宁波、温州和杭州的外国人居住地和租界内设立巡捕房，获取在华警察特权。20世纪初清政府效仿西方警察制度，于光绪二十九年五月二十日（1903年6月15日），在杭州成立省城巡警局，同年闰五月初一（6月25

日)成立警察军，实施《浙江试办警察章程》，浙江开始建立近代警察制度。此后在浙江全省成立巡警总局(亦称全省警察总局)，始掌全省警务，同时撤销警察军建制，省城改设巡警总局。同时在杭州、宁波先后开办巡警学堂。全省11个府的78个县普遍建立巡警机构。宣统三年九月十五日，革命党人推翻清朝浙江地方政权，成立浙江军政府，下设政事部掌管全省警务。民国3—6年(1914—1917年)，浙江省政府根据“统一警政”要求，对全省警察机构进行整顿，设立警务处掌管全省警务，并直辖警备队(后改为保安队)。除在省城和各县普遍设立警察机构外，将清末建立的浙江水师改编为外海水上警察厅和内河水上警察厅。至此，全省自上而下的警察体系基本形成。对浙江的军阀政府及其警察机构向中共领导的反帝反封建的新民主主义革命进行疯狂镇压，对宁(波)、台(州)、温(州)防守司令部在宁波市抓捕国民党市党部和总工会中的中共党员和进步人士等，也旗帜鲜明地作了鞭挞性记录。对某些具有一定正面作用的事实资料，如民国初年，浙江全省划分7个禁烟区，查禁私种罂粟，共铲除罂粟42.9万亩；民国3—5年，全省查获私运、销售和吸食烟毒人贩1.14万人，也作了如实记述。

三、三级“述”体到位

所谓三级“述”体到位，即卷首概述和章节之首的无题分述，其内容体现了“述”的要义，起到了提纲挈领的作用。卷首概述，18200字，对应170年(1840—2010年)的跨度，其总量是合适的。处于顶级(或曰一级)的概述，应总括事情、沟通联系、彰明因果、提炼精华、评量得失；以此标准衡量，《公安志》一级“述”可以说是无可挑剔的。整个《概述》，暗分旧、新两类政制时期，明分7个板块，详今明古，述略缘由因果，刻画发展阶段，明晰内涵外延，言及兴衰起伏，沟通事物联系，总结经验得失，特别是最后高度凝练地写出公安工作科学发展的8点启示，完成了一个完美的收尾。开篇之“述”内容，源于章节而又高于章节；它能覆盖章节，确保范围的宽度，又能高度凝练概括，具有举纲张目的作用；所辖章节的“厚重”与处于统领地位的“精要”，形成了甚佳的搭配。类于编(或篇)的章，共计20整，章章有“述”，中观承上启下，经纬交织，统辖引领。此级“述”体(亦称二级“述”)，对古今内容，当溯则溯，不偷懒使滑，如户政与人口，上溯到春秋的越国，秦汉的会稽；当略则略，当详则详，如禁毒章下“述”，2400字，中华人民共和国建立前内容1720字，占71.6%；而“述”中的这种“详”，与属类中的“略”又存在着照应的关系。节下“述”的有无，视情而定，共设87节，其中有节有目的53节，节下均有简述(或称无题小序)，节下无目的34节，由于开门即进入实体记述，也就减去了额外的“简述”。节下“述”字数多者600字左右，少者200字左右；记述以定性、概括为主；内容主要是勾画脉络、提示要点、疏通联系、展示结果。

四、重点施以重墨

如前所述，志界有一句行话叫“突出重点，兼顾一般”。《公安志》在“兼顾一般”的同时，着重突出了维护政权安全、刑事犯罪侦查、经济犯罪侦查、禁毒、警卫、群众安保、网络安全、边防管理几个板块的内容。根据统计，维护政权安全4.2万字，经济犯罪侦查2.1万字，禁毒2.8万字，警卫和群众安保4.3万字，网络安全5.3万字，边防管理3.9万字，可见这些部分内容的丰富程度。杭州素有“上有天堂、下有苏杭”之美称。杭州是党和国家领导人考察视察以及外国领导人和著名人士来访较多的地方，也是陆海相连的边防一线，安全工作是一项艰巨的任务。从志书中可以看出浙江公安系统、群众安保系统，是如何在“安全第一”的思想指导下，统一领导，改革警卫措施，实行专门工作与依靠群众相结合，既保证安全，又不脱离群众，圆满完成各项警卫安全任务。特别是在《群众治安保卫》章中，用1.1万字的篇幅，较为详细地介绍了影响全国、持之以恒、创新发展的“枫桥经验”，可见作者在志书“面点”结合方面已经积累了较为成功的经验。

《边防管理》章，分设4节，详细记述了反武装袭扰，反情报渗透，反偷渡外逃，反“心战”策反，反走私，沿海边防辖区治安管理，船舶和渔船渔民管理，口岸边防管理等。

《网络及其安全保卫》章，是具有鲜明时代特点、体现在方方面面、科技含量较高的重大事物。其他《公安志》对其记述，一般作为常规事物带出，内容较为单薄。而浙江《公安志》作者对其敏察而又付诸实践，专章安排，条分缕析，开列了重要系统安全保护，互联网安全监督与管理，防控打击网络违法犯罪，进行系统深入记述。

五、力抬学术品位

欲使志书进入学术殿堂，获得社会更多认可，就必须提升其文化品位。浙江《公安志》不愧是文化和修志大省问世的又一力作，自然在学术品位方面是多有建树。其表现不仅在本文前述的谋篇布局、历史认知、统纂力道、重点把握方面，还体现在章法运用和学术态度上。章法运用，涉及广泛，仅举几点，便可洞知全貌。如横排竖写，写什么是内容，如何写是方法，亦为章法技巧。逐年实写是一种写法，分时段写又是一种方法。前者是“台账式”的笨拙写法，甚或是懒人懒办法，结果是堆砌粗制，受人指摘。后者是行家“匠制”，产出的是传世之作。如《公安志》区域刑侦协作，没有一年一年去写，而是选了1956—1980年、1981—1989年、1990—1994年、1995—2010年4个时段；而每个时段，围绕起始、推进措施、典型做法、特殊事件、阶段成果组织材料，综合概括，虚中有实，简而不略，清晰明了。时段中写脉络大要，那些“零块碎料”，则让其在“大事年表”中“安身”。再如在内容描述中，把“细节决定成败”力争体现到极致。经济犯罪侦查中的“案件侦办”，写2008年一宗大额棕榈油被骗案侦办，文中所见是：2008年6月15日，省公安厅接到浙江某进出口公司价值8000万元棕榈油被骗报案后，陆续发现多家企业进口的棕榈油均被同一伙犯罪人所骗，即组织杭州、宁波等地公安机关分头立案侦查，并商请上海、天津、江苏警方联动侦办，抓获以王某为首的犯罪嫌疑人13人。由此让笔者想到：实际工作如果没有这么扎实，作者也无从下手(读者看到的是浙江公安工作的深入扎实和科学有效)；客观事物确实存在，假如作者“无所作为”，再好的“金子”也会被埋没(如果无所作为，就会出现熟视无睹的情况)；这些资料抓到了，假如不绞尽脑汁去寻找最好的表现方法去统摄它，真实的情况也难以在若干年后通过书面的形式予以再现。这些假设，在浙江《公安志》编纂实践中并不存在，所以他们的努力得到了最大限度的回报。再如，良志佳作要求“堪存堪鉴”①，那么其中一点就要考虑，所记内容虽来自现实，但又不能“原料照搬”，需要进行“精心加工”，给读者呈现出“源于现实又优于现实”的文字。《公安志》写经济侦查中的“专项行动”，文字是：1996年前，全省公安机关管辖的经济案件种类不多，以查办经济犯罪案件个案为主。1997年始，经济犯罪呈区域性、多发性、系列性、蔓延性特征。全省公安机关在保持经常性打击的同时，以专项行动、联合行动和集中整治为手段，集中时间、警力、精力，对特定时期、特定领域、特定区域的多发性、系列性经济犯罪开展专项行动。后面文字就是如何开展专项行动的综合概括。如此用心安排和恰当记述，就使所载内容达到了“堪存堪鉴”的目的。

《公安志》还有一点特别值得肯定，就是“注释”的频繁使用。这是《浙江通志》的一个显著特点，《公安志》自不待言。志书中直接引用（引文）、图片、表格（含大事年表）及其他有关重要内容，均注明资料来源；其他需要说明者，亦酌情加以注释；引用清代及清代以前编纂的志书，注明朝代、纪年、志书名称及卷次（或卷次与篇名）；引用民国时期编纂的志书，注明“民国”两字和志书名称、卷次（或卷次与篇名）；引用1949年10月1日（含）以后编纂、出版的志书，注明志书名称、出版单位、出版时间及页码；志书名称与篇名均用书名号；引用私修志书，除上述各项内容外，于志书名称前注明作者姓名②。这些都是追求志书学术性的一种体现。

（王广才，河北省地方志办公室原副主任，副编审，中国地方志学会学术委员。）

① 参见2015年12月30日《人民日报》所载的李克强总理批示：“为当代提供资政辅治之参考，为后世留下堪存堪鉴之记述。”

②《浙江通志·公安志》，浙江人民出版社2018年版，第3页。

浅析《浙江通志·质量技术监督管理志》的“述体”运用

陈华　黄静

质量技术监督管理是一项重要的、综合性的基础工作，其覆盖范围广泛，涉及国民经济和社会发展的各个领域、人民生活的各个方面，关系人民群众切身利益，关系国家形象。作为经济综合管理的一个重要组成部分，省、市、县三级志书经济部类都有此内容，省志更是将其作为单独一册独立成书，反映各省在质量技术监督管理方面所取得的成就。《浙江通志》亦设有第三十五卷《质量技术监督管理志》（以下简称《质监志》），以充分反映浙江综合实力，反映浙江企业和产业核心竞争力，反映浙江经济发展战略。该志共设10章，约78万字，主要记述上至远古，下至2010年底，浙江在标准、计量、质量监督等方面所进行的不懈探索和所积累的宝贵经验，全面、客观地展示中华人民共和国成立以来，特别是改革开放以后，浙江质量技术监督工作在维护公平竞争、促进产业发展、推动经济社会进步方面所取得的丰硕成果。

浏览该志，给笔者的总体印象：一是内容全面。该志按照地方志书横排门类、纵述史实的要求，以时间为序，全景式、系统性展示浙江质监工作的方方面面，揭示质监事业发展的内在规律，并对工作中发生的重大失误和问题给予必要描述。二是专业性强。围绕标准、计量、质监的专业特点，坚持让数据说话，用数据反映浙江经济的快速发展和人民生活水平的持续改善，用数据体现浙江质监人孜孜不倦的探索精神和所取得丰硕的成果。三是特色鲜明。围绕浙江实际和特点，客观反映浙江质监系统在法治建设、监督管理、检验机构改革等方面所形成的具有浙江特色的工作理念、工作机制、工作方法、工作经验。四是严谨规范。遵循志书编纂规范，做到体例结构严谨，章节目设置科学合理；体裁运用全面，述、记、志、传、图、表、录体齐备；页下注使用科学、规范，从某种程度上提高了志书的学术品位；行文规范统一，从文字、数字、称谓乃至标点符号的使用，严格遵守凡例规定，整齐划一。五是秉笔直书。既写成绩，也记不足；既总结经验，也暴露问题。如记载食品质量安全事件、特种设备安全事故以及假冒伪劣产品等，以警示后人。

细细品读，给笔者留下印象最为深刻的是该志在“述体”运用上的独具匠心。

编修地方志是中国特有的文化传统，已有几千年的历史。但是，“述体”作为一种体裁，始见于民国期间黄炎培先生主编的《川沙县志》。该县志在每志之前都设有概述一篇，其用意在于“简略说明本志内容之大要”，使读者“读概述后进而浏览全文，其繁者可以用志不纷，其简者亦将推阐焉而有得，或竟不及读全文而大致了了”。自此以后，“述体”作为志书的一种体裁渐为志界采用，即我们通常所见的设于志首、篇章节之前的概述（总述、综述）、无题概述等。

《质监志》编纂者对全书“述体”的布局做了统筹谋划。《概述》置于全志之首，统领各章；无题概述设在章或节目下，起概括和导读作用。运用志书“述体”，在志首设概述已成定式，凡是志书都有概述。但对于各个章节是否需要有无题概述，目前尚未形成共识，主要有两种观点：一种观点认为章节都要有无题概述，以统一体例。这种观点比较理想化，在实践中不太能行得通。另一种观点则认为，章下要有无题概述，节下视实际需要而定，该写则写，能写则写，不作硬性规定和统一。笔者持后一种观点，也是目前大多数志书的处理方式。综观《质监志》，也是如此处理的。既有原则性，又有灵活性。全志设10章，每章均有无题概述；全志44节，各节均有无题概述。除统筹布局外，该志的编者对篇幅长短也做了考虑，大致定有个标准。章下无题概述平均1200字，绝大多数篇幅1300~1400字，其中最长1400字，最短800字；节下无题概述平均350字，绝大多数篇幅330~400字，其中最长650字，最短160字。既不让读者觉得冗长，也不感到空洞无物。显然，编者对章节无题概述做了精心统筹，且比较科学合理。

除了统筹谋划“述体”的布局外，编者更是对其具体写法也做了认真考虑，使全书“述体”的运用既符合志书规范，又具有自身特色。

首先谈谈全书《概述》。《概述》位居全志之首，为“一书之大略、全志之总揽”，享有“志眼”之美誉。为方便览读，《概述》也成为引导读者阅读全志的门径之一，它与《凡例》《目录》一道，成为读者阅读志书的首选途径。一般来讲，综合性志书涉及面广，概述内容多点纷呈，容易出彩。省志专业志，特别是经济管理类专业志，内容较枯燥单一，且专业性强，写出的《概述》比较寡淡。为改变此种状况，编纂者精心谋篇布局，按照浙江质监事业发展的历史轨迹，抓住每个时代特征，牢牢把握《概述》源于全志、精于全志，而又高于全志、统率全志的原则，使整篇《概述》成为全志内容的提要钩玄。认真品味，更觉该志《概述》是一部兼具学术性、通俗性的浙江质量技术监督管理发展史。《概述》全文1.8万字，除引言外，分6个部分叙述。引言第一段从质量技术监督的站位出发，简要阐明质量技术监督的内涵及对经济社会发展和人民生活的作用和意义：“质量技术监督是中国行政管理体系的重要组成部分，是经济社会发展的综合性基础工作。它涵盖计量管理、标准化管理、宏观质量管理、认证认可监管、产品质量监管、纤维质量监管、食品生产质量监管、特种设备安全监察、组织机构代码管理和商品条码管理等多项行政管理职能。这些职能既相互联系又自成体系，具有专业门类多、技术性强、与经济社会发展和人民群众利益关系密切等突出特点。”在传统概述的写法中，一般要求开门见山，此段话会被作为“穿鞋戴帽”内容而删除。但是，作为专业志，即使是对于业内而言，有没有此段内容，对于理解质量技术监督的内涵还是不一样的，更何况对于普通读者而言。为了便于比较，笔者将第二段内容的第一句录于此：“浙江作为中国古代文明发祥地之一，其计量、标准化历史可以追溯到远古时期。”试想，如果没有第一段对质量技术监督内涵的阐述，直接从浙江开始写，阅读起来便会有突兀、孤立的感觉。浙江的质监事业就没有产生发展的土壤，也就成了无源之水、无本之木。而简要的阐述，便很好地解决了这个问题。

纵观历史是志书的基本要求，也是《概述》主要职责。但纵观历史不是记流水账，而是要通过历史的回顾，写清楚事物发展的历史过程，从来龙去脉中，彰明因果关系，揭示发展规律。《概述》的作者通晓浙江质监事业发展历史，把握事业发展的阶段性，厘清质监发展大脉络，特别是把准改革开放后质监事业发展的转折点，将《概述》主体分成6个部分：第一部分从远古到中华人民共和国成立前，重点简述度量衡（计量）和标准化管理的发展历史。第二至第六部分，阐述中华人民共和国成立后质量技术监督管理发展变化历程。其中，第二部分为中华人民共和国成立后至1978年改革开放前，重点内容为标准计量管理；第三部分为1979年至1995年，省标准计量管理局更名为浙江省技术监督局前，重点叙述改革开放后，浙江围绕经济发展、民生利益所进行的一系列改革举措，使全省计量管理和标准化建设工作逐步纳入规范化、制度化的轨道；第四部分为1995年省标准计量管理局更名为浙江省技术监督局后至2005年，在省委、省政府的领导下，全省技监部门按照“寓监督于服务”的工作原则，转变观念，深化改革，不断增强技术监督服从、服务于经济建设的意识，全面履行综合管理和行政执法两大职能，开创了技术监督事业新局面；第五部分是2002年至2007年，重点突出在时任浙江省委书记习近平的领导下，落实浙江省委、省政府关于“推动品牌大省建设”“切实抓好商标、质量、标准、管理等品牌基础工作”的要求，全省质监系统进一步厘清改革与发展、监督与服务、履行职能与事业发展的关系，加快发展理念转变和发展方式转型。第六部分为总结和展望，简要回顾发展历程，总结不足，展望未来。文中写道："综观浙江质量技术监督的实践和历程，其成果和经验弥足珍贵。但有些不足与教训也应该汲取。尤其是制约浙江质监事业发展的长期性矛盾和问题仍然存在，传统的行政理念和管理模式仍然禁锢着质监事业的进一步发展，全局性、战略性、前瞻性的研究也有待加强。"对于存在的问题，虽然没有更多地展开记述，但是，编纂者敢于正视，且如实记载，也是史家秉笔直书原则的体现。编者把几千年浙江质监发展史，用5个历史时期串联起清晰脉络：从六七千年前余姚河姆渡先民简单的测量技术开始，到1977年浙江标准计量事业进入新的发展阶段、90年代成为全国的一面旗帜、"十五"时期建立起完整的质量技术检验检测体系、"十一五"期间处于全国质监系统前列。读概述，就是读浙江质监事业发展简史，就是读浙江质监事业发展时代特征、地方特色，就是读全志的精华，也印证了"志书概述往往是评判一部志书质量好坏的标尺"这一志界的共识。

再谈谈章节无题概述。志书的《概述》涵盖面是全志，起宏观概括、统揽全书的作用。章节无题概述的作用与志首概述近似，都是加强志书整体性记述的，只是覆盖面不一样。章节无题概述居于章节之首，其作用是浓缩章节精华，起到"窗口"导读作用，同时还能起到一定的补充正文记述不足的作用。章节无题概述的基本写法也与志首概述大致相同，多数志书章节的无题概述采用的是勾勒发展脉络和特点式写法。而《质监志》的章节无题概述在内容上有所拓展，在专业性很强的计量、标准化，以及从标题上看比较抽象的宏观质量管理、产品质量监督管理等章下无题概述中，都先记述其专业内涵。如第一章《计量》无题概述首先从计量的内涵释义："计量是关于测量的科学，它是实现计量单位统一、量值准确可靠的活动。……在同自然界漫长的斗争中，人们首先学会了利用感觉器官，如通过耳听、眼观、手量来进行测量。'布手知尺''舒肘知寻''举足为跬''倍跬为步''掬手为升''迈步定亩''滴水计时'等，一定程度上反映了中国古代人民测量的水平"。接着再勾勒浙江计量的发展脉络，从"距今六七千年前，生活在浙江余姚河姆渡的先民们就学会了简单的测量技术"开始，一直记述到"至2010年底，全省基本形成省、市、县三级计量行政管理体系和量值溯源体系，构建了由3部地方政府规章和163项省地方计量技术规范组成的具有浙江特色的计量法规规章体系，完成了2748项社会公用计量标准和4067项企事业最高计量标准的建设，计量的范围涵盖几何量、温度、力学、电磁、无线电、时间频率、光学、电离辐射、声学和化学(含标准物质)十大计量领域，并在生物、医学、环保、信息、气象等专业计量测试研究方面取得长足的发展。”再述浙江计量管理的特性和作用:“计量在工业、农业、医疗、能源、商贸等领域也得到广泛应用，成为推动浙江经济社会发展的重要基石”。该章无题概述主体采用的是最常用的“沿革式”写法，勾勒贯通古今的浙江计量发展脉络，给读者以完整的印象。最大特色在于第一自然段，从概念入手，以古人“掬手为升”“迈步定亩”“滴水计时”等感官测量手法，显示计量在古代已渗入人民生产生活的方方面面。形象地告诉普通读者，什么是计量，计量在中国古代文明中的作用，使读者加深对浙江计量发展史以及在当今浙江经济社会发展中作用的了解。

再如第六章《特种设备安全监察》无题概述也是从特种设备内涵出发:“特种设备是指在生产和生活中广泛使用，对人身和财产安全有较大危险性的锅炉、压力容器(含气瓶)、压力管道、电梯、起重机械、客运索道、大型游乐设施、场(厂)内专用机动车辆，以及法律、行政法规规定适用《特种设备安全监察条例》的其他特种设备。由于特种设备在使用过程中具有高温、高压、高空、高速等特性，具有潜在危险性，如果设计、制造、安装、改造、维修、使用或管理不当，一旦发生事故，不仅会造成严重的人身伤亡及重大财产损失，甚至严重影响社会生产和生活秩序。因此，特种设备安全问题历来受到政府的高度重视，并以强制性措施给予专门的安全监察管理。”内容没有涉及浙江，而是采用“导语式”手法，用简洁的文字，解释什么是特种设备，特种设备安全监察的重要性，引起读者读下去的欲望，了解浙江在特种设备安全问题上政府历来是怎么做的，特别是中华人民共和国成立后，政府是如何进一步加强安全监察方面工作的。一篇章下无题概述顺理成章。

上文列举的 2 个章下无题概述都有对主题内涵的阐述，都不是“长篇大论”，而是视内容而定，但都能起到释疑解惑的效果，对于专业性很强的志书有很好的借鉴作用，值得推广。

相对于章下无题概述而言，节下无题序的概括性、导读性更强。节下无题概述资料的具体化容易造成与正文记述内容的重复交叉，这对节下无题概述的要求更高。《质监志》在这个问题上处理很是恰当。如第一章《计量》第一节“计量单位统一”，节下设有 3 个目：度量衡划一、市制改革、推行法定计量单位。其无题概述首先对计量单位概念进行释义：“计量单位是指为定量表示同种量的大小而约定的定义和采用的特定量”。再对计量单位增多发展的内因和外因进行记述：“计量单位在最初是不统一的，并随着生产、交换的发展不断增多。由于这些计量单位都是独立产生和定义的，相互间缺乏科学联系，大小、名称不一，进位五花八门，给社会生产和商品交换带来很多困难。于是，人们迫切需要建立统一而合理的计量单位，并以法律形式固定下来。秦始皇兼并六国后，颁布统一度量衡的诏令，计量单位得到一定的统一。但由于政权更迭，战乱频仍，度量衡在历史上从未实现完全的统一。清末，清政府开展划一度量权衡工作，但不久清朝灭亡，划一工作无疾而终”。最后简明扼要陈述：“民国 16 年（1927 年），民国浙江省政府决定划一度量衡，并设立省度量衡检定所，负责划一工作。至民国 25 年，全省度量衡划一大体完成。1959 年 6 月，国务院颁布《关于统一我国计量制度的命令》，全省随即开展市制改革。20 世纪 80 年代，全省推行法定计量单位，至 1996 年基本完成。此后，法定计量单位在全省得到普遍使用”。最后一段文字的记述，实际是对该节所设 3 个目的提点，起到画龙点睛的作用。既为该节正文的引子，又是该节主体内容的写作提纲。

最后谈谈目或子目的无题序。不用“无题概述”之名而称其为“无题序”，是因为目或子目是章节体志书的最基本记述单元，是志书事以类分后完整记述某事物或某项工作的资料载体，各级各类志书一般是根据需要设一个极其简明扼要的目下无题序，子目下一般不设。而且，从一些设有目或子目无题序的志稿来看，与正文内容或多或少有重复交叉，有些更有画蛇添足之感。但阅读《质监志》后，感觉是“淡妆浓抹总相宜”。根据统计，目下无题序多则400字不到，最少31个字；子目无题序则更加简洁，最多100字，一般30～40字。无题序用最简洁的文字，对目或子目的具体记述内容，或解释，或说明，或总结，高度浓缩，起到很好的导读作用。如《企业标准化》目下无题序：“企业标准化是企业管理的重要组成部分，对企业生产、经营活动具有十分重要的作用。”短短40个字，点出企业标准化内涵及作用，引导读者去探究其重要作用。再如《商贸计量管理》目下无题序：“商贸计量管理是指在商品交易过程中，为防止计量失准或计量欺诈，确保单位统一，量值准确可靠而开展的管理活动，包括商贸计量器具管理、商品量计量监督及开展计量诚信活动”。读目下无题序，便知什么是商贸计量管理，商贸计量管理是从哪3个方面开展工作的，起到很好的导读作用。仅设的8个子目无题序，则完全是根据目的综合性以及子目标题的抽象性而进行的一种解释性记述。如《纤维质量监督管理》其中一个子目《公证检验》，无题序记述“是国家对纤维产品实施质量监督和对纺织原料进行宏观调控的一项重要制度，它是由专业纤维检验机构按照国家标准和技术规范，对纤维质量、数量进行检验并出具公证检验证书的活动”。寥寥数语既解释了何为公证检验，又概括了公证检验的重要性和具体做法。

综上，《质监志》的概述，结构布局严谨，叙事脉络清晰，阶段特征鲜明，成绩不足并记，是一篇难得的好概述；章节无题概述，概括一章一节之大势大略，高度提炼文献资料，是了解浙江质监各项工作成就的“窗口”；目或子目无题序，因需而设，以释义性居多，起到很好的导读作用。

“述体”的科学合理运用以及写作方法的得当，仅仅是《质监志》成功编纂的一个侧面，该志还有其他优长之处，限于本文篇幅，不再一一分析。最后笔者想说的是，该志的编纂成功，因素固然有很多，但最关键的是以下方面：

一是篇目论证充分。2012年7月至12月，半年时间里，该志篇目经历了初稿设计、征求意见、专家论证等环节，最后由省方志办组织召开论证会通过。可以说，“一张蓝图绘到底”，避免了走弯路、“翻烧饼”，甚至推倒重来，为后期搜集资料和初稿编写定了方向。二是资料工作扎实。志书本质特征是资料性，因此，资料工作是编纂工作的基础。该志的资料工作经历了原始资料搜集、资料卡片制作、资料长编编辑以及核实补充等过程，并举办资料长编工作培训班，进行资料质量检查等。累计制作资料卡片 6700 余张，计 1100 多万字，与成书字数之比为 17∶1，为确保志书资料性奠定了非常扎实的基础。三是志稿编写规范。参与编纂工作的人员大多没有修志的经历，对志书的体例规范、行文要求知之甚少。编纂组采取试写的方式，先组织初稿试写，并对试写稿进行评审，以会代训，起到了很好的典型引路作用，初稿质量由此得到保障。2015 年 10 月至 2016 年 9 月，编纂组用了近 1 年时间进行初稿编写，采取边编写、边评议、边修改的方式，反复征求意见，修改打磨，八易其稿，最后形成初审稿。四是审查验收严格。志稿审查验收不仅仅是一个工作流程、一个程序，更是质量把关的重要环节。通过评审，集中大家的智慧，对志稿提出修改意见和建议，供编纂者修改参考。《质监志》严格经过初审（修改）—复审（又修改）—终审（再修改）程序，共提出体例结构、图片表式、行文规范、语言文字、内容分类等 11 类 440 项近 900 条修改意见和建议，且绝大多数被编纂人员采纳修改。特别需要指出的是，《质监志》在形成初审稿以及审查验收后的修改过程中，统稿工作极其认真仔细，这是确保志稿质量的重要因素。总之，《质监志》编纂者遵循修志规律，严格规范编纂流程，从严把控志稿质量，从而将该志打造成一部佳作良志。

（陈华，江苏省地方志办公室党组成员、副主任；黄静，江苏省地方志办公室二级调研员。）

略论《浙江通志·农业志》述体的撰写

孙晓东

提　要:《浙江通志·农业志》在对述体的运用上颇有特色。其铺设位置的灵活安排，内容评述的严谨精当，撰写技法的丰富多元，既体现了编者对浙江省农业历史发展进程的了然于心，又反映了编者对方志述体在部门志中运用的独特领悟和思考。

关键词：浙江通志　农业志　述体　撰写特色

述，是新方志八大体裁之一，也是旧志中常见的一种记述形式。根据中国地方志指导小组办公室编纂的《当代志书编纂教程》定义，述体主要是指居于志首的概述（总述）、各专志前的综述及各篇章前的无题小序而言。[①]而从南宋罗愿所编《新安志》到清章学诚编纂的《和州志》《永清县志》，都有在志文中设述的做法，述文除说明本篇大要外，重点在阐明本篇的义例。[②]对于很多新志书而言，志分篇章节目，目为记述实体，无题序最低处于章的层次。而对于一些部门志行业志来说，由于社会发展非常快，行业分工越来越细，仅在目的层次粗线条的记述不足以还原历史的全貌，目下纵贯式的记

① 中国地方志指导小组办公室编:《当代志书编纂教程》，方志出版社2010年版，第50页。

② 林衍经:《方志编纂系统论》，安徽大学出版社2001年版，第56页。

载也不能充分体现历史细节，必须条分缕析，因类分层。编纂者故而有目下分子目，子目之下分细目，甚至再往下细分之举。《浙江通志·农业志》（以下简称《农业志》）编者顺应资料现状，发散思维，多层设目来展现历史。又因史料丰富，仅以各级目的形式仍无法全部横分，难以达到不漏记缺记事物基本要素的结果，编者便在节及各细分目前再设无题序之类“述”文的做法来弥补或说明。细读之下，《农业志》之述体，设序得宜，构思精巧，方法多元，议论恰当，均与志文配合无俦，可谓是志书中同类体例的精品之作。

一、《农业志》述体的基本情况

通读全志，编者按传统方式设置两种述体，一种是志首概述，一种是志中无题序文，概述总括全志，无题序引领下文。因方志界对志首概述有较多的研究，本文仅对《农业志》无题序的情况进行讨论。

（一）无题序的布设

无题序，在不同的时期有不同的称呼，志书编者根据自己的见解，先后称之为“小序”“序例”“概述”“弁言”“无标题引言”等，今则多称为“无题序”。在首轮及二轮新方志的编纂中，是否设置无题序，在什么位置设无题序，通常根据编者的主观意愿决定，有的设篇下序，有的设章下序，有的设节下序；即便是同一部志书，在同一层级，也有设或不设的情况。如首轮《浙江省农业志》，节下无题序有设有不设，如第三篇《土壤》第一节《土壤开拓》，设有总结式节下序，而第二章《肥料》第一节《广开肥源》，则不设节下序。[①] 二轮《农业志》，编者在设置述体时，除志首《概述》外，在章、节层次固定设置无题序文，而目、子目、细目等，则根据内容以及行文需要来设置无题序。该志《凡例》称：“卷下设章、节，节下根据需要设目、子目与细目等”[②]。

① 浙江省农业编纂委员会编：《浙江省农业志》，中华书局2004年版，第413—449页。

②《浙江通志·农业志》，浙江教育出版社2021年版，第1页。

章节因属于大结构层次，内容丰富，设置无题序可以帮助读者更快地了解内容的大致情况；而目及其以下则属于细分层次，有些内容简单明了，有些则复杂烦琐，因此，编者根据实际情况来设或不设无题序文。如第十五章《农业现代化建设》第四节《农业产业化》，只设《农业主导产业》《农业产业化经营模式》《农业龙头企业》《农产品加工和农产品营销》5个目，目即为记述实体，属较简单的层次架构；又如第一章《农业生产条件》第四节《植物保护》，其中第4个目《农药与药械》，下分《农药》与《药械》2个子目;《农药》子目又分为《植物性农药》《化学农药》2个细目,《化学农药》细目又分出《杀虫剂类》《杀菌剂类》《除草剂类》3个又细目，而这3个又细目再各分出微目，其中,《杀虫剂类》分出9个,《杀菌剂类》分出9个,《除草剂类》分出11个。在这里，从章到微目，共细分出7个层次。[①]这种细分，是科学发展到一定阶段，技术高度发达所致，编者须对相关科学知识详细了解，准确把握，在如此复杂的层类编排时才会得心应手。

(二)述体的篇幅及数量

无题序在志书中有重要的作用，但并非志书的主体。如果一味地扩展无题序的内容，那就会冲淡志文的记史效果，导致本末倒置，得不偿失。王晓岩认为，志书编者撰写无题序应当在小巧上下功夫:“小序是以少量的文字，引出丰富的内容。因此，不能枝枝蔓蔓，无所收束，出现头重脚轻的毛病；而应该在小巧上下功夫，做到以小引大，言简意赅”[②]。表明无题序要有一个合理的篇幅。

《农业志》志体设有15章70节，除志首概述外，15个章均设章下无题序，70个节均设节下无题序。另外，全志有40个目、75个子目及24个细目亦设有无题序，占全志目类层次数量的20%左右。总计全书，述体字数约占全志总字数103万字的5%，容量适当，篇幅得宜。

---

①《浙江通志·农业志》，浙江教育出版社2021年版，第65—85页。

② 王晓岩:《方志体例古今谈》，巴蜀书社1989年版，第59页。

二、《农业志》述体的编写特色

细读《农业志》各层无题序文和其下正文，比较两者之间的关系，推敲编者在序下正文中精心挑选出的最具代表性的史料或认真归纳总结出的序文，俯视其在章节中的作用，品味其遣词造句的技巧，便发现这些无题序文具有史料可读、议论严谨、层次灵活、安排合理的写作特点。编者照顾不同读者的需求，在文字阅读感上给人不同感受。对普通读者来说，通过这些序文可一览而知此处历史概貌；对专业人员来说，能从这些序文中领会到编者深层次的主旨思想和意境，明白编者所要表明的历史态度和立场观点。

（一）史料编排的可读性

纵览全志，编者对述体的运用可谓是如臂使指，对述文特别是无题序的撰写力求尽善尽美，体现在文字上毫无累赘与重复之感，篇幅上繁简适宜而又亮点突出。同时，既有知识性又有可读性。如第三章《粮食作物》第一节《水稻》的无题序，编者通过引用考古资料，使本志的水稻种植时间上限上溯到了新石器时代。众所周知，中国是世界上水稻栽培历史最悠久的国家，据浙江余姚河姆渡遗址发掘考证，早在六七千年以前这里就已种植水稻。进入21世纪以来，最新的一系列考古发现也巩固了这一结论。但在《农业志》第三章《粮食作物》章下无题序中，编者除了记“距今约5000—7000年的河姆渡遗址中，发现先民已开始种植水稻”的史实，还在此之前，将“浙江稻作种植历史悠久，在距今约1万年的上山文化遗址中，发现坯土掺和料中含大量稻谷颖壳”[①]的记载置于前者之先。

根据考古推断可以知道，虽然当前中国稻作种植仍然是以河姆渡遗址发现最早为主流认识，但编者这一处的史料运用上，只叙不议，既表明了编者对中国最早稻作种植地点是上山文化遗址、时间上也要早几千年的观点，也增加了读者在阅读志书时的趣味性和知识性。

①《浙江通志·农业志》，浙江教育出版社2021年版，第149页。

(二)评论史实的严谨性

志书讲究“述而不作”，但是，在志书合适的地方对史实进行恰当的评价，能够提高志书的分量。在首轮、二轮志书编纂过程中，志书各板块可以用来评论的位置，无外乎志首《概述》、无题序以及人物传3个地方。志首《概述》论总貌，人物论生平，而无题序论史实。与志首《概述》及人物传相比，无题序数量多且结构复杂，或者是单个行业史实立一序，抑或是多个行业史实会聚一起立一序，编者的评论难免夹杂个人主观意见。《农业志》无题序的议论非常严谨，或引用权威机构已定结论，或引用权威人物的评价性语言，或以所得荣誉来表述，严谨朴实，寓评于述。如第二章《农业生产经营方式》第四节《人民公社时期的经营方式》，在记述浙江省人民公社时期农业的经营方式时，编者对该省实施政社合一的人民公社体制所造成的危害进行了一番评论，认为：“这种融行政管理和生产经营为一体的组织体制、高度集中统一管理体制和平均分配主义分配方式，违背了农业生产的特点和农村生产力的发展水平，限制了农民生产经营自主权”[①]。编者对于这种体制所造成不良后果的批评，并非自己杜撰，而是根据官方统一的认识来写。如中共中央党史研究室所著《中国共产党历史(二卷本)》对此事所下的结论是：“人民公社化运动的最大失误是所有制关系上盲目求纯，……违背了经济和社会发展的客观规律……对社会生产力造成了极大破坏，给国家和人民带来了灾难性的损失”[②]。又，在同一个位置的无题序中，编者对于受“文化大革命”影响而发展滞后的浙江农业发展的评论为“浙江农村一度推行‘政治评分’‘三献一并一升’‘穷过渡’等极‘左’做法，扰乱了人们的思想，严重影响农民劳动生产积极性的发挥，结果使农业、农村发展滞后，影响国民经

①《浙江通志·农业志》，浙江教育出版社2021年版，第1页。

② 中共中央党史研究室著:《中国共产党历史(二卷本)》，中共党史出版社2016年版，第503页。

济的顺利发展”[①]，这个评论，对于浙江省在“文化大革命”期间农业和农村经济发展迟滞不前的局面作了一个中肯的评价。由于此事涉及国家历史重大事件，编者参考官方高层次的文献，结合浙江的历史事实做了一个客观的评论。中共中央党史研究室所编的《中国共产党历史（二卷本）》中对此类史实也有相似的评论：“大寨大队大搞阶级斗争扩大化，‘穷过渡’及批判所谓‘工分挂帅’‘物质刺激’的经验成为全国农村必须仿效的榜样，对农业生产产生了消极影响”[②]。编者并没有对浙江农业发展在某个时期的历史事实进行个人理解式的评价，而是采用官方已有的评价结论来说明情况。

（三）处置重复的合理性

二轮修志，编者在述体的运用上各有考虑。除志首概述是规定必写的外，有的志书只写章下无题序，有的只写节下无题序，有的部分写章下无题序，或是部分写节下无题序。不写的主要原因，一是根据部类分层的繁简情况而定。平行类别太多的部类，则不予撰写，避免叠床架屋，机械重复。如在综合志书中的“群团”“经济综合管理”等，由于其下属各门类较为复杂且相互之间联系较为松散，无法在无题序中将各门类均匀记述，编者为避免顾此失彼而不写；二是编者考虑到有些内容太虚或是太实，无法概述事物发展全貌和特点等。表面看来，无题序在层次上有设或不设的现象，似乎比较灵活，但却给读者一种割裂的感觉，缺乏志书的整体性和统一性。

《农业志》实行章节固定设置无题序文的做法，因节属章，章含节，是以章节之间的无题序文不可避免会有重复记述现象，特别是设节较少的章更是如此。但本志编者巧用匠心，恰到好处地处理重复内容。如第十三章《农业科研与教育》，下分《农业科学研究》和《农业教育》两节。这种横分较少而层次明确的内容，编者在章的无题序文中，简记了浙江的农业科研在旧时

---

①《浙江通志·农业志》，浙江教育出版社2021年版，第127页。

② 中共中央党史研究室著：《中国共产党历史（二卷本）》，中共党史出版社2016年版，第503页。

代发展的情况，而详记了中华人民共和国成立后农业科学研究所取得的各项科研成果。《农业科学研究》节下的无题序文，将浙江自宋以来至民国时期农业科研过程详细记述，几乎是搜罗尽了浙江古人在农业科研上所做的努力以及其记载，对于中华人民共和国成立后的农业科研，则重点记述了各个时期的科研机构和研制的农业新品种。在章下无题序文中记述的农业教育，则分宋代、近代和现代对应浙江农业教育的开端、发展、高潮三部分，从宋代和近代的农业教育机构到现代浙江农业教育的体系形成，整体上属高度浓缩的笔法；而相应的第二节《农业教育》的无题序文，除古代农业教育内容略略提过外，重点记述了中华人民共和国成立以来浙江农业快速发展的进程，同时，也适当对阻挡《农业教育》发展的原因进行了评论。[①]本章的章、节之间的无题序文相比较，两者记述重点各有不同。编者以极高明的处理技巧，将两者间极易重复的内容采用多种方式处理，使读者不觉得累赘。

（四）宏微毕现的层序性

述体内容是志书编者对资料的第三次整理过程，各层次无题序文分别记载不同范围的概略史实。层次更高的，其记述偏重宏观，层次较低的，其记述类似于中观；而层次更低的，则基本上是将微观史料一一呈现了。这是《农业志》在处理各层次无题序时较多使用的一种方法，即同一类事物，从章无题序，至节、目无题序，依次详写。以第三章《粮食作物》为例，章、节、目及部分子目均设无题序。其章下无题序主要分为两段，首段记粮食作物从文化遗址发现以来至中华人民共和国成立前，主要记粮食作物的品种及颁布推广；次段记中华人民共和国成立后粮食作物的新技术与产量。第二节《旱粮》，其无题序记旱粮分春粮和夏秋旱粮两种，分叙其在不同年代所占粮食总产量的比例情况。章下无题序所记节之旱粮，仅一个个名词而已；而旱粮节下无题序所记目的内容，亦仅是名称及数量而已。而目下所记之旱粮，

① 《浙江通志·农业志》，浙江教育出版社 2021 年版，第 654、655、689 页。

如豆类，则详记各类豆名，突出名豆特色[①]。综上，从章下无题序至目无题序，所记内容从简至繁，层次分明，逻辑得当。

三、《农业志》无题序的写作技法

志书无题序的写法最初较为单一，从最早罗愿《新安志》的“篇首小序”起，到清章学诚改称“序例”，在写法上除了主要说明本篇大要外，重点在阐明本篇义例。[②]如章学诚《和州志·政略》序例，是记有汉2人、晋10人、刘宋8人、萧齐2人、梁4人、宇文周1人以及隋2人的史迹，“品其瑕瑜，草木区分，条编类次者，其例本不相侔。于斯分别标题，名为《政略》，不亦宜乎！”[③]阅读《农业志》的全部无题序，却远不止说明大要和阐明义例那么简单，而是根据史料横分的现状合理安排撰写方式，起到补充、说明、承接、导引等作用，在写法上则根据实际情况采取不同的方法表述，在形式与内容上达到有机地统一，彰显了编者对浙江农业发展史的通透了解和对史料的熟练把握。

（一）纵贯记述法

以节无题序为例，其写法是将该节下目按一定的顺序依次归纳记述。如第二章《农业生产方式》第五节《改革开放后的经营方式》，共分6个目：《农村家庭联产承包责任制》《农村第二轮土地承包及完善》《土地承包经营权流转》《农村集体经营》《专业大户经济联合体和农村合作基金》《农民专业合作社》。由于该节所记均为政策性内容，因此，编者将所辖6目的政策颁布依时间先后纵述下来，形成节下无题序。这种写法适合于各目（子目）之间有先后延续相接的内容，是比较容易掌握的写法之一[④]。又如第十章《农场》第三节《农场管理》，下设《农场管理体制》和《农场经营管理》2个目，其节

---

①《浙江通志·农业志》，浙江教育出版社2021年版，第149—181页。
② 林衍经：《方志编纂系统论》，安徽大学出版社2001年版，第56页。
③（清）章学诚：乾隆《和州志》，安徽人民出版社2014年版，第43页。
④《浙江通志·农业志》，浙江教育出版社2021年版，第133页。

下无题序，编者根据国家出台农场政策的先后，按计划经济体制时期、双层经营机制时期、综合配套改革时期和现代国有农场建设时期4个时期依次记述浙江农场的管理体制与经营机制，以时间先后纵贯记述，条理清晰[①]。

（二）总分结合法

总分结合的无题序是将该节、目综合叙述其历史发展总况，再根据其所辖类分别介绍。如第三章《粮食作物》第二节《旱粮》第三目《豆类》第二子目《蚕（豌）豆》，其无题序甚为简单，仅将蚕豆和豌豆的定义与别名给出即止。其下细目为生产发展、品种类型与分布。由于蚕豆和豌豆的定义不适合在2个目中来记，但于读者而言，也有了解的必要。两相权衡，编者将蚕（豌）豆的定义作为无题序文来总领下面的内容，也是适宜的[②]。此类写法在本志中，层次划分较多的节、目之下较为常见。又如第四章《经济作物》第二节《水果》的第二个目《水果种类和品种》中，第一个子目《柑橘》，无题序记述浙江地区从战国时期到本志下限柑橘的品种、类别，再将浙江境内的4种柑橘类水果分别设细目甚至是又细目（如宽皮柑橘类、橙类）介绍给读者。而本目第二个子目《杨梅》、第三个子目《桃》乃至多处（如第一章《农业生产条件》第二节《肥料》、第三节《种子种苗》等）均是这样写法[③]。纵览全书，这甚至是该志的一个特色性的写法。

（三）突出重点法

编者选择正文中重要的、有代表性的或是最能说明该部分史实特点的内容在无题序中表述。如第四章《经济作物》第四节《棉花》，下分《棉区分布》《棉花品种面积产量》《植棉技术》《棉花加工》4个目，编者在节下无题序中，只将浙江省从南宋至断限末棉花的种植面积情况进行表述，其他则未予涉及。这种写法，是因为棉花这种产品较为特殊，基本上，只要种植面积这

---

①《浙江通志·农业志》，浙江教育出版社2021年版，第575页。
②《浙江通志·农业志》，浙江教育出版社2021年版，第183页。
③《浙江通志·农业志》，浙江教育出版社2021年版，第239—245页。

个数字，便可以反映其他相关的大致情况，作者选取这个切入点，既节省了篇幅，又突出了重点，反映出作者对棉花这种农产品的特点的深切理解。①又如第四章第九节《茶叶》，下分《茶叶生产》和《茶叶产业发展》2个目，虽然正文中大量记述了古代茶叶的生产布局、茶树品种、名优茶生产、古代茶叶产业发展及现代茶叶的产业发展过程，但编者将浙江古代茶叶的发展仅以“始于两汉，兴于唐宋，盛于明清”12个字高度总结，而较多着墨于浙江省政府对于现代茶叶品种、战略以及产业化等方面内容，突出现代浙江茶叶发展的原因和历史状况。②原因是，编者在取史材入志时，分析了古今浙江茶叶发展的历史轨迹，认为新时代浙江茶叶的发展与古代相比的巨大变化与进步才是应该突出的重要史实，因此，在无题序中将这个观点隐入其中，既体现编者自己的思想，也是编志者题中应有之义。

（四）依类分述法

编者将下一层级节（目）的名称依次表述形成无题序。在《农业志》中，此类写法多见于分层较多的各级目无题序中。如第五章《畜牧畜医》第一节《畜禽种类》与品种第一目《家畜》，子目《猪》，其下分《地方品种》《培育品种》和《引进品种》3个细目，而子目的无题序文，即是以细目名称为文：“浙江猪有地方品种、培训品种和引进品种”③。依次将细目名称列出，无赘语，简洁明了。又如第一章《农业生产条件》第四节《植物保护》，第二目《病虫害监测预警》中，第三个子目《病虫测报技术》，其无题序是将该项技术的3个细分技术名称依次列出。④这种写法，无须作归纳总结，无须议论评价，是最为简单的一种写法。此外，组合式的章节目的无题序也多采用这种方法。如第十三章《农业科研与教育》，下设《农业科学研究》与《农业教育》2个节，其章下无题序即以此两节为区别，分设两段记述。⑤

---

①《浙江通志·农业志》，浙江教育出版社2021年版，第261页。
②《浙江通志·农业志》，浙江教育出版社2021年版，第315页。
③《浙江通志·农业志》，浙江教育出版社2021年版，第339页。
④《浙江通志·农业志》，浙江教育出版社2021年版，第70页。
⑤《浙江通志·农业志》，浙江教育出版社2021年版，第654页。

（五）内容嵌合法

这种写法需要较高的分析和归纳总结能力。如第十一章《农业环境保护与农村能源》，下设《农业环境治理与保护》和《农村能源》2个节。[1]从节名上看，《农业环境治理与保护》和《农村能源》这两节均可分别设章，两者之间联系较松，但编者考虑到，虽然在古代两者之间因为能源消费水平低，农村农业的环境问题没有显现出来，但在工业污染严重、农业环境遭到破坏的背景下，浙江省委、省政府秉持"农业可持续发展"战略，在协调社会、经济和生态关系之间做了大量的工作，编者将两者合并立章，其无题序则是通过分析两者之间关系，总结出在新时期开发农村能源和保护农村环境的重要性，将两节的内容巧妙地嵌合在一起。读者初阅时觉得有些勉强，而在仔细揣摩内容后则感叹编者安排内容的手法之巧。本无题序虽然仅短短400余字，内容却相互融合，有总有分，有分析有判断，因果彰明，逻辑得当，是全志中水平较高、反映编者修志功力的一篇无题序文。

（六）名词诠释法

是以无题序形式对所属内容进行解释说明，以方便读者了解。一般而言，有些读者不能理解，但又不能记述在正文中的史实，除以注释的形式解决外，在无题序中作诠释性说明，也是一个较好的办法。如《农业志》第二章《农业生产方式》第三节《社会主义改造时期的经营方式》，下设《初级社》《高级社》和《包产到户》3个目，由于这种生产经营方式与今天的农业生产完全不同，读者较难理解这些经营方式的做法和含义，在志书隶属关系的规则下，又无法对两者的区别在合适的位置进行说明，而且在文字上有等级高低区别。编者独辟蹊径，对这篇无题序以两者的区别进行解释性说明。[2]而对第3个目之所以没有片言只语，是因为在节名所辖的这个时间段，目所称的"包产到户"只是少数县个别行为，与20世纪80年代初的"包产到户"有区别。

① 《浙江通志·农业志》，浙江教育出版社2021年版，第588页。
② 《浙江通志·农业志》，浙江教育出版社2021年版，第122页。

（七）资料补充法

无题序记述的史料与正文无法有机融合，但在上一层的框架下又是必不可少的一部分内容，故放在无题序中记载，以补史实之阙。如第八章《农业技术推广》第二节《农业技术推广方法》，下设《农业技术试验示范》《农业技术培训》《农业技术承包》《经营服务》《农科教协作》《农业科普宣传与教育》及《责任农技推广制度》7个目①，分析这7个目的史料，均是中华人民共和国成立以后开展的浙江农业技术推广的做法，但是编者手头又掌握了浙江自汉、南宋、元、明、清至民国时期的农业推广零星记载，这些内容，作为通志来说，是必不可少的，但又无法与以上7个目平行设置，因为不属于同类横排。因此，编者将这些珍贵的史实记载于无题序中，既补通志横排之缺，又冠全史料纵述之名。对志书的编者来说，在实际编纂过程中，对志书横分门类，纵述史实，但总有一些重要的内容无法横分，在此采用补充式，可补其不足。

（八）以点带面法

以点带面法是指在无题序文中仅需列出某一方面的史实，其他方面则合理推断其共性与特点。如第四章《经济作物》第一节《蔬菜》第二目《蔬菜种类与品种》，其无题序文仅“蔬菜品种资源丰富，据《浙江蔬菜品种志》记载，有根菜类等4大类84种511个品种，种植面积较大的有根菜、白菜、茄果、水果用瓜等14类”②这一句话，便呈现出浙江地区多年来蔬菜种类与品种的发展过程。历史学家韦伯认为：“在社会行为的范畴内，可以观察实际上的规律性，即：在相同的单个行为中可能会重复出现类型相同且主观意向相同的行为。历史学家韦伯认为，在社会行为的范畴内，我们称之为习惯。而农业生产正是单个社会行为中最易重复的行为，对浙江而言，在相同的纬度、

---

①《浙江通志·农业志》，浙江教育出版社2021年版，第455页。

②《浙江通志·农业志》，浙江教育出版社2021年版，第219页。

相同地理条件、大致相同的自然条件下进行的农业行为，其结果大致是相同的。也就是说，无论是《浙江蔬菜品种志》编纂之前，还是编纂之后的年份，浙江境内蔬菜的品种和种类大致是相同的。此目下的无题序，仅记一个典型便能说明问题，虽然简短，却又令人不得不称道编者取材的精辟，构思的巧妙，对资料取舍的果断。

（九）前因后果法

历史的发展总离不开因果关系的相伴相随，《农业志》第十五章《农业现代化建设》的无题序，便是采用前因后果式的写法。编者考虑到，农业现代化的发展，完全离不开党委政府的决策和执行，而浙江农业当今蓬勃发展的结果，正是浙江各级党委政府英明决策和努力实施所致。在此，编者仅将浙江党委政府历年所做重大的农业生产决策罗列出来，如省委作出浙江农业发展阶段的判断、指出发展高效农业的意义、提出农业农村建设的目标等，[①]让读者了解浙江农业辉煌发展的原因所在。而其结果，便在下文之中，读者翻阅即可知晓。本章第一节《现代农业发展》和第二节《农业园区化》，均是同类写法。这一种写法，比较适合在政策指导下发展起来的行业或产业史料，也是一种较为合理，能够突出党政在历史发展历程中作用的一种写法。作为官书的志书，应当有更多的这种范式供人参考。

有时候历史事件发生背景即是历史发生的原因。第十章《农场》第一节中的一个子目"定点归口分管后的国有农场"，下设《农业事业场》《农垦场》2个细目，编者记述这2个细目前，将浙江省内出现农业事业场和农垦场的事由及背景"省人委上报国务院《关于本省国营农场定点、归口、分管问题的报告》"[②]在无题序中记述，以正文史实的背景统领正文，在读者视觉上形成清晰的因果两层关系。

①《浙江通志·农业志》，浙江教育出版社2021年版，第773页。
②《浙江通志·农业志》，浙江教育出版社2021年版，第551页。

（十）此详彼略法

本志属通志，史料上溯久远，很多章节下的古代资料零零散散却尤为重要，在无题序中详记则显臃肿，略记又近于无，特别是一些时间界限鲜明的史实，较难处理。如第一章《农业生产条件》第四节《肥料》，所分4目为《有机肥料》《化学肥料》《生物肥料》和《施肥技术》，都是在近现代才产生的名词。那么，近现代之前浙江地区农业生产所用肥料情况是什么呢？这些古代所用的农业生产肥料如何融入这4个目之中？编者掌握的资料里有余姚河姆渡遗址中出土了牛、猪骨骼及干栏式住房构件，说明那个时候已经有牛粪猪粪，可以作为农业肥料了。东汉王充在《论衡》中也有农家肥和绿肥的记载。尽管在第一个目《有机肥料》下设有《农家肥料》子目，甚至在《农家肥料》子目下设有《粪尿类》和《饼肥料》细目，编者仍然谨慎地未将河姆渡遗址及《论衡》中所记纳入《农家肥》的子目内容之中，因为那多少有些推测的意思。而该志书所记，均为近现代浙江农业生产所用肥料，有据可查。因此，本节无题序中，编者将不便于分类至各目中的古代内容详记，而将其下目内容一笔轻轻带过，既交代了首尾，又提起了下文。此处无题序文，有详记，详在于无可横分的内容；有略记，略在正文详记的内容。本节无题序文与正文之间，详略分明而又条理清楚。

四、结论

古代史家在史书或方志的部分类别中撰写述文，是因为“若不先叙其意，难以曲得其情”[①]。如《后汉书》之《后妃》《列女》《文苑》，作者范晔均冠以序文。而地方志中，运用序文引领下文亦是常见之法。如清同治《高安县志》，其中“学校”“选举”“艺文”“古迹”等志，均立无题序，且大多是如王晓岩所说的那样“以少量文字，引出丰富内容。做到以小引大，言简意赅”[②]。

---

① 刘知幾：《史通·序例》，上海古籍出版社2008年版，第63页。
② 王晓岩：《方志体例古今谈》，巴蜀书社1989年版，第59页。

至首轮新方志，无题序的撰写与否由主编决定。二轮志书，无题序文普遍受到编者重视，撰写无题序文渐渐成为志者通识。如《农业志》在章、节下固设无题序，而《肥东县志》则在篇章下固设无题序文。

在地方志的体裁中，述体是最为难写的，因为它需要编者敏捷的历史思维、对史料精确的解剖以及对史实准确的表达。志体述而不作，而述体则需述而精作。《农业志》的编者根据多年来的修志实践，传承刘知幾、章学诚以来关于无题序文的义例规范，探索复杂史料之下述体的表述方法，最终实现全志述体特色的彰明、结构的精巧、语言的精当和技法的革新，是志书中述体撰写的典范之作。

（孙晓东，江西省高安市党史地方志工作办公室副主任，江西省地方志专家库成员，中国苏轼研究学会会员。）

一部堪称典范的特色专业志

——评《浙江通志·林业志》

何伟志　房　波

提　要:《浙江通志·林业志》全志共设17章并附专记，全面展现浙江林业发展历史与现状。本文从六个方面分析该志的学术价值，指出该志在专业特性、篇目设计、文献资料、体例运用、记述方法和人文活动等方面的突出特点，堪称地方志业界的典范。

关键词: 地方志　浙江通志　林业志　学术价值　典范

浙江省素称“中国方志之乡”。浙江省地方志工作始终处于全国地方志事业发展前列，千百年来志书薪火相传，一脉相承，编纂不绝。近期笔者有幸拜读业已出版的《浙江通志·林业志》(以下简称《林业志》)，收获颇丰，受益匪浅。《林业志》以其清晰的溯源、广泛的门类和丰富的内容，全面展现了浙江林业从古至今筚路蓝缕的发展历程，描绘了上溯万年的厚重历史画卷，具有浓郁的地方特色。该志书无论是从谋篇布局、材料搜集、内容记述方面品读，还是从实用价值、资料价值、学术价值和体例价值方面衡量，都堪称专业志之典范。

一、专业特征突出，凸显用志功能

专业志贵在“专”,《林业志》全志共设17章69节并附专记，以浙江林业发展为主轴线，辐射展开设计篇目、选取内容，该志各章内容分别为《森林资源》《湿地》《森林培育》《生态林》《商品林》《竹业》《花卉》《林场与苗圃》《开发利用》《山林权属》《林政管理》《资源保护》《林业经济管理》《对外交流与合作》《科技教育》《机构队伍》《森林文化》，从总体框架设计的布局来看，体现了从自然到社会、从制度到开发、从利用到管理的循序渐进的逻辑程序，主次分明，专业突出，时代感强，是专业志篇目设计的精品。读者能够清晰准确地了解到浙江优美的森林风光、富饶的森林资源、林业的名优特产、林业的机构队伍和林业的特色文化。

编修志书的终极目的是用志，而用志的实质则是志书“资政、育人、存史”功能的发挥。《林业志》中有关浙江省的森林面积、林木总蓄积、毛竹总株数、森林覆盖率、森林植被生物量、碳储量、森林生态服务功能价值以及野生或归化的维管束植物、野生动物兽类、野生动物鸟类、野生动物爬行类、野生动物两栖类、野生动物昆虫类等翔实的记述，充分体现了浙江省具有种类丰富、地理成分复杂、区系起源古老、珍稀特有植物众多等特点，具有极高的存史价值。

同时，中华人民共和国成立后，特别是改革开放以来，浙江林业森林生态建设成绩斐然、林业产业发展迅速、依法治林日益增强、林业科技教育不断进步，都是通过极其专业的内容凸显出浙江省发展的丰硕成果。

该书的出版势必为浙江省林业发展制定政策提供宝贵的往昔经验和可借鉴的历史启示，该书也是浙江林业人回望来时路、深入了解浙江林业历史和现状的百科全书，更是林业专业教育、科研科普教育的生动教材。

二、篇目设计合理，彰显地方特色

篇目设计是一部志书的门脸，也是一部志书的总纲，它在修志过程中起提纲挈领的作用，它设计的是否科学合理也直接关系到整部志书的质量。如果所有志书的篇目都遵循一个固有模式，那么每部志书就不会有独特的地方特色和时代特征，成为“千志一面”，使读者没有阅读的欲望。

为了凸显浙江本地林业发展特色，该志的编纂者在篇目设计、内容记述、专文设置以及丛录收录上用心良苦。浙江地处中国东南沿海，是“七山一水两分田”的多山省份，属典型的亚热带季风气候区，四季分明，年温适中，雨量充沛，空气湿润。复杂的地形和优越的自然环境，孕育了丰富的森林资源和湿地资源。因此，编纂者在《林业志》中对森林资源、湿地资源、森林培育、资源保护、森林旅游、林业开发、森林文化等内容都作了浓墨重彩的记述，彰显了浙江林业在全国独占鳌头的地方特色。

编纂者在“名”与“特”上做足了文章，这不仅是志书最出彩的部分，也是最值得留存的部分。尤其设置了一篇专记——《“绿水青山就是金山银山”理念在浙江的实践——浙江公益林建设》，详细记述了浙江省在习近平总书记“绿水青山就是金山银山”理念引领下，全力建设公益林的动人场景和辉煌成就，这是地方特色最为集中、最为全面的表现，也使这部志书站在了时代特征的制高点。

三、地情资料丰富，古今融会贯通

翻开《林业志》，读者能感受到志书中的地情资料丰富而广泛，据悉编辑部的同人们历时九年，历尽艰辛共收集资料1000多万字、制作卡片1万多张，为志稿的编纂奠定了坚实的资料基础。全志翔实地记录了浙江省林业各项事物发展的发端至2010年的历史，内容贯穿整个浙江文明史。从1万年前上山人居住的木柱洞屋、7000~8000年前跨湖桥人刳制的独木舟、5000~7000年前的河姆渡人建造的干栏式木结构房屋、4200~5300年前的良渚人建造土木之城至现代林业之勃兴，清晰地描绘出浙江林业的历史进程，特别是改革开放以来，浙江林业日新月异的发展变化，充分反映了林业在发展过程中各方面发挥的重要作用和做出的巨大贡献，真实展现了林业的各种社会功能和经济地位。

同时，在开篇第一章《森林资源》森林变迁记述中，对《吴越春秋》《周礼》《越绝书》《山海经》《淮南子》《南史》《山居赋》《宋史·真宗本纪》《劳畲耕诗序》《农政全书》《明户律》《钱塘县志》《西邑县志》《处州府志》《中国森林史料》等古籍、诗赋、志书、史料这些原始性资料内容的收录，不但丰富和生动地表现出事物古今发展的变化过程，还突出了专业分志原始资料的史料价值和保存价值。

四、强化述体运用，弥补体例缺陷

当代方志体例的显著特点之一，是以类系事，类为一志，先横后纵，以横为主。这种体例可以使地方志尽可能地往横向扩展，扩大志书的容量，使记事更有条理，有利于展示事物的系统状况。但是这种体例又有一个明显的缺陷，那就是有纬无经，有目无纲，诸事难以连贯，事理不能相通，以致结构松散，而使志书的整体性受到很大影响。《林业志》采取中编结构，编纂者以志首设概述、正文中设章下述和节下述，将事物的发展和现状写完整、阶段写清楚、面貌写全面，有效地弥补了志书缺乏整体性的这一弊端。应该说，强化“述”的设置，起到了“总括事情，提炼精华，沟通联系，彰明因果”之功效，使得志书的整体性大大得到了加强，更加有利于读者对阅读内容的整体认识。同时“述”之内容文字写得很精练、很精彩，充分反映出编纂者们较强的文字综合能力。

五、延展背景资料，体现传承纳新

背景资料的大量运用以及在此基础上的传承纳新，是笔者对整部志书最深刻的印象体会。背景资料从属于主体事物，在志书中能够起到映衬、烘托主体事物的作用。比如《湿地》章中《湿地保护》节下述内容的记述：“1975年12月31日,《湿地公约》开始生效，构建了缔约国湿地资源保护与利用的国家措施及国际合作框架。浙江自1992年7月中国加入《湿地公约》以后，湿地保护被列入省政府的议事日程。浙江在湿地保护方面先后制订一系政策法规，走在全国前列”背景资料交代出湿地保护这一项工作的发生、发展、变化过程及其来龙去脉。背景资料的延展有助于读者了解事物发展的完整性、当前发生的事物，我们清楚它的背景情况，但是随着时间推移，后人却很难知道它的原委。因此，林业志中背景资料的大量运用，全面准确地反映事物的本来面目、彰明主体事物的原因和结果、揭示主体事物的本质和特征，编纂者打破了以往常规呆板的直书上限内容的格式，而是恰到好处地延展追溯，有效地提高了志书的使用价值和存史价值。

六、开辟森林文化专章，升华人文色彩

《林业志》在尾章设立《森林文化》，是全书人文色彩最为浓郁的部分，竹木花卉文化异彩纷呈。以点睛之笔指出竹文化在森林文化中的卓然之处，“竹文化中的竹子，不再是一般纯生物意义上的一种植物，而是人格化了的自然，沉淀着浙江人民情感、观念、思维和理想的深厚文化底蕴。”“浙江人民以树寄情，把珍稀孑遗树木视为珍宝，倍加呵护；将性状奇异树木奉为神明，充满敬畏。”

随后诸节的目次内容虽多，但记述得法，从竹建筑、竹制造、竹工艺、木建筑、木制品、木舟桥、木工艺品、插花艺术、盆景艺术等类别入手，将浙江森林文化中最具人文色彩的内容做了精彩的记述，给志书的资料属性赋予了历史与人文的精神内核。

文化活动一节的设立，梳理出百年间浙江开展全民森林文化活动的脉络，全面展现浙江各地开展各种类型的节庆活动，从植树节、爱鸟周的普及，再到森林城市、森林城镇、森林村庄的系列创举，以翔实的统计数据充分体现浙江省人与自然和谐共融的人文理念。

纵观《林业志》全志，文笔之精彩、史料之广博、篇目之新颖、体例之创新、考证之精确、注释之详备，使人获益匪浅，任读者从哪一个角度去阅读、去评价，都是一部堪称典范的特色专业志和一部不可多得的精品佳志。

（何伟志，中国中共党史人物研究会常务理事，中共黑龙江省委史志研究室主任，黑龙江省地方志编纂委员会秘书长，黑龙江省地方志书终审委员会主任，《黑龙江年鉴》总编辑，主要研究方向为地方志、中共党史；房波：中共黑龙江省委史志研究室省情信息处处长、一级调研员，主要研究方向为地方志。）

通过突出特色　锻造精品佳作

——《浙江通志·畜牧业志》品读体会

汪德军

提　要：特色亮点是地方志书的生命与价值所系，《浙江通志·畜牧业志》在记述畜牧业发展历程中，突出反映了历史文化、地域、行业和时代特色。本文就该志特色亮点的实现途径进行了探析，以期深入探寻提升地方志书编纂质量的路径方法。同时，笔者也对该志提出了瑕不掩瑜的几点建议，以期在与修志同人探讨斟酌中共同提高。

关键词：畜牧业志　特色　品读体会

习近平总书记高度重视史志工作，指出要将历史视为“最好的教科书”，强调“走得再远都不能忘记来时的路”，“要在展览的同时高度重视修史修志，让文物说话、把历史智慧告诉人们，激发我们的民族自豪感和自信心，坚定全体人民振兴中华、实现中国梦的信心和决心”。浙江省地方志同人深入贯彻落实习近平总书记关于史志工作重要论述，聚焦主责主业，积极主动作为，充分发扬地方志记载历史、传承文明的历史文化传统，编纂出版了大批志书、年鉴，同步推进学术研究、资源开发利用等工作，为浙江的文化发展和当代文化浙江建设做出了重要贡献。

近日，有幸拜读了《浙江通志·畜牧业志》（以下简称《畜牧业志》），对蕴含其中的地域、行业与时代特色感触颇深。该志上溯史前考古时期，下迄

2010年底，内容涵盖浙江畜牧业品种资源、生产养殖、畜产品、畜禽疫病、兽医卫生、饲料兽药、管理体制、政策法规、科研教育等方面，重点记述中华人民共和国成立后，在中国共产党的领导下，畜牧业生产经营实现从“小弱散”到适度规模化、产业化、集约化发展，逐步从家庭副业成长为全省农业农村经济支柱产业、乡村振兴新型战略产业的恢宏历程。作为修志同行，深感该志地域特色浓厚、行业特色突出、时代特色鲜明，值得志书编纂人员广为借鉴。

一、在悠久历史、文化传统等方面尽力凸显历史文化特色

地方志是中华民族传统文化的重要形式之一，突出历史文化特色是志书的重要职责。《畜牧业志》在记述畜牧业发展脉络的同时，全面客观展现了浙江悠久的历史、灿烂的文化，通过地方志这一独特形式推动浙江深厚的历史文化底蕴放射新光彩、绽放新光芒。

（一）通过志书全面记述悠久历史

志书一个显著特色就是历史脉络的记述十分清晰，在记述畜禽种类、畜禽生产历程、畜牧业文化、历史文献和诗词选录内容时，围绕历史脉络主线组织、取舍资料，用史家之笔记述宏大史实和事物盛衰起伏发展规律，充分发挥志书的窗口作用，将远古人类活动历史和春秋战国、秦汉、魏晋南北朝、唐宋元明清、中华民国等各个历史时期畜牧业历史、智慧勤劳的浙江先民在千百年畜牧业劳作中积淀的特色畜牧业文化遗产予以完整呈现，将各个历史时期浙江的经济社会发展状况予以有效折射，为传承历史记忆、涵养历史智慧提供了有效渠道和重要平台，同时也为推进区域史、社会史、经济史、自然科学史等研究工作提供了可信素材与行业佐证。

（二）通过志书客观反映文化传统

志书另一个显著特色就是文化传统的记述十分完整，充分发掘利用考古工作成果，从新石器时代记起，从原始渔猎业到初期畜牧业发展历程、先民驯养畜禽历史、畜禽品种进化、逐步推广良种、扩大饲料来源、畜禽疫病防

治等畜牧文化发展脉络均进行了深入挖掘整理和完整准确记述，全面客观反映了浙江丰厚的历史文化、传统文化、地方文化和民俗文化，从地方性、全面性、官方性和连续性等方面全面展现了浙江农耕文明的悠久历史、传统文化的博大精深，在系统反映地方现状、汇集地方文化、展示地方风采中滋养了文化之脉、桑梓之谊、家国之情、乡里之心，为表达交流情感、凝聚集体意识，强化文化共识、增进文化认同和新时代传承弘扬中华民族优秀传统文化、铸牢中华民族共同体意识提供了实证元素与路径。

二、在自然环境、特色产业等方面着力突出浙江地域特色

地域特色是提升志书品质的重中之重，是志书价值的关键所在。《畜牧业志》在突出地域特色方面，着重从自然环境的差异、特色产业的选择等方面展开记述，将畜牧业发展历史与现状宏阔地呈现在读者面前，区域性、系统性和独特性地域特色一览无余。

（一）结合自然环境特色记述畜牧业发展关联性

浙江地处中国东南沿海，气候湿润、水草丰茂、农业发达，畜牧业发展自然条件十分优越，加之浙江省人口密度较大，存在人多地少的显著矛盾，发展畜牧业是必然选择。浙江山多林密，生态环境优越，显著的区位优势、得天独厚的自然环境，使得浙江拥有畜禽品种资源、饲草饲料资源、蜜源植物资源等畜牧业发展良好的物质基础。志书充分记述特定自然环境对畜禽品种的选择与进化、人类迁徙与饲养技术的改善对畜禽品种的影响等，将浙江发展畜牧业的独特优势予以充分展现，同时将发展畜牧业对生态环境造成的不利影响与有效治理也进行了客观记述，在自然环境与畜牧业发展的正负关联性中凸显了强烈地域特色。

（二）结合特色产业发展记述畜牧业发展高质量

浙江蜜源植物资源丰富，栽培有野生蜜源植物 240 多种，总面积 3000 余万亩，为蜜蜂发挥最佳性状提供了优良土壤。通过蜂种引进与改良，优质蜜蜂品种迭出；通过规模化经营和实施品质、品牌战略，蜜蜂养殖实现高质

量发展。志书从多个维度，详细记录了蜜源植物资源、蜜蜂品种资源、产业发展历程、政府扶持政策、产品质量管理、名优特蜂产品等内容，将蜜蜂养殖特色产业予以完备记述，同时也对特种经济动物资源进行了详尽记载，将特色产业在区域经济产业链的关键地位、竞争优势、产业关联度和助力区域经济发展的重要作用进一步凸显，为在发展区域经济过程中避免同质化、生产高效化、竞争优势化等提供了有益借鉴和决策参考。

三、在过程管理、经济权重等方面致力彰显行业特色

行业特色是行业面目的写照和兴衰起伏的脉搏，突出行业特色可使志书更好地发挥致用功能。《畜牧业志》除坚持专业性原则之外，还综合运用分析比较，选取畜牧业发展史上特别有研究价值和存史意义的事例加以记载，把握主体、抓住重点、突出强项，重点在过程管理、经济权重等方面着力体现畜牧业特色。

(一)结合过程管理记述畜牧业的特色优势与显著特征

志书重点记述了中华人民共和国成立后，在党的领导下，浙江省畜牧业从计划经济体制下由国家、集体所有和允许零星农户私养、畜禽产品统购派购，到放开购销和价格、在推进和完善家庭联产承包责任制过程中逐步实现畜禽养殖专业化、规模化、基地化，再到增强畜牧业的市场竞争和可持续发展能力，实现经济高效、产品安全、资源节约、环境友好、技术密集的可持续发展历程，将在实现畜牧业现代化历史进程中注重以现代科技为核心，以规模化生产为突破口，将畜禽产品养殖、加工、销售以及饲料、兽药的供应、畜禽疫病防治等经营管理过程予以浓墨重彩地记述。将利用自然环境区位优势、人才技术集聚优势、创新引领发展优势、产业支撑体系优势等发展畜牧业的过程管理进行完整介绍，将现代畜牧业生产养殖集约化、经营管理市场化、技术手段优良化、防疫体系网络化、效益水平社会化等过程管理的显著特征全面呈现给读者，凸显出强烈的行业特色。

（二）结合经济权重记述畜牧业的战略地位与巨大作用

志书将浙江立足自然资源禀赋和现有产业基础，结合人口结构变化和市场消费升级，以生猪、家禽、奶牛和地方特色畜禽等为重点，兼顾饲料兽药产业发展，不断优化区域布局和产品结构，将满足人民群众对美好生活需求的伟大历程与辉煌成就予以充分展现。全面记述了畜牧业在国民经济中的权重，特别是2010年实现年产值448.4亿元，占全省农林牧渔总产值的比重达20.6%，是促进全省经济高质量发展的重要组成部分。志书将畜牧业前连种植业、中连加工业、后连流通和服务业，在吸纳扩大就业、壮大集体经济，支撑消除贫困、实现共同富裕，承农启工、促进繁荣，助力农业农村经济高质量发展中发挥主力军和顶梁柱作用予以详细记述，将畜牧业作为农村改革探路者、城乡融合先行者、乡村振兴排头兵的产业定位与作用发挥予以充分记述，进一步凸显了畜牧业在农业乃至整个国民经济中的战略性地位和基础性作用。

四、在所记内容、记述形式等方面悉力体现时代特色

时代特色是事物发展变化阶段性特征的反映，志书突出时代特色有助于探寻历史规律、掌握历史主动，更好地为各项事业发展服务。《畜牧业志》所记内容与记述形式具有鲜明的时代烙印、时代特征，在分析研究地情、把握时代脉络，遵循历史规律、研判发展趋势，科学制定愿景、增强服务功能等方面下足了笔墨，强力彰显了时代特色。

（一）通过记述畜牧业发展历程反映经济社会发展阶段性特征

志书通过记述畜牧业从远古时期驯养畜禽到实现专业化、规模化、集约化生产，每个阶段都能反映当时的经济社会发展水平，畜牧业发展水平的高低与时代的战乱灾害、和平宽松的发展环境直接相关，是原始社会、奴隶社会、封建社会、半殖民地半封建社会、社会主义社会各个历史时期时代特征的直观反映。志书用大量笔墨记述在中华人民共和国成立后，全省畜牧业生产在曲折中发展、变革中前行、调整中优化，历经恢复发展、稳步发展、快

速发展、全面发展和绿色发展等阶段，一定程度上也是我国经济社会发展70年先后历经社会主义革命和建设时期、改革开放和社会主义现代化建设新时期、中国特色社会主义新时代，党领导全国人民战胜各种风险挑战、经受住各种考验，经济社会发展取得举世瞩目伟大成就的真实写照，进一步揭示了经济社会发展的客观规律，坚定了党员干部捍卫“两个确立”、增强“四个意识”、坚定“四个自信”、做到“两个维护”的政治自觉、思想自觉和行动自觉，激发了全社会以史为鉴、开创未来，埋头苦干、勇毅前行，踔厉奋发、笃行不怠的自信底气和奋斗勇气。

（二）以高质量方志成果践行习近平新时代中国特色社会主义思想

习近平总书记对弘扬中华优秀传统文化提出要“创造性转化、创新性发展”“使中华民族最基本的文化基因与当代文化相适应、与现代社会相协调”。党的十九届六中全会对传承弘扬中华优秀传统文化也提出了明确要求。总书记关于弘扬中华优秀传统文化重要论述和关于史志工作重要论述，是习近平新时代中国特色社会主义思想的重要组成部分，为我们进一步做好地方志编修工作指明了前进方向、提供了根本遵循。《畜牧业志》坚持正确的指导思想，严守志书编纂基本原则，内容翔实全面，重视资料考证，特色内容敢于创新，行文表述流畅规范，实属一部质量上乘的精品佳作。志书以高质量的方志文化成果，在保存民族记忆、传承民族优秀传统文化、翔实记载中华民族走向复兴的伟大进程等方面发挥了重要作用；在顺应新时代、记录新时代、服务新时代，担当起“为党立言、为国存史、为民修志”职责，不断推进中华优秀传统文化创造性转化、创新性发展等方面发挥了积极效应；及时回答时代之问、发展之问、人民之问，深刻揭示时代发展的历史逻辑、理论逻辑、实践逻辑，在阐释好中国精神、中国价值、中国力量等方面贡献了积极力量。

五、二点建议

瑕不掩瑜，志书尚有一些不够完善的地方。

（一）资源禀赋记述略显单薄

志书在记述畜牧业资源时，重点记述了畜禽品种资源、饲草饲料资源和蜜源植物资源，但对全省特定区位优势下具有的热量、降水、光照等气候资源、江河湖泊等水资源和各种林业草业资源等记述有些地方一笔带过，未能将全省发展畜牧业的资源禀赋优势全面、完整记述出来，各种优势资源对发展畜牧业的功能价值未能得到充分呈现。

（二）经济体制缺乏应有笔墨

志书对畜牧业经济体制有所涉及，但未将其作为一项重点内容花费笔墨。尤其对中华人民共和国成立初期个体所有制、人民公社化时期集体所有制、中共十一届三中全会召开后实行的家庭联产承包责任制和产业化经营、适度规模经营等内容记述过于笼统，对小农经济、社队集体经营等的弊端和改革开放以来进行的有益探索尝试与产业化、规模化、集约化、绿色化发展路径未能系统完整记述。

（汪德军，西藏自治区地方志办公室主任。）

初读《浙江通志·渔业志》札记

葛向勇

提　要：浙江是渔业大省，自然条件得天独厚，渔业生产历史悠久，在全省国民经济中占有重要地位。《浙江通志·渔业志》详细记述了渔业资源环境、生产经营、行业管理以及与渔业有关的科技、教育、法律法规、组织机构的历史和现状。全志体例完备、结构合理、内容丰富、文字严谨、图文并茂、印刷精美，堪称精品佳作。尤其是在篇目设计、资料筛选、行文风格等方面均有独到之处，值得借鉴。

主题词：浙江通志　渔业志　编纂特色　精品佳作

壬寅虎年元宵节前夕，笔者收到《浙江通志》总编室主任颜越虎寄来的《浙江通志·渔业志》（以下简称《渔业志》）。笔者和浙江有着特殊感情，不仅因为家母是温州乐清人，而且笔者自己20世纪70年代也曾在岱山岛当兵，早把浙江当成了自己的“第二故乡”。在那个物资匮乏的年代，真正理解了什么是“靠海吃海”。现如今已是天价的大黄鱼以及小黄鱼、墨鱼、带鱼，当年都是连队餐桌上的家常菜，二三斤重的大黄鱼才每斤2角4分钱斤。有一年笔者在嵊泗列岛集训，正逢梭子蟹捕捞的汛期，部队派人到回港的渔船上，以每斤4分钱的价格成筐成筐地买回来，煮熟后再以班为单位分配，大家拿脸盆装回宿舍大快朵颐。笔者因为不善于吃这些甲壳类的玩意，就专门吃蟹黄，能吃到饱为止，可见数量之多。

笔者虽然在舟山度过了5年多的军旅生涯，但对于渔业的概念也仅限于“吃”这个层面，除了去过一次有着“海上大寨”美誉的南峰渔业大队做社会调查外，经常做的就是隔三岔五给家乡的亲友邮寄虾米、海蜒、淡菜、黄鱼鲞、墨鱼干这些海产品。直到50多年后的今天，读了这本渔业专志后，笔者才知道渔业在浙江国民经济占有这么大的分量。浙江自然环境优越，渔业资源丰富，渔业捕捞和养殖的历史十分悠久，舟山更是全国著名的“渔都”。以2010年为例，全省的水产品产量就达到477.9万吨，占全国水产品总量的8.9%，在全国排名第四。渔业产值532.3亿元，占农业总产值的24%。渔民人均年收入13350元，比全国渔民人均收入高48.9%，仅次于北京、上海两个直辖市。概而言之，浙江的渔业可以用4句话形容：条件好、产量大、占比高、渔民富。足见浙江“鱼米之乡”之称绝非浪得虚名。

然而，写书评不比吃海鲜那么轻松，可是要费一番功夫的。但笔者离开修志岗位已有10年之久，面对这部洋洋150余万字志书，要想进行全面评价显然力有不逮。因此，仅挑选这部志书的篇目、《概述》、《大事年表》等部分进行重点阅读、学习。

一、《渔业志》篇目特色

《渔业志》采取的是小编结构。卷首是《概述》，主体部分设《渔业水域与水产资源》等19章，卷木是《丛录》和《人事年表》。其主体部分的19章虽然平行设置，但却暗分了四大板块，每个板块之间的逻辑关系十分紧密：

第一板块是渔业生产条件，设4章，包括《渔业水域与水产资源》《渔业生产经营体制》《渔业区划与规划》《渔区与渔民》。

第二板块是渔业生产和经营，设8章，包括《海洋捕捞》《海水养殖》《淡水捕捞》《淡水养殖》《水产种苗》《水产品加工与综合利用》《水产品流通》《休闲渔业》。其中，“休闲渔业”是近年出现的新事物，它是把旅游业、旅游观光、水族观赏等休闲活动与现代渔业方式有机结合起来，实现第一产业与第三产业的结合配置，是一种以提高渔民收入、发展渔区经济为最终目的的新型渔业，颇有时代特色。

第三板块是渔业管理，设 3 章，包括《渔政管理与生态环境保护》《渔港渔船与渔业安全管理》《水产品质量安全管理》。

第四板块是与渔业相关的其他内容，设 4 章，包括《科技与教育》《交流与合作》《渔业法律法规及政策》《管理机构与社团组织》。

小编结构的篇目设计的特点是结构简单、层次清晰。《渔业志》将 19 章主体内容全部平列设置，这样做的好处是减少层级，避免叠床架屋。下面笔者从该志第五章“海洋捕捞”中随机找 1 处 6 个层次的标题来说明：

第五章　海洋捕捞（章）

第二节　渔汛（节）

二、新形成的渔汛（目）

（三）大中型虾类渔汛（子目）

2. 拖虾作业渔汛期（孙目）

（1）春秋季葛氏长臂虾汛（细目）

从上面这个例子可以看出，由于《渔业志》采取小编平行体式，它的主体内容可以横剖成 6 个层级：章、节、目、子目、孙目、细目，而采取中编结构的《渔业志》，则是先按《捕捞》《养殖》设章，其下再按《海水养殖》《淡水养殖》《海水捕捞》《淡水捕捞》设节。由于层次较低，许多重要内容如果要想展开，势必还要增加层次，很容易造成叠床架屋的问题。

四省市《渔业志》篇目比较

表 1

序号	《浙江通志·渔业志》	《福建省志·渔业志》	《上海渔业志》	《广东省志·渔业志》
1	渔业水域与水产资源	水产养殖	环境与资源	水产机构
2	渔业生产经营体制	水产捕捞	捕捞	海洋捕捞
3	渔业区划与规划	水产品加工	养殖	海水养殖

续表 1

序号	《浙江通志·渔业志》	《福建省志·渔业志》	《上海渔业志》	《广东省志·渔业志》
4	渔区与渔民	水产品质量安全	水产品保鲜与加工	江河捕捞
5	海洋捕捞	渔业科技与报刊专著	渔船、渔业机械与渔业仪器	淡水养殖
6	海水养殖	渔业基础设施	贸易	水产品保鲜加工
7	淡水捕捞	防灾减灾和病害防治	国有渔业企业	水产供销
8	淡水养殖	渔区经济与人力资源	教育与科技	渔船、鱼机、渔具工业
9	水产种苗	教育培训	国际交往	渔政渔港监督管理
10	水产品加工与综合利用	交流合作	渔业执法	水产科技
11	水产品流通	渔业管理	管理机构和民间组织	水产教育
12	休闲渔业	机构与行业协会	人物	水产外事外经
13	渔政管理与生态环境保护	渔业文化	—	—
14	渔港渔船与渔业安全管理	—	—	—
15	水产品质量安全管理	—	—	—
16	科技与教育	—	—	—
17	交流与合作	—	—	—
18	渔业法律法规及政策	—	—	—
19	管理机构与社团组织	—	—	—

此外，《渔业志》篇目设计还有一个特点是内容全面。作为专业分志，它虽然是省志中的一个组成部分，但从它的《丛录》《大事年表》的设置，不难看出它具有相对的独立性。《丛录》收录了渔业法规、重要渔业规划、涉渔诗词、渔家歌谣、渔谚等资料性内容，这些资料性内容入志，不仅提高了

志书的存史价值，为后人研究浙江渔业历史提供了宝贵的第一手资料，同时也增强了志书的可读性。《渔业志》的《大事年表》，收录了距今六千多年前新石器时代到本书下限的2010年发生在浙江渔业史上的大事。鉴于《浙江通志》专门设有大事记专卷，各专业分卷不再设置大事记，但《浙江通志·大事记》面向全省各行各业，有关渔业的大事屈指可数。《渔业志》在卷末附设《大事年表》，简明扼要地保留与本行业相关的大事要事，既不违背体例，又能与通志大事记互为补充，起到拾遗补阙的作用，可谓两全其美之策。

二、《渔业志》之《概述》的特色

《渔业志》的《概述》与一般志书常见的“拼盘”式写法不同，采取的是通贯古今的纵述写法，即按照历史发展的脉络，将浙江渔业的兴衰起伏的发展历程完整地呈现在读者面前。全篇概述约2万字，分为导语、历史发展、经验总结、未来展望四大板块。

导语。用高度浓缩的笔触，向人们描绘了浙江渔业生产优越的自然条件，丰富的水产资源，悠久的捕捞、养殖历史和当今（2010年）的生产能力、产业规模及在全国的位次。

历史发展。按照时间顺序，分为远古—1949年、1949—1978年、1979—2010年3个历史时期来写。这3个历史时期也不是平均用力，而是遵循详今略古的原则，采用“倒T型”结构，即历史一条线，现状一大片：前两个时期粗线条纵向记述，各占15%左右的分量。重点是第三个时期，即改革开放32年浙江渔业发展历程，其篇幅占到了70%。与前两个时期采取纵向记述方式不同，改革开放以来浙江渔业发展采取了横向展开形式，一共分为6个部分：（1）坚持深化改革，创新体制机制；（2）坚持扩大开放，拓展发展空间；（3）坚持问题导向，调整发展重点；（4）坚持科技兴渔，提高发展质量；（5）坚持依法治渔，促进健康发展；（6）坚持公共服务，促进全面发展。

经验总结。从浙江渔业的发展，尤其是改革开放以来的发展过程中总结出“6个必须”，即必须围绕中心，加快发展；必须改革开放，创新发展；必须依靠科技，提高效益；必须依法管理，健康发展；必须生态统领，尊重规律；必须以人为本，安全发展。

未来展望。充分认识渔业在浙江国民经济中的重要地位和当前面临的严峻挑战，提出今后浙江渔业发展的思路：以习近平新时代中国特色社会主义思想为指导，全面贯彻落实党的十九大精神和省委十一届四次全会确定的“八八战略”，努力实现由渔业大省向渔业强省的转变。

过去我们过多地强调了志书的资料性，不提倡对事物进行评价，也不能对历史发展规律进行总结，只能一味地罗列堆砌资料，其结果是影响了志书的著述性，降低了志书作为“一方全史”的学术品位。二轮修志以来，不少志书对此有所突破，一方面在主体部分继续坚持“述而不论”，另一方面在《前言》《后记》《概述》这些部分适当进行一些议论，开展一些评价。《渔业志》的《概述》也是这样，它采用了类似“史略”的写法，对各个历史时期浙江渔业的兴衰起伏原因作了简要的分析和评价。尤其是展望部分，志书一直写到2017年10月中共十九大召开，以及浙江渔业发展如何贯彻落实十九大精神等。这种有下限(2010年)，又不完全拘泥于下限，“必要时以注释等形式作适当下延”(见该志《凡例》)的做法，也是一种大胆的尝试。

《渔业志》之《概述》还有一个显著的特点是实事求是，不回避矛盾和问题。既充分反映中华人民共和国成立后，广大渔民在党和政府的领导下，迅速医治战争创伤，渔业生产得到恢复和发展的事实，也如实记载了由于受“左”倾路线的干扰，渔业生产回落，产量下降，渔民生活困难，渔业经济严重萎缩的情况；既浓墨重彩地歌颂改革开放给浙江渔业生产带来的翻天覆地变化(国内捕捞产量全国第一，远洋渔船数、年产量、年产值和渔业综合生产能力均位居全国前列)，也清醒地分析新时期浙江渔业发展面临的严峻挑战：海洋渔业资源衰退变化，捕捞产能严重过剩，保护资源和水域生态环境刻不容缓；海洋开发利用和城市化进程加快，大量水域滩涂被围垦占用与渔业发展空间缩小的矛盾日益突出，陆源污染排放依然严重；渔民持续增收需求与增收难度加大的矛盾日益突出等。

三、《渔业志》之《大事年表》的特色

《渔业志》的卷末附有《大事年表》。《大事年表》采用表格式，每条大事分设3栏：时间、大事纪要、资料来源。与志书主体19章采取横向展开的形式不同，《大事年表》是将浙江渔业发展史上发生的大事、要事按照时间顺序进行纵向记述，简明扼要地勾勒出渔业发展的基本脉络，从而很好地克服了志书“偏于横剖，而缺于纵贯”的不足，同时还能方便读者检索。

《大事年表》收录远古到2010年渔业方面的大事415条。其中，1949年以前的大事16条，中华人民共和国成立到2010年的大事399条，体现了“详今略古”的编纂原则。而在中华人民共和国成立后62年间，平均每年大事约6.5条。大事最多的年份是1985年，共有17条；最少的年份是1965年和1967年，分别仅有1条。足见编者是有事则记，无事则罢，并没有一味追求“平衡”。

中华人民共和国成立后的大事按类别分，机构设置方面的大事55条，占13.8%；生产经营、科学实验方面的大事155条，占38.8%；涉及政治活动的（包括生产关系调整、法规文件出台、表彰奖励等）118条，占29.6%；涉及副省部级以上领导视察、批示的51条，占12.8%；灾害、事故方面的大事20条，占5%。可见编者在大事的选择上，主要侧重于生产经营、科学实验方面，这与有的志书大事记把领导活动作为主要内容的做法形成了鲜明对比。

四、《渔业志》的其他特色

（一）较好地处理“通典”入志问题

“通典不录”是古今志书编纂的惯例。《渔业志》第十八章《渔业法律法规及政策》，有不少涉及国家颁布的法律法规。对这些“通典”，该志的编者既没有一概排斥，也不是全文照搬，而是有所取有所不取，不仅使珍贵史料得以保存，也便于读者了解本地法律法规出台的背景和依据。例如，第一节

《中华人民共和国成立前的渔业法规》，编者从大量史料中披沙拣金，把历代王朝和民国政府颁布的渔业敕令、法规等珍贵资料整理出来。中华人民共和国成立后，尤其是改革开放以来，全国人大、国务院和浙江省人大、省政府以及省渔业主管部门分别出台过有关渔业的法律、法规和规范性文件。《渔业志》第十八章第二节是《中华人民共和国成立后的渔业法规》。在该节之下，编者首先用了一段文字，简要地叙述了中华人民共和国成立到2010年国家颁布的13部渔业法律法规(仅写出法律法规的名称和颁布时间)。然后，用一句话承上启下："浙江省认真贯彻执行国家渔业法律、法规和制度，并根据上位法的规定，先后制定了一系列渔业工作的地方性法规、规章及规范性文件，形成了较为完善的渔业法规体系。"然后重点介绍浙江省出台的法规规章和规范性文件。共设3个目。其中第一目《地方性法规、规章》，下设12个子目，将1950—2010年省人大常委会和省政府制定并发布的12个地方性法规和政府规章逐一记述，包括法规规章名称、通过和实施的时间、主要内容、修订和废止情况等；第二目是《省政府发布的渔业规范性文件》，将1960—2009年省政府发布的37个办法、规定、意见、通知等规范性文件集中列出，包括文件标题、发文时间、发文机关等；第三目是《省渔业主管部门发布的渔业规范性文件》，将1962—2010年省渔业行政主管部门出台的有关渔业生产、流通、经营、管理方面的101个规范性文件列表反映，设有5栏：序号、文件名称、文号、发布日期、发文主体。这种详本地而略"通典"的处理办法，较好地解决了"通典"入志的问题。

(二)照片编排有序，方便查找

《渔业志》在卷首安排了100多幅图片，从多个角度反映了渔业生产、加工、销售、渔政管理、渔民生活、对外交流合作以及中央和省领导对渔业发展的关怀。这些图片丰富了志书内容，增加了志书的可读性和观赏性。值得称道的是，每张图片都编有序号。序号由六位数字组成，前两位代表卷次，中间两位代表图片所在的页码，后面两位代表图片在本页的顺序。例如：图版44-12-02，"44"代表《浙江通志》第四十四卷《渔业志》，"12"

代表《渔业志》彩页第12页，“02”代表本页第二张照片。此编码可以直接用于图片索引制作，而读者根据这个编码，也能很方便地检索到所需要查找的照片。

《渔业志》的优点还有很多，限于水平，未能一一列出。当然，一部志书很难做到尽善尽美，存在个别问题也是难免的。这部志书在框架结构的安排上还有完善的空间，如子目以下的层次安排，有些不尽合理，有的不够科学。《大事年表》与正文相互印证方面还没有下足功夫，有些重要事件，正文中有，而年表却遗漏了。然而，这些问题与整部志书相比，只是白璧微瑕。笔者认为，《渔业志》完全可以作为一部成功之作而跻身名志之林。

（葛向勇，福建省厦门市地方志办公室原主任，副编审。）

试论《浙江通志·盐业志》的成功实践

贠有强

提 要:《浙江通志·盐业志》是二轮《浙江通志》(113 卷)中的一部专门记述浙江盐业历史发展的专题志，志书横分门类，纵述史实，总字数达 73 万字之多，较为客观、全面地记述了发端于春秋、下限至 2010 年大概 2700 多年的盐业发展历史，具有较强的专业性、特色性和资料性，堪称精品，特别是在总体篇目框架的考量安排、大事年表的探索创新、注释说明的突出表现等方面的编修实践可圈可点，值得肯定和学习。

关键词：浙江通志　盐业志　篇目设置　大事年表　注释说明

《浙江通志·盐业志》(以下简称《盐业志》)为二轮《浙江通志》(113 卷)中的一部专门记述浙江盐业发展历史的专题志书，编排在二轮《浙江通志》第四十七卷，是浙江省二轮志书编纂成果的重要组成部分。根据二轮《浙江通志》总体编纂工作安排，《盐业志》的编纂具体由浙江省盐务管理局、浙江省盐业集团有限公司负责组织开展，体现了主体责任单位“官修志书”的基本原则。编纂工作自 2012 年 5 月开始，至 2017 年 4 月正式出版，前后历时 5 年，计 73 余万字。浙江省人民政府地方志办公室作为《浙江通志》的总业务指导和协调组织部门，在编纂业务培训、篇目制定、章节安排、行文格式规范、志稿试写、初稿审阅、志稿评审等方面给予全力指导和帮助，成为志书高质量编纂出版不可或缺的因素。志书编纂人员、资料搜集人员、有关单位及领导、专家、盐业同人等各司其职，共同发力，甘做成就《盐业志》的“螺丝钉”，再次彰显了志书“众手成志”的规律和特点。正因为有上述众多智力付出和群策群力，特别是该部志书对盐业发展历史的客观记述和技术处理等各方面的突出表现，笔者以为，《盐业志》应为二轮《浙江通志》中一部较为出色的专题志书，在浙江省乃至全国而言，堪称省级通志专题志中的精品。通读和综合分析《盐业志》，其之所以优秀表现在多个方面，本文试就该志书篇目框架考量安排等方面的成功实践予以评析学习，不妥之处请指正。

一、篇目框架的合理考量

《盐业志》采取章节体记述，志体部分共设10章，其他包括《序》《概述》《丛录》《大事年表》《编后记》等。志体章下设节，节下设条目。其篇目框架设置的合理考量主要体现在章节体的选择和篇目设置对事物本质的把握和驾驭上。

（一）章节体的选择运用

章节体作为一种舶来史书编修体例，经过与我国传统纪事本末体、编年体等不断融合发展，在新编二轮志书编纂中得以普遍运用，其更大容纳量和更系统的组织形成特点和优势得到普遍认可和推广。章节体大概可分为篇章节目和章节目两种，前者较适合容量大、关系复杂的综合类志书，后者多适用于容量较小、关系相对单一的专题志书。《盐业志》作为二轮《浙江通志》中的一部专题志，充分考虑了此轮所修盐业发展的实际，以及通志（总志）与专题志（分志）之间的内在逻辑关系，最终确定了从根本上符合盐业发展特点和编修要求，也最接近完美表达的章节形式。

一是盐业发展特点。据史料，浙江盐业发端于春秋越国时，历经秦、汉、唐、宋、元、明、清代及民国等不断发展，尤其到了明代，浙江的海盐产量仅次于两淮，曾居全国第二，达到了盐业发展史上的顶峰。此后，因技术变革、全国制盐方法的改变，“改煎为晒”后，北方制盐业迅速发展，浙江盐业产量开始下降。至20世纪90年代中后期，随着地方控产压田政策的实施和盐民转产转业等因素影响，浙江盐业发展继续下降。发展到2010年，浙江盐业产量仅占全国总产量的0.14%。纵观浙江盐业2700多年历史，虽然漫长悠久，曲折变化，就其本身发展也涉及盐业发展环境、盐场演变、生产运销、盐价税赋、盐业管理、盐商盐民，以及相伴而生的科教文化等诸多方面，但总体而言，作为一个省区或地域的专门的盐业发展，相对全域的综合事业发展而言，一方面，其总体内容单一、体量小，无外乎一项盐业发展历史，涉及元素少、影响面较小，不存在太多复杂事物之间的交叉融合，自然也决定了总体量不会综合庞大；另一方面，其综合层次较低，具体到盐业发展的每一个方面、每一个门类，其内部层次简单，层级少。

二是编修基础和要求。早在20世纪90年代初，浙江省就在《中国盐业史·浙江篇》的基础上，组织编纂了《浙江省盐业志》，是为浙江省首轮修志成果。该志书上溯事物发端，下限至1993年，共设20章，总字数达61.1万字。按照明古详今的原则，侧重记述浙江现代盐业发展历史，[①]重点聚焦中华人民共和国成立至1993年，54年间的盐业历史。二轮《盐业志》的编纂是在首轮《浙江省盐业志》的基础和前提下进行的，是续修志书的概念，该志书的编修采取了编修通志的形式进行，没有采取断代志的做法，仍然上溯发端，下限至2010年。按照二轮志书记述的基本常识和需要，以及志书编纂实践证明，该志书的记述重点在于首轮志书下限开始到2010年这16年的盐业历史。这就决定了二轮《盐业志》编修的时代需求绝非贯通古今的鸿篇巨制。与此同时，根据二轮《浙江通志》编修的总设计和安排，二轮《盐业志》只是113卷《浙江通志》的其中一卷，与其他各卷本通志、专题志一样，《盐业志》也不设人物章节，人物统一编修记述成志，为《浙江通志》单独一卷，与各专题志平行，这也降低了《盐业志》的记述承载量。

(二)篇目层次的合理安排

篇目是结构的篇目，社会物质结构的类型性、有序性、层次性的特征是

---

① 浙江省盐业志编纂委员会编:《浙江省盐业志》，中华书局1996年版，《凡例》，第1页。

结构方志篇目的基点。[①]盐业事物本身也不例外，有其内在结构的类型性、有序性、层次性特征，编者正是基于这样的基本认知，坚持篇目要体现事物的本质和篇目设置要实事求是的原则，对《盐业志》篇目进行合理设置，充分体现了对盐业发展本质的认识和把握。

一是志体的篇目设置。从第一章到第十章，依次分为《盐区自然环境》《盐场》《生产》《运销》《盐价》《盐税》《食盐加碘》《盐业行政管理》《科教文化》《盐商和盐民》。可以看出，编者在坚持修志"事以类聚"的基本原则下，首先，将盐区的自然环境作为盐业发展的一类事物予以划分，并基于环境是一切事物发展的基本前提的理念将其设为第一类。其次，按照事物发展的基本类型和内在逻辑，依次分类设置《盐场》《生产》《运销》《盐价》《盐税》等。再次，《食盐加碘》是二十世纪八九十年代，我国针对碘缺乏病而启动的全国加碘盐工程，这项工作与盐业发展直接相关，关系人民的生命健康，涉及项目建设、碘盐生产、科学补碘和碘盐供应，以及食盐加碘消除碘缺乏病监测与评估等，由于发生时间较晚，又几乎贯穿二轮修志重点记述时间全部，有生产的成分在内，又有非单纯生产的重大意义指向，因此，紧随《盐场》《生产》《运销》《盐价》《盐税》等类之后，予以设置安排，单独上升设为一类，不失为一种最佳考虑。最后，安排《盐政管理》《科教文化》《盐商和盐民》三类，符合与盐业相对间接关系的事物本质和基本修志认知。总体上，充分体现了对盐业事物类型性和有序性的结构认知。

二是章节目层次安排。总体上，第一章《盐区自然环境》下设两节，节下均设条目。第二章《盐场》下设三节，节下均设条目。第三章《生产》下设五节，其中第一节下不设条目，第二节至第五节下分别设条目。第四章《运销》下设四节，其中第一节下不设条目，第二节至第四节下分别设条目。第五章《盐价》下设三节，其中第一节下不设条目，第二、三节下分别设条目。第六章《盐税》下设四节，节下均不设条目。第七章《食盐加碘》下设

---

① 王广荣:《志书篇目设计依据新释》,《广西地方志》, 1996年第3期。

三节，节下均设条目。第八章《盐业行政管理》下设四节，其中第三节下不设条目，其他三节下均设条目。第九章《科教文化》下设三节，节下均设条目。第十章《盐商和盐民》下设两节，第一节下不设条目，第二节下设条目。[①]可以看出，编者在章、节、目层次安排上，很好地坚持了实事求是的原则，章下均根据事物发展实际，最少设置两节内容，如第一章《盐区自然环境》；最多设置五节内容，如第三章《生产》。节下也根据实际，该设条目的设条目，保持节下设条目的总体协调性和平衡性，个别因内容单一，无法细分设条目的，不予再下设条目，如第三章第一节《产量》、第四章第一节《收购》、第五章第一节《盐价管理》、第十章第一节《盐商》等，绝不追求形式上所谓的一致和完美。

二、大事年表的创新运用

二轮《浙江通志》大事记的总体设计采取专设分卷《大事记》的形式，对全省大事予以记述，与各分卷专题志互为补充、互为详略。具体到各分卷专题志，则采取设置安排大事年表的形式，对相关大事进行记载。《盐业志》也不例外，采取在全志之后安排《大事年表》的形式进一步完善大事记的编写任务，这种做法具有一定的创新性，值得学习借鉴。

（一）位置及体量安排

《大事年表》被安排在《盐业志》全志之后，《丛录》和《编后记》之间，从第502页至519页，总共用了18个页码。就《大事年表》所安排的位置而言，是一个较为成功的处理。综合考察首轮和二轮志有关大事记的设置，主要有两种情况，一种是将大事记置于全志之首，多安排在概述之后，志体之前。这种做法较为普遍，也得到业界的普遍认可。主要考虑在于，概述按照“科学分类和社会分工的实际”横分门类，大事记则以时间为序纵贯记述历史，二者一横一纵共同置于志体之前，起到纵览全志、提纲挈领的作用。另一种是将大事记置于志尾，这种做法虽较少被业界认可，但实践中却屡屡出现，综合分析，这主要是一个见仁见智的问题，有研究认为将大事记置于志尾虽有失大事记为全志之经的作用，但可以较好发挥检索和附录作用。[①]对于《盐业志》而言，由于其为通志中的一部专题分志，大事记已另行统一安排，本身无须再设大事记。但在专题志尾设置《大事年表》是一个较为成功的实践，一方面，以一个较小的体量，从盐业专题出发，简明精练地交代盐业领域的重大事件，与通志分卷大事记互为补充，理论上共同形成一个综合的全面的大事记。另一方面，将其设置在志尾的位置，更大的意义在于发挥其检索和附录的作用，无须再发挥将大事记置于志首“为全志之经”的作用。同时从形式上还可以补分卷专题志无“大事记”之“憾”，不失为一种完美。

（二）内容及表格设计

《大事年表》的内容采集始于发端，最早从“周平王元年至周敬王四十四年（前770—前476年）越国设置盐官”开始，至“2010年浙江省盐业集团公司向国家商标局申请‘雪涛’和‘银涛’若干类别商标在全国统一使用”为止，前后2700多年发展历程，共梳理记述了139个年份或年份段的222条大事记，早期大事相对收录少一些，越到后期相对收录多一些，坚持了详今略古的基本原则。平均核算一下，几乎每十年或年份段记述一件大事，没有事无巨细，长篇大论。搜集记述不可谓不精练，总体安排平衡不可谓不用心。大事年表的志书编辑实践大概有两种，一种是纯文字形式，如20世纪90年代初首轮修志成果《寿光县志》，《大事年表》采取文字表述形式予以呈现；[②]另外一种，就是《盐业志》的做法，《大事年表》采取表格形式记述展示。这种运用表格形式记述大事记最大的特点和优势是时间指向明确，内容清晰简洁，尤其适宜阅读和对比理解，具有较强的形象性和可读性。

（三）大事纪要来源

《盐业志》是二轮续修志，采取贯通的做法，详今略古，是为通志而非

---

① 张景孔：《大事记的设置与编写——兼与洪雅英同志商榷》，《中国地方志》，2004年第10期。

② 山东省寿光县地方史志编纂委员会：《寿光县志》，中国大百科全书出版社上海分社1991年版，第1—29页．

断代志。在辑录所有大事时，均清楚地标明资料来源，在表格中进行单列设计，一一对应予以交代。主要有史料文献、省内相关综合志书及盐业专题志成果、轻纺工业领域大事记资料、浙江省业务管理局历年大事记等。这一做法具有较强的创新性，一方面，表明所辑录大事均来自权威资料或有确凿出处，真实可信，毋庸置疑，彰显了编修“信史”的方志初心；另一方面，由于资料的可信性和权威性，直接为有关管理决策和学术研究等提供了强有力的依据和支撑。

三、注释说明的突出表现

《盐业志》有一个让人耳目一新、非常显眼的特点，就是通篇包括图片、资料、数据等均有来源和出处，编者做了非常清楚的标注或注释，这种极其严谨的修志精神实属难能可贵，将为该志书进一步开发利用奠定良好基础，进一步提高了地方志的利用价值和影响力。

（一）图片资料来源的标注

志书前面所用的45张彩色插图，全部在图片说明文字之后以3类形式予以标明来源或出处。其中，22张图片分别引自1996版《浙江省盐业志》、2009版《宁波盐志》、2004版《慈溪盐政通志》和2007版《温州市盐业志》等各种志书成果，如图版“47-001-1　1989年4月，中共浙江省委书记李泽民（右四）视察岱山盐区（《浙江省盐业志》，中华书局1996年版，图版第1页）”。11张图片标明由个人拍摄，如图版“47-012-1　中国盐业博物馆（2010年李永在摄）”；12张图片为浙江省盐务管理局档案室、浙江绿海制盐有限责任公司、鄞州滨海博物馆等有关单位部门提供，如图版“47-009-2　20世纪90年代人工加碘（《宁波盐志》，宁波出版社2009年版，图版第25页）”。

（二）有关内容出处及说明

一类是全志涉及大量历史资料内容，均采取页下注的形式，严谨细致地标注来源，这种情况最为普遍，几乎通篇内容都有涉及。如第十章第一节有关“盐商”内容史料来源的页下注(第386页)，该页页下注多达8条：

①《全唐诗》卷四百二十七，中华书局1999年版，第4718页。

②《新唐书》卷五十四《食货下四》。

③⑥《樊川文集》卷十三《上盐铁裴侍郎书》。

④郭正忠主编《中国盐业史(古代编)》，人民出版社1997年版，第176—177页。

⑤《韩昌黎集》卷四十《论变盐法事宜状》。

⑦⑧《宋史》卷一百八十二《食货下四》

再如，第109页下的4条页下注：

①《汉书》卷二十四下《食货四》。

②《史记》卷一百二十九《货殖列传》。

③《盐铁论·货币篇》。

④《史记》卷一百〇六《吴王濞列传》。

另一类是志书中涉及有关概念、内容等，均采取页下注的形式进行解释说明。如《概述》中提及“平锅盐”的内容(第006页)，在该页页下注为：

①平锅盐，就是用钢板焊接成长方形的敞口槽子(即所谓“平锅”)，把原卤放入，然后在下面升火燃烧，进行蒸发，待盐结晶析出后，即捞盐，装袋。由于原卤未经净化处理，因此盐质量较差，杂质较多，不适宜食用。

再如第384页下有关“双革四新”的页下注：

①“双革”即技术革新、技术革命;“四新”即新技术、新工艺、新设备、新材料。

(三)表格数据出处及说明

全志大量使用表格，通过表格配合文字较好地展示了盐业发展有关情况，非常严谨地对所有表格数据来源进行标注，同时对表格内容及相关概念进行说明。一种情况是仅对表格数据来源采取表格下标注。

如第015页中关于“表47-1-1-3　1997—1986年宁波市梅山盐场气候条件与盐产量一览表”的资料来源标注。

资料来源：1987 年 12 月宁波市轻工业局盐务管理处编《浙江省宁波市盐业资源调查和区划》。

再如第 158 页中关于“表 47-3-5-4　2005 年浙江省纸塑复合膜小包装袋规格一览表”的资料来源标注。

资料来源：据浙江省盐务管理局颁发《浙江省食盐包装物料质量管理办法》（浙盐司运〔2005〕143 号）整理。

另一种情况是既对表格数据来源进行标注，又对表格中涉及有关问题、概念进行说明，一并置于表格之下。

如第 056 页中关于“表 47-2-2-9　1970—2001 年浙江省国营（有）盐场亏盈一览表续表”的资料来源标注和有关说明。

资料来源：1993 年及之前引自《浙江省盐业志》，中华书局 1996 年版，第 193—194 页；1994—2001 年资料根据浙江省盐业统计年报综合整理。

说明：1.1970 年以前资料缺失。2. 各盐场有附属化工厂者含化工生产盈亏在内。3. 合计数中含浙江化工一厂和镇海、舟山、定海、鄞县盐化工厂的盈亏数在内。4.2002 年起，三门盐场与三门县盐业公司经济指标合并统计，三门盐场未予列出。

再如第 351 页中关于“表 47-9-1-2　浙江省盐业历年职工委培及专业学校毕业分配人数一览表”的资料来源标注和有关说明：

资料来源：《浙江省盐业志》，中华书局 1996 年版，第 447 页。

说明：天津轻工业学院 57 人中，本科大学生学制 4 年，工农兵大学学制 3 年，委托人员学制 1～2 年。

总体上，《盐业志》资料来源标注及说明的实践做法，较好地解决了长期以来人们在志书成果资料再利用过程中的可信度、可资借鉴等问题，对地方志编修发挥了很好的表率、引导作用。

（负有强，宁夏回族自治区地方志办公室主任，副编审，主要研究方向为地方历史文化、方志学。）

一部充满时代气息和创新精神的专志

——评《浙江通志·商品市场志》

梅　森

提　要:《浙江通志·商品市场志》是一部充满创新精神的省志专业志。其创新的基础是时代性和地方性，体现在整个《浙江通志》对该志的设计上。该专志的增设在二轮省级志书中并不多见。全志十大板块(章、专记)，覆盖了各历史时期的商业(商品)市场，囊括市场事物全面系统。时代内容的篇目设计，突出了时代新事物，更是突出了以浙商为主的创新事物和创造精神。通纪体古今兼记的方法技巧把握得很好，从古代浙商到当代浙商，从三吴都会的庙会到今天的现代商品市场，一以贯之。在记述方法方面，采用史志结合、以志为主的体例，内容结构是综合＋典型(时代、地方)＋表格。无论是指导思想、构思谋篇、内容熔铸、体例贯通与文体文风，尤其是创新方面，该志都显示了其特立独行的气质，是部不可多得的良志。

关键词：商品市场志　古今浙商　史志结合　创新一脉

《浙江通志》通贯古今，是二轮修志中规模最大的省级志书，全志113卷、131册、1.13亿字。72.9万字的《浙江通志·商品市场志》(以下简称《商品市场志》)是其中的一卷专志。读后，觉得该志在创新精神的主导下，体现了浓郁的时代性和浙商的地域特点。

商品市场，尤其是历代的集市、市场的记述是志书编纂中较难的。原因是商业社会化、个体化成分大，尤其是商业的行业、市场，所以搜集资料和编纂尤难。

地方志编纂的创新、时代、地方特色的突出，最开始来源于方志方案的设计，大型的省级志书尤其如此。以完成任务心理起草的方案，绝大多数是单一角度分类，规模较小。而突出时代、地方特点的省级志书往往是多角度分类，多角度突出时代、地方特点，多角度覆盖被记述的事物。《浙江通志》就是创造性地以多角度设计的志书，除有工商业专志，还设计了这卷专门的市场志。这样的设计就强过单一一卷的商业志。整个人类社会的经济活动包括生产、交换、消费、再生产、再交换、再消费……，而交换的主要场所是市场。有些省级志书是在商业行业志中写市场，在经济综述中写综合性市场，如第二轮上海市志的设计方案。《浙江通志》是集中设“商品市场”专志，应该是种良方良法。与一部省志只设1部商业志相比，如何呢？放在案牍上翻翻，立见高下。从《商品市场志》的编纂，就可以看出浙江方志界的匠心独运。

再看这部志书内在篇目框架的设计，同样颇费心血。因为《浙江通志》是贯通古今的通志(包含两个概念，一是指省志，二是通贯古今)，故涉及各种社会形态下的市场，包括奴隶制、封建制、半封建半殖民地、社会主义计划经济、社会主义市场经济时代的商品集市和市场，涉及专业市场和综合市场，以及批发、零售市场、城乡市场，后来的实体商业市场和电子网络市场等，太绵长和复杂。能在一部书中“包罗万象”的确不易。

我们可从篇目框架中看看作者的构思：全志设《集市》《农贸市场》《农产品批发市场》《工业消费品市场》《生产资料市场》《网上商品市场》《省外浙商市场》《商品市场配套服务》《商品市场建设主体与管理模式》9章和《义乌中国小商品城》专记，共十大板块(章、专记)，覆盖了笔者上述罗列的各历史时期的市场。地方志的篇目设计最重要的是覆盖全面而不漏记，突出了各个时代的社会性，也就是突出了时代性。

《商品市场志》在时代性方面的设计，包括：第六章《网上商品市场》，

第一节《网上商品市场模式》——大宗商品电子交易市场、网络批发市场、网络零售市场；第二节《阿里巴巴网上市场群》——阿里巴巴网络批发市场、淘宝网与淘宝商城、阿里巴巴网络市场配套服务；第三节《网上商品市场选介》——中国茧丝绸交易市场、浙江钢铁现货电子交易市场、金华比奇虚拟数字产品交易市场。电商、网商、虚拟商务等，既是中国的时代新事物，也是浙商为主的重大创造。

地方志，要讲地方，讲一方水土一方人的特点特色，这里要建浙商“弄潮”的特色，浙江省内、省外、境外市场的特色。编得如何，是衡量志书质量的重大方面。讲好地方故事是重中之重。

《商品市场志》第一章第二节《会市》，包括《庙会》《香会》，有绍兴大禹祭、舜王会、缙云黄帝祭、德清防风祭、胡公庙会、上虞曹娥庙会、临安太阳庙会等；第七章《省外浙商市场》包括《浙商省外》《境外市场建设》，第二节《典型浙商市场》，有熙高数码连锁、义乌市场外拓展、泰顺人省外市场开发等；浙商的市场管理主要是商品市场的配套服务：市场物流、市场会战、市场信息、购物旅游与国际贸易；专记《义乌中国小商品城》。此外，还有绍兴中国轻纺城、路桥中国日用品商场、海宁中国皮革城、永康中国科技五金城、余姚中国塑料城、南浔建材市场、舟山国际水产城、杭州农副产品物流中心等。

古今兼记（通志）的方法技巧也把握得很好，从古代浙商到当代浙商，从三吴都会到今天的现代商品市场，一以贯之，并非易事。所覆盖的历代市场，包括农贸市场——农产品批发、粮食专业、蔬菜批发、水果批发、牲畜与肉禽蛋、水产品、花卉苗木、茶叶与中药材等专业批发市场；工业消费品市场——综合市场、副食品、丝绸纺织服装、皮毛鞋业、家具灯具、电子电脑、旧货古玩市场；生产资料市场——综合市场、金属材料。综合与各类市场都有覆盖，全面系统，分类科学符合逻辑。

方志是在对事物的研究了解中进行编纂。有人认为志书编纂就是罗列资料，许多高校、社科专家参加二轮修志后发觉这种观点是大错特错了。方志的记述一要全面系统，二要结构合理符合逻辑，三要了解事物，否则必然“缺斤短两”“一盘散沙”“张冠李戴”“逻辑混乱”，所以地方志编纂首先是熟悉研究，清楚事物阶段特征和发展沿革才可编纂。《商品市场志》编纂者分析了中国，尤其浙江商品市场演变的规律特征。认为先秦至1978年以前为“集市发展时期”，1978年以后为商品交易市场阶段。浙江集市发展分为先秦—隋唐五代，萌发与成长期(综合性城镇集市为代表)；宋—民国，以各类专业化市场出现为代表；中华人民共和国成立后—1978年，集市起落不断。改革开放后是社会主义市场经济市场(包括实体市场为主与虚拟市场为主)，具体落在浙江是：三国吴浙江境内商品经济发展繁荣；隋代京杭大运河、浙东运河建设，杭州、绍兴、宁波等地交通发达，商贸市场更加繁荣；宋代临安、绍兴、嘉兴、湖州、台州、严州府城商业街市发展，农村集市逐渐发展；1929年，西湖博览会振兴民族工商业；中华人民共和国成立后，计划经济市场起伏不定，改革开放后商品市场大发展，坐商与电商等。

好的设计、好的思想认识最终要体现在好的结构形式上，浙江的商品市场内容要解决以下问题：一是历史的纵贯与行业市场的横分，二是综合事物的整体与分行业叙述，三是综合性市场与专业市场的关系，四是时代性与浙商地方特色突出的问题，五是商与儒商的关系。

在纵贯沿革方面。第一章《集市》第一节《综合性集市》，通贯古今，从春秋、秦、三国、东晋南北朝、隋唐、宋元、明清、民国、中华人民共和国期间的综合市场。文表图结合，纵向全面系统。第一章为纵向(史体)，第二章《农贸市场》从民国写起，余下第三章起完全横分。

横分后详今略古，第三章起主要详记1978年改革开放后，此前略略勾连的历史，第三章及以后各类专业市场章主要写改革开放后。全志重点在改革开放后社会主义商品市场，此前有记述，如茶叶，但均寥寥数笔。

综合市场与专业市场，除第一章专门的综合沿革性记述外，其他各专业市场章，又同时设了综合市场节。第一章记述综合章与各章的综合市场节，解决全志综合覆盖与分类专业市场拓展的关系，也就是处理了一部志书内容集中与放开的关系。

浙商个性市场一一突出，在综合叙述中强调浙江市场，在各类专业商品市场中进行选介，值得突出的均一一突出。

儒商方面除突出浙商在商品市场流通数据化、网络化、走出国门、旅游会展带动商品交易外，还在《丛录》中专设了《诗文选录》。诗文收录了白居易、杜牧、陆游、耐得翁、吴自牧、马可波罗的诗文。唐代白居易的《东楼南望》《正月十五夜月》，有"灯火家家市，笙歌处处楼"，宋代陆游的《夜归》有"浮桥沽酒市嘈囋，寒斋老饼坐茅店"等诗句，宋代耐得翁的《诸行》、吴自牧的《米铺》《团行》、明张岱的《西湖香市》、钱源的《衡店义市记》都是用诗文体裁描述了当时的商业集市。

读后，笔者归纳《商品市场志》卷编纂方法特点为：史志结合以志为主，综合＋典型（时代、地方）＋表格；详 1978 年后，略 1978 前，前纵向综合，后横分门类，1978 年再纵述；商文结合儒商文化突出。但由于跨度大，横分全，也有记述不具体的地方，如"棉花市场"不到 200 字。

《商品市场志》是部编纂难度大，编纂质量高，编纂效果好的志书，不是仅仅为了完成一轮编纂任务，而是为历史留下良作的志书。还是用"金无足赤"的老话，笔者认为从敢设敢编的创新精神和全志时代精神、地方特点突出方面衡量，《商品市场志》应是一部精品力作。

（梅森，历任上海市地方志办公室市志处处长、中国地方志学会理事、中国地方志学会学术委员会委员、《汶川特大地震抗震救灾志》专家组成员、《上海世博会志》主纂、《安徽抗日战争志》总纂、中国地方抗日战争志工程学术委员等职，编审，著有《方志学简论》《梅森方志学文论选》等。）

一部精准记述浙江国内贸易的上乘之作

——评《浙江通志·国内贸易志》

颜小忠

提　要:《浙江通志·国内贸易志》可以称得上是一部很有特色的精准记述浙江国内贸易古今发展概貌的上乘之作。它可以为省级国内贸易志，甚至各级商业、服务业志的编纂提供不少有益的可供借鉴的方法和经验，它的篇目结构立足宏观，分类科学，全面框定了浙江国内商品贸易、服务贸易的基本内容，有利于全面系统记述一省国内贸易的行业门类及其管理。分志的概述与章的小序都能从志书的整体结构出发，采用纵述式，依时为序，按照事类的统辖关系分层纵述各类事物的发展轨迹，在纵述中概特点、概全貌，应该说，这是上乘的“述”体写法。条目的撰写，除了掌握了正确的竖写方法之外，还从系统的整体观念考虑，恰当地把握好该条目需要记述的主体内容，精准地遴选可用资料，客观地反映地情。

关键词：浙江通志　国内贸易志　篇目科学　述体上乘　条目精准

收到《浙江通志》总编室主任颜越虎寄来的《浙江通志·国内贸易志》(以下简称《国内贸易志》)，邀请笔者为其写一篇评论文章。阅过之后，对于这部志书的评论邀请，欣然接受。所以如此，一是因为新编《浙江通志》的出版是方志界同仁翘首以盼，期待早日看到的一部省级志书，第一轮志书编纂时，作为地方志历史上被誉称为方志大省的浙江竟然没有编纂综合性的省志，无怪乎人们，特别是方志界那些老专家、研究者都翘首以待，期望它早日问世，一睹为快。二是因为浙江省志办的诸多领导、专家、同行，多在各种会议上有过接触、交往，特别是《浙江通志》副总纂、总编室主任颜越虎和笔者有着10多年的工作交往。曾有近3年的时间，我们一起作为编纂指导专家参加过“十二五”国家重点出版物出版规划项目、中国志书精品工程《汶川特大地震抗震救灾志》的编纂指导与统稿，多次住在北京的北展宾馆等处，废寝忘食，挑灯夜战。所以，对于他的工作严谨、认真、勤奋，以及编纂经验之丰富、理论研究之精湛是有所了解的。因而，对于他和他的同仁历时10年多编纂的113卷皇皇巨著《浙江通志》自然情有独钟，不时关注，乐于评议。此外，笔者自己也可以算得上是《浙江通志》的分志编纂者之一。有两年多的时间，笔者曾作为《浙江通志·出入境检验检疫志》的统稿、总纂，参加过这部志书的培训、编纂、修改和评审。对于《浙江通志》编纂之难、用心之苦、成果来之不易是有切身体会的。三是这部志书确实可以称得上是一部很有特色的上乘之作。它可以为省级国内贸易志，甚至各级商业、服务业志的编纂提供不少有益的、可供借鉴的方法和经验，特别是它的篇目结构的设计、三级“述”体的写法、资料的遴选和内容的把握，都堪称匠心独具，相当老到，值得学习和提倡。

一、可供借鉴的篇目设计

上乘的省级国内贸易分志，其框架结构的设计必然是能够全面、系统反映该省国内贸易全貌的科学设计。《国内贸易志》之概述开章明义：“国内贸易是一国境内进行的商品和服务贸易的总和，既包括生产资料和生活资料的贸易，也包括为工农业生产和人民生活提供劳务的服务贸易。”这个界定，和一、二轮修志的商业志，商业、服务业志，商贸服务业志、商贸服务志等对分志记述对象的认定是不太一样的。长期以来，商业、服务业这部分内容到底是用商业志，商业、服务业志，还是商贸服务业志等作为志名？方志界并没有一致意见。看来，用“国内贸易志”，可以解决这个纷争。正是出于上述这个“国内贸易是商品和服务贸易总和”的认识，所以，《国内贸易志》共分13章，其中的商品贸易设有《生活消费品》《工业品生产资料》《农副产品》《农业生产资料》《业态与网点》5章，服务贸易设有《餐饮业》《生活服务业》《商务服务业》《电子商务》4章，商品贸易和服务贸易的管理设有《管理机构》《流通体制》《流通管理》《教育科技》4章。应该说，这个篇目的第一层次囊括了一省国内贸易的行业门类及其管理的门类，分类科学，从而比较全面地框定了浙江国内商品贸易、服务贸易的基本内容。

商品贸易的《业态与网点》章设置《百货商店》《购物中心》《专卖店》《特色街》《超级市场》《仓储式商场》《便利店》《商品市场》《连锁经营直销》等10节，将当前商品贸易的主要业态基本包括在内，而网点放在业态中记述概况，内容就比较全面，写起来也比较顺手。

服务贸易的《电子商务》章设置《发展模式》《产业发展与服务》《产业基地建设》《示范企业选介》4节，一个产业的产业发展概况、行业构成、发展模式、产业基地、示范企业等基本要素一个不缺。《产业发展与服务》节设置《发展概况》《服务方式》2个条目分别记述电子商务产业的发展概况和电子商务代运营服务业、电子商务物流服务业、电子商务金融服务业和电子商务咨询服务业四个行业的发展概况（按以上内容，节名应改为《产业发展与行业结构》，条目名分别改为《产业发展》《行业结构》），浙江电子商务产业的产业发展与行业构成大致了了。《产业基地建设》节设置《电子商务企业与平台》《电子商务产业园》《电子商务示范城市》3个条目，电子商务示范城市、电子商务产业园区、电子商务平台、电商企业等产业基地与平台建设的要素基本完整了（节名宜改为《产业基地与平台建设》）。《发展模式》节推出浙江3种著名的B2B信息服务、B2C电子商务、C2C电子商务发展模式的发展概况，展示了浙江电子产业发展的不同模式。《示范企业选介》节选介浙江网盛生意宝股份有限公司、阿里巴巴网络技术有限公司、浙江淘宝网络有限公司、浙江绿森信息科技集团有限公司4个享誉全国的优秀电子商务示范企业的基本概况，点的遴选和典型的介绍均比较成功。4个节的内容组合起来，既全面、系统地反映了浙江电子商务产业的全貌，也特别突出了浙江服务贸易的行业特色、时代特色和地方特色。

商品贸易和服务贸易管理的4个章的篇目设计明显按照记述事物的古今变化时期进行设计，这个设计其实是贯通古今的通志必须要解决的一个难题。应该说，编纂者对于这4个章的设计是比较成功的。《管理机构》和《流通体制》两个章都是按照时期划分来设计篇目，但时期划分并不一致。《管理机构》章按照中华人民共和国成立前、成立后的管理机构及其调整、改革3个时期设置3个节，《流通体制》章则将中华人民共和国成立后的流通体制再细分成成立初、计划经济时期、改革开放时期3个节(时期)来记各个时期的流通体制，因为这3个时期的流通体制变化很大，各成完整工作体系，宜聚不宜散。这种设计是非常符合机构和体制变化的实际情况的。相对来讲，管理机构内容比较简单，条目的分类也可以比较简单，所以，该志将中华人民共和国成立前的管理机构分成行政组织、商帮组织、商会与同业公会，成立后的机构分成国营商业机构、国营物质机构、供销合作社机构、过渡期间机构、浙江省经济贸易委员会、浙江省商务厅，这样，国内贸易管理机构的时期性质(计划经济时期、过渡时期、改革开放后的近期)既可以比较清楚地显示出来，也方便各条目进行“竖写”。《流通体制》章内容比较复杂，所以，章下《成立初》一节记述管理体制，购销、价格、经营政策，对私营商业社会主义改造;《计划经济时期》一节记述管理体制、经营机构、流通渠道和购销、消费政策;《改革开放时期》一节记述管理体制，购销形式、政策，企业集团，双轨制、经营主体改革，各个时期的流通管理体制基本按照构成商品流通的制度、政策、政府管理和企业经营4个基本要素来设置篇目。

此外，作为通志需要贯通古今，而中华人民共和国成立前国内贸易的流通组织与形式无疑纷繁杂乱，要在有限的篇幅中记述清楚这些内容，自然只能抓大放小、高度提炼、概括。关于这一点，《国内贸易志》的篇目设计也是非常成功的。此节之下设置3个条目:《各类不同性质的流通组织》《革命根据地的贸易活动》(宜改为《革命根据地的流通组织》)《城市商业与农村集市》。第一个条目记述了自鸦片战争以来外国资本公司、洋行组织及其商品流通形式，中华民国时期官僚资本商业流通组织及其流通形式，鸦片战争以后民族资本商业的流通组织与形式。第二个条目记述了抗日战争时期浙江革命根据地的三类流通组织与形式：公营商店、合作社、私人商业。这两个条目是从流通的资本性质区别角度来记述各类流通组织与形式。第三个条目则是从地域区分的角度分成城市商业和农村集市来记述城市、乡村的流通组织与形式。毋庸置疑，这个节的设置抓住流通的组织主体的资本性质和流通的两类地域来横排门类是非常科学的，只有这样才能将纷繁杂乱的流通体制全貌以极简的形式展现出来，让人一目了然，清楚、明白。综合以上部分章节设计思路的分析，可见《国内贸易志》篇目的设计者给我们提供了一个很有价值、可供借鉴的国内贸易志的全面、系统、科学的篇目模式。

二、正确凝练的“述”体写作

三级“述”体的写法，如同概述的写法一样，套用山西省史志研究院编《新方志“概述”点评》[①]中的一句话，叫做“大体则有，定体则无，即还没有一个固定的模式”。据该书概括：“从目前已出版志书来看，概述的类型可概括为以下几种”“1. 浓缩式。即将各分志中的内容浓缩提炼”“2. 纵述式。有人称之为‘史纲式’。即按历史时期和阶段来概述一地的发展轮廓”“3. 策论式。即以编者对地方总貌及其特点形成的认识来统领全篇，加以综论”“4. 特点式。即以一地的特点和优势归纳成几个方面，以此为中心线索，分别予以概述”确实，新编一、二轮地方志书编纂40多年来，关于概述及章、节前的无题小序，即三级“述”体的写法并无固定或规定的写法。但是，读过《国内贸易志》的三级“述”之后，感觉四式之中应以“纵述式”为上。《国内贸易志》的概述，首段仅用600字的篇幅记述浙江国内贸易发展的各时期特色。然后，按照古代（从7000年前河姆渡人部落间的物品交换开始至鸦片战争）、近代

① 山西省史志研究院编，张铁锁主编，任根珠编著：《新方志“概述”点评》，中华书局2008年版，第16页。

（鸦片战争至中华人民共和国成立前）、中华人民共和国成立至1978年开始实行改革开放、改革开放至20世纪末、进入21世纪后等若干个历史时期分成五段概述浙江国内贸易的发展概貌，顺序阐述各个时期各个阶段浙江国内贸易管理与发展的重大决策、做法及其规律、特点、定位、影响。最后，用500多字对浙江国内贸易在今后浙江经济发展中的重大意义，以及它未来发展的前景与方向作了一个简单的昭示。整个概述大概2万字，高屋建瓴，宏观概括，脉络清楚，文字凝练。头尾两段之外，依时而述，按照浙江国内贸易发展时期、阶段记述发展轨迹，在记述发展轨迹时概括各个时期、阶段的时代特色、地方特色、行业特色，组合起来，浙江国内贸易古今发展全貌自然而然全面、系统展现在读者面前。此外，比较概述的四种写法，可以说纵述式属于上乘，主要就是因为概述的写法必须要着重从全志的结构及概述应当承担的任务考虑。写法可以多种，从其功能出发，则只宜选择纵述式。现在出版的省级分志的志体结构一般都是采用章节体，主体内容基本由概述和各章节组成。各章、节根据记述事物的本质属性及其相互之间的关系，按照一定的原则进行组织。这就是我们常说的“事以类分，类为一志”“按系统组合，上位类统领下位类”。前面，我们分析了《国内贸易志》的篇目结构及其概述的写法，显然，概述承担的任务是概括记述浙江国内贸易自古及今的发展概貌，各章承担的任务是记述商品贸易和服务贸易下属的各类贸易及其管理，如生活消费品贸易、工业品生产资料贸易、农副产品贸易、农业生产资料贸易、商品贸易业态与网点、餐饮业、生活服务业、商务服务业、电子商务业、管理机构、流通体制、流通管理、教育科技13个门类的各自发展概貌。它们在全志结构中的定位是一个总述，一个分述。以《餐饮业》章为例，下设《行业经营》《经营类型》《菜系》《著名餐饮企业选介》4节。章的无题小序承担的任务就应该是记述餐饮业自古及今的行业发展概貌，它要糅合餐饮行业经营、经营类型、菜系创建、著名餐饮企业四类内容按照时间顺序记述餐饮行业的整体发展。《国内贸易志》的餐饮业章的无题小序按照时间顺序记述浙江餐饮业的萌芽、独立行业和浙江菜系的出现、代表性名店出现、发展停滞、主要业态形成、经营管理体制变化、经营类型变化、初步繁荣、快速扩张、全面繁荣。所记的是行业内容，它可以统领下面4节内容，展示它们的整体发展，而且，避免了章、节之间的机械重复，如果采用的是浓缩式、策论式、特点式，那么不仅会出现机械重复，而且，餐饮业的行业发展也就无处可写了。再如《流通管理》章，下设《计划与统计管理》《财务与物价管理》《商办工业管理》《商品市场体系建设》《流通市场秩序建设》《商品市场运行调节》《商贸流通产业发展》《对外开放与交流》8节，章的无题小序糅合各项管理来纵述流通管理的发展概况，下面各节各记其分项管理或建设。各有各的任务和定位，各有各的基本写法。如果《流通管理》章的小序采用浓缩式、策论式、特点式，那么商品和服务贸易的流通管理的发展轨迹、阶段特点、整体概貌就无处可写、无处可见了。所以，概述与章的小序都适宜采用纵述式，依时为序，纵述发展轨迹，在纵述中概特点、概全貌，方为上策。

三、精准的资料遴选与内容把握

一部优秀的志书，有了科学的篇目、宏观的概述、正确的章节无题小序，还需要的就是数以百计的条目（子目）的精彩竖写。要写好条目，除了掌握好正确的竖写方法之外，关键就是要恰当地把握好记述的内容，精准的遴选资料。内容把握、资料遴选的关键是要有系统的整体观念。志书的内容结构，用系统论的观点来看，它类似一个金字塔的结构。以《浙江通志》为例，塔尖是总述，它记述浙江古今发展概貌，立足顶尖，统领、总揽浙江一省地理、政治、经济、文化、社会之整体地情，是为省情之纲。塔的第二层是111部省级分志。它由浙江省地理、政治、经济、文化、社会5大部类下的97个基本门类（部门、行业、事业）志和14个特色专志组成（设为志）。基本门类志如自然环境志、政府志、国内贸易志、广播电视电影志、人民生活志等，特色专志如西湖专志、天目山专志、名城名镇名村专志、海洋经济专志、越文化专志等。塔的第三层是基本门类、特色类下属的基础分类，如《国内贸易志》中按照商品贸易、商务贸易、商品与服务贸易管理划分的《生活消费品贸易》《工业品生产资料贸易》《农副产品贸易》《农业生产资料贸易》《商品贸易业态与网点》《餐饮业》《生活服务业》《商务服务业》《电子商务业》《贸易管理机构》《贸易流通体制》《贸易流通管理》《贸易教育科技》13个基础分类(设为章)。塔的第四层是基础分类下的构成要素类，如贸易流通管理下的构成要素类有《计划与统计管理》《财务与物价管理》《商办工业管理》《商品市场体系建设》《流通市场秩序建设》《商品市场运行调节》《商贸流通产业发展》《对外开放与交流》等10个管理构成要素(设为节)，也就是说，贸易流通管理具有10种(类)管理内容。塔的第五层是构成要素类下的基本要素类(设为条目)，如《贸易流通管理》章下的商品市场体系建设节的商业网点规划条目属于基本要素类，它是商品市场体系建设的构成要素之一。少数事物由于内容繁杂，可以再设置第六层次，它仍是第五层次的下位类组成。综上所述，志书结构是一个层层划分门类，层与层之间、门类与门类之间按一定关系和结构原则组合成的系统。该系统上下层的关系是从属关系，上位类统领下位类，同层次之间是平列关系，同层次事类组合起来就共同构成上位类事物，少数特色事物可以升格跨层，但不宜多，更不能造成逻辑混乱。这样层层叠砌，下一层是上一层的基础，上一层是下一层的提炼、凝聚与升华，层层组合，最终构成一个金字塔系统。从这个理论出发，所以，每一个层次事类的记述内容都要从整体结构考虑，从本事物的内容属性与它在结构中的定位出发，来把握、确定它的记述内容，避免上下重复、漏记要项或类别错位，上位类不能统领下位类的错误。以《流通管理》章商品市场体系建设节的商品市场建设条目为例。编者对该目内容的把握是：不是记整个商品市场体系的建设，只是记商品市场体系之一的商品市场建设，而这个商品市场建设也不是记述商品市场建设的概况，而是记述浙江省政府、省工商局建设商品市场的宏观决策、政策颁布、重要措施、典型引导等内容。内容定好位后，就要根据需记内容精准地遴选好资料。《国内贸易志》该条目撰写者在众多的商品市场建设资料中遴选出1982年的疏通商品流通渠道、1984年的流通体制初步改革、1991年的办好城乡市场、1994年的商品交易市场管理条例、1998年的商品交易市场的发展思路、确定20个省重点市场和40个区域重点市场、2001年市场的管办脱钩、2006年的商品交易市场发展规划、2008年的网上商品交易市场管理暂行办法、2010年（下限年）的商品交易市场建设格局等决策、政策、方法、措施资料，非常清楚地把浙江商品市场的宏观建设历程展现在读者面前，发展轨迹清晰，时代、地方、行业特色鲜明，概貌可见。该条目内容把握、资料遴选可谓精准。再以《流通管理》章《商贸流通产业发展》节的《浙江老字号》条目为例，作者对它的内容定位是全面介绍浙江商贸流通的知名老字号企业，详今略古，全面记述现存的。遴选了浙江知名老字号企业早期发展、7届中国中华老字号精品博览会、2批省经贸委认定的浙江老字号企业名录、振兴老字号工程通知、发展老字号对策、成立老字号企业协会、创办《中华老字号》杂志等促进中华老字号发展和展示老字号盛况的经典资料，用了3000多字的文字来记述浙江老字号企业的发展轨迹，用了约15000字的篇幅列了2008年、2010年浙江第一、第二批共269家"中华老字号"企业名录。企业名录包括企业名称、品牌、创立时间、商标、所属行业5项内容，名称、品牌、历史、需要保护的商标、企业经营行业基本要项不缺。该目遴选资料也可谓精准，文表结合，详今略古，现状明而全。综合这两个条目的内容定位、资料遴选的做法，带给我们的启示是，条目内容的把握必须要从整体考虑，它需要考虑条目是从属于上位类的整体内容之一来把握，需要明确本事物各构成要素的重点、本质所在。资料的遴选也要梳理出体现该类事物上下限内的发展起点（源头）、各个阶段的转折点，以及终点（下限年）的资料，遴选出能体现阶段发展规律、时代行业特点、关键节点概况、下限年现状的有用资料。唯有这样，概述纵述总体发展，主体门类志的篇目层层分类科学、门类齐全，章节小序纵述基础分类、构成要素类事物即中小事类事物发展，条目记述好基本要素类即基本组成事物的发展概况，合而聚之，一地、一事、一业之发展概貌方能全方位、多角度、全景式表现出来，一部精品志书才有可能诞生。

（颜小忠，上海市地方志办公室副编审，中国地方志学会学术委员，主要研究方向为地方志书、地方综合年鉴。）

鉴往识今　修志有道

——读《浙江通志·对外贸易志》

谭烈飞

提　要：志书客观真实地记述浙江对外贸易的历史沿革和发展历程，是一部全方位、有重点、遵循传统修志理念又独具创新的专业志。真实、全面、客观体现全省范围对外贸易历史。以"详独"的方式重点体现本地区的优势和与其他地区所不同的表现形式，地域特色尤为突出。用述而不作、文表相间，以窥一斑而知全豹来体现，是一部难得的资治教材，以一种独特的总结方式，去粗取精，加以概括、归纳，留存了最为重要的经验。志书对有关民营、私企在浙江对外经贸的贡献度上应该展现更多的笔墨。

关键词：对外贸易志　历史脉络　区域特色　创新

浙江对外贸易历史悠久，始于西周，盛于唐宋，转变于晚清，发展于中华人民共和国成立之初。改革开放后，进入快速发展期，成为走在全国前列的"外贸大省"。《浙江通志·对外贸易志》客观真实地记述浙江对外贸易的历史沿革和发展历程，是一部全方位、有重点、遵循传统修志理念又独具创新的专业志。从志书的内容看，重点记述浙江对外贸易体制沿革、管理机构变迁、进出口商品贸易、进出口公平贸易、服务贸易、出口基地及外贸品牌建设、经贸往来与贸易促进、对外贸易服务等内容，有对义乌"旅游购物""海关特殊监管区域贸易"等外贸创新业态；有应对外贸纠纷的处置方式；

有外贸管理的全流程，比较系统、清晰地记载改革开放时期，特别是中国加入世界贸易组织之后浙江对外贸易发展过程中"先行先试"的地方外贸特色，从志书研究的角度，结合所记述的内容与方法，从而了解掌握中国外贸发展的历史，均可借鉴学习。

一、清晰展现历史发展的脉络

地方志书是全面系统记述一地自然与社会、历史与现状的资料性文献，这是志书的定义，也是志书有别于其他类书籍的重要特质。志书质量是地方志的生命，而真实、全面、客观记述好入志的内容，是确保志书质量的必然要求，这部志书的真实、全面、客观首先体现在对浙江全省对外贸易历史的完整梳理。

（一）对历史资料进行了认真收集整理

该志书洋洋洒洒150余万字，对于相关的资料收集甚为广泛，古代、近代设有专章。对元代及以前的海外贸易，抓住独具特点的航线与港口、海外贸易作了大量的资料收集与研究，明清时期对外通商的资料就更加丰富、完整，包括了明清两代对外通商的内陆通道与贸易航线、明代对外通商的特点内容、清初至"五口通商"前对外贸情况、整个浙江地区开埠与对外通商的大量的数据、洋行与洋货在浙江地区倾销的状况及涉外商事活动。在对浙江地区古代的对外经贸情况进行系统整理中，大量资料源于同时代的历史文献，更值得重视的是还有相当一部分是相关内容的权威性研究成果。近代沿海地区的外贸情况在中国的外经贸史上都是重点，尤其是到了民国时期，这部志书选择了具有地域特点的外轮航运，甬、温、杭口岸贸易，洋务考察、抵制洋货、展会活动等目，较为系统地勾勒出近现代浙江地区对外经济贸易的重点内容。

（二）在研究的基础上，把古代外贸的发展演变进行了完整、清晰地梳理

其主要的特点是大量吸纳现有的研究成果，将几十年来国家主要研究机构所涉及的浙江地区的对外经贸的研究成果、研究数据融于志书的记述之

中，有些还是从外国文献翻译而成，同时大量引用了新旧地方志的编纂成果，如在浙江地区具有代表性的《宁波市对外经济贸易志》《温州市对外经济贸易志》《浙江省对外经贸志》《杭州对外经贸志》等，重要的资料性特点体现在大量一览表、统计表的使用上，表格占有相当大的比重，文表衔接，起到了一表胜千言的效果，用具体、生动的数据将古代、近代浙江地区外贸易的发展演变进行了完整、清晰地记录。

（三）对于所涉及的历史研究内容做到学术规范到位

经过几十年新编地方志的编纂研究与实践，对如何体现地方志的学术规范一直在探索，其中焦点是如何保留和体现二手资料上，是不是要按照既往的史学研究的方法做好相应的引文和注释，这部志书的主要编纂人员由专业学者构成，有较为深厚的学术素养，在了解地方志的编纂方法的同时，很好地借鉴了历史研究的方法，在古代、近现代的章节中，言之有据，注释到位，具有较为严谨的学术规范，使历史资料的信息更为科学、权威。

二、浓墨重彩体现区域特色

充分反映时代特色是新编志书的要求所在。所谓时代特色，是指不同历史时期所具备的独有特色。志书通过对本地最突出历史事件的记载，来丰富历史内容、反映时代特色，并深刻地揭示不同历史阶段的社会面貌、经济发展、文化建设等方面的特点及变化。是否具有时代特色的内容是衡量志书优劣的重要尺度，而且必须重点反映，浓墨重彩地从微观到宏观与时代大势紧密呼应。浙江地区在当代，特别是改革开放以后，在开启对外开放的大门乃至创造出一系列对外开放的成就中，在全国都具有影响，这部志书不仅内容丰富，而且以“详独”的方式重点体现本地区的优势和与其他地区所不同的表现形式，地域特色尤为突出。

（一）志书设专章记述专业优势

在浙江对外贸易中，“出口商品生产基地和品牌建设”就是浙江对外经贸的重要特点，志书中有出口商品生产的综合生产基地、农副产品出口基地、农轻纺产品出口基地、机电产品出口生产基地、科工贸产品出口基地等在国内外影响的生产基地，对这些基地的生产规模、主要特点都做了梳理与分类介绍，其中，既有国家级的，也有省级的，通过这部志书我们可以了解到宁波北仑新区国家科技兴贸创新基地、浙江省德清县高新技术产业园国家科技兴贸创新基地、浙江新昌高新技术产业园国家科技兴贸创新基地、浙江东阳国家火炬计划磁性技术产业基地等电子信息、生物医药、新材料的规模、产品、出口额的情况，这些是国家级的高新出口创新基地。归属于浙江本省一级的出口商品生产基地则以大量文字记述的同时，采用文表结合的方式，大量附表，内容丰富，让人一志在手，尽可能了解本地出口商品生产基地的规模、影响和主要内容。

（二）展示外贸的品牌与精品

浙江是全国首批实施名牌战略的省份之一，外经贸部 1999—2001 年确定 4 批 118 个“重点支持和发展的名牌出口商品”，其中浙江省有 25 个，占全国 1/5 以上。经商务部评定 2005—2006 年度“商务部重点培育和发展的出口名牌” 190 个，其中浙江省有 51 个，占全国 1/4 以上，数量居全国第一。2008 年评审确定 200 个“浙江出口名牌”，至 2010 年，浙江省公布 3 批共 400 个“浙江出口名牌”，涵盖机电、纺织服装、轻工工艺、建材冶金、化工医药、农副产品、其他 7 个行业大类，这些品牌与精品在志书中都做了全面的记述，这是浙江外贸产品的硬核，也是这部志书的特色。

三、全方位完整体现了对外经贸的管理体系

这部志书的特点是以整个浙江省为整体，分门别类地将浙江省是如何在对外经贸中一步步发展壮大，是如何取得辉煌成就，采用述而不作、文表相间，以窥一斑而知全豹来体现，几乎没用任何评论的文字。

（一）从框架设计上，力求完整、全面，有匠心独具的感觉

将管理体制放在了突出的位置，以历史发展的顺序特点记述了国家统管体制、管理关系调整、实行简政放权、内外贸易一体化改革、主动适应加入

世贸组织的体制变化情况，打破了志书惯用的名词性的词组，而采用动宾结构与名词性词组的结合，让人更有直观的感触。紧接着一章是对外贸易管理的具体内容，既有与其他经济管理的共性内容：财务管理、统计管理，更主要的是具有自身特点的专业管理的内容：贸易外汇管理、出口退税管理。在统计管理中所设的节下目分为：外贸统计制度、采用海关统计口径、统计应用、统计调查，详独略同，突出了对外经贸的管理特点。

（二）在资料选取上体现时代与区域结合的特点

浙江乃至中国对外经贸的发展与加入世贸组织联系密切，志书在管理体制上专门作了记述，其中最具特点的是志书记述了浙江外贸主动适应加入世贸组织，明确中国加入世贸组织后，是如何主动适应新形势、新要求，积极完善政策，建立工作机构，在更高层次上提高对外开放水平的。志书分别记述在完善政策上，从政府职能转变和管理方式创新、着力提高国际竞争力、营造规范有序市场环境、建立高效预警和反应机制 4 个方面，提出再创浙江体制新优势的内容，还记述了对不符合 WTO 规则和中国加入世贸组织承诺的法律法规和政策措施进行全面清理，如 2002 年，全省共清理地方性法规 172 件、政府规章 160 件、部门政策措施 3342 件。还可以在志书中看到，省级部门共取消和调整 853 项审批项目，削减幅度达 53.1%。取消 WTO 规则中禁止性的补贴政策，代之以允许的各项扶持政策，使浙江对外贸易管理体制与世贸组织规则相一致。

（三）在内容选取上突出个性特点、专业特点

为适应加入世贸组织后浙江对外贸易环境的新变化和新形势，志书专门记述了省外经厅率先在全国设立进出口公平贸易局，指导外贸企业利用 WTO 规则，应对贸易摩擦；设置 WTO 浙江研究咨询中心，其中还介绍浙江省经济贸易委员会设立产业损害调查局，开展进口贸易救济工作。2008 年，全国第一批对外贸易预警点——“浙江省对外贸易预警示范点”在杭州授牌，具有浙江特色的对外贸易预警机制建立。加入世贸组织后，国际经贸领域所遭受的贸易摩擦也逐年增多，2002—2010 年，全省遭遇来自美国、欧盟、土耳其、印度、巴西等 27 个国家和地区提起的反倾销诉讼，志书详细地记述了应对措施。

（四）在留存资料上，注重资治的作用，为志书的镜鉴功能作了有益的尝试

浙江是外贸大省，外贸发展对浙江经济发展起着至关重要的作用，贸易救济工作是对外贸易密不可分的重要组成部分。1999—2010年，浙江共有49家企业发起或参与发起贸易救济调查申请，涉案来源国和地区及经济体主要是韩国、美国、日本、欧盟和中国台湾地区，涉案行业主要集中在化工、纺织、轻工、机械和电子等全省传统优势产业。为了适应国际竞争新形势，保护浙江产业和企业的合法利益，浙江积极开展贸易救济活动，按照"建机制、打基础、强队伍、促发展"的要求，多方联动，积极探索，取得一定成效。这些都是志书需要记述的，对于如何体现志书的使用功能，提供了示范作用。

四、志书功能的有益探讨与创新

资治、存史、教化一直是志书的最基本的功能，但是，如何具体体现这些功能并有所创新，一直是地方志工作者不断追求的目标。

这部志书是一部难得的资治教材，更直接地说，是一部对外经贸工作的资治参考资料，这一方面是浙江省在中国改革开放中在对外经贸中取得了令人瞩目的成就；同时，志书以一种独特的总结方式，去粗取精，加以概括、归纳，留存了最为重要的经验。志书反映在面对国际金融危机时，全省外贸工作如何经受住考验，其中，在特定的时期内，进出口额占全国的份额不降反升，提高到8.50%，出口额占全国的份额也上升到11.07%；产品遍布全球200多个国家和地区，传统主流市场得以巩固，新兴及周边市场得到进一步拓展，这些是如何做到的；志书记述了浙江在困境中、机遇中如何发展对外经贸事业，开拓新的局面的，有文件、有机构、有部署、有举措，是很好的历史借鉴。在《进出口公平交易》这章尤为体现了志书的资治特点，针对贸易摩擦、反倾销调查的应对机制、预警体系建设的记述，都有十分重要的意义，志书留存了大量案例和解决的办法、措施，对从事对外经贸的地区、领域有重要的参考价值。

这部志书存史的价值得到突显，在具体的存史内容上，针对浙江外贸发展体现规律的资料作了留存，可以清晰地看到浙江是如何发展对外经贸潜力大的机电、纺织、轻工、农产品等出口基地，发挥其在出口结构调整、提质增效方面的积极作用，推动出口基地块状经济向出口产业集群转化；是如何加大对国家级、省级出口品牌企业支持力度，建立健全“出口名牌”支持培育体系，鼓励企业与国际品牌开展多种形式合作，走出自创与并购并举之路；是怎样加快展会服务平台建设，做大做强中国国际日用消费品博览会、中国义乌国际小商品博览会、中国柯桥国际纺织品博会等展会，进一步做优全省在境内主办的贸易展会，支持企业参与各类国际贸易展会，积极举办境外展会，大力拓展国际会展“窗口”功能的；是如何巩固欧美等传统市场，引导企业着力开拓中东、拉美、东欧、东盟等新兴市场的。志书专设丛录，留存了大量具有重要价值的省委、省政府文件，这些文件是在关键时期，为省的对外经贸工作指明方向，解决实际问题的重要史料文献。

志书的教化功能是通过翔实准确的记录来实现的。方志这样以记录历史事件为核心的特殊文体，大量的图表，尤其是统计表、一览表，有一表胜千言的优势，全志有表近百，所取得的成就、对外经济贸易的发展情况通过表就可以一目了然。志书的编修又是“一字之误全志皆疑”，任何差错都会带来对整部志书的不信任，何谈教化。这部志书的可贵之处就在于在资料的收集、文稿的编纂、出版的编辑都精益求精，为志书的使用者提供了可以信任、有教益的权威性志书，透过相应的内容，读者更为深切地体会到党的改革开放等一系列重大决策的英明，起到了改革开放史教科书的作用。

如果从一个外域人的角度来看，志书对有关民营、私企在浙江对外经贸的贡献度上应该展现得更多，还应该着更多的笔墨。

这是一部高水平的志书，期待着在续修中继续展示修志人“修志问道”的精神，体现求真存实，鉴往识今，让志书的功用发挥得更充分，为浙江乃至全国的文化建设发挥更多、更大的作用。

（谭烈飞，北京市地方志办公室原副主任，编审。）

宏微皆见用功处

——读《浙江通志·海关志》

胡巧利

提　要:《浙江通志·海关志》内容全面、篇目合理、资料翔实，细节处也不乏精巧之思，足见编纂者之用功用心用情。该志主要优点有三：一是科学谋篇布局，事以类从、逻辑严密，贯通古今、始末完整，具有很强的整体性。二是较好地处理了地方性和全国性的关系，用具体的历史资料，阐述了国运兴则关运兴、经济兴。三是注释和大事年表等相关细节的处理，既拓展了信息，又体现出扎实的资料基础和编纂人员严谨的治学态度。

关键词: 海关志　通志体　地方性和全国性　资料性　注释

海关是国家的进出境监督管理机关，是国家主权的象征。海关依法维护国家经济运行，是“国之大者”，对国家的经济、贸易、政治和社会发展起着无法替代的作用。在地方志中，海关志无疑是极其重要的专志，而笔者近期拜读的《浙江通志·海关志》(以下简称《海关志》)，是一部质量上乘的地方海关志。该志是《浙江通志》出版的前十卷之一，于2012年启动修编，历时7年，至2019年1月正式出版。全志内容全面、篇目合理、资料翔实，细节处也不乏精巧之思，足见编纂者之用功用心用情。尤其欣喜地看到该志对许多编纂实际问题的妥善处理，体现出独到的关于地方海关志编纂的理论思考，大到篇目设置、体裁运用等宏观问题，小到注释引用、机构名称等细节处理，皆见其匠心所在。在当前地方海关志编纂理论比较欠缺的情况下，《海关志》的实践探索，对于今后编纂地方海关志或其他专志无疑具有很好的借鉴意义。

一、科学谋篇布局，全面翔实记录了浙江海关的前世和今生

《海关志》采用通志体例，以事物发端为记述上限，溯古述今。浙江是最早开通海外贸易的地区，至迟在战国时期，浙江就与日本、高丽、东南亚等地有海上往来。五代十国时期，统治今江浙一带的吴越国，专门设立博易务，负责管理本国与其他国家和海外的贸易。至宋代，朝廷始创专管对外贸易的机构——市舶司，在广州、杭州、明州和泉州等地相继设立市舶司，先后设在杭州和明州的两浙路市舶司，以及稍后成立的杭州市舶司和明州市舶司，成为了中国历史上最早一批专管对外贸易的机构之一。此后，无论是元明清，还是中华人民共和国成立后，浙江始终是对外贸易的重地，除了明清某些时期实施禁海政策时闭关，在绝大部分时间里，浙江都有专设的海关机构和相关的业务活动。浙江的对外贸易历史长达两千多年，专职管理海外贸易的机构有一千多年，而且历经了古代、近代、现代三个不同的历史时期，海关作为国家权力的象征，其性质也经过了历史性巨变，由封建国家的主权海关，演变为半殖民地半封建的“洋关”，再经过中国人民的艰苦斗争而成为人民海关，折射出中华民族曲折的发展历程。《海关志》贯通古今，编纂难度之大可想而知，而科学谋篇布局无疑是首要问题。

志书事以类从，横分门类。通志体由于贯通一千年多年历史，其间各项事物发展变化巨大，有的事物古已有之且几经变化，有的事物古代有而今已消亡，有的事物古无而后生。编纂通志要一个篇目“管到底”，难度极大。所以很多通志并未真正贯通，而是采用了分时段记述的方法，实际上是断代的叠加。如《中国海关通志》采用上、中、下三编，古代海关、近代海关、当代海关分别独立为编。又如《广西通志·海关志》将中华人民共和国成立前海关单独设为一篇，名“旧中国海关”，中华人民共和国成立后海关设多篇，

即第二篇至第八篇，分别为:《人民海关》《进出境货物和运输工具监管》《进出境非贸易性物品监管》《进出口关税和海关征收的其他税费》《查缉走私》《统计　审计》《科技装备》《关产》《财务》。从体例来说，这种分段记述法有违志书横分门类的体例，篇目框架有诸多的不协调，属于不得已而为之。编纂者自己也认为“有悖于志书体例,《篇目》中有‘父子同堂’之处。”①此类篇目受史体影响，第一层次是“以时为序”，而非“事以类从”，名为“通志”，实则是“断代志”的叠加。这种篇目框架，编纂时的操作难度可能相对小一些。但对于各项事物的记述实际上是裂断的，而不是溯古及今连续记载。比如用志者想了解税则的历史与现状，就需要翻阅古代的篇章、近代的篇章和当代的篇章。如果只看当代篇章，就不知该项业务起源于何时，过去的发展历程如何。难能可贵的是,《海关志》没有采用分段法，而是严格遵循了事以类从的原则。全志设《机构》《货物监管》《运输工具监管》《物品监管》《税费征收》《查缉走私》《海关统计》《海关稽查》《科技装备与运用》《人事管理与教育》《海关兼办事务》共11章，横分门类，事以类从，章与章之间并列记述，互不交叉，层次合理，逻辑严密，堪称体例科学、结构严谨。每一事项皆贯通古今、始末完整，全志一气呵成，具有很强的整体性。由此可见编纂者对志书体例有精确理解，更体现了编纂者对资料的驾驭能力，对浙江海关各项业务发展历史的深入研究和把握。

从记述业务领域来说，既包括货物监管、运输工具监管、物品监管、税费征收、查缉走私等传统业务，也包括近现代拓展的海关新业务，如海关稽查、海关统计、海关科技等。尤其可贵的是，对历史上曾经由海关办理而今天已不归海关管辖的业务，如港务、海务、邮政等，都设置专节进行记述。这样就把浙江省海关在不同时期的功能全面地反映出来，对于正确认识浙江海关的历史地位和历史作用具有重要意义。

从编纂内容的把握来说，则明确了详今明古的编纂思路。篇目框架的

① 李德武:《〈海关志〉编写简谈》,《广西地方志》1995年第1期。

立足点在当代，奠定了详今明古的总基调。如古代海关并无科技装备，设置《科技装备与运用》一章，就是基于详今的编纂原则。同时每项业务都追溯至事物发端，实事求是地反映历史，有则记之，无则不记。如《机构》《货物监管》《运输工具监管》《税费征收》等章，起自北宋初年在杭州设立两浙路市舶司，报关企业管理追溯至明晚期，贸易统计从清嘉庆四年（1799年）开始记述，行李物品监管从清咸丰十一年（1861年）开始记述，邮递物品监管从清光绪二十二年（1896年）开始记述，海关科技从20世纪70年代中期开始记述。诸如此类，虽然表面上看各章节的记述上限参差不齐，然而较之按历史时期设分段记述的处理方法，《海关志》的记述较完整地反映了各项业务发展的历史脉络，达到详今明古的编纂目的，全面展现了海关的前生今世。

二、适度“越境”而书，较好地处理了地方性和全国性的关系

地方海关志与其他专业志相比，有其自身的特殊性。这种特殊性源自海关机构的特殊性。因为海关是国家主权的象征，是维护国内经济秩序稳定、增加财政收入的机构。海关的发展历史，体现了一个国家的综合实力和国际地位变化的历史，也反映出一个国家和地区对外开放的历史。所以，编纂地方海关志，不仅要关注它与一个地方的对外贸易和经济的关系，而且要着意体现国家意志和彰显国家主权。也就是说，编纂地方海关志，不仅要强调地方性，更要有国家观。

《海关志》通过“适度越境”记述的方式，较好地处理了地方性和全国性的关系。所谓“适度越境”乃笔者自创之词，意指把国家层面而非地方性的事物作恰当而简要的记述。《海关志》通过“适度越境”记述，把地方海关的发展置于国家命运兴衰的大时代之中，置于经济社会演变的大背景之下，把地方性和国家观融为一体，很好地展现了浙江省海关的前生今世，同时展现了中华民族历经磨难而走向辉煌的历史命运。其中，述体的成功运用，为实现地方性和国家观融通提供了很好的途径。首先从概述来看，《海关志》概述吸取了史体彰显发展脉络的优点，除开头的引言外，分4个部分，按历

史发展进程分述古代、近代、现代浙江海关的业务和功能，可以说历史发展脉络清晰，重点突出，同时始终把浙江省海关的兴衰置于中国海关发展乃至中国历史的大背景之下。在第一部分，阐述了京杭大运河开凿、宋代陆上丝绸之路因战乱而被阻断、东南沿海发达的造船业和航海技术与浙江海关兴起之间的关系。在第二部分，把浙海关(新关)的设置、运行，置于第一次鸦片战争后清政府被迫开埠、第二次鸦片战争后外籍税务司掌控海关大权的历史背景下，道出了海关屈辱历史的深刻原因。第三部分和第四部分反映中华人民共和国成立后海关发展历史，尤其是第四部分，充分彰显了改革开放后国家综合实力不断增强，海关不断改革、服务经济社会发展能力不断提升的历程。《海关志》概述既是浙江省海关的发展简史，也是中国海关事业发展的缩影。其次从章节之下的小述来看。《海关志》往往在章节小述中，把国家层面有关的政策方针交代清楚，使各节所记事物不至于凭空而降，而是有源可溯、有据可依。如第二章《货物监管》的章下小述，叙述了“北宋开始建立市舶制度，对进出口货物实施监管。市舶司以核发公凭垄断国内商人出海贸易的审批权，对进出口货物进行管理……明代实行海禁，仅有朝贡贸易，对贡船、贡物、贡期均予以限制……2001 年 12 月中国加入世界贸易组织后，贯彻‘依法行政，为国把关，服务经济，促进发展’的工作方针，以经济建设为中心”。又如第三章第一节《船舶监管》之下的小述，叙述了“中华人民共和国成立后，海关加强对国际航行船舶监管。20 世纪 50—80 年代，海关对国际航行船舶主要实行登船联检，逐船检查、船边执勤等监管方式。”如此把国家层面的货物监管、船舶监管的政策制度作了简明扼要的交代，让读者明了地方海关实施相关措施的依据。此种处理方式贯穿于全志，从而较好地体现出地方和国家之间紧密相连、融为一体。

关于税则的记述，也体现了编纂者对于地方性和全国性关系处理的用心。税则由国家制订，且与国际关系紧密相连，各地方海关的任务是执行。地方海关志，如不记全国性的税则，则无法全面反映地方海关的发展历史，也使税费的征收变得无法可依。如果详细记录税则，又会出现各地相关内容完全雷同和不必要的重复。如何把握记述的详略，就体现了编纂者的用心和功力。如《海关志》这样记述民国37年国定税则的修订："民国36年(1947年)4—10月，共有23个国家和地区在日内瓦召开会议，拟定并决议通过《关税与贸易总协定》，国民政府亦派代表参加第一轮多边贸易减税谈判，签订关税减让议定书。民国37年(1948年)4月21日，国民政府正式签署《关税与贸易总协定》，中国成为缔约国之一。同年5月21日起，中国海关开始施行《关税与贸易总协定》所确定的第8号中国减让税率，并公布关税减让税率表。为实施关贸总协定确定的关税减让，国民政府国定税则委员会对民国23年《国定进口税则》予以修订施行。修订后的税则改以往单一式税则为复式税则，即根据关贸总协定确定的关税减让表，将进口税率分成国定税率和协定税率两种。与中国签订商务及友好条约的国家适用协定税率，而未与中国签订关税协定的国家输入商品仍适用国定税率。民国37年《国定进口税则》仍将进口货品分为16类、672个号列，其中免税货品号列8个。进口货品一律实行从价税率，税率5%～200%，较原税率提高1～3倍。是时，浙江省浙海关、杭州关和瓯海关均执行上述税则。"如此简要记述税则出台的背景，将关税制度置于时代大背景之中，反映了国际关系、国家地位；对于税则重要内容，择要而概括记述，避免录其原文，又不至于缺而不记。笔者认为这种记述简明扼要，既能说明问题，又不会简单重复，相对来说较为适度。

对浙江特有的海关业务，则专门加以详细记述，以体现地方特色。如义乌小商品市场是全球小商品的集散地和物流中心，义乌小商品的出口是浙江经济的一大特色和亮点，也是改革开放的一大成果和奇迹。《海关志》在第三章《货物监管》第一节《一般进出口货物监管》专设《义乌小商品市场出口》一目，进行浓墨重彩的记述。由于小商品价值低、种类多，如果按照海关惯常的申报归类，企业的通关时间和通关成本较高。针对这种特殊商品，杭州海关和义乌市政府在海关总署的支持下，积极创新监管方式，促进了义乌小商品进出口市场的繁荣。《海关志》对不断完善的监管机构(从2002年金华海关驻义乌临时监管点成立，到2009年义乌海关正式通关)；"快速转关""异地报关、口岸放行”“属地申报、口岸验放”等各阶段采取的便利化措施，不断改革的监管方式，不断完善的监管措施，逐步规范和简化的小商品通关流程，不断增加的义乌小商品市场贸易额等，一一详细记载。在反映义乌小商品这一地方特色的同时，也让读者看到了海关服务经济社会发展的重要功能和作用，海关与地方经济密切合作、相互促进、协调发展，实现了地方经济繁荣和国家经济秩序稳定的有机统一。

综上所述，《海关志》用具体的历史资料，展示了家国情怀，让用志者感受到了国运兴，则关运兴、经济兴。

三、纤毫入微的细节处理，进一步提升了志书的学术性和资料性

《海关志》有许多细节处理，体现了编纂者对专业性和学术性的追求。谨以注释的运用为例略作分析。相较于笔者所见到的之前出版的新方志，《海关志》比较多地运用了注释，包括页下注和文中夹注。归纳起来，大致有三种处理方式。一是引用原始资料，注明出处。如第 172 页记载：“宋高宗诏曰：‘市舶之利最厚，若措置合宜，所得动以百万计。’”此处有页下注：“《宋会要辑稿》第八十六册《职官四四》。”又如第 174 页记载市舶则例沿革，大量引用原始资料：“历代市舶司管理海外贸易的法则称为市舶条例，唐代已开其端，至宋代略为完备，及至元代更为周密。宋初市舶条例因时因地而不同，沿无一定。据朱彧《萍州可谈》载：‘凡舶至，帅漕与市舶监官莅阅其货而征之，谓之抽解。以十分为率，珍珠、龙脑，凡细色（注：贵重货物）抽一分；玳瑁、苏森，凡粗色（注：粗贱货物）抽三分外，官市各有差。然后商人得为已物。象牙重及三十斤并乳香抽外，盖官市，盖榷货也。’”此段有文中夹注，对普通读者较难理解的专有名词进行注释，又有页下注标明资料出处：“【宋】范仲淹：《范文正集》卷十四。”第一轮修志很少采用原始资料，通常是用编纂者的语言转述原始资料的意思，也不注明资料出处。学界曾对此提出意见和建议。《海关志》增加了原始资料的引用，并注明出处，可谓是对第一轮修志工作的改进，不仅增强了资料的客观性和可信度，更体现了

编纂者严谨的学术态度。二是运用注释记录不同的学术观点。如关于浙海关（新关）的建立时间，有多种说法，一说为“咸丰十一年四月，浙海关（新关）于宁波设立”，又一说“建于咸丰十年十一月”。编纂人员以高度的历史责任感，经认真深入研究，采用了前一种说法，对于后者则以页下注的形式给予记录：“一说浙海关（新关）建于咸丰十年十一月。见胡丕阳、乐承耀：《浙海新关与近代宁波》，人民出版社2011年版，第70页。”此举体现了编纂者对于史实的客观求真的科学态度，增强了志书的学术性。三是对相关情况的说明，拓展相关史实和信息资料。如第173页的页下注：“以下杭州海关、宁波海关分别记述时用全称，两关合记时简称杭、甬海关”，这是对称谓的说明。又如《概述》第1页的页下注：“两浙路是北宋时期的一个地方行政区，含今浙江省、江苏省长江以南部分地区以及福建省局部地区”。这是对相关历史知识的拓展介绍。再如《概述》第7页的页下注，对“八八战略”作了详细注释，包括提出时间、在什么会议上决策、具体内容等，都进行详细记述，使信息资料得到了补充和延伸。这些信息资料不是海关业务主体，然而作为浙江发展的战略思想，是浙江海关发展的大时代背景资料，采用注释的形式进行记录很有意义。

《大事年表》的编纂也极有特点，令人耳目一新。年表分3栏，第一栏为时间，第二栏为大事纪要，第三栏为资料来源。其中第三栏的设置为笔者首次见到。常见的《大事年表》基本只有时间和事件两栏，资料来源一栏的设置，体现了编纂者在追求志书资料的可信度和记录史实的客观性方面的积极态度。做到每件大事都有资料来源，从中亦可见其资料来源广泛，有《宋会要辑稿》等古代权威文献，有公开出版的各级海关志、地方海关大事记，有资料长编、地方海关机构的大事记等内部资料，有官方档案文件，进一步体现了志书资料的权威性。据了解，修志人员充分利用20世纪80年代中后期以来陆续编纂出版的《温州海关志》《宁波海关志》和《杭州海关志》的资料，以及《中国海关通志》的资料，同时深入档案馆、图书馆和海关基层单位进行资料挖掘和调研征集，共搜集各类资料1000余万字，制作资料卡片

12313张计500万字，形成资料长编435万字，整理图照200余张。可见他们做足了资料收集的功夫。

注释和《大事年表》的这些细节处理，从某些侧面说明，《海关志》的编纂有着扎实的资料基础，编纂人员有着严谨的治学态度。正因为如此，《海关志》方能资料翔实，具有较高的学术性，堪称浙江海关发展历史全面系统的权威基础文献。

当然，并非白璧无瑕。例如：《丛录》收载古代文献6个、近代文献10个、现代文献10个。可惜《丛录》只有两级标题，没有在目录中把文献的名称列出，读志用志时的检索性受到影响。然而，瑕不掩瑜，《海关志》的实践探索，对于第三轮海关志的编修具有很大的启发意义，对于新时代浙江海关事业的更好发展具有重要的史鉴作用。

（胡巧利，女，广东省广州市地方志办公室副主任，研究员。）

论《浙江通志·交通运输业志》的创新和特色

王兆保

提 要:《浙江通志·交通运输业志》勇于创新，敢于变革，胸怀大“志”，把公路、水路、铁路、航空、管道等多种交通运输方式融为一体，设大交通综合卷；打破按交通方式谋篇布局的传统模式，尝试按交通要素分类，创建全新的框架结构；通过升格，设置《交通运输重大工程》《交通运输改革》专章等方法，突出彰显浙江的地方特色和鲜明的时代特征。

关键词：地方志　交通运输　创新　特色

《浙江通志·交通运输业志》(以下简称《交通运输业志》)是一部综合大卷，包括《交通运输基础设施》《交通运输生产》《交通运输管理》《交通运输主要企业》《交通运输重大工程》《交通运输科研与人才保障》《交通运输改革》7章，[①]涵盖水路运输、公路运输、铁路运输、航空运输、管道运输、城市公共交通运输、联合运输等多个交通运输领域，把全部交通运输方式汇于一卷，全面、客观、系统地记述了浙江交通运输业的艰辛历程和辉煌业绩。该志大胆尝试，打破按交通方式设卷(篇)的传统模式，设计出崭新的框架结构；通过升格等方法，彰显浙江的地方特色和改革开放的时代特征。《交通

① 《浙江通志·交通运输业志》采用的是章节体，“章”即为卷下最大编纂单元，浙江科学技术出版社2021年版。

运输业志》堪称一部结构新颖、特色鲜明的精品志书。

一、篇目设置和框架结构的创新

整个人类历史，就是一个不断创新、不断进步的历史。修志也要与时俱进，勇于创新，只有创新才能增强志书的生命力，才能提高志书的学术品位，才能推动方志事业的进步与发展。《交通运输业志》根据交通运输业发展的现状和浙江的实际情况及改革开放的时代特征，在设计篇目时做了多方面探索，进行了大胆尝试。

（一）设大交通综合卷，熔多种运输方式于一炉

交通运输是社会经济发展的基本需要和先决条件，对经济、社会、政治和国防都具有重要的意义。纵观我国交通事业发展史，中华人民共和国成立70多年尤其是改革开放以来，我国交通运输业处于传统交通向现代化交通加快迈进的重要时期。“现代交通运输业由铁路、公路、水路、航空和管道五种运输方式组成”，①各种交通运输方式分属不同单位管理，既有省属单位又有部属单位，在人员、经费等方面难以协调管理，因此，很多省志根据公路、水路、铁路、航空等各家管辖范围，各成一志。笔者曾统计过全国一轮省志涉及交通领域志书的卷（篇）目设置情况：各省（直辖市、自治区）涉及交通领域的志书有1～5卷不等，大多数省份按交通方式设立分卷，即一种交通方式设一卷或者两种或两种以上的交通方式适当组合设成一卷，如：北京市设有铁路运输、民用航空、公路运输、公共交通、道路交通与管理5卷，陕西省设有公路、航运、铁路、民航4卷，江西省设有交通、铁路、民用航空3卷，河北省设有交通、铁路2卷。②

按交通方式分类设卷（篇），把公路、水路、铁路、航空等平行排列，眉

① 夏征农、陈至立主编：《辞海》（第六版缩印版），上海辞书出版社2010年版，第904页。

② 王兆保《试论省志交通志编纂》，《广西地方志》2016年第4期。

目清晰、条理分明、结构严谨、关系明确，相关的部门负责相应的内容，编纂任务容易落实。但纵观一轮省志交通类志书的整体情况，会发现按交通方式设分卷存在不少问题和不足。《交通运输业志》编纂人员经过反复思考，多次讨论、调整和修改，在听取众多专家意见的基础上，[1]根据当代交通行业的现状和浙江省交通运输的实际情况，最终确定设综合卷，不受行政隶属关系限制，修囊括交通运输方式的“大交通”志[2]。这样既能妥善解决了一轮省志交通类志书出现的问题，又更符合当代交通事业发展的现状。

1. 便于全面、客观、系统地反映交通事业的全貌。交通志的书写对象是交通运输行业，而不是交通运输部门，不受行政隶属关系的制约，凡是交通运输行业涉及的对象就是交通志记述的对象。交通运输业虽然可分为多种运输方式，但毕竟是一个大的整体行业，按不同的交通运输方式设卷（篇），使公路、水路、铁路、航空等各自为卷（篇），平行排列，相互独立，这样整体被割裂，无法体现这一行业的综合性、系统性，很难反映交通运输业的全貌。《交通运输业志》立足全局，把不同的交通运输方式容纳于一体，可以打通公路、铁路、水路、航空、管道等的界限，使交通运输业形成一个有机的整体，既增强整体感又更具综合性、系统性，便于全面反映交通运输业的历史和现状。

2. 宜于反映交通运输业改革发展的社会现状，体现大交通、大部委的精神。“中华人民共和国成立 60 余年来，我国交通事业已实现跨越式发展，并伴随着新技术革命，实现了运输方式的多样化。进入新世纪，产业结构调整力度进一步加大，铁路、公路、民航、水运朝着分工协作、协调配合、建立

① 《浙江通志·交通运输业志》“编后记”，浙江科学技术出版社 2021 年版，第 1130 页。

② 人们习惯上将当时交通部门管理的公路运输、水路运输等称为“小交通”，亦称“地方交通”，用以区别包括公路、铁路、水路、航空、管道多种运输方式组成的立体交通，亦称“大交通”。邱丽梅:《关于第二轮省志交通志篇目设置有关问题的探讨》,《中国地方志》2007 年第 2 期。

统一的综合运输体系的方向发展，我国统一的交通运输网络基本完成。适应这一世界潮流和产业发展趋势，政府部门也加快机构改革步伐，成立了统管公路、航空、水运、海运、管道运输、邮政事业的大交通部，地方也相应成立了大交通厅、大交通局。”[①]国务院《“十三五”现代综合交通运输体系发展规划》(国发〔2017〕11号)指出“构建现代综合交通运输体系，是适应把握引领经济发展新常态，推进供给侧结构性改革，推动国家重大战略实施，支撑全面建成小康社会的客观要求。”《交通运输业志》设大交通综合卷可以全面反映当代交通事业综合发展的现状，符合各种交通运输方式统一协调发展，构建现代综合交通运输体系的现实要求和交通管理高效、统一、综合的发展方向。

3.易于避免类次不当，增强志书的科学性。已有专家指出“一部省志在体式上应是一个有机整体，即做到排列有序，类次相当”，而许多地方“迁就政府行政部门的要求，按部门设志，使科学分类与部门分工严重背离，如《山西通志》中既设了《交通志》又设《铁路志》”[②]。类似的问题也出现在河北、山东、江西等多个地方的首轮省志中。[③]从逻辑上看这种分法是混淆概念、辈分不分，因为“交通”是总概念，而“铁路”“民航”等本来是“交通”的一部分，是其属概念，二者是包含与被包含关系，不能平起平坐。种概念和属概念并列设卷(篇)造成逻辑不顺，缺乏科学性，违背了“事以类聚、类为一志”的原则。设大交通综合卷，这个问题就不存在了。

4.利于发挥志书功能，通过《交通志》透视社会经济的发展状况。交通运输和社会经济发展关系密切，互为因果，相互促进，交通运输是社会经济发展的基本需要和先决条件，社会经济发展反过来又可以进一步推动交通运

---

① 陈保华:《第二轮交通志编纂的思考与探索》,《青海师范大学学报》(哲学社会科学版)2012年第5期。

② 王仰东:《九十年代新编省志框架模式浅析》,《中国地方志》1996年第6期。

③ 首轮修志，这些地方的《交通志》是“小交通”志，以相应的交通运输方式命名为妥。

输的发展。一省的交通运输量直接反映该省的旅游事业和经济发展的状况，而一省的旅客和货物运输，依赖该省内各种交通运输方式共同完成。大交通综合卷可以全面反映交通运输和社会经济发展的内在联系，通过志书透视社会经济的发展状况，有利于发挥志书存史、资治、教化的功能。如果不同的交通运输方式各成一志，只能反映各自的运输情况，人们就难以了解交通运输的综合情况，更谈不上透过交通运输情况了解该省社会经济的发展状况，志书的功能就会减弱。

5. 助于减少篇幅，节省文字。《交通运输业志》设大交通综合卷不是把各种交通运输方式简单地叠加在一起，而是把它们有机地糅合成一体，把原来分属各卷的版权页、署名、序言、凡例、目录、概述、大事记（年表）、丛（附）录、索引、卷（编）后记等内容合并起来，还可以把分卷中分别记述的共有内容合并处理，这样可以减少大量重复内容，缩减篇幅，节省文字，使行文更加精练，用有限的文字传达尽可能多的信息。

（二）按交通要素分类，创建新的框架结构

框架结构是志书内容的载体，相当于建筑的设计蓝图。框架科学，编排合理，就能整体恢宏，增加容量，反映客观，增添色彩。框架结构的创新可以使整部志书都富有新意，更能提高志书的质量。一轮修志，大多数省份按交通方式分类设立分卷，只有少数省份设综合卷，但基本上也是按交通方式分类，以板块叠加模式搭建框架结构，如：《四川省志·交通志》设有4篇，依次为《内河航运》《公路运输》《铁路》《民用航空》；[①]《安徽省志·交通志》由《公路》《公路运输》《铁路》《水运》《民航》《科研与教育》《交通行政管理机构》等7篇构成。[②]《交通运输业志》打破按交通方式分类的传统模式，尝试结合事物的类别属性，按交通要素分类，即摆脱交通方式的束缚，站在交通运输行业全局的高度，对整个交通运输系统内的各项要素，如“交通运

---

①《四川省志·交通志》，四川科学技术出版社1995年版。

②《安徽省志·交通志》，方志出版社1998年版。

输设施”“交通运输生产”“交通运输管理”“交通运输企业”“交通运输科研”等统一归类。整合各种交通方式中的共同要素，统一谋篇布局，创建全新的框架结构。其优点主要有：

1. 减少归类难度，避免缺项。按交通运输方式设卷(篇)，多种交通运输方式组成的联营联运的综合运输无法合理归类，易造成不应该的缺项。同时，由于管道运输受生产力和技术水平等影响，起步较晚，发展较慢，线路里程与运量在几种运输方式中所占比例都极小，史料也很少，很难独立设篇更不可能独立设卷，又不能归入其他交通运输方式中，因此，要么造成“管道运输”的内容缺位，要么影响篇目章节的平衡。《安徽省志·交通志》为了不影响篇目章节的平衡，将“管道运输”放在附录里，[①]虽然保留了这项内容，但本来是主体内容，却不能“登堂入室”，被“贬”到附录里，没有给予应有的地位。不过，设一“偏座”要比“无座”好。《交通运输业志》按交通要素分类，这些问题就迎刃而解。

2. 统一分类标准，避免类次不当。有些交通志把“管理”“科研与教育”“职工”等和交通运输方式并列设置，分类标准不一致，造成门类失调，类次不当，违背了“事以类聚、类为一志”的原则。前文论及的，既设《交通志》又设《铁路志》《民航志》同属类次不当问题。按交通要素分类，分类标准统一，横向互不交叉，可以同排并列；竖向逐层细化，层层相辖，为纯正的从属关系，可以避免门类失调，类次不当，种概念和属概念并列等这些类似问题。

3. 使志书框架结构新颖，克服模式化。目前的省志交通类志书都是按交通运输方式谋篇布局，搭建框架结构，因为在一定时期内交通运输方式是固定的，反映到志书篇目结构上就必然似曾相识，甚至如出一辙。《交通运输业志》打破传统模式，按交通运输要素分类，创建新的框架结构，可以克服

① 《安徽省志·交通志》，方志出版社1998年版。

篇目结构趋于模式化甚至千志一面的弊端，让人耳目一新。

二、地方特色和时代特征的彰显

“地方特色是志书深度的根”“时代特征是志书深度的神”。[①]也就是说，只有准确定位地方特色，志书才能摆脱“千志一面”的困境，并获得长久的生命力；唯有深刻提炼时代特征，志书才能反映时代的精神风貌，从而实现存史、资治的重要作用。《交通运输业志》既能深深扎根浙江省情，彰显地方特色，又能站在时代的高度，凸显时代特征。

（一）突出独特事物，彰显地方特色

志书的主要特征是地方性，突出地方特色是方志编纂的必然追求。地方特色“是指本地区特有或突出的事物与现象，即该地独有的，或特多、特大、特优，并有较大影响力的事物与现象。”[②]也就是说，地方特色具有独特性、重大性、代表性，是别的地方没有的或远远比不上的事物。我们要抓住这样的事物，重点加以突出，记深写透，以彰显地方特色。

有多种方法可以彰显地方特色，例如，把有鲜明地方特色的事物单独设卷（篇、章、节、目），或者进行“前置”或“升格”处理，甚至“破格录用”等。《交通运输业志》在谋篇布局时就全盘考虑浙江省内有哪些独特的事物，并千方百计把这些独特事物加以突出。如：由著名桥梁专家茅以升主持设计的钱塘江大桥，是中国自行设计、建造的第一座双层铁路、公路两用桥，首次采用气压法沉箱掘泥打桩成功，打破了外国人认为此处不可能建桥的预言，为中国人民长了志气。1937 年 12 月 23 日，为阻止日本侵略军南下，钱塘江大桥建成不久即被爆破。雄伟壮丽的大桥，抒发出中华儿女自立于世界民族之林的豪情壮志，而铭刻其中的“殚精竭智千日功，通车之日却

---

① 常茂林：《衡量志书质量的一个新标杆——浅谈志书的深度》，《黑龙江史志》2007 年第 4 期。

② 陈东辉：《地方特点与时代特征》，《新疆地方志》1987 年第 3 期。

炸桥”的扼腕痛心却使国人永志难忘。钱塘江大桥不仅是我国桥梁史上的巨大成就，也是中国铁路桥梁史上一座辉煌的里程碑，具有重要的交通功能和历史意义，被列为第六批全国重点文物保护单位和中国近现代工业遗产顶级档案名录。[①]再如：全长 36 千米，双向六车道，设计时速 100 千米，设计使用年限 100 年，总投资 169 亿元，[②]2008 年 5 月 1 日通车运营的杭州湾跨海大桥是当时世界上最长的跨海大桥，是世界第三长的桥梁，缩短了宁波、舟山与杭州湾北岸城市的距离，节约了运输时间，降低了交通运输成本，减少了交通事故，提高了交通运输效率。同时，该桥改变了周边区域的交通网络布局，促进了区域交通运输一体化，完善了周边区域的物流网络，给公路、港口、航空、铁路等都带来不同程度的影响。由于钱塘江大桥、杭州湾跨海大桥具有重要的地位和意义，在浙江乃至全国、全世界都具有重要影响，《交通运输业志》把类似这些有影响的“交通运输重大工程”从本属于《交通运输基础设施》章中挑拣出来，专门设章，作为“特写”，重点加以突出，以折射出浙江省交通运输业发展的特点和亮点，加深读者对浙江交通运输业发展的印象，起到画龙点睛的作用，很好地彰显了浙江的地方特色。

（二）把握时代脉搏，凸显时代特征

万事万物都是在一定的时间和空间里发生发展的，历代编纂的志书无不被打上时代的烙印，所以，编修志书要突出时代特征。一个时代，造就一个时代的志书，“方志所以能够得到不断的发展和繁荣，就在于它能够适应社会发展的需要，不断变更其形式和内容，以满足时代的需要，所以它的生命力越来越旺盛。”[③]今天修志更应与时俱进，充分反映鲜明的时代特征。《交通运输业志》主要从以下两个方面表现当今的时代特征。

---

① 《浙江通志·交通运输业志》，浙江科学技术出版社 2021 年版，第 925 页。
② 《浙江通志·交通运输业志》，浙江科学技术出版社 2021 年版，第 927 页。
③ 仓修良：《方志学通论》，齐鲁书社 1990 年版，第 104 页。

一是内容上，纳入浙江交通运输领域出现的新事物、新思想、新成果。改革开放以来，我国科技水平一日千里，新鲜事物层出不穷，《交通运输业志》编纂人员用敏锐的视角，及时发现新事物，记述新事物。把新的交通建设、交通管理、交通体制改革、交通筹资融资、交通运输经营及服务等真实地记录下来，把公路、水路、铁路、航空等系统的变革客观地反映出来，把交通事业取得的科技成果、高新技术及其产业如实地呈现出来，形成鲜明的时代特色。

二是篇目上，设置"交通运输改革"专章。"新时期最鲜明的特点是改革开放，最显著的成就是快速发展"，[①]二轮修志最需要突出的时代特征就是改革开放。"在篇目上不体现改革的志书，虽说在内容记述，但实际上并没有充分记述，因为在篇目设置上没有给它一定的空间，在内容上也很难留有记述的余地。所以，第二轮志书篇目一定要给改革开放设置一定的空间，这个空间既是篇目时代特点的体现，更是记述内容的需要。"[②]改革开放以来，浙江交通事业飞速发展，没有改革就没有浙江交通事业的大发展，改革是交通事业进一步发展的强劲动力。《交通运输业志》设置《交通运输改革》专章，客观、系统地记述了政企分开与交通企业改革、交通行业管理体制改革、交通建设投融资体制改革、交通建设市场体制改革、运输市场体制改革等内容，既可以集中、全面展示改革开放给浙江交通运输领域带来的巨大变化和丰硕成果，又可以突出鲜明的时代特征。

综上所述，《交通运输业志》既彰显了浙江的地方特色又充盈着鲜明的改革开放的时代气息。设大交通综合卷，熔多种运输方式于一炉，跳出固有的分类窠臼，按交通要素分类，构建了崭新的框架结构，如此全新的框架

① 胡锦涛：《高举中国特色社会主义伟大旗帜 为夺取全面建设小康社会新胜利而奋斗——在中国共产党第十七次全国代表大会上的报告》。

② 王卫明：《谈志书篇目和内容方面的质量问题》，《中国地方志》2013 年第 9 期。

结构在志书编纂中尚属首创。当然，编纂大交通综合卷需要多家单位密切配合，共同完成，[①]和一家单位负责一卷的情况相比，增加了编纂工作难度。不过，修志应以提高志书质量为第一要务，和提高志书质量相比，编纂中遇到的困难就显得微不足道了。不惧困难，另辟蹊径，精雕细琢，《交通运输业志》无愧为一部新颖别致、特色鲜明的方志佳作。

（王兆保，浙江省人民政府地方志办公室省志工作部助理研究员。）

---

①《交通运输业志》由浙江省交通运输厅承编，浙江省环境保护厅、浙江省住房和城乡建设厅、浙江海事局、民航浙江安全监管局、上海铁路局杭州铁路办事处、浙江省交通投资集团有限公司、浙江省建设投资集团有限公司、浙江省铁路投资集团有限公司等 8 家单位协编。《交通运输业志·编后记》，浙江科学技术出版社 2021 年版，第 1130 页。

浙江山水惹人醉　旅游产业著名篇

——读《浙江通志·旅游业志》

任根珠

提　要：浙江是经济强省，亦是旅游大省。改革开放以后，浙江旅游经济呈现出快速健康发展的良好态势，走过了从“创汇经济”到“优势产业”，再到“国民经济支柱产业”的历程，并形成了具有地域特色和典型示范意义的发展模式，被称为“旅游业发展的浙江模式”。是志编者站在历史的高度、全省的高度、全志的高度，着力展现浙江旅游业发展的时代特点和地方特色。《旅游业志》是《浙江通志》113卷分志中的第74卷，列于经济部类。该志篇目设置自立新格，专设《旅游产业融合与区域合作》章，展示浙江旅游业的行业特色；善用诸体多处出彩，拓展内容记述的深度与广度；条目选择立足地情，精益求精，亮点纷呈，地方特色得到完满展现。该志在省级《旅游业志》中独树一帜，具有积极的示范效应。

关键词：旅游业志　篇目　体例　条目

笔者与浙江颇有渊源，在《太原日报》工作期间，20世纪80年代初曾经赴《杭州日报》学习交流半月有余，因值夜班，每日下午即到西湖边歇息，其间游览了西湖周边的旅游景点。进入志界后，结识了仓修良、魏桥、韩章训、潘捷军、颜越虎、莫艳梅等浙江方志同人，在新方志编纂上多有互动、交流。同时也参加过二轮《杭州市志》《萧山市志》《凤凰村志》等志稿的评审。退休后，陆续参加了中国地方志指导小组办公室在宁波、杭州、绍兴等市举办的中国地方志学会学术年会，亦多次携家人、结朋友赴浙江旅游，浙江的风景名胜给笔者留下了深刻而难忘的印象。辛丑岁末，收到《浙江通志》副总纂颜越虎寄来的《浙江通志·旅游业志》(以下简称《旅游业志》)，邀笔者写一书评。抱着向兄弟省市学习的态度，同时也想从书本中遍览未曾浏览的浙江风景名胜，便应允下来。接到书稿后，细细研读，获益匪浅。该志的优长之处较多，兹略述点滴，与同人探讨。

浙江是旅游大省，全省共有重要资源2100余处，钱塘江潮、杭州西湖名闻天下，江郎山被列入世界自然遗产名录。丰富的旅游资源，为浙江省旅游产业发展提供了广阔的前景。特别是改革开放以后，浙江旅游经济呈现出快速健康发展的良好态势，走过了从“创汇经济”到“优势产业”，再到“国民经济支柱产业”的历程，并形成了具有地域特色和典型示范意义的发展模式，被称为“旅游业发展的浙江模式”。《旅游业志》的编纂，更为该省旅游业的发展插上腾飞的翅膀。

一、篇目设置自立新格，着力展现行业特色

篇目设计是志书编纂过程中的重要一环，志书篇目的设计者既要熟知和把握方志体例，又要对当地历史与现状有较全面、系统的了解，还应有相应的百科知识，才能按照方志体例的要求，从地情实际出发，设计好篇目，使志书篇目达到“合乎科学分类和社会分工实际，突出时代特点和地方特色，做到门类合理，归属得当，层次分明，排列有序”。

新编《浙江通志》共设113卷分志，《旅游业志》是其中的第74卷，列于经济部类。《旅游业志》按照《浙江通志·凡例》“上溯事物发端，下限为2010年12月31日，必要时以注释等形式作适当下延”的要求，采用通纪体的记述方式，从而使该志篇目的全面性、系统性、科学性得到完满展现。在《旅游业志》启动初期，就篇目设置问题，编纂人员“走访省级相关单位，并赴金华、丽水等市调研，学习研究其他兄弟省、市、自治区旅游志篇目，

结合浙江省旅游业实际，反复修改篇目。”[①]正是由于编纂人员立足省情，砥砺打磨，从而推出不同凡响的篇目架构。

《旅游业志》的篇目设置，卷首设集束彩图、序、凡例；正文首设概述，统摄全志；下列《旅游资源》《旅游规划与建设》《旅游服务与设施》《旅游市场与营销》《旅游产业融合与区域合作》《旅游管理体制与经营机制》《旅游从业人员与管理》《旅游教育与研究》8章；章后设专记3篇；卷末设丛录、大事年表、编后记。

笔者将该志篇目与其他手头查到的3部首轮省级志书《旅游志》的篇目进行了比较。《陕西省志·旅游志》篇目，志首设概述，内设:《旅游的发生与发展》《旅游资源》《旅游设施》《旅游市场开发与促销》《旅游管理》《旅游教育》《旅游人物》《大事记》8篇，后缀附录(仅文献一项)。《广西通志·旅游志》篇目，志首设概述，内设:《桂南旅游区》《桂北旅游区》《桂东旅游区》《桂西旅游区》《其他旅游资源》《名人旅桂》《旅游产业》《旅游规划与建设》《旅游市场·产品与宣传促销》《旅游管理》10篇，后缀《大事记略》《附录》(仅文献一项)。《山西通志·旅游志》篇目，志首设编纂说明、序言，内设:《资源和产品》《旅游设施》《旅游经济》《旅游管理》4篇，后缀附录(大事年表、文献辑存、历代咏晋诗文选录、限外辑要、索引)。3部志书均标为“旅游志”，虽仅差一“业”字，立足点却与“旅游业志”相差较远，这与首轮志书记述的时段还在旅游业初步发展的时期亦有关系。《广西通志·旅游志》中设有《旅游产业》篇，旅游既是事业，又是产业，明显与《旅游志》名称有重合之嫌；同时，该志将旅游资源分列5篇，占到全志设篇总数的一半，似乎有失偏颇。省志本有大事记专篇，前两志书再设大事记或大事记略专篇，明显与总志有同名之虞;《山西通志·旅游志》仅列4篇，似乎又过简略；但卷尾设大事年表，与《山西通志·大事记》卷相区别，较为合理、恰切。

“地方志是科学的资料性文献，因之科学的分类和编排实际上就是设置

---

① 《浙江通志·旅游业志·编后记》，浙江人民出版社2021年版，第598页。

科学的篇目。"[1]同上述3部省级《旅游志》比较,《旅游业志》篇目的篇目架构，从旅游产业的大视角立足，着力展现时代特点和地方特色，逻辑严谨，别具一格。从下列各章即可窥见一斑。

旅游资源是发展旅游业的基础，故而是志第一章述旅游资源。编者用广阔的视野与多维的视角，记述了浙江丰富的旅游资源。该章共设《自然资源》《人文资源》《社会资源》3节，分类科学合理，逻辑严密，记述严谨，典型性条目选择精当，将省域内的著名旅游资源网罗无遗。

为突出政府在发展旅游业中的决策、指导与推动作用，第二章述旅游规划与建设，设《旅游规划》《开发建设》《旅游线路》3节。1978年改革开放以后，浙江各级政府以建设旅游大省、强省为目标，每个五年计划时期均编有旅游发展总体规划。从以资源为导向，发展到以市场为导向；内容上从旅游项目、旅游基础设施建设规划，发展到整合资源，打造文化、休闲、商贸、生态、海洋、红色旅游六大品牌全方位旅游业规划。规划先行，为浙江旅游业的快速发展打开了"绿色通道"。

"吃、住、行、游、购、娱"是旅游的六大要素。第三章《旅游服务与设施》即包揽了其中的"吃、住、行、购、娱"五项。由于记述面较宽，故而用笔墨亦最多，该章篇幅占到全志的15%强，为八章之最，是全志章篇幅均数的1.5倍。该章内容涉及旅行社、旅游饭店、餐饮娱乐、旅游交通、旅游购物及旅游装备、旅游信息化等多个门类，内容记述详略适度，图、表、录配置齐全，记述秩序井然，多有可圈可点之处。而"游"是六要素中的主项，在多章中均有展示。

第四章《旅游市场与营销》，设《入境旅游》《出境旅游》《内地旅游》《假日旅游》《旅游目的地营销》《旅游交易会与旅游会展》《旅游节庆活动》7节，为八章中设节最多的章，为全志章设节均数的1.4倍；全志设示意图7幅，其中该章即用了5幅，占全志示意图的2/3。从该章中可窥视到浙江旅游业

① 梅森:《梅森方志学文论选》，方志出版社2019年版，第514页。

取得的诸多惊人业绩：2010 年，浙江入境旅游人数和旅游外汇收入在全国排名第三位和第五位；全省出境旅游超过百万人次。至 2010 年，全省接待内地旅游者 2.95 亿人次，在全国排名第四位；全省内地旅游收入 3045.5 亿元，在全国排名第二位。

第五章《旅游产业融合与区域合作》，记载旅游业与第一、第二、第三产业的融合，与境外及国内的旅游合作。该章是《旅游业志》的亮点之一。浙江旅游产业与相关产业的融合，使旅游业加快加深与工业、农业、林业、海洋、体育、中医药文化、民政等产业的融合发展，工业旅游、乡村旅游、运动休闲旅游、中医药文化养生旅游、老年养生旅游、文化旅游、海洋旅游、森林旅游等旅游新产品和新业态加速推向市场，产业融合态势强劲，旅游产品从单一型迈向多元化。至 2010 年，旅游业已涉及 110 个行业，关联 29 个部门，成为名副其实的综合性大产业。同时，浙江还打破了地方局限性，实现了省际旅游合作和省内区域合作，走区域旅游合作发展的共赢之路；并逐步建立境内外旅游合作的良好关系，合作领域和形式丰富多样。编者根据浙江旅游业发展的实际，将旅游业发展放在浙江省经济社会发展的宏观视野下谋篇布局，从而使篇目科学、全面、客观、系统地反映旅游业的发展历程。该章的设置，既展示了浙江旅游产业的不断升级、扩展过程，又体现出省级志书应有的历史的高度、全省的高度、全志的高度，鲜明的地域特色与时代特色跃然纸上，可谓在旅游业志中独树一帜，具有积极的示范效应。

其后的《旅游管理体制与经营机制》《旅游从业人员与管理》《旅游教育与研究》3 章，是旅游业应记的内容，既写旅游管理体制的改革，又记旅游的投融资；既写旅游行业的管理，又记旅游的各项创建活动；既写旅游教育的发展状况，又记旅游的培训与研究，内容翔实，行文简洁，要言不烦。

总括而言，《旅游业志》篇目的整体架构科学性、整体性、逻辑性较强，让人看出浙江旅游业各项事物间的内在联系，反映出旅游业发展的客观规律，合起来构成一个分合有度、伸缩自如的有机结合体，真正达到了“门类合理，归属得当，层次分明，排列有序”的要求。由此可见，编者在深挖地情、把握时代脉搏上下足了功夫，使志书篇目设置得到升华，给人以耳目一新之感。

志书的科学性表现在多个方面，第一层级类目之间的篇幅平衡，亦为其中要义之一。是志篇目中各章的篇幅比率较为合理。

全志篇幅分类情况（总 600 页，章均 59 页）

第一章 旅游资源（62 页，占 10.35%）

第二章 旅游规划与建设（54 页，占 9.01%）

第三章 旅游服务与设施（90 页，占 15.02%）

第四章 旅游市场与营销（78 页，占 13.02%）

第五章 旅游产业融合与区域合作（58 页，占 9.68%）

第六章 旅游管理体制与经营机制（38 页，占 6.34%）

第七章 旅游从业人员与管理（55 页，占 9.18%）

第八章 旅游教育与研究（40 页，占 6.68%）

专记篇（18 页，占 3%）

丛录篇（69 页，占 11.52%）

大事年表（30 页，占 5%）

后记（2 页，占 0.33%）

是志抛去志首概述、志尾专记、丛录篇、大事年表，一至八章共 475 页，章均 59 页；各章篇幅从多到少依次为：旅游服务与设施（90 页）、旅游市场与营销（78 页）、旅游资源（62 页）、旅游产业融合与区域合作（58 页）、旅游从业人员与管理（55 页）、旅游规划与建设（54 页）、旅游教育与研究（40 页）、旅游管理体制与经营机制（38 页）。以 59 页上、下各增、减 30% 为合理篇幅计，合理篇章达到 75%。此种比例，正契合笔者提出的第一层级各类目要控制在平均数的 70% 以上，克服章篇幅之间畸轻畸重的弊端，体现出是志主编对志书全局的宏观掌控能力。

二、善用诸体多处出彩，丰富内容拓展广度

志书是资料性著述，入志资料的深度与广度决定着志书质量的高低。志书诸种体裁的掌握与应用是否合体，并促进资料的优化，则是体验和考量主编驾驭志书体裁的关节点所在。是志凡例言明“采用述、记、志、传、图、表、录等体裁，以志体为主”，诸种体裁并用，使志书的体裁多样化，延伸了记述角度，增强了志书的可读性与利用价值。

（一）述体

志书的整体性、著述性，在述体文字上表现得尤为突出，故而《旅游业志》的编者深得此间要蕴，特别重视述体的应用，在卷首设概述篇，在章首设分述（无题序）、节首设简述（无题序），三者合力，使志书的著述性与整体性得到显著增强。

1. 卷首概述　概述篇是首轮新方志编纂中创设的新体裁，董一博生前异常重视概述篇的设置，称概述篇为全志之灵魂，一篇好概述，当为全志增色五成以上。是志为省级分志概述篇的撰写提供了一个成功的范例。

概述篇实有12000余字。有开头段与结尾段，主体内容分为四大部分，部分间用序号分割。开头段350字，首先点明浙江省的地理位置、省名由来；继而追述境域最突出的远古文明，“良渚遗址是实证中华5000年文明史的圣地”“大禹陵成为华夏文化认同的标志之一”；进而引出“自东晋南朝名士高僧放情山水，发现浙东山水之美，浙江大地山水人文相辉映，成为名副其实的旅游胜地，孕育出浙江旅游的独特内涵和悠久历史”；其后总括1978年改革开放以来浙江旅游经济的发展历程，“形成了具有地域特色和典型示范意义的发展模式，被称为‘旅游业发展的浙江模式’”。开头段行文简洁流畅，简要笔触点出全文要旨，真正起到了先声夺人的效果。

第一部分5个自然段、1250余字篇幅，概述丰富多彩的浙江旅游资源。行文中既描述浙江山水名胜，探寻中华文明源头，又展示文化历史积淀，彰显地域旅游特色，概括得法，层次清晰，将浙江省域内的旅游资源之精华

一一展现出来，让游人莫不有羡慕与眷恋之感。

第二部分11个自然段、1900余字篇幅，追述浙江旅游活动的悠久历史。从秦二世元年（前209年）春胡亥东行郡县记起，历数东晋王羲之等兰亭修禊，谢灵运、吴均描绘山水诗篇；唐代李白、杜甫、白居易等文人墨客诗名远播，天台宗成为佛教朝圣旅行中心；北宋范仲淹、苏轼吟咏西湖诗文；南宋商贾、学子、香客及各国使臣杭州旅游；元代马可·波罗游记杭州等城市民情风貌；明代杨孟瑛修建杨公堤，徐霞客游天台山写下《徐霞客游记》开篇之作；清代康熙、乾隆二帝11次巡游杭州；民国时期杭州繁忙的旅游活动。时间跨度达2000余年，记述历史脉络清晰，轻重有别，再现浙江的历代旅游人文活动，描绘出一幅浓郁的地域风情图画，历史的深邃感跃然纸上。

第三部分21个自然段、5000余字篇幅，概述中华人民共和国成立后至2010年浙江旅游产业发展的历程。从初期的外事接待，到20世纪70年代末开始迈出产业化的步子。从1979年的初步发展，到2003年旅游业发展水平进入全国前列。列举旅游业发展中的重大事件，省委、省政府建设旅游经济强省的战略部署，习近平在浙江任职时提出“绿水青山就是金山银山”的科学论断，2006年浙江旅游经济综合实力位居全国第五位，2008年浙江入境旅游人数进入全国前三名，2010年浙江旅游经济综合实力跃居全国第三位。浙江旅游业的迅猛发展令人惊羡。

第四部分15个自然段、3000余字篇幅，着重记述改革开放新时期浙江旅游业突飞猛进的发展态势。借改革开放之力，浙江旅游管理体制和经营机制改革创新，走上了一条由计划经济向市场经济、从封闭走向开放、从结构单一发展到多元形态的发展之路。总结浙江旅游产业发展的经验，突出各级党委、政府的职能作用，以建设旅游大省、强省为目标，实施大旅游战略，调动社会各方面力量参与旅游业开发，多产业融合发展，走区域旅游合作发展之路，注重培训旅游人才，促使旅游业得到健康发展。

结尾段430字，以展望性语言结笔。

综观全文，以旅游产业发展为主线，用夹叙夹议之笔法，高屋建瓴，一气呵成。全文结构严谨，宏微皆顾，概括得法，明古详今，重写当代，地方特点和时代特色突出，完满展现出浙江旅游业发展的轨迹，起到吸引读者游览浙江强烈而浓厚的兴趣的作用，不失为一篇较佳的概述。

2. 章首分述与节首简述概述篇立足于宏观把控，而章首分述则立足于中观、节首简述立足于微观，三级述体共同构成全志的综合系统。全志共设 8 章，章下的分述（无题序）总字数 6210 字，章均 776 字；最多的为第一章《旅游资源》，1130 字；最少的为第五章《旅游产业融合与区域合作》、第八章《旅游教育与研究》，均为 470 字。

全志的 8 章共领 42 节，节下的简述（无题序）总字数 19190 字，节均 490 字；超过千字的 2 篇，最多的为第四章《旅游市场与营销》第五节《旅游目的地营销》1250 字；最少的为第三章《旅游服务与设施》第四节《旅游交通》120 字。章、节述体文字的篇幅，正应了中国地方志学会学术委员王晖提出的“其撰写方法和字数大体可按‘2:5:8:1’比例实行”，即章首序控制在 800 字左右、节首序控制在 500 字左右的范围之内。[①]

是志的章首分述，从中观层面提纲挈领地浓缩该章的精华，概略地展现该章的轮廓，简练地勾勒出该章的地方特点和时代特色，使读者从中掌握和了解该章之大要，章首序的功用得到充分发挥。节首简述则从微观层面交代该节所记述的内容，要言不烦。

（二）记体

是志的记体有专记与大事年表两种。

1. 专记　专记是记体的一种，属首轮志书在编纂体例上的一大创新。二轮续志普遍继承了这一做法。它的好处是可以把一件事物比较圆满地交代清楚。用来反映地方重大的事物，进而体现地方特点。专记的设置方法大体有三种：一是随各专志的内容放在一起，分散设专记；一是与附录同级别立一大类，不入编，将多篇专记集中；一是将集中起的专记单设一编，放在附录

① 王晖：《论方志概述与小序》，《中国地方志》2013 年第 7 期。

之前。是志精心选取了 3 篇专记，2 万余字篇幅。专记的编排，采用紧跟相关类目的方式，分放于章之后、丛录之前，是以正文来对待的，且 3 篇专记单独立篇，可称为专记设置的第四种方法。

专记一《全省旅游发展大会》，记述了 1978 年至 2009 年 30 余年间召开的五次全省旅游发展大会。正是在省委、省政府的全力推动和引领下，浙江省的旅游业才取得如今的卓越成就，体现出党委和政府在旅游业发展上的决策、指导、规划与实施功能，为兄弟省市的党委和政府推动旅游业发展提供了极好的借鉴。

专记二《徐霞客与浙江旅游》，详细记述了徐霞客七游浙江、四游杭州的旅游活动，并介绍了浙江省徐霞客研究会成立以来的历次研究活动与众多研究成果。徐霞客是中国古代著名的地理学家和文学家，《徐霞客游记》为“千古第一奇书”，闻名华夏。国务院确定自 2011 年开始，每年的 5 月 19 日为“中国旅游日”，是以《徐霞客游记》的开篇之作《游天台山日记》的日子确定的。浙江省徐霞客研究会弘扬徐霞客精神，将徐学研究与经济建设相结合，为浙江经济社会发展做出了积极的贡献。

专记三《旅行家、地理学家王士性》，记述了王士性的宦迹与旅游活动，以及诗文作品、著作，并介绍了历年来有关王士性研究的主要成果。王士性为明代浙江台州府临海县（今临海市）人，宦迹所至，遍历名山大川、名胜古迹，是明季晚叶浙江籍最著名的旅行家，亦是中国杰出的旅行家，著有《广游志》《广志绎》《玉岘集》《东湖志》等，其中《广志绎》是一部具有很高价值的人文地理学著作，被誉为中国人文地理学的开山鼻祖。王士性在人文地理学上的贡献与徐霞客在自然地理学上的贡献堪称“双峰并峙”。

3 篇专记从《旅游业志》的角度出发，构思新颖，选择全省旅游工作发展的历次大会，对促进浙江旅游产业的发展有积极的指导意义，对兄弟省市亦有借鉴价值；选择在全国旅游界具有极高的历史和现实地位，同时具有很高的经济价值或研究价值的两位杰出旅游人物，体现出浙江深厚的历史人文底蕴，时代特点和地域特色凸显，起到了掷地有声的突出效果，成为志书中的亮点之一。

2. 大事年表 《浙江通志》为通纪体，第二卷即为《大事记》专卷，故而各卷分志单设大事年表，以记各项事业相关的大事，与总志的大事记放在卷首统摄全志相区别。是志大事年表放在卷末，只起检索作用。大事年表采用表格的形式展示，分别列有时间、大事纪要、资料来源 3 项；纪事上溯夏禹时期，下迄 2010 年，跨度达 4000 余年；记事 285 条，其中，民国及以前纪事 68 条，占总条数的 24%；中华人民共和国时期记事 217 条，占总条数的 76%，体现“详今明古”的法则。尤为值得称道的是，每条均注明出处。据笔者粗略统计，资料来源采用了各类史书类书 14 种、各类志书 23 种、各类新闻媒介 7 种，以及政府系列的令、公告、电报、信函、通知、简报、报告等。大事条目注明资料来源，增强资料的真实性与可信度，便利读者利用志书，显现出编者科学严谨的文风。

（三）图体

是志的图体应用有两种，一是照片全部放在卷首集束彩图之中，正文无随文照片；二是示意图，穿插于正文之中。

1. 卷首集束彩图　志书卷首的集束彩图，是读者最先感知的部分，给读者以直观的第一印象，重点反映地方特点和时代特色。是志沿用首、二轮志书卷首设置集束彩图的做法，在图片选择、图片质量、内容编排、版式设计等方面，均给人以新风扑面的感觉。卷首集束彩图 21 个页码、52 幅照片，其中彩照 48 幅，黑白照 4 幅；地图 1 幅。集束彩图首推名闻天下的“20 世纪 90 年代末的钱塘江潮”黑白照，江潮翻滚，摄人心魄；次页“2000 年的杭州西湖三潭映月”彩照双页联排，画面开阔。图画中，既有京杭大运河、南湖红船、普陀山、富春江等名山名水，又有临海江南长城、天台国清寺、奉化雪窦山等名胜古迹；既有杭州西溪湿地、云和梯田、缙云仙都等自然风光，又有鲁迅故居、泰顺百家宴、西塘、乌镇等人文景观；既有民国西湖博览会、杭州新新旅馆开业、度假胜地莫干山等旧时的珍贵旧照，又有中国徐霞客开游节、中国国际旅游商品博览会、象山开渔节等新时期的诸多旅游节庆活动。照片选择精益求精，照片画面求善求美，达到艺术性与真实性的完美统一。尾设双连页的“浙江省旅游资源分布图(2010年)”，各类旅游景点按不同图例标识，绘制精细，清晰可辨，旅游者可凭此按图索骥，探寻自己向往的旅游景点。一图胜千言，在这里得到完美的印证。版面编排亦不拘一格，单列式、交错式、齐列式并用，大方得体；根据图片画面及内容的需要，照片分别采用双联页、破栏页、跨页、通栏、半栏等多种方式，画面美感得以尽情展现。在彩照内容的选择上求真求特，使集束彩图的作用得到充分发挥。

2.示意图　示意图的特点，就是简单明了，突出重点，忽略次要细节，一目了然，使人一看就懂得图形要表达的意思。侧重于展示主要事物、主要方面、主要数据的发展变化，给人以直观的印象。首轮志书多有应用。《旅游业志》设示意图7幅，示意图的图形有曲线图、柱形图、饼形图3种。其中概述篇与《旅游市场与营销》章各配置1幅，《旅游市场与营销》章配置5幅。示意图均为占通栏宽度，总占2页，为全志总页码的0.33%。

概述篇配置的“1991—2010年浙江省旅游总收入相当于GDP的比重示意图”(曲线图)，展示20年间旅游总收入的增长情况。示意图显示，从1991年旅游总收入29.2亿元、占全省生产总值的2.7%，增长到2010年旅游总收入3312.6亿元、占全省生产总值的12.2%。旅游经济综合实力跃居全国第三，为浙江经济社会的发展做出了贡献，为全国其他地方旅游业的发展提供了启示和经验。

《旅游规划与建设》章配置的“2004—2010年浙江省A级旅游景区增长趋势图”(柱形图)，展示7年间A级旅游景区的增长趋势，从2004年的127个，增加到2010年的279个，年均递增率达14%以上。

《旅游市场与营销》章配置的“2010年浙江省接待的外国旅游者各大洲所占份额”(饼形示意图)，展示五大洲外国旅游者所占的百分比率；“2010年港澳台旅游者占浙江入境旅游者的份额”(饼形示意图)，展示港澳台旅游者占浙江入境旅游者的份额达34.7%，即1/3；“2010年入境旅游者在浙江的人均每天花费构成”（饼形示意图），展示入境旅游者在浙江的人均每天花费构成，列有长途交通、购物、住宿、餐饮、娱乐、游览、邮电通信、市内交通、其他 9 项的百分比率。“2000—2010 年浙江省内地旅游人数示意图”（柱形图），展示 2000—2010 年 10 年间的旅游人数增长情况。“2010 年浙江省内地旅游客源市场份额示意图”（饼形图），列有本省、其他、广东、福建、江西、江苏、山东、安徽、湖南、上海 10 个省市（地区）游客所占的百分比率。编者通过分析类比得出的各项数据，反映出中外旅游者入境游的各类情况，为今后发展浙江旅游业提供真实可靠的借鉴依据。

是志应用示意图少而精，图文相衬，体现出编者掌控全局的不凡能力。

（四）表体

笔者曾就二轮市县志书表格应用做过一些研究，市级志书（随机抽取 10 部）配置表格平均用表 436 幅，平均占全志篇幅的 17%，平均每万字用表 1.13 幅；县级志书（随机抽取 20 部）平均配置表格 290 幅，平均占志书篇幅的 19.48%，平均每万字用表 1.52 幅。以上述 30 部市县级志书合并统计，平均每部志书配置表格 352 幅，平均占志书篇幅的 18.99%，每万字平均用表 1.26 幅。

全志设表格 29 幅（其中专记篇 1 幅），章均配置表格 3.5 幅。表格总占 31 页（合 43500 字篇幅），占全志总页数的 5.2%，平均每万字配置表格 0.34 幅。篇幅最长的表格占 3.5 页，最短的表格仅占正文 300 字的篇幅，表格平均占篇幅为 1.07 页。配置表格从多到少依次为：第二、三、四章各为 5 幅，第七、八章各为 4 幅，第五、六章各为 2 幅，第一章 1 幅，是笔者见到的用表格最少的志书。表格立足全志的高度，仅将主要事物主要方面的主要数据作为列表原则，进而使表格数量得到压缩。由于是志合理控制了表格的数量以及占版面比率，避免了文、表比例的失衡，从而保证了志书的编纂质量。

（五）录体

方志中的录体，包括目录、附录、事录、名录等。是志采用了行文中的名录与卷尾的丛录两种。

1. 名录　全志共设有5幅名录。在记述主要事物的面的情况时，为节省志书的篇幅，即采用名录的方式加以展示。浙江是国内的经济发达省份，旅游服务设施完善，旅行社与旅游饭店分布广泛。2010年全省共有旅行社1682家，其中，出境社67家；全国百强旅行社有10家，占到全国百强旅行社的1/10；另有品质旅行社45家之多。正文中优中选优，列条目记述了国内旅行社15家、国际旅行社18家，其中《旅游服务与设施》章附录有“至2010年浙江省品质旅行社名录”“2010年度浙江省百强旅行社名录”“至2010年浙江省五星级旅游饭店名录”3幅，是采用名录最多的一章。

从20世纪80年代初开始，浙江省就着力打造旅游节庆活动，培育了中国国际钱江观潮节等一大批国内外知名节庆品牌。《旅游市场与营销》中《旅游节庆活动》一节除分类列目记述了山水生态类（7条）、历史文化类（7条）、民俗风情（7条）、休闲娱乐类（6条）外，并附录了“浙江省部分旅游节庆活动名录（截至2010年）”，介绍了11个省辖市的126个节庆活动。典型条目与名录相配合，展示出浙江省旅游节庆活动的全面情况。

2005年习近平在浙江任职时，到安吉县余村视察，提出“绿水青山就是金山银山”的科学论断。浙江省坚定不移地加以践行，乡村旅游与新农村建设同步推进，特色鲜明，效益显著，走在了全国的前列，乡村旅游成为浙江旅游的亮点之一。《旅游产业融合与区域合作》章《乡村旅游节特色类型》目，除列观光休闲型（5条）、农业园区型（9条）、民俗古村型（6条）、农（渔）家乐等典型条目外，并附录有“2010年度浙江省特色旅游村名录”，介绍了11个省辖市的108个特色旅游村。

2. 丛录　是志在卷尾设丛录篇，列有历届全省旅游发展工作大会主题报告、历届全省旅游发展大会重要文件、历代旅游诗词选、历代游记选4项。报告与文件集纳留存，体现政府在发展旅游业中的主导作用，存史价值极高。旅游诗词、游记选，既从文学的角度借名家之言宣传了浙江名胜，又为读者游览浙江名胜增添了诸多的文化意蕴，同时志书的文化品位与可读性得到显著增强。

（六）注释

中国地方志指导小组《地方志书质量规定》第四十条规定："注释符合学术规范，便于查找原文。注释形式全书统一。"在笔者阅读过的省、市、县三级志书中，许多志书未能严格执行"引文和重要资料注明出处"，此为首、二轮志书编纂中的不足之处之一。《旅游业志》则严格执行《地方志书质量规定》，注释符合学术规范，引文和重要资料均注明出处，使入志资料达到了真实、准确的要求。

据笔者粗略统计，全志设注释57条，为页下注形式。注释的作用，在凡例中作了说明。是志凡例起讫时间条曰："上溯事物发端，下限为2010年12月31日。必要时以注释等形式作适当下延。"数据条曰："统计部门缺失者则采用相关部门经过核实的数据，并以注释形式说明资料来源。同一内容数据有不同者，也以注释形式加以说明。"注释条曰："直接引用（引文）、地图、图片、表格及有关主要内容，均注明资料来源。其他需要说明者，亦酌情加以注释。"资料条曰："凡记载不一者，正文采其一说，其余说法以注释形式记述。"由此可知，注释担当了记述下延、数据资料来源、不同数据说明、引用图表来源及其他需要说明者、多说并存5类情况的说明。注释的恰当应用，拓宽了资料的记述深度与广度，事物的客观性与真实性得到增强。

三、条目选择立足高度，地方特色着力展现

地方志书体例上的最大特点是"横排竖写"，"横排"是分门别类，"竖写"是纵述史实。两者相辅相成，即非横排无以求全貌，非纵述难以求条达。地方志不同体例的志书，条目都是最基本的记述单元。条目内容的最大特点是突出地方性与时代性，尤其注重地方性。省志是一省百科撮要，宏观记述省情是其主要特征。这要求编者必须高屋建瓴，放眼全省，瞻顾全志，将最能反映事物本质面貌的资料纳入有限的篇章之中。

是志《凡例》言明："节下根据需要设目、子目、细目等。"实际上少部分内容列有四级目。《旅游业志》作为省级志书的分志，节下主要分领三种

条目，即一级目为综合性条目，二级目为主体性条目，三级目为典型性条目。三种条目在功能上是面、线、点的关系，分别反映某项事物的宏观、中观、微观情况，总体上构成一个立体事物空间，体现出事物的广度、深度和闪光点。

《旅游业志》章节目设置一览表

表 1

章序	节	目	子目	细目	小目	实目	空目	空子目	目一细目	合计
第一章	3	13	17	135	0	0	2	9	7	186
第二章	9	18	36	6	0	1	1	3	2	76
第三章	6	22	24	78	61	9	5	0	0	205
第四章	7	23	73	64	11	5	0	5	0	188
第五章	4	13	32	71	0	4	0	4	0	128
第六章	4	10	24	17	18	4	1	1	0	79
第七章	5	19	52	29	28	3	9	8	0	153
第八章	4	10	25	54	0	3	5	0	0	101
合计	42	128	283	454	118	29	23	30	9	1116

说明：“小目”，指细目之下的第四级目。“实目”，指目之下未领子目、细目，单独行文的目。“空目”，指目下无行文、直接领子目的目。“空子目”指子目下无行文、直接领细目；“目—细目”为目之下无子目，目直接领细目。上、下部两个“合计”栏的合计数字，均为目、子目、细目三级目的合计数字

全志设 8 章 42 节，节下领条目总计 1074 条。其中，设目 128 条，子目 283 条，细目 454 条，小目(四级目)118 条。前三级目总数为 865 条，章均 108 条。其中，一级目章均 16 条，二级目章均 35 条，三级目章均 57 条。版面编排为，一级目标为大五号黑体，加汉字序码一、二、三，另起单占行，占正文两行高度；子目标为大五号楷体，加汉字序码(一)(二)(三)，另起单占行，占正文两行高度；细目标为大五号宋体加粗，加阿拉伯序码 1、2、3，另起单占行；小目(四级目题)与正文字号字体相一致，加阿拉伯序码(1)(2)(3)，另起单占行。文字版面紧密有致，一至四级目题清晰可辨，方便

阅览。

是志记述的内容，分类细致严谨，故而条目的应用根据内容的需要分别设置，既有目领子目与细目的，亦有目下直接领细目的；既有实目的（目单独设置而不领下级目），又有空目的（目下无文而直领下级目）。空目所起的作用，也仅仅是目录的分级和领属作用。据笔者粗略统计，有实目 29 条，空目 23 条，空子目 30 条，目领细目 9 条。各种方式灵活掌握，井井有条。

是志的条目分为综合性、主体性、典型性三种。

综合性条目反映一个面，主要概括大势大略，时间跨度大，主要过程简，并注意相互交叉重复。如《旅游规划与建设》章《旅游线路》节的"发展概况"目，《旅游市场与营销》章《入境旅游》节的"入境旅游发展概况"目、《出境旅游》节的"出境旅游发展概况"目、内地旅游节的发展概况目，出境旅游节的出境旅游发展概况目等。综合性条目亦有降到子目来记述的，如《旅游服务与设施》章《餐饮娱乐》节"旅游餐饮"目的"餐馆"子目，《旅游购物及旅游装备》节"旅游装备生产"目的"发展概况"子目等。

主体性条目反映某一条线或某一方面的情况，是志书的主体部分，要写出主要过程、主要措施、主要成果和主要问题，时间跨度相对适中。如《旅游规划与建设》章《旅游规划》节的"市级旅游规划"目、《开发建设》节的"旅游度假区建设"目；《旅游服务与设施》章《旅游饭店》节的"旅馆招待所"目、"旅游涉外饭店"目，《旅游交通》节的"水路客运"目、"公路客运"目、"铁路客运"目，《旅游购物及旅游装备》节的"旅游商品开发"目等。

典型性条目反映一个点，是反映时代特点和地方优势的重要载体，是对主体性条目难以细述的典型事物的提取和扩展，主要突出新时期的新点、亮点。典型性条目，是志主要以细目来展示，少数以子目、小目展示。

是志在条目的选择上，以突出地方特色与时代特色为立足点。如"宗教文化"目，浙江省共有宗教活动场所 8400 多处，其中在 142 座汉族地区佛教全国重点寺院中，浙江省有 13 处，而立条目的仅有灵隐寺、净慈寺、径山寺、雪窦寺、阿育王寺、普济寺、国清寺 7 处。如浙江历史文化名城数量多，类型丰富，有杭州等6座城市入列国家历史文化名城，温州等12座城市入列省历史文化名城，而立条目的仅有梅城、慈城、绍兴、临海、衢州5座古城。如浙江有中国历史文化名村14个，省级历史文化名村20个，而立条目的仅有新叶、苍坡、俞源、诸葛4个古村。2010年，全省旅游星级饭店1046家，其中，五星级45家，四星级165家，三星级386家，条目只介绍了22家，等等。编者是站在全省的高度与全志的高度，从旅游角度选材，精中选优，优中选萃。此类例子不胜枚举。在条目记述的选择上，是志为其他省级志书的编纂树立了一个新的标杆。唯如此，精编志书才能落到实处。

在笔者阅读过的省级《旅游志》及市、县级志书的《旅游》篇中，凡记述旅游资源，多数浓墨重彩、不惜笔墨地设条目加以记述，未能像是志这样节省笔墨，其实质是未站在全志的高度、为旅游者设想的角度设立条目。

是志的条目选择，真正做到了：详异略同——即详个性，略共性；详特点，略一般。详主略次——即详干略枝，详主要、略次要。详此略彼——即一件事在这里记述了，若在另一个地方则略述，尽力避免了交叉和重复。此外，编写专业条目，还做到了选用材料点面结合，使典型材料的记述既有深度，又有广度。

四、稍许不足似可商榷

志无完志。读志中亦发现稍许可商榷之处。卷首集束彩图中，“图版74-002-1”标题说明中的“三潭应月”，似为“三潭映月”之误。卷首概述篇行文中插有“1991—2010年浙江省旅游总收入相当于GDP的比重示意图”，笔者以为，概述是一篇完满文章，不需要示意图、照片、表格等体裁帮衬，加插图表不利于读者一气读尽全文，反而容易打乱阅读思路，影响阅读效果。

是志表格中，除1幅为名录表、1幅大事年表外，其余27幅均为一览表，个别标题说明似觉烦琐。如“表74-1-3-1”，标题似乎标为“2008年杭州市社会资源国际旅游资源访问点一览表”较为简练，把“杭州市旅游委员会2008年（某月）公布”等词语放在标题之后的说明语中较为恰切。是志7

幅示意图中，3 幅标有“示意图”字样，4 幅未标“示意图”，标法欠一致。

是志凡例已言明：“上溯事物发端，下限为 2010 年 12 月 31 日，必要时以注释等形式作适当下延。”以此为准绳，“表 74–2–2–3”标题《至 2010 年浙江省旅游度假区一览表》，“至”字似乎多余；“表 74–5–1–1”“表 74–5–1–2”两条标题中括注的“(截至 2010 年)”似乎可删。

《旅游服务与设施》章《旅行社》节的子目《国际旅行社简介》下有“至 2010 年，浙江省国际旅行社主要有”语；子目《国内旅行社简介》领文亦有同类语句；《旅游饭店》节的《星级饭店简介》《酒店管理公司简介》《经济型酒店简介》等子目下领文亦有同类语句。依笔者意，此类语句可删。据笔者粗略统计，志中的“空目”(指目下无行文、直接领子目)有 23 条，“空子目”(指子目下无行文、直接领细目)有 30 条。此类“空目”“空子目”只起分类作用。如各行业的单位“简介”，不言而喻，必定是下限之内主要的单位简介，亦应与上述“空目”“空子目”同类，故而此类赘语可删，子目直接领辖细目即可。

相同类型的典型性条目，行文开头多出现无主语句式，且一致性较差，志书的严谨性稍觉欠缺。第一章的大部分细目、第六章至第八章中的部分子目与细目的行文，为主语开头句式(即条目标题作主语)；第二章至第五章的条目多为无主句式，其中少数条目标题在行文中显现，多数条目标题行文中不显现，由此造成条目行文的不一致。志界虽有“志书类辞书”之说，但二者还是有明显区别的。辞书的辞条标题是与文字接排相连的，为显示标题，均加“[ ]”方括号标示；且辞书普遍压缩字号，紧密编排，方便读者查阅。志书的条目标题是单占行标示的，并通过字体或字号的加重而加以突出，不加“[ ]”方括号标示。依笔者意，条目标题不能替代行文的表述，否则不符合行文规则。以无主语句式作为开头的行文方式，不适合志书条目内容的完整表达，相同类目的条目反而会形成诸多的开头方式，致使行文难以统一，给人造成不严谨的感觉。以是志风味小吃的小目为例(前为标题，后为行文开头语)，苔菜千层饼：为“宁波三北(余姚、慈溪、镇海)名点”；奉化溪口千层饼："产于奉化溪口一带"；宁波汤团："亦称'宁波猪油汤团'"；舟山虾饺："将面粉调制成面糊"；绍兴香糕："创始于清嘉庆初年（约1796年）"；油炸臭豆腐："为绍兴民间传统大众闲食"；五芳斋肉粽子："民国28年（1939年），由冯昌年开设的五芳斋创制"；诸老大粽子："1910年湖州府庙前开设了一家以卖粽为主兼营茶食的店铺"；震远同茶食三珍："指玫瑰酥糖、椒桃片、牛皮糖"；麦芽糖："把糯米蒸熟"；陡门头灯盏糕："因其形状如旧时民间用以照明的菜油灯盏而得名"，等等。即使是记述单位的条目，开头即为"位于……""地址……""原为……""前身为……""又名……""某某年创建……""某某年成立……""某某年开业……""坐落在……"，等等。笔者以为，凡相同类目的条目，应如人物志中人物传记的行文写法那样，行文开头均应保持一致性，给人以规整、严谨的美感。依笔者愚见，以题代文的无主语写法，似乎仅适用于标题不单独占行、空一字接文排的条目。

3篇专记在《目录》与正文中的版面编排，均以"章"标题来对待，似乎欠妥。无论从篇幅或重要性上与章相较，单篇专记均与章均无法"平起平坐"。依笔者意，似乎合为"专记"篇，篇名标题与"章"标题一致，而内设的3篇专记标题只标"一、二、三"及实名即可，如此似乎更合理、妥当一些。

地方志是一种大型资料著述，修志是手段，用志才是目的。地方志作为一种读物，通读整部志书的读者凤毛麟角，更多的是为了了解地情、查检资料或是有选择地阅读。章节条目体的志书由于体例的局限，其检索手段只有一个目录，这就大大增加了检索的难度。《旅游业志》与《浙江通志》的其他分志相较，读者面要宽泛许多，故而是志如卷尾能加载条目索引以及图片索引、表格索引，方便读者阅读、利用志书，是志就更加完满了。

上述的一些吹毛求疵之言，仅供参考，如有不妥之处，还望见谅。毕竟各省的志书编纂自成系统，许多做法未必全国统一。有些问题提出来，只是为深入研讨提供例证而已。瑕不掩瑜，《旅游业志》确是一部不可多得的佳志良作，多有值得他志学习借鉴之处。

五、结语

《旅游业志》从篇目设置到条目选择，从体裁应用到图、表、录配置，均有上乘展现，是浙江旅游业发展的里程碑式的专著，读者通过该志，可全面了解浙江旅游业发展的轨迹，从字里行间品味浙江的风景名胜，进而激发游览浙江的热情。总括而言，是志最突出之处，可以两句话概括：善用志体提升学术品位，把握特色彰显文化价值。笔者只因寸纸尺短，难以完满评述而已，诸多优长还待他人评说。

（任根珠，字旺，号西樵，山西省地方志办公室原副巡视员，副编审，主要研究方向为地方史、地方志。）

一部精彩展现浙商时代风采的方志力作

——简评《浙江通志·民营经济志》编纂特色

苏炎灶

提　要:《浙江通志·民营经济志》应用方志特有的编纂方法，创新应用“点、线、面”诸要素相结合的手法，以“线”梳理发展脉络，贯通古今，展现历史演变；以面描绘全貌，横涉四方，展现时代风采；以点刻画细节，星星点点，展现事物特点，从而全面勾勒浙江民营经济从古至今发展脉络，展现出浙江民营经济丰厚的底蕴、创业者的坚韧不拔与当代浙商的亮丽风采。

关键词: 民营经济　浙商　“点、线、面”结合　编纂特色

《浙江通志·民营经济志》(以下简称《民营经济志》)是浙江省首部民营经济志，也是全国二轮修志编纂民营经济志的几个省份中唯一一部以通志体编纂的志书。全志贯通古今，既展现出浙江民营经济历史发展的特色，又呈现了新时代辉煌。这既是一部浙江民营经济发展史，也是一部浙商经济发展史。书中应用方志特有的编纂方法，创新应用“点、线、面”诸要素相结合的手法，勾勒浙江民营经济从古至今脉络，展现出浙江民营经济丰厚的底蕴、创业者的坚韧不拔与当代浙商的亮丽风采。

一、以“线”梳理发展脉络，贯通古今，展现历史演变

应用“线”的方法记述，就是按照时间前后顺序记述所发生的各种事件，

把大量“点”的事件集合一起，形成“一条线”，以体现事物发生、发展的全过程。因此，志书通常设置大事记体裁，采用“线”的方法，以纪事本末体记述某一境域历史发展的脉络，形成“历史一条线”的风景线。而《民营经济志》大胆创新，采用“双线”的方法记述。一条线采用大事年表体裁，以记事体记述古今发生的大事；另一条线则用两章篇幅，以“线”梳理浙江民营经济的历史发展脉络。

如何梳理？如果依然采用记事体或纪事本末体，以一条直线流水账式的方法记述，势必出现“双线”之间记述的交叉重复。《民营经济志》对另一条线创新采用章节体的记述方法，梳理历史发展脉络，形成独特的编纂风格。首先以1949年中华人民共和国成立为标志，划分“起源”期与“发展”期，分设两章。然后以板块形式分别记述历史演变与发展。“起源”章记述时限长达两千多年，显示形成经历了漫长岁月的演变，既体现浙江民营经济历史的厚重，也表明演变的过程曲折与艰辛；“发展”章记述浙江民营经济当代60年的崛起与快速发展，既体现浙江人的商业智慧与辉煌成就，也表明改革开放时期是中国发展最好的历史时期之一。

（一）抓住起点，追根溯源，揭示出发展基因

人不忘初心，事不离源头。“线”的记述方法自然也要抓住“线头”。《民营经济志》以“通志”特有的优势（“通”，能够贯通，没有阻碍，到达事物的发端，即从源头记起）揭示浙江民营经济起源全过程。

1.揭示浙商的“前世”基因

浙江民营经济“基因”源于何处？《民营经济志》记载，浙江民营经济萌芽于原始社会河姆渡文化和良渚文化先民的手工业品生产和物物交换，形成于春秋战国时期越国的民间手工业与商业。

春秋战国时期，越国民间工商业已经十分发达，越国名臣范蠡在辅助越王灭吴后，辞官经商而致富，并总结出一套生意经，形成自己的经商思想，成为这一时期民间工商业者的代表人物，被尊为“浙商始祖。”

据史料记载，春秋越国有人才“三绝”，计然、范蠡与文种。三位同是谋略家，均辅佐勾践兴越灭吴，计然更是被范蠡尊为老师，范蠡经商思想出自“计然(研)之策”，还将其研究成果写成《计然篇》。可为什么只有范蠡被尊为“商圣”“财神”？《民营经济志》据《史记》记载，范蠡师承计然，能巧妙运用“计然之策”：“知斗则修备，时用则知物，二者形则万货之情可得而观已。故岁在金，穰；水，毁；木，饥；火，旱。旱则资舟，水则资车，物之理也。六岁穰，十二岁一大饥。夫粜，二十病农，九十病末。末病则财不出，农病则草不辟矣。上不过八十，下不减三十，则农末俱利，平粜齐物，关市不乏，治国之道也。积著之理，务完物，无息币。以物相贸，易腐败而食之货勿留，无敢居贵。论其有余不足，则知贵贱。贵上极则反贱，贱下极则反贵。贵出如粪土，贱取如珠玉。财币欲其行如流水。”对范蠡经商所取得的成就作这样记载：“范蠡既雪会稽之耻，乃喟然而叹曰：‘计然之策七，越用其五而得意。既已施于国，吾欲用之家。’乃乘扁舟浮于江湖，变名易姓，适齐为鸱夷子皮，之陶为朱公。朱公以为陶天下之中，诸侯四通，货物所交易也。乃治产积居，与时逐而不责于人。故善治生者，能择人而任时。十九年之中三致千金，再分散与贫交疏昆弟。此所谓富好行其德者也。后年衰老而听子孙，子孙修业而息之，遂至巨万。故言富者皆称陶朱公。”从史太公留下的历史记忆中，我们不难看出这位经商始祖谙熟经商之道。

“知斗则修备，时用则知物”。商场如战场，了解市场需求与货源，提前做好准备。鬼谷子说：“必先谋虑计定，而后行之以忤合之术。”成大事者，无不先谋而后动。此乃智商。

“与时逐而不责于人”“能择人而任时”。在商场上能够善于“择人”，知人善任，随机应变，把握商机；倘若失利，也宽厚包容，不怨天尤人。此乃情商。

“候时转物，逐什一之利”“末病则财不出，农病则草不辟”“农末俱利，平粜齐物，关市不乏”商场交易要薄利多销；如果商家受损无以生财，而农家受损也会田地荒废；要农商共赢，稳定物价，平等交换，才能财源不断。特别是“无息币”“财币欲其行如流水”，钱不能不动，要像流水一样运转起来，这是生财之道。此乃财商。

“岁在金，穰；水，毁；木，饥；火，旱。旱则资舟，水则资车，物之理也。六岁穰，十二岁一大饥。”商业运作要善于观察气象环境的周期变化，购置适应市场的不同货物商品，即所谓“天不至，不可强盛”，时机不到，不可强求。此为知天时。

“天下之中，诸侯四通，货物所交易也。”交通便利，四通八达，能够成为商业交易的中心。此为识地利。

“范蠡三徙，成名于天下，非苟去而已，所止必成名。”“富者皆称陶朱公”。范蠡三次迁徙，三次经商，三至千金，“尽散其才”“久受尊名”，成名天下。此为获人和。

范蠡知天时，识地利，获人和，自身智商、情商、财商兼备，成为商圣可谓实至名归。但对于古代越国而言，范蠡是“客籍”人物，对于越国的贡献主要是助越王兴国灭吴，其经商之地“浮海出齐”“闲行以去，止于陶”，都不在越国，却被尊为“浙商始祖”，可见其对后来浙江民营经济发展影响之深远。范蠡的“钱能生财”的商业基因遗传造就了一代又一代浙江杰出商人。《民营经济志》抓住了“线头”，从源头揭示了浙商的“前世”基因。

2. 抓住“沿线”，与板块结合，追踪发展变化

《民营经济志》沿着古代浙江民间工商业从萌芽产生，成长壮大，逐步繁荣的黄金岁月的流淌路线，记述古代到近代两千多年演变的历程，记述其中的起伏波折，诸如早期成为“江东沃野万里，民富兵强”的“乐土”，“出现了‘今之会稽，昔之关中’的盛况”，隋唐时期“东海航线”等海上贸易航线开通的壮大成长，宋代“一跃成为江南首富地区”，以及南宋开始兴起的龙游商帮、宁波商帮的活跃，直到民国前期“实业救国”的短暂中兴；也记述了历史发展中的曲折，如秦汉时期的工商与农耕蜜月期结束后的发展低谷，朝廷官府“困商”、官商与“红顶”商人打压，直到近代民国时期的大起大落，特别是日本侵略者入侵后，长达14年抗日战争的耗损，到中华人民共和国成立前夕浙江民族工商业“已濒临崩溃”。尽管如此，从《民营经济志》中，

我们依然可以看出，浙江民营经济两千多年起源过程中演变的脉络与轨迹。

从民营志中可以看出，起源演变过程大体可以分为三个时期：

(1)形成与成长期。浙江民营工商业从良渚文化手工业与商业的萌芽到春秋战国时期的越国已蓬勃兴起，民营经济开始形成，这个时期，铸造业、造船业、纺织业、制陶业、酿酒业开始出现，商业贸易除了境内民间交易外，已与吴、楚、宋等诸国开展贸易。范蠡成为这个时期经商致富的杰出代表。“耕于海畔，苦身勠力，父子治产。居无几何，致产数十万”，而且三徙三富，创造出商业奇迹，成名于天下，为世人所敬仰。春秋战国之后，虽然一度受到封建帝国重农抑商主流思想的制约，但浙江民营工商业已是满园春色关不住。“至六朝时，浙江经济已全面恢复成长，并在许多方面开始超越北方”，“出现了‘今之会稽，昔之关中’的盛况”。到隋唐五代时期，浙江社会经济更是获得全面发展，民营工商业也得到发展壮大。以雇佣劳动为特征的工商经济，到六朝时已出现大量雇佣劳动者。民间手工业作坊中雇佣工匠、长工、短工，称“佣赁”“佣力”“十夫客”“贩贴”等，还有被雇抄书者称“佣书”，被雇从事商贸的称“佣保”，从事运输的称“佣运”；“雇佣劳动者的报酬一般以钱结算，也有以物结算的，有的一日一结，有的可以预支”。不仅城市商业日趋兴盛，专业市场亦日渐形成，并能够利用自己制造的远洋货船开通“东海航线”，开启海上贸易丝绸之路。“中日间贸易不绝，商船往来频繁，到日本的商船大多从浙江出发，横渡东海。”

(2)繁荣兴盛期。两宋时期，浙江经济发达，一跃成为江南首富地区，人文之盛也冠于全国。特别是南宋定都杭州后，杭州有“东南第一州”之称，成为全国政治、经济和文化的中心。浙江民营工商业也进入繁荣发展的鼎盛时期，其显著标志是民营工商业“经济总量和总体规模已超越官营”。在这个时期，民营工商业门类齐全，商品品种丰富，市场化程度高，民间海外贸易兴盛，海商阶层崛起；民营工商业者在国家户籍管理上开始有了自己的身份地位，行会组织出现，内部管理日渐完善；置产生财、以息生财的货币资本运作逐渐活跃。其中，工商的雇佣劳动关系也有了新的发展变化，工商经营管理中出现了独资经营、合伙经营、委托经营、承包经营等多种经营方式；以钱投资生财的资本运作形式多样，有典当、抵押式的“典质营运”，直接借贷的“倍称之息”高利贷，金银财帛铺的大宗交易，还出现了“钱铺”“钱肆”“钱店”“钱摊”等资本经纪服务；商品经济的繁荣与发展也深化了理论界对工商业的认识，早期出现的“农商并重”的经济思想得到传承与发展，浙东地区形成了一个“公开为商人辩护、主张功利、重视商品经济的学派，主要成员是以陈亮为代表的永康学派、以叶适为代表的永嘉学派、以吕祖谦为代表的金华学派”。提出诸如“商借农而立，农赖商而行，求以相补，而非求以相病”的农商互补论，“士农工商皆本业”论，“荒岁必要百货流通”的商业“救荒”论等。两宋成为浙江民营工商业又一个黄金发展时期。

（3）现代工商业萌芽期。元明清时期，随着政治中心回归北方，浙江官营工商业逐步衰落，为民营工商业发展提供了新的发展空间，民营工商业开始全面超越官营。据《民营经济志》记述，纺织业，元末官府局院织造业逐渐衰败，不得不将一些产品“派散机户”去织造，或从民间购买，“明清时期江南民间纺织机坊和织机数量大增，规模超过官营”；出版印刷业，明中叶后，私家刻书重新风行，“杭州成为当时全国四大书籍聚集地之一”，“民间出版印刷技术不断进步，湖州闵齐伋、凌濛初两家书商率先发明彩色套印，采用朱、墨、蓝三色套印”；制笔业，入元以后，制笔在湖州形成较大生产规模，湖笔笔工冯生闻名遐迩；造纸业，已经取代官营得到广泛发展，杭州府富阳县的造纸业产量最大，清末时每年交易额不下百万银两，湖州安吉、孝丰、武康造纸业兴盛；造船业，明代开放海禁后，造船业迅速发展，到清代，民营造船业超过官营；还有如冶炼业，元代开始允许民营，到明清则全面放开民营，陶瓷业元代开始已全部私营；制盐业，清中叶各盐场已基本私营，盐营销也从官收官销、官收商销向商收商销转变。制造业被民营赶超，大量民营制造业的出现，为资本主义生产方式产生提供了条件。雇工经营更加普遍，雇工人数大量增加，明代中叶以后，专业织场雇工人数常达数百人，乾隆年间有一个大酱园也雇工百余人。雇工形式也出现变化，自由雇工形式开始出现，工匠不当班还可以自行营生；雇工市场出现，雇主可在市场雇工，与应雇者可签订临时契约关系；商业经纪人阶层出现，商业内部也普遍出现雇佣关系，如绸庄的修绸、看庄、复庄与绸庄主只是雇佣关系。与商业休戚相关的“钱铺”“钱店”，开始向钱庄、商办银行转变，现代金融业萌芽，钱庄资本与实业资本既各自独立，又相互融合。随着商品经济不断发展，新生产方式萌芽，商业经济理论在传承“工商皆本”基础上，也在不断创新，民营工商业的作用越来越受到重视，提出“不耻言富”论，反对“困商”、扰商，晚清还有提出商办股份制与对外开放的思想。

《民营经济志》用一节把浙江民营工商业从古代到近代两千多年历史进行概括性的阐述，从商圣范蠡经商致富散财，到晚清的“不耻言富”；从最初亦工亦商，到晚清出现商业资本、工商垄断资本，浙江民营工商业发生了历史性蜕变，现代商业帝国的雏形已经显现。

3. 民营工商业的命运始终与国家命运紧紧联系在一起

《民营经济志》专门用一节记述民营工商业在辛亥革命以后38年时间里大起大落的发展进程。

辛亥革命推翻了封建帝制，出现了空前的思想解放运动，“风气打开，百业卓新”，涌现出一大批民族资本主义工商企业。以机械工业、机器生产为主的近代工业从城市向市镇渗透发展，使原有传统的手工业和商业为主的市镇商品经济格局发生转变。浙江民营工商业获得历史性发展机遇。

制造业中，纺织业民营资本企业大量涌现，知名纺织企业达100多家，有全国最大的丝织公司，丝绸工艺品誉满国内外；食品、机制纸、药品、火柴、五金机械等生产或加工企业等都出现大型民营资本企业。到民国21年，仅杭州市就有民营工业企业1849家。交通运输、邮政、电信、银行业都有民营企业介入。

商业空前繁荣，集市贸易与专业市场纷纷涌现，如杭州的绸业市场、西湖香市，绍兴的平水茶市、五云米市，嘉兴的粮食市场、茧丝市场等。杭州市的民营商业最为繁荣，仅商业企业就有1万多家。

但是，这次浙江民营资本工商业的崛起非常短暂，先是受到19世纪30年代初世界经济大危机的波及以及随之发生的日本帝国主义入侵中国的疯狂掠夺，百业凋敝，民不聊生。新生的浙江民族资本主义工商业遭受灭顶之灾，元气大伤。《民营经济志》对这段短暂的历史设专节记述，凸显浙江民营经济历史发展中的重大转折，也表明国家的兴衰不仅关系到中华民族的兴亡，也与企业的命运息息相关。

《民营经济志》用一章的篇幅，记述两千多年的演变而仍称为“起源”期，其根本原因就在于，“以钱生财”在社会生产方式中尚未取得支配地位。换言之，钱尚未变成支配生产方式的资本。

（二）抓住“主线”，体现时代创新，揭示发展传承

记述浙江民营经济在当代的发展是这部民营经济志记述的重点，对于中华人民共和国成立到本志下限60年时间的发展脉络设置专章进行记述，也正是突出浙江民营经济全面发展的这个重点阶段。全志按照5个时期进行划分，分别设置5节，展现各个阶段发展的不同特点，为后续的全方位记述起到提示性作用。

1. 恢复期。1949—1978年，这是浙江民营工商业从“濒临崩溃”“奄奄一息”到逐步恢复与缓慢前行的曲折发展过程。其主要特点是，不管政策如何变化，民营经济总能找到公开的或隐蔽的生存方式，或抓住时机发展，如“黄金的1951年”，或依托发展，如依托社队企业、乡镇企业等。

2. 摸索期。1978—1991年，这是解放思想、开启改革开放的年代，但也是“摸石头过河”的发展阶段。其主要特点是，大胆探索，稳步前进，个私经济恢复发展，乡镇企业大量涌现，股份合作制开始起步，各种模式纷纷出现，其中戴“集体”“红帽子”的乡镇企业最受欢迎，发展最为顺畅，还带动了一大批依附的个私工商户。

3. 快速期。1992—2001年，这是浙江个私工商企业快速发展期。其主要特点是，呈现“领域扩张，从加工向流通、科技和社会服务等领域发展；质量提高，呈现科技型、品牌型、外向型、规模型的发展趋势。”其中，出现了民营企业参与国有企业改制，开启“国退民进”的产权制度改革。

4. 腾飞期。2002—2007年，这是浙江民营经济腾飞发展阶段。其主要特点是，坚持践行“绿水青山就是金山银山”理念，实施“八八战略”、“走出去”战略，推动民营经济“跳出浙江发展浙江”，实现新飞跃。浙江民营资本逐步进入垄断行业、社会事业领域、金融服务业以及国防科技建设领域，从事的行业和领域得到不断拓展，并加快国际化发展步伐。浙商也被称为“中国特色社会主义事业的建设者，是发展先进生产力和先进文化的实践者，是参与国际经济合作与竞争的开拓者，是人民群众实现共同富裕的贡献者”。浙商已不仅仅是一个经济概念，也是一个文化概念。

5. 风险期。2008—2010年，这是应对2008年爆发的全球性金融危机逆境发展阶段。其主要特点是，“重树信心，发扬自强不息的精神，迎难而上，加快转型升级步伐，努力实现逆势超越”。在产业创新方面，传统行业通过技术创新开发高新产品，从产业链低端向产业链高端升级，提高企业效益；推动投资转型，进军新能源、新材料、物联网等高科技战略性新兴产业。在市场创新方面，民营资本加快进入国际市场的步伐，积极进行国际并购和海外抄底。

以上5个阶段的记述，既提供了浙江民营经济当代发展的线索，也抓住了不同时期发展的各自特点，特别是把应对2008年全球性金融危机作为一个单独阶段，不仅可以与20世纪30年代世界经济危机遭受的挫折产生鲜明对比，也为未来应对可能出现新的危机留下可供借鉴的宝贵经验。《民营经济志》对这60年发展历程的记述表明，浙江民营经济已经完成了以资本支配生产方式的转变。

从以上所述可以看出，《民营经济志》“两条线”的记述方法并没有产生明显的结构性交叉重复，在记述起源历史演变与当代发展这条“主线”中，对“线”的把握有自己的特色，既起到贯通古今、展现传承的效果，又通过板块形式，对阶段性、曲折转折性的分解，体现事物发展波浪式前进的发展规律，从而更加显现当初弱小的越国民间工商个体能够得以演变成长发展为当代浙商之强盛群体实属不易。

二、以“面”描绘全貌，横涉四方，展现时代风采

“面”的记述是志书编纂的关键，也是志书所要记述的重点内容。《民营经济志》利用志书编纂擅长“横陈百业”的优势，用10章的篇幅，浓墨重彩，分别从发展模式和块状特色、经济类型、经济结构、经营机制、投资与融资、科技与质量、商标品牌、管理与服务、“浙江人经济”、民营企业和浙商精神等方面展开。在“面”的记述方面也有所创新，在编纂方法上展现几个特点。

（一）结构设置的独特性

从《民营经济志》10章的设置可以看出，章一级结构既不是采用《国民经济分类》的标准或者按照浙商投资经营所涉及的重点部门行业进行分类，也不是根据浙商的区域分布进行分类，而是把浙商作为一个整体，作为市场主体之一，按照投资经营者的主体身份进行分类。这种设计方法可以避免门类与经营层次不一而在结构设置中发生碰撞，也可化解众多从事多门类、跨行业投资经营企业集团归类记述的困难，更主要的是，可以凸显浙商群体性，使浙商在全国经济发展群体中拥有独特的地位。从《民营经济志》中可以看出：

浙商拥有独特的“温州模式”“义乌模式”等发展模式与地区性块状采用集群；

浙商拥有齐全、互补、成熟的各种经济发展类型；

浙商拥有纵横交错的产业与地区经济结构；

浙商拥有健全灵活、形式多样的经营机制；

浙商拥有资金来源多元化、投资方式多样化、投资领域多元化，以市场为基础配置资源的投融资体制机制；

浙商拥有科技项目与科技成果居全国前列的科技实力；

浙商拥有与国际接轨的现代质量管理保证体系，是使浙江成为“质量大

省”的一支“主力军；

浙商拥有品牌创新强大实力，五个民营经济发达强市名列全国百强前十；

浙商拥有走出浙江、走向全国乃至世界的强劲经济实力，形成可称为“浙江人经济”现象的一种中国品牌式的发展模式；

浙商拥有“走遍千山万水、历经千辛万苦、道尽千言万语、想出千方百计”的“浙商精神”，现代经营管理理念与传统优秀文化相结合，形成丰富多彩的浙商企业文化；

浙商拥有设立慈善类基金会数量和基金总额位居全国前列的企业家群体，承担社会责任，深情回报社会。

这种开创性的结构设置方法凸显出浙商不愧是“浙江发展中的一支十分活跃的生力军，同时也是全国最活跃的企业家群体”。

（二）资料选择的独特性

资料是志书的基础。入志资料选择决定志书的质量。《民营经济志》对入志资料选用采取独特的方法。

1. 选“模式”展现特色。浙江民营经济在历史上有许多商帮，当代各个区域也各具特色，各类发展模式纷纷出现。《民营经济志》选择全国闻名的“温州模式”体现企业制度创新对发展的重要性；选择“义乌模式”体现从小商品市场向工业化、城市化、国际化发展的成功经验；选择“绍兴模式”体现多元化主体并存、国内外市场并重的市场导向。通过推介发展模式，揭示浙商发展的创新路径，体现浙商精神。

2. 选“现象”展现典型。改革开放以后，伴随思想大解放与观念更新，敢想、敢闯、敢干、敢富开启新风，推动创新“现象”不断出现。这些现象中有个体现象，也有集体现象，《民营经济志》把不同“现象”穿插在相关板块中，更好地体现出浙商的创新精神。如：1992年10月15日，浙江农民企业家陈金义收购上海市黄浦区公开拍卖的七家国有、集体小商店，成为改革开放后第一个收购国有企业的民营企业家。这一举动被称为“陈金义现象”，成为中国私营经济浮出水面的标志。

从2001年12月10日绍兴县杨汛桥镇的民营企业“浙江玻璃”在香港H股上市开始，到2003年，杨汛桥镇共有7家民营企业上市，同处杨汛桥镇的民营企业永隆实业、宝业集团、展望股份也相继在香港创业板和主板挂牌上市。杨汛桥镇因此成为全省乃至全国在境外上市公司最多的乡镇。时称“杨汛桥现象”。

民营经济是台州经济的主体。在民营经济发展过程中，形成以民营化、股份合作、政府推动为特点的发展方式，被称为“台州现象”。

浙江民营企业突破地域和资源限制，走出浙江，在全国乃至世界各地经商投资创业，谋求异地发展，形成“浙江人经济”，亦称“浙江人经济”现象，被称之“能够为全国乃至世界经济做出重要贡献的发展模式”。这个概括不仅是浙商发展经验的科学总结，也是浙商确立历史地位的一个重要标志。

3. 选“对比”展现真实。《民营经济志》在记述发展过程时常常选择一些遭受挫折、经济纠纷、经营风险、制假售假、违法经营之类的实例，通过这些资料形成对比效应，不仅更全面、真实地反映浙商发展，也有警示或借鉴作用。其中比较有代表性的例子，是在“品牌保护”中，比较详细地记述温州皮鞋遭到各方“声讨”与重振品牌的对比记述。

20世纪80年代，随着市场竞争进入白热化状态，温州许多企业采取偷工减料、以次充好等方式，降低皮鞋生产成本，导致温州皮鞋的美誉度不断下降，售价迅速走低。1987年夏，全国声讨温州鞋的风波达到高潮。在温州皮鞋的主要销售（批发）地杭州，工商部门查获5000余双劣质皮鞋（主要是温州生产的皮鞋），8月8日在市中心的武林广场全部烧毁。1988年4月，南京一温州皮鞋专柜被购买了劣质皮鞋的消费者捣毁。在南京、长沙、哈尔滨、株洲等城市，陆续有人火烧温州皮鞋。上海、南京、武汉、大连、长春、石家庄等城市的商业流通部门发布文件，明令禁销温州皮鞋。许多商场门口打出“本店不售温州货”和“温州货免进”等标语。在1990年前后的中俄边贸中，大量的劣质温州皮鞋销售到俄罗斯，以至于在俄罗斯街头出现大量的“反对温州假货”和“把温州人赶出俄罗斯”的标语。

如此详细地记述温州皮鞋造假之事，在其他志书中非常少见，而对于后来的转变，《民营经济志》也没有夸张性的内容："1992 年 7 月，国家技术监督局对 28 个省、市制鞋行业进行统一检验，温州皮鞋的合格率达 77.4%，高于 68% 的全国平均水平。温州从 20 世纪 80 年代皮鞋业制假售假的基地，转型成为国内重要的皮鞋生产基地，品牌和质量均已得到市场的重新认可。"这样的资料对比，比很多单纯记述如何重视、如何保护更真实、可信、可鉴。

（三）人物记述的多样性

人物资料历来是志书非常重要的组成部分，因此，是"面"上记述不可或缺的组成部分。但由于"生不立传"的规定，且志书的主体内容又是当代人记当代事，使得很多人物资料难以入志。虽然志书编纂中允许采用"以事系人"方法记述在世人物活动，但由于对可以入志的人物不熟悉，在选择时有种种顾虑，最大的担忧是入志的人物会不会变成"问题人物"。加上省志都有专门的人物分志，因此省志其他分志一般不设置人物传。这些都影响了入志人物的信息量。很多志书常常出现见事不见人。如何破解这个难题，《民营经济志》采取多种形式利用人物资料，不仅丰富了"面"的内涵，对记述人物的方法提供了很好的借鉴。

1. 历史人物系事立传。虽然省级分志不设人物传，但《民营经济志》将浙江历史上对民营工商业发展有重要影响的人物，在不同历史时期分"经营思想""工商致富思想""商品经济思想"设置了若干人物传。在春秋战国时期有"商圣"范蠡，两宋时期有浙东学派 3 位人物入志，在明清时期选择 6 位人物入志，总共 10 位。

2. 优秀人物系事入志。优秀人物以事系人比较容易，但也要选择典型性。《民营经济志》在不同历史时期选择有代表性的优秀人物入志，如抗日战争时期有两处搬迁、最先在后方复工、随迁工人最多、规模最大的大鑫钢铁厂余名钰，成为周恩来得力助手的"红色资本家"卢绪章，被日伪匪徒绑架杀害的"国货大王"爱国化学工业家方液仙等；改革开放初期进行承包经营试点的典型，1981 年带领海盐衬衫总厂实行承包经营的步鑫生，1983 年承包经营杭州万向并任厂长的鲁冠球；从浙江走向世界的典型，如在中东迪拜开设 3 个中国食品城的温州浙商陈志远，在法国建成欧洲最大的中国食品批发市场的温州浙商黄学胜，收购英国普罗派乐电视台的温州浙商叶茂西，被誉为“中非交流民间大使”、先后在 25 个非洲国家建立业务关系的诸暨浙商何烈辉，等等。

3. 重大事件系事入志。对历史上发生的重点事件，入志时采用以事系人的记述方法。如记民国时期轰动一时的浙江民营企业经济史上第一起商标纠纷案，系事记受害人温州百好炼乳厂厂长吴百亨；记 1956 年 3 月开展的“承包到户”试点工作，系事记包括县委书记在内的有关当事人；记 2008 年因受全球金融危机影响，民间融资资金链断裂而破产的金融纠纷案，系事记两位破产企业董事长自杀事件。

4. 借助企业系企入志。浙商大批优秀企业都是从小到大逐步成长壮大的，有的甚至是从夫妻店、夫妻作坊起家，《民营经济志》结合记民营企业发展，系企记述人物，关键在于把握好有典型代表性企业的选择。民营志分别选择了一批夫妻创业、兄弟创业、父子创业、“借鸡”创业的成功浙商，系企记人，更生动体现出浙商创业中的打拼精神。

5. 负面人物系事入志。负面资料入志不易把握，如果系人记述难度更大。《民营经济志》从投资风险、金融风险的角度选择相关事件，系事记述能起到一定的警示作用。如陈金利投资“水变油”失败案例，20 世纪 90 年代哈尔滨王洪成“水变油”事件已闹得沸沸扬扬，直到何祚庥、郭正谊等 4 位科技界政协委员联名提交提案，呼吁严查“水变油”事件，1997 年 11 月的时候，王洪成才被判刑。但是陈金利重蹈覆辙，却仍能得到借款，最终欠债 8000 万元，企业被查处查封。还有温州苍南县方培林，起初只是医院一名员工，却能创办“改革开放后国内首家私人钱庄”，没有领取金融许可证却开业 4 年才停业。这样的负面实例值得反思，《民营经济志》收录可以起到警示作用。

志书有丰富的资料才丰满，但还必须注入人物才会有灵气。《民营经济志》以多种形式引人入志，而使志书变得更加精彩。

三、以“点”刻画细节，星星点点，展现特点

志书编纂中对“点”应用的要求，通常是针对某一事物记述的要求，能够通过对“点”记述的把握，比较准确完整地反映出事物的全貌，一般要求能够抓住“四点”：起点、终点、转折点、关键点。而《民营经济志》则提供了志书以“点”记述的经验，刻画细节，选择大大小小的点，精心刻画，突出特点，起到文约事丰、入木三分的效果。

（一）重视刻画原点、起点

志书记一件事物，原点与起点一般是一致的，也相对比较单一。但如果记一个群体则大不相同，不仅两者不重合，而且“点”形态也比较复杂。《民营经济志》在两者的把握上有自己的特色。

1. 把原点刻画为一个过程。浙商作为当代浙江民营经济群体的统称，已属一种文化。这个“商”已不是从事“物物交换”的“商人”，已经进入经济、文化、社会的各行各业。如果以“业”寻源，则出现“多元化”，也把浙商肢解得支离破碎。而《民营经济志》则是抓住“商”的本质特征，刻画浙商起源。

很多人可能以为，把范蠡记为“浙商始祖”似有“拉大旗作虎皮”之嫌，毕竟其人其事被《史记》翔实记载，并受到太史公的推崇，感叹“范蠡三迁皆有荣名，名垂后世”。其实不然，浙商把范蠡尊为商圣、财神，是因为范蠡的“财商”，其对“商”本质特征的领悟与亲身实践颇为成功。

“商”的本质特征是什么？钱（币）能生财！这个简单的道理虽然今天已是家喻户晓，但真正能够做到的还是少数人，大多数人有钱还只是用于“柴米油盐酱醋茶”。然而范蠡在两千多年前已经领悟到“钱能生财”的道理：

“末病才不出”，商不兴无以生财，与今日“无商不富”可谓同出一辙。

“无息币”“财币欲其行如流水”，钱不能不动，要像流水一样运转起来。

这是“钱能生财”的基本原理。

“贵上极则反贱，贱下极则反贵”。这是市场经济规律。

“贵出如粪土，贱取如珠玉”。这是经营之道。

在两千多年前已经能够领悟这些原理与方法，弃官“下海”并获得巨大成功的范蠡被尊为“商圣”理所当然。

《民营经济志》并没有因此把范蠡所处的春秋战国时期直接当作“起源”，因为范蠡“钱能生财”所面对的还只是刚刚强势崛起的农耕生产方式，还依赖于农耕，而不同于今日浙商所处的时代，货币已经“独立”，变成资本，形成以资本为中心的新的生产方式。因此，《民营经济志》用一章的篇幅，细致刻画浙江民营经济如何经过两千多年使货币变资本的缓慢演变过程，使今日浙商的起源清晰地展现出来。这也为方志提供了一部以“两千多年”时间长度为起源的实例。

2. 以多种形式刻画起点。对浙商发展转折点或关键地点，分别以章或节的设置加以区分，不仅脉络顺畅、条理清晰，而且层次分明，特点突出。如第一章与第二章，把起源、发展的起点清晰展现出来。第二章设 5 节，把各个不同发展阶段的起点展现出来，更便于集中记述那个时期发展的特点。

对于浙商发展过程中出现的众多新生事物的起点，民营志则采用多种系事记述的方法，强调起点地位。如：

浙江创办最早的私人资本近代企业是光绪十三年（1887 年）由严信厚等创办的宁波通久源轧花厂。

银行等新式金融企业开始兴办。光绪二十三年（1897 年）在上海成立的中国通商银行，是中国人自办的第一家商办银行，宁波商人叶澄衷、严信厚、朱葆三等为创办人和大股东，上虞人陈笙郊为第一任华人总经理。光绪三十二年（1906 年），浙江第一家金融企业华洋人寿保险公司设立。光绪三十三年（1907 年），浙江最早的银行浙江兴业银行创办。光绪三十四年（1908 年），浙江第一家储蓄银行硖石大通商业储蓄银行创办。

有了以上这样起点的记述，浙商起源就更加具体清晰。其他阶段也是如此，使得各个时期特点更加鲜明。

（二）重视刻画关键点

如何体现各个时期发展的关键点，民营志通过“目”的设置把关键点突出来。如：

股份合作制企业诞生

乡镇企业改制

城镇集体企业改制

“温州模式”的提出

社队企业、乡镇企业承包经营

国有企业承包经营

民营企业参与国有企业改革

“摘红帽”（乡镇企业身份甄别）

《民营经济志》把浙商发展过程中参与的事件以“目”为关键点专门记述，突出其在发展中的重要性。

（三）重视刻画创新点

创新是中华民族的灵魂，也是浙商发展的强大动力。《民营经济志》对“点”采取加强“唯一性”的记述来体现浙商群体的创新能力，也颇具特色。

“唯一性”记述主要采用两种方法：

1. 记述“之最”。记述“之最”，就是记述首次、最早发生的事件。如：

1999 年，温州苍南人王均瑶在上海浦东征地 200 亩，建设均瑶集团总部。2002 年，投资建设上海均瑶国际广场，是上海首座以民营企业命名的甲级商务楼。

2001 年 11 月 9 日、12 月 26 日，吉利 JL6360、HQ6360、MR6370、MR7130 四款车登上国家经贸委发布的中国汽车生产企业产品公告，使吉利集团成为中国首家获得轿车生产资格的民营企业。

2. 记述“名列第一”。记述“名列第一”，就是记述人物活动、发生事件、产品或品牌在同类中名列第一。

人物活动记述的第一，如：

2月22日，自然人郑卫东从杭州市工商局负责人手中接过了3301032300001号《个人独资企业营业执照》，成为浙江省依照《个人独资企业法》注册成立个人独资企业的第一人。

1995年4月14日，候选人何慕与其他两人出现在电视台直播现场，就国际市场营销策略等十个问题进行阐述答辩，然后由专家当场打分，何慕得了最高分，公证人员当场进行公证。50万元年薪的经理、“中国第一打工仔”由此诞生，浙江天翁保健品有限公司当场将聘书交给何慕。

发生事件记述的第一，如：

1990年7月4日，全国第一个依靠民间集资为主的温州机场建成，举行首航仪式。

1993年，省教委制发全国第一个促进和规范民办中小学发展的省级政策性文件——《浙江省民办学校设置的暂行规定》。1994年，浙江成立全国第一个省级民办学校的自律组织——浙江省民办中小学协会。1996年，全国第一个以办学为主营业务的股份制教育公司——书生教育实业有限公司在浙江成立。

2010年初，众泰汽车采取“租赁销售”模式，推广纯电动汽车，成为第一个获得国家纯电动乘用车“公告”、第一个拿下中国纯电动乘用车牌照、国内第一家销售电动汽车的厂商。

上海市浙江商会会长、上海复星科技（集团）有限公司董事长郭广昌是浙江东阳人，至2010年，先后投资复星医药、复地、豫园商城、建龙集团、南钢联、招金矿业等，实现营业收入446亿元，净利润42亿元，累计上缴税收69亿元，稳居中国企业前100强，列中国民企纳税总额第一位。

质量品牌记述的第一，如：

1990年，上虞风机厂作为乡镇企业第一家经中国质量协会验收，批准为国家质量管理奖企业。

在2009年发布的“中国商标发展百强县”榜单中，浙江占33席，位居全国第一。

地理标志证明商标127件，位居全国第一；国际商标注册4.46万件，其中马德里国际注册商标2937件，位居全国第一。

《民营经济志》对“点”“唯一性”的记述比较体现了浙商的创新实力，也以其标志性价值而存入史册。

综上所述，从《民营经济志》采用“点、线、面”相结合的手法，记述浙商历史发展与时代风貌的编纂方法中可以看出，采用这种方法记述事物的发展，线，可以厘清事物发展的历史脉络；面，可以通达四方，全面展示发展全貌；点，能够“入木三分”，深刻显现事物的内在特点。从而能够更好地发挥志书保存历史记忆的功能，体现志书的编纂特色。本文对其特点的概况可能挂一漏万，值得更多读者进一步深入挖掘。

方志具有保存历史记忆与传承中华文明的使命。《民营经济志》将浙江民营经济古往今来与现代浙商的时代辉煌镌刻进历史记忆，也将浙商文化打上新时代鲜明的烙印，经济发展与文化传承相互交融、生生不息。要破解浙商快速崛起、创造历史新辉煌的密码，细研《民营经济志》也许能够领略其中更多的奥秘。

（苏炎灶，原福建省地方志编纂委员会副主任，研究员）

《浙江通志·教育志》与《浙江省教育志》比较研究

钱茂伟　浦一枝

提　要：在《浙江省教育志》基础上，2019年版《浙江通志·教育志》从建制之初至2010年，对整个浙江地区的教育发展历程作了详细记述，填补了浙江教育通志的空白，也为后续教育志书的编纂、出版提供了借鉴。

关键词：教育志　浙江　教育史　编纂　借鉴

教育于一个国家、民族而言是十分重要的，浙江省作为一个教育大省，其教育一直走在全国前列。因此，了解其区域内教育发展的历史是十分有必要的。浙江虽在第一轮修志中没有修《浙江通志》，但曾出版过"浙江省志丛书"，其中就有余起声主编的《浙江省教育志》，下迄1989年。时隔16年，出版《浙江通志·教育志》(以下简称《教育志》)。在前书基础上进行完善，将编写范围更新至2010年。笔者拟通过《教育志》与《浙江省教育志》的比较研究，对两部志书，特别是《教育志》做一些简要评述，并就如何续修问题做一些思考。

一、由《浙江省教育志》而《教育志》

(一)首部《浙江省教育志》

20世纪80年代初，全国各地陆续开始第一轮志书修纂，经浙江省地方志编纂委员会办公室部署，拉开《浙江省教育志》修纂的序幕。1986年,《浙江省教育志》编纂委员会组织编写《浙江省教育志》。内容时段，下迄1989年。其后，进展缓慢，直到2003年6月才定稿。初步资料的来源渠道众多，雍正《浙江通志》、民国《浙江续通志》、民国《重修浙江通志稿》以及部分旧府、州、县志。[①]后续查阅浙江省档案馆，走访相关知情人士询问详情并仔细核对，[②]在经过反复审稿之后终于定稿，并于2004年出版。全志共分17篇，后附有专记(一)、专记(二)以及索引和编纂始末。《浙江省教育志》是浙江历史上第一部教育类志书。

(二)新世纪修志——《教育志》

从2003年开始，全国31个省市自治区大部分都已正式启动第二轮修志工作。《教育志》是浙江省第二轮修志下的产物。《教育志》全称为《浙江通志·七十六卷·教育志》，是《浙江通志》中的第76卷，共分为上、下两卷，两卷共16章，一共1084页。2019年12月，由浙江省人民出版社出版。其记述内容上溯至浙江教育有迹可循之时，下至2010年12月31日。

(三)《教育志》与《浙江省教育志》的相同之处

《浙江省教育志》与《教育志》的编纂单位都是浙江省教育厅，可谓是一脉相承的。虽编写人员后续有所变动，但总体采用了一套编写模式。比对两书的编修人员名单可以发现，多数是同一团队成员，这就是保证了编修队伍的前后连续性，也避免了版权侵犯问题。《教育志》的编写主体人员是浙江省教育科学院研究人员，对浙江教育方面过往信息了解颇多。所不同的是，前志主编是余起声，该志主编是吴永良、杨章宏。志书的编纂需要专业的团队，《教育志》的编纂符合这一点。

就《浙江省教育志》而言，全志按篇、章、节、目4个层次横排纵写，如此编写方式符合志书体的编纂。《教育志》按章、节、目分级书写，仅少了篇这个层次(《浙江通志》不设篇这一层次)，但总体上是遵循志书体的编

① 余起声主编《浙江省教育志》，浙江大学出版社2004年版，第1128页。
② 余起声主编《浙江省教育志》，浙江大学出版社2004年版，第1128页。

写方式的。两志书在所述内容上也大致相同，包含了古代旧学、近现代学制、基础教育、师范教育、职业教育、高等教育、成人教育等方面。

（四）《教育志》与《浙江省教育志》的不同之处

1. 章节内容的区别

《浙江省教育志》注重分教育阶段书写，而《教育志》注重教育门类分类书写。《浙江省教育志》将幼儿教育、小学教育、中学教育、特殊教育、民族教育分别开篇而作，而《教育志》中将幼儿教育、小学教育、中学教育、特殊教育、民族教育都归为基础教育章，并按照时间顺序记述。

志书中的教育制度方面有区别。《浙江省教育志》学校教育制度都放在一章，而《教育志》将古代和近现代教育制度放在一起。

古代官学的分类亦有所不同。一是中央官学：《浙江省教育志》中，将国子监、太学、宗学、武学、画学、医学归为国学一类，而《教育志》将以上各类放入中央官学，作为单独一节，属古代旧学系统；二是地方官学：《浙江省教育志》在第二篇中，将州府县学单独成章，而《教育志》中则统一命名为地方官学。

2. 志书版面的对比

《浙江省教育志》的前言处附有16页图片，有书院、人物、大学、教科书的图片。志书的最后一篇作为人物单独成篇，包括从东汉以来，为浙江教育事业做出杰出贡献的172位教育者，这是《浙江省教育志》的优势之处。《教育志》承袭了插图16页，但删除了最后的人物篇，因为《浙江通志》将各类人物（包括教育人物）均归入第113卷《人物传》。

（五）《教育志》对《浙江省教育志》的革新之处

1. 分类随时间革新

《浙江省教育志》将幼儿教育、小学教育、中学教育、特殊教育、民族教育分别开篇而作，而《教育志》将以上所述五种教育都归为基础教育章，这是在内容上的革新。究其原因，笔者在《教育志》中有所发现。“2004年9月8日，是浙江教育发展历程乃至中国教育发展历程中注定要被载入史册的日子，浙江省成为全国各省区中第一个基本普及从学前三年到高中段15年基础教育的省份。”[①]在此种背景下，幼儿教育、小学教育、中学教育、特殊教育、民族教育均被包含于基础教育中，自然是可作为基础教育进行分类。《浙江省教育志》于2003年6月定稿，较早于浙江省基本实现15年制义务教育，如此，将以上五类教育单独成篇是比较恰当的。以上说明《教育志》的修纂符合时代的发展，恰当地把握了教育的发展状况。

2. 表格标注更规范

《浙江省教育志》也有一些注释，但在《教育志》中，每个表格下都会添加注释，这是《浙江省教育志》中未曾体现的。

在《浙江省教育志》第三章《社学》篇中，将清初浙江省举办社学概况制表列出，但只是笼统说数据，也没有说数据来源于哪里。反观《教育志》不仅列表，并且写明时间是康熙六十一年（1722年），说明资料数据来源于清雍正《浙江通志》卷二十五卷至二十九卷《学校》。[②]注释的标注更仔细，体现了志书修纂的科学性，这也是对《浙江省教育志》的革新。

《教育志》中，对《浙江省教育志》中的浙江古代地方官学设置概况[③]进行了制表处理。虽表达相同的内容，但是更为条理清晰。在表格末尾处，注明资料来源于雍正《浙江通志》二十五卷至二十九卷，这样就能更直观地反映当时的县学概况。资料的来源应当注明，这也是对材料出处的一种尊重。

3. 内容的更新

《浙江省教育志》完稿于2003年6月，《教育志》编纂工作启动于2011年9月，虽有很多相同内容，但在前书的基础上，对内容进行了更新，主要体现在21世纪的浙江教育中。《教育志》完善了小学体育的内容，对2008

① 《浙江通志·教育志》，浙江人民出版社2019年版，第501页。
② 《浙江通志·教育志》，浙江人民出版社2019年版，第53—54页。
③ 《浙江通志·教育志》，浙江人民出版社2019年版，第43—47页。

年至2010年浙江省体育特色学校名录[①]列表，并标明了各学校的特色类别。再如行政管理方面，《教育志》在前书的基础上将各阶段教育的行政更新至21世纪。

4. 称谓的更新

《浙江省教育志》中的“幼儿教育”一词，被《教育志》的“学前教育”一词所取代。“幼儿教育”是指对3～6岁年龄阶段的幼儿所实施的教育，“学前教育”是指对0～6岁年龄阶段的幼儿所实施的教育。“学前教育”一词所包含的年龄阶段更广泛。随着时间的推移，全国各地出现了各种早教机构，幼儿教育不再仅限于3～6岁的幼儿，再使用“幼儿教育”已不合时宜。

二、《教育志》的优点

《浙江省志·教育志》以概述开头，对浙江省的教育进行整体记述。概述部分是对浙江教育史的凝练概括，是全志的总纲。

《教育志》是一部浙江教育志，可以说是《浙江省教育志》版本的升级，续补了1990—2010年20年的浙江教育发展信息。两卷共分16章，分别为《古代旧学系统》《近代学制系统》《教育行政管理》《师资队伍》《教育经费》《教育设施》《基础教育（上）》《基础教育（中）》《基础教育（下）》《师范教育》《职业教育》《高等教育（上）》《高等教育（下）》《成人教育》《教育研究》《交流与合作》。卷的设置以学科分类与现实分工（现行管理体制）相结合。以时间为轴，纵向分布，将每一个部分以时间顺序罗列出来。凡具有特别重要地位、文化积淀深厚且体量较大者，设为专志，各置为卷。[②]凡时代特征、地方特色显著，又难以在正文中展开记述者，设为专记。[③]在注释上，直接引用（引文）、地图、图片、表格及有关重要内容，均注明资料来源。[④]

---

①《浙江通志·教育志》，浙江人民出版社2019年版，第418页。
②《浙江通志·教育志》，浙江人民出版社2019年版，“凡例”第1页。
③《浙江通志·教育志》，浙江人民出版社2019年版，“凡例”第1页。
④《浙江通志·教育志》，浙江人民出版社2019年版，“凡例”第3页。

该志的优势，至少有以下三个方面：

1. 编纂材料丰富

《教育志》的编纂对真实性的要求颇高，其材料收集的过程较为复杂，不仅仅是把原有的资料进行汇总，还需要进行考订，辨别真伪。笔者通过阅读志书，知道原有版本的《浙江通志》是本次新修志书的重要材料来源，其次是浙江省教育厅所编写的文献及统计资料，省市县各级档案馆也为新修志书提供了重要信息。取自于档案、书籍、报刊、网络及社会调查的资料，均经考订、核实。凡记载不一者，正文采其一说，其余说法以注释形式记述。①

2. 表格的大量使用

志、书、图、表是编写地方志固有的体裁，在《教育志》中，大量地使用表格，使志书的体例更加完善，也增加了直观效果，体现了其志书编纂的科学性。据笔者对全书的统计，正文部分表格共有290张，另有11图。在今后志书编纂中，此方法可推广应用。如《宋代至清代浙江籍状元名录》②，将宋代至清代的浙江籍状元一一列出，并将年份、籍贯列出，此方法相较于整段文字表述，更能引起读者注意。再如第一章第三节中的《地方官学》③，将浙江古代各府所设的县学一一列出，后附所涉时间及所设地址，如此，便可对县学情况了解了大概。清末浙江省书院改为学堂④的情况也以表格方式呈现，将书院名称、改称学堂名称、改设年份均单独列出，如此便可知道学堂的前身是何许书院。志书中将清末以来各个学制做详细介绍并将系统图单独列出，避免了文字表述不清引起的困惑，以文字对应图片的方式呈现，是当下志书编纂中常用的方法，也是符合读者阅读心理的方式。再如记述1990—2010年浙江省基础教育事业发展概况，⑤将幼儿园、小学、

① 《浙江通志·教育志》，浙江人民出版社2019年版，“凡例”第4页。
② 《浙江通志·教育志》，浙江人民出版社2019年版，第32—35页。
③ 《浙江通志·教育志》，浙江人民出版社2019年版，第43—47页。
④ 《浙江通志·教育志》，浙江人民出版社2019年版，第60—67页。
⑤ 《浙江通志·教育志》，浙江人民出版社2019年版，第367—368页。

初中、高中的学校数及在校人数列表，如此便可知道浙江省基础教育的情况。

3. 资料储备详略得当

《教育志》中除了大量使用表格外，对浙江省学校名录进行整理，并刻以光盘保存其信息，在很多志书的修纂中从未使用此方法。采用新科学技术辅助志书的修纂，是对志书修纂方式的革新，也可以避免志书在多年后材料的缺失，以此作为志书记录真伪的考订也十分有益。

三、《教育志》存在的不足

《浙江通志·教育志·后记》过于简单，远不及《浙江省教育志·编纂始末》详赡。其结果，是让研究者无法详细了解后书与前书的异同之处，也就无法判断后来的重修在哪些方面有突破。由前述可知，《浙江省教育志》的编纂十分曲折，前后经历了10多年，而《教育志》明显顺利多了，前后花费了7年左右。且1990—2010年，正是浙江教育大发展时期，档案记录情况明显提高，理应编修更为理想，更能充分反映近20年的发展情况。不过，从各章节的检查来看，仍存在不少的小问题。

(一)数据更新不一致

《教育志》下讫2010年，但文中有多处数据统计时间未及2010年。如“至2005年底，全省中等职业学校教师学历合格率达到81.82%……与原定要求尚有相当距离。”[①]此间用的是2005年数据。再如“要求到2007年，全省中等职业学校具有高级工及以上职业资格证书的专业课教师总量达到5000名”[②]。这是一个计划数。“至20世纪90年代末，全省教职工住房条件大有改善。”[③]这是1989年的数据，严重滞后。“至2004年，全省已有示范小学

---

①《浙江通志·教育志》，浙江人民出版社2019年版，第203页。

②《浙江通志·教育志》，浙江人民出版社2019年版，第205页。

③《浙江通志·教育志》，浙江人民出版社2019年版，第216页。

303所，示范初中有254所。"[①]这也是老的统计数据。再如"要求到2007年，全省70%以上专业课教师应取得中级工及以上职业资格证书，到2010年，争取达到80%以上。"[②]"争取达到"是计划，不是实际数据。再如"要求到2007年，全省中等职业学校具有高级工及以上职业资格证书的专业课教师总量达到5000名。"[③]也是计划数。类似于上文所指的问题，不在少数，不再一一举例。

（二）志书编纂人员的单一

一部志书的成功与否，离不开其编写人员的水平。修志人员的整体素质如何，是事关编修方志工作质量和效率的关键，培养和选拔一支结构合理、素质较高的方志编修队伍尤为紧迫和必要。[④]《教育志》的编写人员来自浙江省地方志编纂委员会，属于官方部门，人员构成比较单一。

四、《教育志》编修的意义

（一）浙江教育事业的存史意义

进入21世纪，中国进入了高速发展时代，经济繁荣，文化也随之繁荣。《教育志》的编写是浙江教育繁荣的具体表现，也具有十分重要的存史意义。教育史在过去不是志书编纂的中心，甚至在近代学制改革之前，是读书人的专属。早在明嘉靖时期，就存有《浙江通志》，教育只是通志的一部分，提到几笔便草草了事。浙江最早以"教育"二字为名的刊物——《浙江教育杂志》创办于1902年，已是清末时期。而《浙江省教育志》，则出版于2004年。《教育志》是对前代教育史志书籍的完善，对浙江教育的存史是一个突破。

---

①《浙江通志·教育志》，浙江人民出版社2019年版，第361页。
②《浙江通志·教育志》，浙江人民出版社2019年版，第204页。
③《浙江通志·教育志》，浙江人民出版社2019年版，第205页。
④ 盖爱玲：《新形势下如何提高修志人员的整体素质》，《史志学刊》，2001年第1期，第38页。

（二）浙江教育事业的教育意义

《教育志》作为地方教育史志的典型代表之一，具有极高的教育价值。《教育志》的编写弥补了中国教育史的某些不足，就拿学制来说，清末时期“癸卯学制”于1904年由清政府颁布，虽是中国近代第一个在全国范围内推行的系统学制，但各省份具体的实施情况却不同。从《教育志》中反映的情况来看，浙江教育稳定发展，为国家输送了重要的人才。最重要的一点是，《教育志》囊括了浙江教育各个时期的发展情况，因此，《教育志》编写有助于后人分析前人的教育制度，并帮助后人反思前人教育所存在的问题，找到相应的解决方法，促进教育的后续发展。

（三）浙江教育志的大众意义

教育是人的教育，教育史是人的教育发展史，教育志的编写主体是人。自1986年7月1日开始，我国实施义务教育。从此，每个人都能受教育是基本权益，这是我国教育发展史上一次巨大的变革。近年来，公众的概念逐渐走入大众视野。公众史学提供了全新的历史视野与定位系统历史，突出人在历史中的意义，肯定了人的历史价值。[①]历史是由人民书写的，人民的教育史也是由人民写的。教育与人息息相关，一部志书的编纂离不开人的参与，在《教育志》的编写过程中，涉及了众多编写人员。从公众视野出发，《教育志》可进一步编出浙江教育史的通俗读本，向大众推广《教育志》的成果。公众作为志书的阅读者，可通过阅读志书发现志书存在的不足，并进行反馈；若大家都认为好的部分，在新一轮修志工作中也可保持。这时，大众不仅是志书的阅读者，也可间接作为生产者。

五、对今后教育志编纂的建议

由于志书的编纂工程量浩大，材料的搜集过程也十分不易，难免会出现

---

① 钱茂伟:《公众史学为什么值得研究》,《社会科学报》2020年1月2日第5版。

一些小问题。因此，笔者就今后教育志编纂提出一些浅见。

（一）及时更新数据

《教育志》的编纂借鉴了《浙江省教育志》，两书的很多内容有重合，甚至连数据来源也相同，这说明借鉴的《浙江省教育志》只更新至2002年，再往后便没做统计，当然也是因为统计数据信息量大，未及时统计。保健忠曾指出志书数据要做到“三明确”，即明确数据的含义、明确志书数据的种类、明确志书数据的地位。[①]志书中多处数据更新不及时，甚至有的数据停滞于志书编纂截至日期的10余年前。对于志书而言，20年便可重修，数据停滞10余年是不科学的行为。因此，数据一定要更新及时，若不能及时更新，则需要用括号在文后标注。这是今后教育志编纂需要特别注意的。

（二）加强用词的严谨性

刘伯伦曾提出：“地方志作为翔实的地情资料书，唯严谨方能见佳。一部严谨的志书应有严谨的内容、严谨的体例和严谨的文风。”“严谨的内容，是一部严谨志书的工程之基础。”[②]志书中多次出现模棱两可的词语，易对读者造成干扰，曲解其义。因此，志书中“基本结束”“争取达到”“大多数学校”等词，应当换成具有确定性表达的词语。

（三）添加教育人物简表

据了解，出于《浙江通志》的整体安排，教育人物放在第113卷《人物传》。不过此法会有遗憾，少量有名的教育人物会上人物传，多数名气稍小的教育人物会被排除掉。建议可以做一个教育人物简表，收录未入传的教育人物基本信息，从而有效地解决读者面对人物而不知其何许人也的困惑，甚至可以加大教育人物的收录。进入20世纪以来，历史书写的话语权逐渐由精英阶层下移至平民阶层。[①]全国第二轮修志坚持“以人为本”的理念，缺少

---

① 保健忠：《对志书数据记述的一点思考》，《中国地方志》1994年第5期。
② 刘伯伦：《严谨——提高志书质量的关键》，《中国地方志》1998年第3期。

人物，便不足以体现出“以人为本”的修志理念。笔者强调史学要服务大众，“历史书写对象要由精英而大众”。[②]这说明人们对书写自我历史意识的苏醒。

（四）提升教育志的普及化程度

教育志若要进行大范围的传播，必定要借助网络手段，如此，才能在最大限度上为人所知。如今是数字化时代,《教育志》的出版应当借助新兴技术，如建立电子书籍库，做到公开化出版，或者在浙江省方志编纂委员会官方网站对志书进行推送，扩大宣传的范围。

此外，志书的呈现方式不能过于单一，不符合大众的视觉需要。当代志书的编纂已不再仅限于文字的书写，还可采用图像等方式呈现，这样可以避免志书过于拘谨、呆板。

（五）优化编写人员机制

盖爱玲指出：“方志的编纂需引入竞争机制，建立一支结构合理而富有活力的人才队伍。”[③]此提议提于2001年，至今已过去20多年。教育志编纂人员需要优化，未来教育志编纂中，可以增加教科院以外的大学教育人员，平时可对编写人员进行各类培训，以提升编写人员的素质与能力。

结　语

《教育志》是一部浙江教育史记录，其所涵盖的内容十分翔实，上溯事物发端之时，下迄2010年12月31日，将不同类别的教育方式单独成篇，述其历史，汇成中国教育史不可或缺的一部分。其编纂内容是对2004年出版的《浙江省教育志》的更新与完善。《教育志》修志理念与时俱进，符合新时代的思想，这对浙江人民而言，是一笔巨大的精神财富。就全国教育来

---

① 李论、巴兆祥:《公众史学视野下的区域方志探索——读汪毅〈方志四川〉有感》,《中国地方志》2017年第1期。

② 钱茂伟:《由精英而大众：历史话语权的扩大》,《学术研究》2016年第4期。

③ 盖爱玲:《新形势下如何提高修志人员的整体素质》,《史志学刊》2001年第1期。

说，这亦是一部值得深究的志书。走在全国教育前列的浙江，为全国教育事业提供了志书编纂的典范。《教育志》把浙江人民在教育事业中所创造的辉煌业绩和奋斗精神记载下来，既是激发当代浙江人励精图治、团结奋斗，更是对浙江教育的宣传，让全国人民了解浙江教育，认识到教育对浙江的意义。对于存在的不足，在日后的教育志书编纂中，要注重史与志的结合，取长补短，争取拓宽志书的编写形式，让志书成为普通大众的通俗性读本，依托志书的宣传，促进浙江教育事业的发展。

（钱茂伟，宁波大学人文与传媒学院教授；浦一枝，女，宁波大学人文与传媒学院硕士研究生。）

合抱之木生于毫末　九层之台起于累土

——评《浙江通志·哲学社会科学志》

刘益龄

提　要:《浙江通志·哲学社会科学志》是全面记录浙江省哲学社会科学发展历程和辉煌成就的集大成之作;是一部构思严谨、结构合理、层次分明,体例上科学性与可操作性相得益彰的精品佳志;是一部长于记述、资料翔实、文字流畅的上乘之作,对于编纂同类志书具有引领示范作用。

关键词:浙江通志　哲学社会科学志　引领　示范

哲学社会科学是人们认识世界、改造世界的重要工具,是推动历史发展和社会进步的重要力量。其发展水平反映了一个民族的思维能力、精神品格、文明素质,体现了一个国家的综合国力和国际竞争力。编修哲学社会科学志是对一省一域哲学社会科学总体情况的一次全方位检阅。《浙江通志·哲学社会科学志》(以下简称《哲学社会科学志》)自 2012 年 3 月启动编纂,2017 年 5 月通过终审,2018 年 9 月由浙江人民出版社出版,前后历时 6 年多。志书全面梳理和反映了浙江省古代人文科学和近现代哲学社会科学的恢宏历程、灿烂成就,是一部体例精当、内容全面、资料丰富、文字流畅的好志书。

一、这是一部全面记录浙江省哲学社会科学发展历程和辉煌成就的集大成之作

其一,《哲学社会科学志》再现了浙江省人文学术发轫于先秦，发达于汉唐，鼎盛于宋明及清前中期，转型于晚清民国时期，发展创新于中华人民共和国，尤其是20世纪70年代末至21世纪前10年的历史发展轨迹，具有学术思想发展史的重要作用。

其二,《哲学社会科学志》展示了浙江省名家辈出的灿烂历史景象。先秦时期学术代表人物有范蠡、计倪、文种；东汉有著名思想家王充；魏晋南北朝有史学大家谢承、谢沈、沈约、吴均等；宋代有“湖学”创始人胡瑗、东发学派黄震、永康学派陈亮、心学家张九成、吕祖谦；明代有阳明心学的创始人王阳明、开创蕺山学派的刘宗周、著旷世史作《国榷》的谈迁；清代有由黄宗羲开山，经万斯同、邵廷采传承，全祖望、邵晋涵发扬光大，章学诚集大成的史学流派。晚清至民国章太炎、王国维、蔡元培的新哲学，沈家本、潘念之的新法学，宋恕、劳乃宣、章太炎的新语言文字学，孙诒让、罗振玉、王国维、马衡、夏鼐的新考古学等，都曾产生划时代影响。中华人民共和国成立后，范文澜的史学、谭其骧的历史地理学、唐兰的古文字学、夏承焘的词学研究、姜亮夫的楚辞学等蜚声学界，从古至今学术名流灿若繁星。

其三,《哲学社会科学志》反映了浙江省文化厚积、学派林立的学术盛况。学术源泉深远、学术资源丰厚才能为学派的生长发展提供滋养。历史上浙江有南宋薛季宣、陈傅良、叶适为代表的永嘉学派，以陈亮为代表的永康学派，以吕祖谦、范浚、唐仲友、陈亮为代表的金华学派，以杨简、袁燮、舒璘、沈焕为代表的四明学派，黄震为代表的东发学派，何基、王柏、金履祥为代表的北山学派；明代以王阳明为代表的姚江学派(又名阳明学派)；清代刘宗周创立的蕺山学派，以黄宗羲、万斯同、全祖望、章学诚为代表的浙东学派等，在中国学术思想史上具有不可或缺的重要地位。

其四，《哲学社会科学志》彰显出浙江省学术界成果丰硕、影响重大的独特优势。王充的《论衡》是古代哲学思想名著，陈振孙《直斋书录题解》是目录学的重要代表，马端临《文献通考》是著名的“三通”之一，黄宗羲《明夷待访录》《明儒学案》是史学名作，章学诚《文史通义》是清代史学理论集大成之作，李渔《闲情偶寄》之《词曲部》《演习部》系古代曲戏理论重要著述，王国维《人间词话》则是以西方哲学、美学研究古代文学的代表性作品，邵飘萍《新闻学总论》《实际应用新闻学》是中国新闻学开山之作，蒋梦麟《中国教育之原理研究》、庄泽宣《教育概论》是最早以新观念对中国教育学进行梳理的著作，徐联仓《关于“领导”的科学研究》开创领导行为学研究之先河，吴经熊《法律哲学》在中国近现代法学理论研究方面具有重要影响，应成一《社会学原理》是中国社会学较早较系统的著作，薛暮桥的《中国社会主义经济问题》在国内影响颇巨，可以说具有重大影响的学术研究成果不胜枚举。

二、这是一部构思严谨、结构合理、层次分明，体例上科学性与可操作性相得益彰的精品佳志

其一，在设篇立目上既关照全面性、系统性，又突出了学科优势和地方特色。

全志除《凡例》《编纂说明》《概述》《大事年表》《编后记》外，共设《传统学术与文化研究》《马克思主义研究》《哲学研究》《经济学研究》《政治学研究》《法学研究》《社会学研究》《历史学研究》《文学与语言学研究》《艺术学研究》《教育学研究》《管理学研究》《心理学研究》《军事学与体育学研究》《图书馆学情报学与文献学研究》《历史地理学与民族学研究》《敦煌学研究》《学术机构与学术活动》等20章，充分体现了浙江省哲学社会科学体系的全面性、系统性，又突出了考古学、历史地理学与民族学、敦煌学等优势学科，也在第二个层次（节）上将具有地方特色的经学上的温州模式、义乌模式、浙江模式及其他市县模式，历史学上的浙江地方史、越文化史，考古学上的先秦越地考古，民族学上的畲族研究、百越民族研究等展示给读

者。

其二，取舍实事求是，分合因事制宜，减少了交叉重复，增强了全志的整体性和学术性。

在考虑设置总体框架时，没有机械地将所有学科单独列章，而是根据实际情况进行恰如其分的拆减合并。对教育学、文学、艺术学作浓缩列章，对图书馆学与档案学、军事学与体育学合并成章。鉴于地理学、管理学、心理学与自然科学有很多交叉，取地理学历史地理部分与民族学合为一章，心理学缩减临床心理学成章，管理学取与社会科学紧密部分压缩成章，新闻学、出版学与传播学性质相近，合并成章。既遵循了教育部学科分类的基本原则，又结合浙江省实际作了适当调整，使得志书结构紧凑、归属有序，增强了整体性和学术性。

其三，层次分明，逻辑清晰，特点突出，既体现了学科分类基本要求，又便于实际操作。

如第四章《经济学研究》，经济学原理研究是所有经济学的基础，列为首节顺理成章。所有制变革与民营经济研究、经济体制与市场体系研究体现了浙江省在民营经济和市场体系方面的实践与探索，列为第二、三节，意在突出时代特色。区域经济与浙商模式研究涵盖了长三角区域经济、温州模式、义乌模式、浙江模式及其他市县模式等内容，可称得上是地方特色的集中展示。第五节部门经济学研究按照经济学应有的逻辑，向读者呈现了15个门类的研究状况。国际经济学、经济史与经济思想研究则是浙江较具优势的学科，分别列节合情合理。

三、这是一部长于记述、资料翔实、文字流畅的上乘之作

其一，颇具匠心地采用“统分结合”的学术叙述方式，十分恰当地解决了总况与细节的矛盾关系。

一些志书记述上不够成功，或失之于过于笼统、内容空泛、大而无当，或失之于过于烦琐、支离破碎、不见全貌。《哲学社会科学志》在每章之下

设“概述”，按历史脉络全面总结回顾该学科发展状况，每节之下设“小概述”，简明扼要、画龙点睛提示分支学科的总体情况，这种“统”的方式非常有效地避免了“只见树木、不见森林”的弊端。目与子目之下则详细具体记述每个分支学科的研究重点、代表人物、主要成果及学术价值，这种“分”的叙述方法与“概述”“小概述”相照应，宏观与微观结合，全貌与细节兼顾，达到了主线明晰、要点突出、内容全面、记述系统的目的。

其二，在入志内容上突出4个要点，做到了标准明确，筛选严格。

第一个要点是“抓第一”，即首次发表、最先提出观点主张的论文论著。如1986年2月，浙江省委宣传部理论处主编的《中国社会主义建设基本问题》（浙江人民出版社1986年版），是浙江省最早提出在邓小平理论指导下系统研究建设有中国特色社会主义理论的专著。第二个要点是“创一流”，即抓住具有一流学术地位的研究成果。如范文澜主编的《中国通史》，是第一部以马克思主义为指导的中国通史，也是近百年最完整、最系统的中国通史。第三个要点是“填空白”，即重视学术命题和论题具有前瞻性，并填补学术空白的研究成果。如心理学家徐联仓《信息多余性对掌握信号结构过程的影响》《水平排列信号组合特点对信息传递效率的影响》等一系列论著，对于中国工程心理学和人类工效学具有开拓作用。第四个要点是“有成效”，即重视在实践应用中成效重大的研究成果。如东方管理学创始人胡祖光的专著《管理金论——东方管理学》创立的HU理论（联合确定基数法）在国内企业界具有较大影响，《人民日报》、《光明日报》、《中国经济时报》、《中国改革报》、人民网、新华网等著名媒体均有报道，全国许多企业在学习HU理论中都取得明显成效。

其三，在内容论述上紧扣重点，精心归纳，简练概况，做到了要言不烦，事出有据，记事周详。

一是在具体研究项目或学术课题记述中，通常抓住研究人员、成果名称、发表（出版）时间和载体、主要学术观点等重点，简明扼要地叙述，对一些有重大影响的成果则略述其学术价值和贡献。二是归纳概括简洁流畅、不拖泥带水。如第十八章《历史地理学与民族学研究之吴越研究》中，滕复等编著的《浙江文化史》（浙江人民出版社 1992 年版）对先秦时期于越民族的形成及社会结构、于越民族的思想文化及文学和艺术、于越民族的习俗风气等作以考证性论述，涉域甚宽。仅用短短 70 余字就提炼出一部著作的学术研究概貌。三是对重要研究成果的学术评价、学术影响，没有妄下断语，而是找出可信依据，并以页下注形式注明出处，如第十五章《图书馆学、情报学与文献学研究》之第二节藏书研究，记述周密一家三代藏书并建有书种堂、志雅堂，“时人称其藏书为全国之冠”。对这样关键性评语，即注明引自沈冬梅、范立舟《浙江通史》（宋代卷），且标明出版社、出版年份、资料所在页码。

《老子》云：“合抱之木生于毫末，九层之台起于累土”。《哲学社会科学志》之所以成功就在于，基础结构设计科学合理，基础资料搜集全面系统，基本内容论述方法得当。诚愿所有新方志编修都能效是志之长，着眼于基础，着眼于细节，着手于扎实严谨的基本修志规范。唯其如此，志书才能具有生命力，也才能传之久远。

［刘益龄，中共山西省委党史研究院（山西省地方志研究院）一级巡视员，主要研究方向为方志学、地方志史，著有《山西地方志史》，并在《中国地方志》等学术期刊发表论文 20 余篇。］

方志编纂原则的坚守与活用

——读《浙江通志·医疗卫生志》

温益群

提　要：反映不同区域和不同事物的特点，是地方志书编纂之要义；不同区域和不同事物的特点千差万别，所以对地方志编纂原则就不能机械地僵硬地固守，而应该灵活地创造性地运用。本文评述了《浙江通志·医疗卫生志》编纂中，为了使通志体现时代变迁而采用的纵排纵写，将学科内涵与社会现实有机结合而进行的合理分类，发挥传统纪传体独特魅力而继承的依人叙事，为突出浙江医疗卫生特点而灵活运用的各种编纂技巧。

关键词：浙江通志　医疗卫生志　原则　方法　灵活运用

新编地方志工作从20世纪80年代开展以来，至今已经走过了40余年的历程，地方志的基本编纂原则和方法被方志研究者和编纂者们提炼总结成了一系列的“四字诀”，大家对此耳熟能详，凡修志者，几乎人人张口能吟。但是，要将这些原则和方法正确得当地运用到一部具体的志书中，却不是一件容易的事，它需要编纂者能领会和掌握这些原则的精髓，能熟悉和厘清所记对象的宏观大势和局部构成，然后将编纂原则与所记内容有机结合，正确运用。特别难得的是，它要在该坚守之处坚守，使所编之书真正称得上是一本“志书”；在该活用之处活用，使复杂多样、千形万状的记载内容在志书中记有所依、载合情理。《浙江通志·医疗卫生志》（以下简称《医疗卫生志》)，就是一本在方志编纂原则的坚守与活用方面做得较为成功的志书。

作为《浙江通志》中的一卷分志，《医疗卫生志》坚持地方志传统的编纂原则，志首设彩照，继而概述，志末设大事年表，正文共设11章46节，图表随文穿插，全志100万字。总体而言，整部志书观点正确，结构严谨，分类合理，门类齐备，资料翔实，信息饱满，文风端正，具有鲜明的地方特色、专业特色和时代特色，比较全面地反映了浙江省从古到今医疗卫生事业的历史和现状。该志优点诸多，在此仅择其在方志编纂原则的坚守与活用方面的若干做法，简述笔者阅读学习后的心得体会。

一、纵排纵写：体现时代变迁的通志篇目设计

《浙江通志》的凡例规定了该志的起讫时间："上溯事物发端，下限为2010年12月31日，必要时以注释等形式作适当下延。"由此可知，作为其中一卷的《医疗卫生志》，是一部贯通古今的分志。历史上的志书，几乎都是通志。首轮各省(自治区、直辖市)、市、县所编的社会主义新方志，大多也是通志，从事物发端写到当代下限；而二轮编修的志书，则大多是赓续前志下限(或从某一个历史发展时期开始)，止于搁笔前某一年限的断代志。断代志的断限一般以前志的下限为上限，以续修之时为下限，虽然也强调承接历史，关联发展，但"六十年一大修，三十年一小修"的志书编纂规律，使得断代志所记事物的变化之于通志而言相对较小。因而通志和断代志在篇目设计上是有很多不同之处的。除了记载时限的长短不同，更因为所记述的这一项事物在较长历史发展长河中，各个时期各有其时代特点、各有其发展脉络，乃至各有其门类构成。所以，对于一部通志来说，其篇目设计时，那句朗朗上口的"横排纵写"原则，就成了一个含义深奥、变化多端的系统工程。通志的最大特点就是贯通古今，记载时限跨越数百千年，所记的事物，无论是在事物门类的多少，还是在具体事物的详略上，都与断代志多有不同，用什么样的框架和篇目来收纳这些内容，是很考量编者水平的。通志在篇目设计和内容安排上，要有不同于断代志的考虑。而怎样把横排纵写的原则

同所记门类事项的实际情况很好地结合，是编纂工作的最大难点之一。

《医疗卫生志》给我们的一个启示是：通志的篇目，不一定每个层级都要“横排纵写”，也没有必要“一横到底”。“横排纵写”是志体区别于史体的重要特征，但是，“横排纵写”并非一横到底，首轮修志和二轮修志中曾见过有的志书，片面理解了“横排纵写”的编纂原则，对所记事物层层横分，结果一个完整的事物或一个特定的时期被肢解得七零八落。

一部通志，必须要体现出不同历史时期的发展脉络和时代特点，为此，以历史发展时期来纵向划分排列节和目，堪称是一种较为客观合理的篇目设置方式。《医疗卫生志》总体上是根据横排纵写的原则进行篇目设置的，10个章乃至章下节的设置，都是按照横排纵写的原则来处理的。但是到了篇目的次级层级上，在一些需要表现不同历史时期的“节”之下，没有拘泥成规，而是按照自己的情况来进行灵活的处理，采取了“纵排”的方式，进行分类排列。例如：在“卫生行政组织”之下，按“古代卫生行政组织”“近代卫生行政组织”“现代卫生行政组织”进行分类排列，把不同历史时期的卫生行政管理情况交代得清清楚楚。在“医学教育和机构”之下，按照“古代医学教育和机构”“近代医学教育和机构”“现代医学教育和机构”进行分类排列，然后依时记载各个历史时期的具体情况，让读者看出不同时期医疗教育和机构的演进和发展。在“医学科研和机构”“国际医学交流合作”等之下，均按照古代、近代、现代的时期进行纵向分类和排列。在第十一章《政策法规》，更是考虑到不同历史时期政策法规的内涵、外延以及形式有着根本的不同，而直接以“古代卫生政策法规”“近代卫生政策法规”“现代卫生政策法规”来纵排纵写。这种根据通志记载时限绵延上千年的实际，对一些需要反映不同历史时期史实的事项，在篇目上以纵向的历史时期来分类排列的设计，用“纵排纵写”的方式，使得各个历史时期的独特的事项得以与它产生和存在的时间坐标紧密相连，便于读者查阅具体史实，理解这些史实和所处历史时期的相互关联，明白事物在各个时期的时代特点。

就志书的本质属性而言，它是一种资料性文献。因此，只要志书将该记载的内容记载了，该有的资料翔实了，其篇目设置和撰写方法总体符合志书的基本原则，读者可以便捷地查阅到相关的资料，那么这部志书的作用也基本就达到了。为了达到这个目的，必要时横排纵写的原则可以活用，让形式来服从内容；不一定一横到底，而可以采取纵横交错的篇目结构。例如：在该志的第二章《卫生机构》之下设了3个节，其中第一节《公共卫生机构》，节下按公共卫生的门类来横向分目：一、疾病预防控制机构；二、专病防治机构；三、采供血机构；四、妇女儿童保健机构；五、卫生监督机构。在各个目中，或按事类横分子目，或按时期纵分子目。而在同一个章中的第二节《中医(中西医结合)机构》和第三节《西医机构》中，并没有与同一章的第一节采取相同的划分标准，而是宜横则横，宜纵则纵。整个记述纵中有横，横中有纵，纵横交错地反映通志断限内各类公共卫生机构的历史和现状。这样的划分，似乎已经突破了横排纵写衍生出来的“同一个层级的同一类事项应该用同一种概念和标准来划分”的原则，但是现实中这些事项的存在和发展，确实是纵中有横、横中有纵的，所以读者在查询资料和阅读内容的时候，逻辑和思路不但没有混乱之感，反而能将志书所记内容与现实社会复杂交错的状况交相叠印，互解互释。

二、合理分类：学科内涵与社会现实的有机结合

合理划分入志事项的门类，是地方志篇目设置的又一重要原则。但以什么标准来进行门类划分，并没有一个统一的、一刀切的规定，而是由编纂者因事因物而确定。志书谋篇布局之难，难在分类；分类之难，难在一类事物不只有一个标准，而是有多个标准。志书是对自然、社会和所记事物的客观记载。社会的万事万物，或在名称概念上，有其特定的内涵与外延；或在学科属性上，有学科标准的领域范围和种属层级关系；或在社会存在上，事业/行业有着不同时代和国家/地区的划分和构成，等等。而以上这些分类和构成，又有着相互依循和相互关联的关系。

志书的框架设计和撰写行文的过程，事实上就是对一个地区、一个行业

（事业）的各种事物进行合理分类并客观呈现的过程。分类是否合理，直接影响着资料的组织、史实的呈现和成书的质量。“医疗卫生”的学科分类，学术界已有共识；行业分类，国家相关职能部门也制定完善了相应的门类和标准。二者均是“医疗卫生志”进行门类划分时的重要依据。但是在实际中，二者并不完全一致和契合，志书必须根据所记事物的实际情况，在两者之间做出取舍和平衡。对此，《医疗卫生志》所采取的是根据所记事物时代特点和地方特色，根据科学分类和社会分工实际进行志书的门类划分，而没有执其一端，固守一隅。这一做法，既体现在志书章和节这样高层级的分类上，又体现在目和子目这样低层级的分类上。

例如，在章的设置上，首先将断限内浙江省的医疗卫生分为《卫生行政》《卫生机构》《疾病防治》《卫生监督》《爱国卫生》《妇幼卫生》《中医》《西医》《教育科研》《交流合作》《政策法规》11个章，以此领属浙江医疗卫生的历史与现状的方方面面。可以说，这11个门类，是将医疗卫生的学科分类、行业分类和浙江实际融合而成的。这样的划分，避免了有的志书更多强调学科分类而不顾社会实际的弊端。我们强调志书（特别是专业性较强的志书）所记内容的分类，要依循学科分类的原则，但在具体编纂过程当中，有时候很难按照学科内涵来划分门类和设置篇目，如果在篇目上硬性按照学科分类，很可能就会顾此失彼，看不出该事项在特定时空的实际情况。

作为省级通志中的一部，《医疗卫生志》之所以不能完全以学科的划分来设置章节，是因为学科划分的对象和概念主要基于现代学科而出现，而通志所记诸多事项上溯及数千年，如果完全用现代学科的概念来分类，是无法处理很多内容和资料的。浙江医疗卫生志的篇目设置在坚守原则的前提下，做了不少灵活处理。例如《中医》和《西医》两个大章的设置，就不是按照一个单一的模式来考虑的。在第七章《中医》这一章，设了中医基础、本草、中医流派、中医临床、畲族医药、中西医结合6个节，记述的重点主要放在对中医历史演变和发展传承上，时间上溯较远，历史戏份很足。但是在第八章《西医》这一章，设了西医基础、西医临床、护理3个节，每一个节（特别是西医临床)之下，则主要是按照现代医学对于该门类的内涵和划分来设置各个“目”，各目之下，简溯西医传入，主要记述中华人民共和国成立至2010年的情况，现代特征明显。

但是毕竟“医疗卫生”是一个专业性很强的事项/事业，所以《医疗卫生志》在《疾病防治》《卫生监督》《妇幼卫生》《西医》等章之下，依然较为严格地按照该事项的学科内涵和门类来设节立目，进行撰写，使得这部志书既符合行业惯例和社会实际，又具有着鲜明的专业特点。

三、依人叙事：传统纪传体式的独特魅力

作为一部通志中的分志，《医疗卫生志》诸体裁中，没有专门记载人物的“传”这种体裁(人物集中在第113卷《浙江通志·人物传》里)。但是，“以事系人”作为反映人物的一种方法和手段，在这部志书中得到了成功的运用。

以事系人，是志书编纂的一个基本要求，就是在记述事物发展变化的时候，结合写出与之密切相关的人的活动，通过人的活动更好地反映事物的现状。虽然“以事系人”作为志书编纂的一条原则，被普遍提及和倡导，并常常规定在凡例里，但真正实行和切实做好的志书并不太多。原因较多，主要有二：一是怕麻烦，收集和核定人物的资料，远比收集核定机构、工作、活动等资料要困难和细致得多；二是怕担责，人物的记载最容易不平衡，其入志标准、记载要素、提法表述、写了甲写不写乙等，都特别引人关注，一旦失衡，便会招来指责，引发不良社会效应。于是，不少编纂者出于“多一事不如少一事”的考虑，干脆不去碰或少去碰这一难事。

但是浙江卫生志却非常成功且十分精彩地让一大批人物入志。浙江由于优越的自然条件和特有的历史文化，形成了有着地域特点的医疗卫生历史，也造就和培育了一大批医疗卫生方面的著名人物；这些人物的活动和事迹又促进和推动了浙江乃至全国医疗卫生事业的发展，同时形成浙江医疗卫生事业的一种地域特征。对这些人物进行记载，是志书反映客观现实的题中之义。

通览《医疗卫生志》的各个章节，用以事系人的“直系”方法对人物进行记载的地方比比皆是。所谓“直系”，即在记述事物过程中，直接写出相关人物及其职务或身份，并简要写明他们在所记事物中的作为和言行。所系人物大都是浙江医疗卫生历史发展中重要事务的组织者、推进者、实施者、参与者，他们有名有姓地在志书中出现，使志书所记历史因为具有了“人”的元素而变得可触可摸和可感可知；这些名字的主人和他们的故事，构成了浙江医疗卫生历史丰富多样的形态。

尤其值得称道的是在第七章中，中医人物得到了浓墨重彩的记载和叙述。浙江的中医药在历史上处于全国领先乃至中心地位，中医基础的理论研究是浙江省中医学术特色之一，从古迄今，涌现了一大批名人名著，在全国享有较高的声誉。中医章在《中医基础》节中，以一批著名人物为叙述节点，一一介绍了浙江对中医经典著作的研究情况。在《本草》节中，也是以人物作为切入点，一一记述了历史上各个朝代直至中华人民共和国成立以来浙江对于本草的研究。在《中医流派》节中，更是以人物简介的形式，分别叙述了丹溪学派、温补学派、钱塘学派、永嘉学派、温病学派、绍派伤寒等浙江的中医派别。在《中医临床》节中，对于内科、外科、妇科、儿科、伤科、针灸推拿科、喉科、眼科的记载，同样是以各科的代表性名医的介绍，来呈现各科的发展历程和代表特色的。

在第八章《西医》、第九章《教育科研》的各个节和目中，无论是历史的渊源还是当代的情况，“依人叙事”的方法同样被广泛而多样的采用；在临床、教学、科研方面所入志的各种事项中，同样有名有姓地以这些事项的组织、创立、研究等的医务人员和专家学者的事迹，来呈现历史。

这种“依人叙事”的方法，是对“以事系人”原则的一种拓展，同样也是对传统史志叙事方式的一种回归。司马迁的《史记》，一百三十卷，其中除了十表、八书，另外的十二本纪、三十世家、七十列传，都是纪传体。纪传体是以人物为中心线索来连缀资料和呈现事件的史书体裁，它通过对一个个有代表性人物典型行迹的记载，反映一个地方、一段历史、一项事业的整体面貌。司马迁首创的纪传体史书，对后世产生了深远的影响。中国的二十四史，全部都是纪传体的史书。纪传体，成了中国历史上一个特殊的叙事方式。志属史体，史书对人物记载的重视，也使得志书形成了“古今方志半人物”的特征。

《医疗卫生志》继承和汲取了纪传体的合理内核，通过不同历史时期一个个人物各具特点的人生经历、专业水准和成就贡献的叙述，使得浙江省医疗卫生的历史有了丰富的血肉和具体的情节，也把浙江医疗卫生的特质演绎得生动鲜活并富有个性。让读者通过一个个典型的人物全面地了解浙江医疗卫生的历史和现状，让后人通过此书能够生动地了解前人在医疗卫生领域中走过的历程和创造的业绩。

记载人物，也是志书体现“教化”的重要方式。限于《浙江通志·人物传》的覆盖面和篇幅容量，医疗卫生方面的人物能够在省志人物志里入志立传的不会很多，所以，医疗卫生卷所记的众多人物，让历史上著名的医药人物和当代做出重要贡献的领导干部、院士教授、专家学者、医疗卫生工作者的名字在志书里青史留名，起到了积极的社会表彰作用。

四、突出特点：多种编纂技巧的灵活运用

为了突出浙江医疗卫生的地方特点、专业特点和时代特点，志书编纂者将多种编纂技巧灵活运用。

例如，民间医药的记载。在浙江医疗卫生志《中医》章下的6个节，专门设了一节来记载畲族医药。畲族人民在与疾病做斗争的历史中积累了一系列防病治病的医药经验，逐步形成了具有民族特色的畲族医药，它与中医药渊源相通。由于畲族没有文字，其行医用药经验主要靠口传身授的形式流传于世。志书中“畲族医药”的记载，总结了浙江畲医的几大特色，记录了畲族民间对畲药的命名，介绍了当代对畲族医药的调查研究和开发情况。使得千百年来只在民间流传的畲族医药，在官修典籍的志书之中有了一席之地，也从一个方面呈现了浙江医疗卫生文化的多样性形态。

又如，专记的使用。专记，即对专题事物的记述。在志书正文中，有些事件或事物，因为受体裁限制而难以归类，或因为受篇幅限制而未能充分记述，但这些事物非常有价值，于是方志工作者便用“专记”这种形式来对其进行记载。浙江医疗卫生志通过对典型生动的专题事项的记载，来丰富志书内容，突出浙江医疗卫生事业的特色和亮点。一个《废除中医案》，一个《毛泽东视察小营巷》，两个专记的选择都非常精当，两个事件的意义不仅仅限于浙江省，而是对全国的医疗卫生历史都产生过深远的影响。前者，由于浙江各社团的激烈抗争所引领的全国中医界的强烈抗议，使得民国政府取消了“废除中医”的提案，中医的生存问题得以解决。后者，由于1958年中共中央主席、国家主席毛泽东到杭州市卫生模范单位小营巷视察，小营巷爱国卫生运动的先进经验由此得到了普遍宣传和推广，对于爱国卫生运动在全国的广泛开展，有着重要的助推作用。两个专记所记之事，都是浙江医疗卫生历史上的特色亮点。其写作方法，也特别符合志书专记的撰写原则和写作规范，可圈可点之处多多。

再如，特点升格。层级分明，领属得当，是志书编纂的又一重要原则。浙江医疗卫生志在总体坚守这一原则的同时，为了突出该志的专业特点和时代特点，在多处对特色事物，采取了在篇目层次上“升格”的方式进行记载。在此仅举一二，便可窥一斑。其一，在《妇幼卫生》章中，把《辅助生殖》单独提出作为一节，与《妇女保健》《婴幼儿保健》同等并列。辅助生殖亦称医学助孕，是指利用现代医学的最新成果，用人工手段辅助生殖过程的一部分或全部的技术。在传统的妇幼卫生分类中，辅助生殖尚提不到与“妇女保健”“婴幼儿保健”同一个层次的分类级别，但它是具有时代特点和社会需求的一项现代医学技术，而且，辅助生殖在浙江做得非常有声有色，确实值得在志书中进行凸显和升格记载。其二，在《西医临床》这个节之下，依据学科分类和客观现实，按内科、外科、妇产科等，分列了22个目，其中，并列了一个目“器官移植”。虽然器官移植在学科分类和临床科室设置时，还没有成为一个与其他各并列的“科”，但是，它能够凸显现代医学的发展方向和时代特点，浙江省在这个领域也多有建树，将其单独设一个目进行记载，就把浙江省医疗卫生在这方面的特点凸显出来了。

志书中，诸如此类的成功之举多有所见，足见编纂者为了突出地方特点，既具匠心又下功夫。

五、白璧微瑕：规范提升尚有空间

志书是传世之作，所以对其要求的严格程度通常甚于一般的书籍。如果严格来看这部志书，在谋篇布局和行文叙事的规范严谨方面，还是有若干不足之处。例如，志书中所记事物在篇目中的位置，应该尽量做到“同层平等”，但由于该志划分门类的概念和方法不完全统一，所以现实中一些同一层级的事物（如机构、医院等），在志书就没有处于同一个层级的目录之上。又如，志书要求文风严谨、文字简明，但该志中的一些记述显得过于琐细。再如，有关表述上，中共中央办公厅和国务院办公厅的文件都是称为“印发”，而该志中的文件几乎都是“下发”。等等诸般的问题，如果能再精雕细刻，加以规范处理，志书将更为完美。

当然，瑕不掩瑜，这部志书对浙江医疗卫生历史与现状的记载是非常成功的，给方志编纂者和研究者以及广大读者提供的启示和借鉴是非常有价值的。

（温益群，女，历任云南省地方志编纂委员会办公室省志总编室副主任、刊物编辑部主任，《云南省志》专家工作组副组长，编审，主要研究方向为方志理论与方志编纂、地方史志文化。）

一部体例完备、极具功用的佳志

——读《浙江通志·体育志》

文坤斗

提　要：《浙江通志·体育志》是一部指导思想明确、体例完备、资料丰富、内容全面的地方志书，充分运用了各类体裁，图表的运用尤具特色，是一部记述浙江省体育事业发展历史与现状的出色资料性文献；志书通过丰富的资料和科学合理的结构安排，较好地揭示了体育发展的规律，彰显了中华体育精神，具有很好的资政育人功用。

关键词：体例　资料　人民史观　体育发展规律　中华体育精神

第19届亚运会将在浙江省杭州市举办，《浙江通志·体育志》（以下简称《体育志》）可以说是浙江方志人为亚运会举办的献礼之作。改革开放以来，浙江体育事业全面发展，特别是竞技体育成绩斐然，自1984年我国参加夏季奥运会以来，每届都有浙江省籍的奥运冠军产生，这一点与我们湖北一样。到目前为止，浙江和湖北是中国历届夏季奥运会都产生冠军的两个省。也正因如此，笔者特别认真地拜读了这部近150万字的志书。读后感受特别深刻，深感该志体例完备，极具存史、资政、育人的功用。

一、体例完备，充分得体地运用了各类志书体裁

在中国地方志2000多年发展过程中，特别是新编地方志工作开展以

来，地方志书编纂形成了独特的体例，正是这种体例决定着地方志书的独特个性。2015 年，中国地方志指导小组发布的《关于地方志编纂工作规定》中从第十一条到第十六条，专门就地方志书编纂的体例提出了明确要求，包括观点、断限、体裁、篇目设置、文体、资料等都有具体的规定。对照这些规定，可以说《浙江通志·体育志》是一部体例完备的志书。主要表现在以下几个方面：一是断限明确。上限以事物发端始，下限到志书编纂搁笔的 2010 年，严格遵循了作为《浙江通志》中一部专志的通志断限。二是体裁运用充分恰当，图表的运用尤具特色。因是通志中的一部专志，《体育志》没有人物传，其他志书的体裁都得到了合理运用。志是全志构成的主体，成为全志的主要部分。在“述”的运用方面，全志除概述，10 章的章下、51 节的节下均有无题述，有些重要的目下也有无题小述，这些“述”充分彰显了记述的整体性、著述性。在“记”的方面，全志共设 7 个专记，将一些在志正文中不好表述而又必须记载的内容记录下来，使相关资料得以更为完整的保存（此外，还有《大事年表》中的相关内容）。全志随文设 3 个《附录》，志后设《丛录》，辑存文件和诗文。图和表这两种体裁是这部志书运用得最多的，也是该志的一大特色。在图的运用方面，全志共有图片 141 幅，其中，彩图 72 幅，随文图片 68 幅，示意图 1 幅。时间跨度从战国时期的越王句践剑到 2006 年浙江体育职业技术学院成立，涵盖了各个历史时期，真正做到了图文并茂。印象最为深刻的是该志对表的运用，这是笔者有限阅读中见到的用表最多的一部志书。笔者作了一个初步统计，全志共有 559 个表，另加一个《大事年表》（大事年表的形式是表，其内容属于大事记）。主要内容涉及民国时期举办的 6 届省运会和中华人民共和国成立后的 14 届省运会以及参加的全运会、亚运会、奥运会等重大赛事、冠军运动员和运动纪录以及重大事件。表的大量恰当使用，不仅使同一类事项很好地归集于一表，方便志书的使用和阅读，而且达到了“一表胜千言”的效果，节省了大量文字篇幅。同时各表的使用都十分规范，无论是简表，还是分组表，都采用开放式，表号、表题、表头、表身及表注等基本要素齐备，表的设计简洁、规范。三是篇目设置科学。全志采用章节结构，除概述和丛录、大事年表及编后记外，共有10章51节241目。全志分类合理，领属得当，层次分明，排列有序，既符合体育事业发展实际，也凸显了时代特点和浙江地域特色。同时，入志重要资料都注明了出处，志书语言朴实、文字简约、表述流畅，值得称颂。

二、宗旨明确，彰显了人民史观

志书编纂的宗旨或指导思想是修志的核心问题。封建社会修志以君本思想为主导，民国时期修志以官本思想为主导。①社会主义新方志编纂工作开展以来，特别是第二轮地方志书编纂工作开展以来，修志的指导思想就是以马克思列宁主义、毛泽东思想、邓小平理论、"三个代表"重要思想、科学发展观和习近平新时代中国特色社会主义思想为指导。特别是党的十八大以来，习近平总书记就体育事业发表了一系列重要讲话、一系列重要批示，这些重要论述包括加强党对体育事业的全面领导，坚定不移走中国特色社会主义体育发展道路；胸怀"国之大者"，发展以人民为中心的体育；提升竞技体育综合实力，增强为国争光能力；坚持新发展理念，推动体育均衡发展；大力弘扬中华体育精神，切实抓好体育文化建设；加快推进体育强国建设；加快推进体育改革创新步伐等，②这是习近平新时代中国特色社会主义思想的重要组成部分，其核心是人民至上，以人民为中心。虽然《体育志》的下限是2010年，但全志很好地坚持了辩证唯物主义和历史唯物主义的基本原理，充分体现了人民群众创造历史的人民史观，体现了发展以人民为中心的体育思想，完全符合习近平总书记关于体育事业重要论述的精神。从内容上看，全志10章中有6章的内容涉及民间民族传统体育、社会体育、学校体育、体育产业与体育场馆、体育宣传与科研、体育交流等直接与人民群众相关的体育事业，占全志的60%。即使是竞技体育赛事和竞技体育，也充分记述了

① 韩章训:《修志宗旨发展探论》,《广西地方志》2020年第6期。
② 参见《深入学习习近平关于体育的重要论述》，人民出版社2022年版。

广大人民群众积极参与的历史事实和生动场景。从章节排列顺序看，从开篇第一章《民间民族传统体育》、第二章《社会体育》到第三章《学校体育》，将与人民群众直接相关的体育事项置于全志最前面，体现了编纂者坚持以人民为中心的人民史观的理念。同时，对浙江体育事业发展做出突出贡献的事件及人物也予以了充分的观照。如“附录一：浙江省冠军运动员名录”将浙江省世界冠军、亚洲冠军、全国冠军全部收录；以志、专记等形式将浙江省籍的奥运会冠军、亚运会冠军、全运会冠军予以记述。“附录二：浙江省运动员打破、超过世界纪录一览表”，将1963年至2010年打破或超过世界纪录的运动员及其项目予以记述。再如，对20世纪20年代的卢颂恩、徐一冰、徐作宾、王正廷、宋君复等对浙江体育事业发展有突出贡献的人用“以事系人、人随事出”的方式进行了记述(见《体育志》第884页)。

三、资料丰富，体现了志书的存史功用

国务院《地方志工作条例》明确规定：“地方志书，是指全面系统地记述本行政区域自然、政治、经济、文化和社会的历史与现状的资料性文献。”①资料性文献的定位决定了地方志书的首要功用是存史，而存史功用的实现主要体现在志书资料的真实性与全面性。有人将志书的资料分为深层次资料、中层次资料和浅层次资料，认为深层次资料具有基础性，是志书的基础和最底层资料；具有微观性，是志书中各事物最小的方面、局部、单位；具有事物性，包括人类活动所做的一切事情和客观存在的一切物体。深层次资料表现为广而细小，是志书资料性文献的最根本体现。②无论怎样划分，《体育志》作为一部资料性文献，入志的资料丰富、全面、真实。首先从体量上看，全志近150万字，是笔者到目前为止看到的体量最大的一部体育志。同样是历

① 载2006年5月30日《人民日报》。

② 张凤雨:《地方志书篇目、内容、资料层次及其对应关系探讨》,《广西地方志》2014年第1期。

届夏季奥运会都有冠军产生的湖北省，第二轮《湖北省志·体育》的体量只有 15 万字(断限是 1979—2000 年)。其次，从全面性看，该志做到了“横不缺要项”，对浙江体育事业发展历程，既有宏观层面的资料，也有微观层面的资料；既有深层次资料，也有中层次和浅层次资料。第三，严格遵循 2015 年中国地方志指导小组《关于地方志编纂工作规定》第十六条对入志资料的要求。在编纂过程中，修志人员共录入资料卡片 11065 张，358.1 万字(见该志《编后记》，第 1029 页)，做了大量艰苦细致的资料收集、整理工作，志书所有重要资料均注明出处。第四，资料的呈现方式多样化。既包括全志以文字为主的资料，也包括志书图片(141 幅)和表格(559 张)中所体现的资料。

四、内容全面，恰当地揭示了体育发展规律

“横不缺要项、纵不断主线”，是地方志书编纂的基本要求，也是衡量地方志书内容是否全面的一个基本标准。《体育志》在章的层次分为 10 个大门类，在节的层次分为 51 个小类，基本涵盖了体育发展的主要方面。即使以当下国家体育总局制定的《“十四五”体育发展规划》所涉及的全民健身、竞技体育、青少年体育、体育产业、体育文化、体育对外交往等 12 个方面的标准来看，除了少数如北京冬奥会备战与冰雪运动发展在断限内没有发生或浙江省级层面所不涉及的外，其余的均有记述。在纵述史实方面，尽管是通志的断限(事物发端至 2010 年)，时间跨度极大，但在记述每个事项时详略得当，都能看到相关内容发展的基本脉络，做到了纵不断线。正是记述内容的全面性，使体育发展的一些规律性的内容得到了恰当的体现。这一点在首篇的概述中体现得尤为明显，概述从坚持党对体育工作的领导、坚持人民体育为人民、坚持体育事业不断改革、坚持体育事业创新发展、坚持体育法治化进程、坚持在体育发展中保障和改善民生等 7 个方面，对浙江体育事业的发展、变化进行了全方位、高屋建瓴的归纳和总结，彰显了浙江体育发展的规律。同时，在阅读这部志书的过程中，笔者清晰地、整体地感受到《体

育志》中有很多内容加深和拓展了对当下和今后一个时期体育事业发展的认知，这包括体育是中华民族复兴的标志性事业；体育是不断解决我国社会主要矛盾、满足人民美好生活需要的重要方面，需要通过促进基本体育服务标准化均等化、提升体育服务水平；建设体育强省、体育强国是全面建设社会主义现代化国家的重要目标等。这些认识可以使我们能够更好地理解习近平总书记指出的，“体育是提高人民健康水平的重要途径，是满足人民群众对美好生活向往、促进人的全面发展的重要手段，是促进经济社会发展的重要动力，是展示国家文化软实力的重要平台”的重要论述。[①]这对于无论是直接从事体育事业工作，还是参与和得益于体育事业发展的人来说，特别是对坚持和发展中国特色社会主义体育道路的全体中国人民来说，具有十分重要的启示作用。这是《体育志》的重要价值和意义之所在。

五、张扬灵魂，弘扬了中华体育精神

中国体育的灵魂是以“为国争光、无私奉献、科学求实、遵纪守法、团结协作、顽强拼搏”为主要内容的中华体育精神。《体育志》于平实的记述中很好地张扬了中国体育的灵魂。如创办第一所中国体操学校（1907 年）的徐一冰，创办浙江体育学校的沈钧儒（1912 年），以及大批为浙江和中国体育事业发展做出贡献的人所承载的中华体育的无私奉献精神；中国首次参加第十届奥运会的领队沈嗣良、教练宋君复，以及截至 2008 年（志书下限前的最后一届夏季奥运会的举办时间）历届奥运会 12 枚金牌、10 枚银牌、8 枚铜牌获得者等浙江体育健儿所承载的为国争光、顽强拼搏精神；在竞技体育训练中，从“小、灵、巧、轻、水、智”到“以奥运带全运、以全运促奥运”指导思想的不断调整及训练、教学、科研三位一体的发展思路，充分体现了浙江体育人的科学求实精神等。同时浙江在承办国际体育赛事、积极参加国

① 习近平：《在教育文化卫生体育领域专家代表座谈会上的讲话》，人民出版社 2020 年版，第 1 页。

际体育赛事和中外体育交流中，传播了中华文化，传扬了中华体育精神，推动了文明互鉴，展示了中华文化软实力，也增强了文化自信。2022 年 4 月 8 日，习近平总书记在北京冬奥会、冬残奥会总结表彰大会上指出：“伟大事业孕育伟大的精神，伟大的精神推进伟大的事业。”《体育志》所记载所弘扬的中华体育精神必将成为体育强省、体育强国建设的精神力量，成为办好亚运会，讲好杭州故事、浙江故事、中国故事的内在动力，也必将在推动新时代浙江体育事业发展中发扬光大。

正如编纂者在《编后记》中所说：“《体育志》的编纂是一项繁重而艰巨的系统工程，时间跨度长，内容涉及面广”“错漏之处在所难免”。如第 30 页图片说明中将龙舟盛会误为龙舟“胜”会就是一例。但微瑕不掩美玉，无论是从地方志书编纂规范看，还是从地方志书功用看，《体育志》都是一部名实相副的佳志。

（文坤斗，曾任湖北省地方志办公室主任，《湖北省志》专职副总纂，湖北省人民政府文史研究馆党组书记，现任湖北省作家协会党组书记、副主席。）

当代省域“文学志”编纂的新范式

刘 欢 陈玉兰

中国古代文学文化中心经过晋室东渡、安史之乱、宋室南渡三次大规模南迁，最终实现了由中原辐辏向江南崇尚的转移，且历经元明清而不曾北返，直到近现代，江南文学文化仍具有引领潮流的地位。浙江地处诗画江南，更是文化大省、文学重镇。但作为方志之乡、方志大省的浙江，其省域通志虽屡经修纂，却向来不曾为浙江文学独立撰志，直到21世纪初，《浙江省文学志》穷搜博采、草创体例，蔚然成编。如今，新出炉的《浙江通志·文学志》(以下简称《文学志》)，又重订体例，详今略古，续写新篇，可谓后出转精，为当代省域通志“文学志”的编纂提供了参考范式和浙江经验。

《文学志》是由浙江省人民政府批准编纂的一百一十三卷本《浙江通志》中的一卷，记录浙江自古至今各体文学创作成就、理论创新及文学活动，由浙江省作家协会承编，胡礼舟主编，张德强、吴艳梅、郑翔、魏丽敏等人编撰，王嘉良、顾志兴、周维强、方卫平、孙建江、毛晓青、吴笛、郭梅、徐沙、张子帆、黄同春、夏烈等专家学者参与审阅修改。此书通过精彩的叙述和大量文献展示了浙江文学精彩纷呈的历史图景，对研究浙江地域文学、弘扬浙江文化精神有重要意义。

一、内容体系：突显地域精神和时代意识，与时俱进

《文学志》以文学作品为中心建构了一个全面的文学志内容体系，兼顾

各体文学、特色专题、文学批评、文学载体、文学活动多个层次。章节设置在做到横不断面，纵不断线的基础上，更重视立体布局，与时俱进，突出特色。

《文学志》在内容选择上有两条原则：其一，以“文学作品构成文学志主体”[①]，以文学作品为依托考察文学流变，衡量作者成就。这一基本准则，奠定了文学志编纂的基础。其二，“把浙江文学定位在产生于浙江地域上的文学”[②]，收录作品包括浙江籍作家的作品、旅居浙江作家在浙创作作品、浙江籍作家在异地创作作品，体现了浙江文学的丰富多元性。例如收录非浙江籍文人白居易、苏轼等在杭州的创作。强调文学作品在文学志编纂中的主体性，体现了当代学者把文学看作独立学科、重视作品的共识。传统地方志多无文学志，涉及文学的内容或附缀在人物传下，或杂于艺文志。以文学作品为主体，既突出了文学的独立性，也避免了文学志在书写内容上的混乱，进而与《人物传》《艺文志》有所区别。地域界定是以该作品是否与浙江地域文化有所互动为标准，凡受到浙江地域文化影响而创作的作品，或参与到浙江地域文化建设中的作品，皆属于浙江文学收录范畴。这种不再刻板拘泥地域界限的理念，深入地方志编纂的核心，即地域文化与人的互动。

《文学志》按类型分章记述，每章按时代分节。全书按类目分为十一章，依次为：诗歌、散文、小说、戏剧影视与新媒体文学、儿童文学、民间文学、翻译文学、文学理论、文集丛书、文学流派与作家群体、文学组织。前四章按体裁设章；五到七章属于特色文学类型，故设专章；八到十一章记载文学家及相关的活动，各设专章。本书对体裁分类是广义的以类相从，比如“诗歌”一章收录诗、词、曲、赋，“散文”一章也收骈文、杂文、报告文学等。章下分节，大多按照时间顺序分“古代近代”“现代”“当代”。“民间文学”多是群体创作、历史沉淀的产物，难以按照时间分段，故章下分节仍以类目分为“神话与传说”“民间故事”“歌谣谚语”，又单列“民间文学集成”记述

---

①《浙江通志·文学志》“编纂说明”，浙江人民出版社 2021 年版，第 1 页。
②《浙江通志·文学志》“概述”，浙江人民出版社 2021 年版，第 1 页。

收录民间文学的一些总集或丛书。

从章节设置来看,《文学志》彰显了现代学术研究的规范化和体系化,具有突出的时代特色和地域特色。具体章节设置注重与时俱进，如设置翻译文学、影视文学和新媒体文学。“翻译文学”主要收录晚清以来浙江人翻译的外国文学，故分“近代翻译文学”“现代翻译文学”和“当代翻译文学”。晚清以来，随着中外交流的频繁，外国文学作品的翻译日益繁盛，由此产生了新的文学类型——翻译文学。浙江翻译家魏易，作家鲁迅、茅盾等都是中国翻译文学的开创者。中华人民共和国成立后浙江翻译文学人才辈出。翻译文学是新文学不可或缺的一类。设置翻译文学专题，彰显了浙江人文精神中深受海洋文化浸染的开放性特征。“新媒体文学”是新兴文学门类，包括话剧剧本、戏曲剧本、电影剧本、广播剧剧本、电视剧剧本、动漫剧本、网络文学。信息技术和网络媒体的不断进步，新媒体文学产生并发展迅猛，深刻地改变了当前文学创作、发布方式、传播载体和阅读形式。传统文学作品也在加快数字化进程。设置“新媒体文学”类目，是对网络文学的“浙江现象”“浙江传奇”的回应，充分体现了浙江文化建设的创新意识。另外，此书虽为“通志”，但收录文献古代简要、近代详尽，亦是重视时代性的表现。

《文学志》章节设置也非常重视地域特色和文化热点，如单列儿童文学和民间文学。20世纪以来，浙江儿童文学创作与研究齐头并进、成就斐然，俞平伯、夏丏尊、丰子恺、周作人等人推动了儿童文学的发展，柯灵、王任叔、仇重、鲁克等人以《中国儿童时报》为基地，创作大量儿童文学作品，当代金江、洪汛涛、陈玮君、冰波等都是儿童文学创作史上有影响力的作家。浙江不仅是中国儿童文学创作的重镇，也是当代儿童文学研究的重镇。浙江师范大学创办了儿童文学研究中心，创办了第一个儿童文学研究学术丛刊，设置相关课程，培养了一批专门从事儿童文学研究的学者。相对于雅文学的融通特点而言，民间俗文学多在较为封闭的语言环境中生发沉淀，故也更具地域特色。儿童文学和民间文学是近年学界研究的热点，单列这两个类目也是对当代浙江文学文化研究热点的回应。

二、编纂体例：兼顾史程总述和史料梳理，点面结合

《文学志》正文遵循“述”“志”“表”结合的模式。首先是“述”，全书《概述》总论浙江文学发展的历史沿革和地域特色。每章先概述该类型文学发展简况，然后再按时段分节，每小节前也简述该时段该类文学创作的基本情况。“述体”源于传统地方志的总序和小序，主要任务是用精练的语言概括志述对象的发展规律和特点，使读者对志述对象有一个全面清晰的认识。通志编纂涉及文献量大，内容驳杂，如果不能对整体有准确的认识，就容易使阅读者迷失在海量文献之间，难寻头绪。《文学志》概述是一篇精彩的浙江文学发展史论文，对本书志述对象、涉及文士地域范畴等问题进行了明确界定，对文学流变的概述始终紧扣政治经济发展、社会思潮的变迁以及浙江地域文化自身的特点，能使读者看到浙江文学怎样一步步由边缘走到中心、从封闭走向多元。《文学志》各个专题的叙述也能做到深入浅出、简明扼要。其次是“志”，在每章小结的概述之后，会对该时段重要的文学作品一一介绍。体例类似传统艺文志，先列书名，再标注类型，记述作者，介绍版本，简述内容，偶尔也有点评。这部分内容是文学志的主体，使浙江文学经典作品一一呈现。其三是“表”，每一节在著录重要作品后，都会附有一览表，收录未详细介绍的文学作品的主要信息。如“古近代浙江诗词曲集一览表”罗列有文献可查的浙江文人诗词曲集五百余种，分别著录其书名、作者、类别和版本信息。这些表是文学志的重要组成部分。

“述”“志”“表”结合的体例，是一种很好的宏观与微观相结合的撰述模式，从宏观勾勒的面到具体的点，再由细密的点铺排成面，详略互见。“述”的部分，重视历史考述，能使读者从宏观上把握此类文学的发展概况、盛衰流变；“志”的部分，重视文学作品说明，使读者对此类文学的重要作品有明晰的认识；“表”的部分，全面简要，罗列有文献可考的文学作品，可供读者了解此类文学创作的整体面貌。传统地方志多直接罗列文献，内容庞杂。与传统志书相比,《文学志》更具系统性。“述”“志”“表”结合的模式，

使此《文学志》兼具文学史特色和资料汇编特色，体现了方志明史、存史的功能。

当代很多文学志书也会放弃志书体例，走向于文学史式的叙述。《文学志》虽然兼备文学史的特色，但整体体例依然保持志书特色。文学史更重视历史变迁对文学发展的影响，故多以时间为线。如王嘉良主编《浙江文学史》[①]全书以时间为主线，分《古代近代文学》《现代当代文学》两编，各编以年代分章，分“先秦秦汉文学”“魏晋南北朝时期文学”等，章下设置小节分析重要文士及其作品。相比而言，志书更侧重类目划分，《文学志》是先分类目，再分时段。从具体表现方式上，文学史重视深度探讨文学发展规律、文学与社会发展关系，分析具体文学作品的特点，品评艺术成就，故夹叙夹议，旁征博引，不拘一格。文学志重视记述，在记载和叙述中尽量保持平实的记录，较少作出评判议论，体例较为一致。文学史研究和志书编纂承担着不同的任务，文学史重视文学发展规律的探究，而文学志重视资料保存的完整性和系统性。

《文学志》资料收集详尽，在已有相关资料基础上，能结合调研，深入挖掘未被重视的一手资料。例如“古近代浙江诗词曲集一览表”，就参考了浙江图书馆古籍部、宁波天一阁等藏书机构的收藏；“当代浙江戏剧影视与新媒体文学作品一览表”“当代浙江民间文学一览表”等资料来源就包括“浙江作家个人资料申报汇总、浙江文学文献学资料室所存资料”。本书前有图版资料 126 幅，展示了诸多珍贵古籍刻本样貌、民国作家作品手稿、珍稀版本书影和重要文学活动合影。本书附录“省及省级以上文学评奖获奖作品”“浙江文学传媒一览表”“浙江文学遗迹一览表”保存了很多当代的文学活动记录，这些材料多来自作协等部门的资料汇编，如“浙江各市作协资料申报汇总”。这些内容被搜集和整理出来，作为文学志的重要部分，充分体现了方志的“存史”功能。

---

① 王嘉良主编:《浙江文学史》，杭州出版社 2008 年版。

三、编纂范式：创造性发展旧艺文志传统，推陈出新

《文学志》建构了一套完善的文学志内容体系和编纂体例，在文学志编纂史上有重要意义。古人编纂史书方志中，常见类目有“艺文志”和“文苑传”，极少见“文学志”的说法。文学相关的内容常常杂见于文苑传、艺文志中。地方志中多有“人物”一类，下细分“贤良”“儒行”“隐逸”“文苑”等类，其中“文苑”也常题作“文学”。如明代嘉靖年间所编《昆山县志》《建宁府志》等书中人名互见时往往备注为“见文学”“见文学志”，内容实属文苑传一类。[①]文苑传是文士的人物传记，《史记》中就有《文苑传》，属于人物列传。地方志又有“杂咏”“文事”多记录文士吟咏本地风物的诗文和事迹。这一类经常也杂录于“艺文志”，如康熙《湖广通志》在“艺文”一类下就直接罗列具体诗文。[②]把具体诗文直接录入艺文志，也不合艺文志的体例。民国二十五年《阳武县志·艺文志》小序指出：“《汉书·艺文志》只详书目卷帙及撰者名氏，后世方志罗载诗文，乖体例矣。”[③]在认识到这一问题后，学者又提出单列“文征志”收录诗文，“至各体诗文，则别归文征，以正体例”[④]。另外，唐人梁肃记述：“昔崔瑗有南阳文学志，王粲有荆州文学志，皆表儒训以著不朽。遂继其流为县学记，俾来者知我邑经艺文教之所以兴。”[⑤]梁肃所言实为《南阳文学官志》《荆州文学官志》[⑥]。

---

① 杨逢春修，方鹏纂：《（嘉靖）昆山县志》，明嘉靖十七年刻本；夏玉麟修，汪佃纂：《（嘉靖）建宁府志》，明嘉靖二十年刻本。

② 徐国相等修，宫梦仁、姚淳焘纂：《（康熙）湖广通志》，崇文书局2018年版。

③ 窦经魁修，耿愔撰：《（民国）阳武县志》卷五《艺文志》小序，民国二十五年铅印本。

④《（民国）阳武县志》卷五《艺文志》小序，民国二十五年铅印本。

⑤ 梁肃《昆山县学记》，李昉等编《文苑英华》卷八百十六，中华书局1966年版，第4310页。

⑥ 姚振宗撰：《后汉艺文志》卷一，民国适园丛书本。

“文学志”被单独列为一个类目，多见于民国以来编纂的地方志，但其所述具体内容类别仍不明晰。民国25年(1936)所编《阳武县志》中分列“文学志”“艺文志”“文征志”。“文学志”小序论述文学作为圣门四科之一的意义，下面所列内容实际是学宫、书院相关文献。①又如民国《邛崃县图志》列“文学志”一类，其内容为文士小传。②中华人民共和国成立以后所编地方志按照自然、政治、经济、文化、社会分类。文学属于文化范畴，很多地方志未单列文学志，只把“文学”作为“文化”类目下的一个小节，内容多是本地文学的简要概述。

《文学志》以文学作品为主体，多层次细分章节，述、志、表相结合，形成一套富有学理和地域特色的文学志内容体系和编纂体例，可以为文学志编纂提供范式。

四、利用价值：助力地域文化传承和浙江文学研究

《文学志》编纂和出版对保护浙江文学遗产，传承浙江地域文化，弘扬浙江人文精神有重要意义。文学史研究通常关注的是经典文学，所论述的往往是大家名流，故书写内容的时间下限，距离当下大多较远。而志书编纂讲究时效性，地方志编纂二十年一次。因此文学志更重视当下文学资料的搜集，对文献的保存更具时效性。另外志书收录文献尽可能求全面，讲求客观，小家作品也尽可能收录，故所录文献更加详尽，更能全面客观展示一个时期的文学创作实际样貌。

文学是文化的精髓，浙江历代文士的创作中凝聚了浙江的人文精神。古有陆游的仁民爱物精神和爱国情怀，吕祖谦“明理躬行”经世致用精神。现有鲁迅书写中国脊梁，唤醒蒙昧，启发民智，铁骨铮铮，毫不妥协，为争

---

① 《(民国)阳武县志》，民国二十五年铅印本。

② 刘复修，宁缃纂：《(民国)邛崃县图志》第五《文学志》，民国十一年铅印本。

取人民群众自由独立而奋斗终生的精神。“身为野老已无责，路有流民终动心”[1]，“位卑未敢忘忧国”[2]，“横眉冷对千夫指，俯首甘为孺子牛”[3]，“我们从古以来，就有埋头苦干的人，有拼命硬干的人，有为民请命的人，有舍身求法的人，……这就是中国的脊梁”[4]，这些经典诗文激励着一代代浙江人以人为本，干在实处，勇立潮头。《文学志》的编纂，有助于浙江地域文化的传承和浙江人文精神的弘扬。

《文学志》在搜集大量文献的基础上，条分缕析，使文献有序呈现，使浙江文学的历史全貌清晰展露，也有利于推动浙江文学研究。《文学志》概述可以看作一部简明浙江文学史，使研究者了解浙江文学的概况。其各个章节其实也是专题研究，可供学者了解不同类型的文学发展的实际状况。《文学志》作为一部全面系统的资料汇编，可供研究者统计浙江文学创作的数据，了解浙江文学创作的整体面貌，或查询某一具体作家作品的概况。

《文学志》有些细节问题可以商榷。其一，体例偶有错乱。如作家作品列表中以《王国维诗词校笺》（萧艾校笺）为王国维作品，继而又列王国维《苕华词》，不妥；又如以《蠲戏斋诗前集》代表马一浮作品，不全。[5]马一浮不仅有《蠲戏斋诗前集》，还有《避寇集》附《芳杜词剩》《蠲戏斋诗编年集》等，总称之为《蠲戏斋诗集》。再者著录文学作品时，文集中夹杂具体篇名，比较混乱，如古代诗歌部分，第9条贯休《禅悦集》后著录白居易《钱塘湖春行》（第10条）、苏轼《饮湖上初晴后雨二首·其二》（第11条）、林逋《林和靖诗集》（第12条），既有文集，又有具体诗文的篇名[6]。其二，时间偶有

---

① 陆游著，钱仲联校注：《春日杂兴》，《剑南诗稿校注》，上海古籍出版社1985年版，第4358页。

② 陆游著，钱仲联校注：《病起书怀》，《剑南诗稿校注》，上海古籍出版社1985年版，第578页。

③ 鲁迅著：《自嘲》，《鲁迅散文诗歌全编》，人民文学出版社2006年版，第642页。

④ 鲁迅著：《中国人失掉自信力了吗》，《鲁迅杂文全编（四）》，人民文学出版社2006年版，第506页。

⑤《浙江通志·文学志》，浙江人民出版社2021年版，第28页。

⑥《浙江通志·文学志》，浙江人民出版社2021年版，第12—13页。

失序。以上述四条为例，若按照时间先后顺序，应该依次为：白居易、释贯休、林逋、苏轼。其三，此书收录非浙江籍文人在浙江的创作时，多只录其名篇，不能显示该作者在浙的创作实况。以苏轼为例，两次在杭州任职，留下大量诗文，非一首西湖诗能代表。其四，有些观点经不起推敲，比如以袁枚为“浙派”诗人①，其实“浙派”是诗歌风格的概念，而并非浙江籍诗人的总称。“浙派”诗风正是袁枚批评的对象，如袁枚《仿元遗山论诗》评厉鹗云：“幽怀妙笔风人旨，浙派如何学得来”②，后又于《随园诗话》卷九曰：“吾乡诗有浙派，好用替代字，盖始于宋人，而成于厉樊榭。”③又补遗卷四曰：“吾乡诗多浙派，专趋宋人生僻一路。”④因而以袁枚为浙派，袁枚自己肯定是不以为意的。又比如言及显出浪漫主义、唯美主义色彩的作家，认为“多出于浙西杭嘉湖地区”；言及乡土作家群、左翼作家群，认为“大多来自浙东宁绍地区”⑤，其中言后者只见宁绍而不及其他，显然不够公允。如金华有“对这土地爱得深沉”⑥的大诗人艾青，又有冯雪峰、潘漠华等左联骨干；台州更其活跃，浙东乡土作家群最具代表性的是王鲁彦、许钦文、许杰，其中许杰是天台人。

瑕不掩瑜，整体而言，《文学志》内容界定清晰，章节布局立体，撰述体例合适，资料搜集详尽，叙述深入浅出，与时俱进、特色鲜明，为省域通志“文学志”编纂提供了参考范式。

（刘欢，文学博士，浙江师范大学图书馆馆员；陈玉兰，文学博士、博导、教授，浙江师范大学图书馆馆长，浙江省江南文化研究中心主任。）

---

①《浙江通志·文学志》，浙江人民出版社 2021 年版，第 8 页。
② 袁枚著，周本淳校：《小仓山房集》卷二十七，上海古籍出版社 1988 年版，689 页。
③ 袁枚著，顾学颉校点：《随园诗话》卷九，人民文学出版社 1982 年版，第 320 页。
④ 袁枚著，顾学颉校点：《随园诗话》补遗卷四，人民文学出版社 1982 年版，第 670 页。
⑤《浙江通志·文学志》，浙江人民出版社 2021 年版，第 8 页。
⑥ 艾青著：《我爱这土地》，《艾青诗选》，江苏凤凰文艺出版社 2018 年版，第 73 页。

《浙江通志·美术志》与《浙江省书画志》的比较研究

戴依依

提　要：本文从篇目框架、结构、材料、学术规范等方面，对《浙江通志·美术志》与《浙江书画志》进行比较研究，《浙江通志·美术志》相比《浙江书画志》有进步之处，主要体现在3个方面：门类更齐全、编排更科学、结构更严谨，体现了更强的科学性；材料收录更全面、资料选用更严格、内容记叙更翔实，体现了更强的资料性；设置专记、使用专业术语、规范注释，体现了更强的学术性。

关键词：浙江通志　美术志　书画志　比较研究

浙江历史源远流长，人文底蕴浓厚，是中国美术发展的重镇，创造了辉煌灿烂的美术篇章。《浙江通志·美术志》(以下简称《美术志》)由浙江省文化和旅游厅承编，浙江美术馆成立编辑部，潜心修志多年，于2019年12月出版。《美术志》上限溯其发端，下限至2010年底，首次系统梳理浙江美术的脉络，首次以方志的形式呈现一部客观而完整的浙江美术史，是对历史负责、有益于社会的一部精品佳志，是文化强省建设的一项标志性工程。《浙江省书画志》(以下简称《书画志》)由浙江大学艺术学院、浙江省美术家协会、浙江省书法家协会的研究者负责编纂，于2004年出版，为浙江的书画篆刻文化提供了一整套编排有序的原始资料与文献[①]。两本志书均由浙江省地方志编纂委员会办公室组织编修并指导编纂工作。与十几年前的《书画志》相比,《美术志》有进步之处，主要体现在科学性、资料性、学术性3个方面。

一、志书的科学性方面

胡乔木在第一次全国地方志工作会议上指出:“地方志的编纂者要逐步地提高地方志的科学水平”“尽管它不是一部科学理论著作，但是它究竟还是一部科学文献”[②]。地方志的科学性主要体现在志书的整体性、逻辑性、连贯性、层次性。[③]

从篇目框架看,《书画志》的结构为编—章—节，分《综述》《书画家》《书画作品》《书画著述》《书画社团和书画之乡》《书画大事记》6部分。《美术志》的结构为章—节—目，分《概述》《中国画》《书法》《篆刻》《油画》《水彩画　水粉画　粉画》《版画》《雕塑》《漫画　连环画　动画》《工艺美术　民间美术》《美术教育　美术论著》《美术展览　美术市场》《美术社团　美术机构》《大事年表》14个部分。

《书画志》中的绘画主要指中国画，不包括油画、水彩画、粉画等其他画种。[④]《美术志》收录的绘画门类更为齐全，如第四章《油画》，第五章《水彩画　水粉画　粉画》，第六章《版画》，第八章《漫画　连环画　动画》，补齐绘画门类，对《书画志》的缺项进行了完善。

《书画志》中的书法包含篆刻。《书画志》第二编《书画作品》第二章《主

① 浙江省书画志编纂委员会编:《浙江省书画志》，方志出版社2004年版，序第4页。

② 胡乔木:《胡乔木同志在全国地方志第一次工作会议闭幕会上的讲话》,《新疆地方志通讯》1987年第1期，第5—6页。

③ 柳成栋:《论方志的著述性》,《中国地方志》2012年第11期，第18页。

④《浙江省书画志》的“书画”二字，主要指中国画和书法(含篆刻)，不包括油画、水彩画、粉画等其他画种。该志书中的“书画家”“书画作品”等概念均如此定义。见浙江省书画志编纂委员会编:《浙江省书画志》，方志出版社2004年版，例言。

要书法作品》中，第六节《篆刻》，与前五节《楷书》《行书》《草书》《隶书》《篆书》并列。在《美术志》中，篆刻单独成章，第三章《篆刻》与第二章《书法》并列，更符合逻辑，也更符合事物的本质特征。

除书画外，《美术志》还收录雕塑、工艺美术与民间美术等门类，如第七章《雕塑》、第九章《工艺美术　民间美术》。第十一章《美术展览　美术市场》也是《美术志》的新增内容。浙江美术购藏活动历史悠久，现代意义上以文化普及为目的的美术展览，以商品交易为特征的美术市场起步较早，活动频繁，成绩显著。[①]美术展览和美术市场是浙江美术发展的重要组成部分，入志很有意义。

从结构看，《书画志》的《综述》部分，分河姆渡良渚、越国秦汉、六朝、隋唐五代、两宋、元代、明清、近现代8章，介绍了浙江的原始艺术、书法和绘画的发展情况。其后《书画家》《书画作品》《书画著述》《书画社团和书画之乡》4编，除《书画之乡》以文章体书写外，其余内容均在节下采用条目体进行介绍。以第一编《书画家》第一章《历代浙江画家》第一节《六朝隋唐五代浙江画家》为例，有《曹不兴》《戴逵》《张善果》等17个条目，章内、节内无任何衔接文字，这是《书画志》的一大特点。采用条目体，彼此之间无须衔接，可长可短，易于书写和编排，然而也有结构松散，整体性、连贯性不强的缺点。《美术志》以文章体书写，全书的概述、章的无题小序、节的无题小序加强综合记叙和说明，使得结构更为严谨，整体性、连贯性和可读性更强。

与《书画志》相比，《美术志》在篇目框架方面更合理，收录门类更齐全，编排也更科学；在文章结构方面，多层的概述、无题小序综述全书、各章节的总体情况，使文章结构更严谨，整体性、连贯性和可读性更强。

---

①《浙江通志·美术志》，浙江人民出版社2019年版，第552页。

二、志书的资料性方面

地方志的资料性向来为学界所重视，梁启超、周谷城等学者均认为资料是地方志编纂的重点。[①]有学者认为资料性是方志的首要属性或本质属性。[②]认为方志是资料书或资料性文献、资料性著述的观点也较为常见。在修志过程中，对资料的收集、选择、提炼、应用是关键环节。《书画志》《美术志》都十分重视志书的资料性。《书画志》的编纂者查阅大量文献资料，从中披沙拣金，钩沉索引，当代部分通过多种渠道收集了第一手的资料。[③]《美术志》的编纂者全力查找资料，丰富资料内容，反复核实史实，并多次去中国美术学院、浙江省博物馆、浙江省档案馆、浙江图书馆古籍部、各地市文化局查找与核实资料。[④]

两本志书上限均溯其发端，《书画志》下限为20世纪末，《美术志》下限为2010年底。这10年间的新事物，成为《美术志》的独有内容。

一是新的出土材料。随着考古发掘的进行和考古材料的出土，在追溯浙江美术的发端时，有了更为丰富的材料。2001年5—7月，浙江省文物考古研究所、萧山区博物馆对跨湖桥遗址进行第二次发掘，并于2004年出版考古发掘报告。跨湖桥遗址出土一大批陶、石、骨、木器，其中几件器物上刻

---

① 梁启超认为“夫方志之著述……其最主要之工作，在调查事实、收集资料。”见梁启超:《中国近三百年学术史·清代学者整理旧学之总成绩(三)》，天津：天津古籍出版社，2003年。周谷城认为“志之重要，在于资料”。见《湖南地方志》1987年第一期封三。

② 胡巧利从修志的目的，地方志的功能、价值，修志工作的特点，地方志各种属性间的相互关系4个角度出发进行分析，认为资料性是地方志的首要属性，处于主导地位。见胡巧利:《志书资料性和学术性问题辨正》，《中国地方志》2004年第11期，第13—14页。柳成栋认为方志的资料性是其本质属性，离开了资料性，方志就失去了生命力。见柳成栋:《论方志的著述性》，《中国地方志》2012年第11期，第18页。

③ 浙江省书画志编纂委员会编:《浙江省书画志》，方志出版社2004年版，后记。

④《浙江通志·美术志》“编后记”，浙江人民出版社2019年版。

有几组特殊符号，为浙江美术的源头提供了新的材料。《美术志》很好地吸收了这些材料，概述中介绍“原始刻画符号是美术的先声。浙江最早的美术遗存，见于近年发现的跨湖桥遗址，距今8000年。跨湖桥陶器装饰有绳纹、刻画纹、镂空纹、曲折纹、太阳纹等。跨湖桥彩陶和苇编是迄今为止所发现的浙江美术最早的源头。”[①]

二是新的美术论著。进入21世纪以来，浙江的学者或美术组织陆续出版新的美术论著，如徐邦达著《徐邦达集》(2005年由北京紫禁城出版社出版)、西泠印社编《西泠印社早期社员社史研讨会论文集》《西泠印社早期社员社史研究汇录》(均于2006年由西泠印社出版社出版)、史岩著《史岩文集》(2007年由中国美术学院出版社出版)、汪亚尘著《汪亚尘论艺》(2010年由上海书画出版社出版)，等等。《美术志》第十章《美术教育　美术论著》第二节《美术论著》对这批新的美术著述予以收录并介绍。

三是新的美术机构。新的美术教育机构诞生，如绍兴文理学院美术学院(2004年成立)。一批新的美术展览机构开放，如吴一峰艺术馆(2000年开放)、中国美术学院美术馆(2003年开放)、叶一苇艺术馆(2003年开放)、宁波美术馆(2005年开放)、韩美林艺术馆(2005年开放)，等等。一批新的美术创作机构成立，如浙江省国际美术交流协会(2006年成立)、浙江省雕塑研究会(2006年成立)、浙江省甲骨文学会(2008年成立)、浙江省余任天艺术研究会(2009年成立)、黄公望国画院(2010年成立)，等等。《美术志》第十章《美术教育　美术论著》第一节《美术教育》、第十二章《美术社团　美术机构》对这批新的美术机构予以收录并介绍。

除了10年间新发现或新出现的事物外，对过往的材料，《美术志》的收录也更全面。由于编纂时间更晚，编纂周期更长，《美术志》得以收录浙江境内更多美术作品。以“楷书”为例，《书画志》收录楷书作品50余件，《美术志》详细介绍楷书作品80余件，并以表格收录其余80余件，材料收录更

① 《浙江通志·美术志》，浙江人民出版社2019年版，第1页。

为全面。表格是《美术志》比《书画志》新增的形式，大量表格收录正文未能记叙的内容，信息含量高。如第二章《书法》共设 7 张表，分书家和作品两种。前者以表 83-2-1-1“浙江其他篆隶书家一览表”为例，设“时代”“书家”“生卒年”“籍贯”“备注”五栏，横向排列，收录正文未载的书家的基本情况。后者以表 83-2-2-2“宋元时期浙江其他楷书碑志摩崖代表作品一览表”为例，设“作品名称”“年代”“尺寸、字数”“出土(发现)地、保存地”“备注”五栏，横向排列，收录正文未载的碑志摩崖作品的基本情况。表格根据各章节的实际情况设立，较为灵活，可以在正文之余收录更多材料。

对比《书画志》的“书画大事记”和《美术志》的“大事年表”，在资料选择时，“书画大事记”记叙的条数更多，而“大事年表”记叙的条数少。以东晋时期的记载为例，“书画大事记”记 16 条，“大事年表”仅 3 条，除兰亭雅集、戴逵隐居被两志一致收录外，“书画大事记”有晋室南渡、王献之生、王羲之书《乐毅论》、王羲之任会稽内史、王羲之称病辞官、王羲之书《黄庭经》《东方朔画赞》、传王羲之书《孝女曹娥碑》、王羲之卒、戴颙生、谢灵运生、王献之卒、王徽之卒、戴逵卒、戴博卒 14 条。而“大事年表”记《朱曼妻薛氏买地券》刊刻之事。可见，《书画志》比《美术志》更关注书画家，尽可能详尽地记录其生卒和活动。而《美术志》在资料选用上更为严格，力图简明扼要地展示浙江美术的历史发展主要脉络。在内容的书写上，“书画大事记”简略，而“大事年表”较为详细，往往记述事之本末与今日遗存。以东汉建武二十八年(52)《三老讳字忌日碑》的记录为例，“书画大事记”载：“《三老讳字忌日碑》立”[①]。“大事年表”载：“《汉三老讳字忌日碑》刻立。清咸丰二年(1852 年)出土于余姚客星山，现藏于杭州西泠印社‘汉三石老室’。为迄今浙江发现年代最早的碑石”[②]。不仅介绍该碑的刻立时间，并记录出土时间、现藏地和重大意义。

① 浙江省书画志编纂委员会编:《浙江省书画志》，方志出版社 2004 年版，第 463 页。
②《浙江通志·美术志》，浙江人民出版社 2019 年版，第 641 页。

《书画志》第四编《书画社团和书画之乡》第一章《近现代主要书画社团和机构》下，第二章《当代浙江主要书画社团和机构》各节下，以条目的方式，每条数十字到三百余字的篇幅，介绍各个书画社团与机构。《书画志》则分《美术教育》《美术社团》《美术机构》3节，在第十、十二章中加以阐述。以中国美术学院为例,《书画志》在第四编《书画社团和书画之乡》第二章《当代浙江主要书画社团和机构》第一节《杭州主要的书画社团和机构》中，设有《中国美术学院中国画系》和《中国美术学院书法系》两个条目，分别以300余字和130余字的篇幅，简单介绍创立时间、任教的书画家、教学和研究方向等内容。而《美术志》第十章《美术教育　美术论著》第一节《美术教育》中，以5000余字的篇幅，详细介绍了中国美术学院的历史、教师和专业情况，且配有四张照片作为配图，包括一张附中师生合影、一张潘天寿给国画系花鸟班学生授课场景、一张书法篆刻班学生和方介堪合影、一张南山校区大门场景。专业情况中，不仅包括《书画志》提及的中国画系和书法系，还包括油画系、版画系、雕塑系等，内容更加全面、翔实。

相比《书画志》,《美术志》材料收录更全面，这不仅体现在对10年间出现的新材料的应用，也体现在对过往材料更详尽的收录；此外,《美术志》对资料的选用更严格，内容记叙更翔实。

三、志书的学术性方面

胡乔木认为“从事地方志工作，还要搞学问，要把它作为学术工作来抓”“它本身是一项学术性的工作”。[①]李铁映提出应“把修志真正当成一门学问和学术来做”“一本好的志书，在某种程度上并不亚于一部学术专著”[②]。

《美术志》对今浙江区域内发生的重大美术事件，设立特殊篇章，采用

① 胡乔木:《谈新编地方志——听取中国地方志指导小组工作汇报时的谈话》,《中国方志文献汇编(上)》，方志出版社1999年版，第33页。

② 李铁映:《在全国地方志第三次工作会议上的讲话》,《中国地方志》2002年第1期，第6页。

“专记”形式加以单独记述，附在对应节的后面。《美术志》中专记共4篇，分别为《富春山居图》、《兰亭序》、西泠印社和浙江美术馆。以《兰亭序》为例，《书画志》第二编《书画作品》第二章《主要书法作品》第二节《行书》，第一个条目便是《《兰亭序》》，该条目以四百余字的篇幅简单介绍了作品信息、创作过程、传世版本、流传情况。《美术志》在第二章《书法》第三节《行草书》第一目《魏晋南北朝》的王羲之部分，以较短篇幅简单介绍《兰亭序》的情况，在节后列有专记《兰亭序》，分兰亭修禊与《兰亭序》、《兰亭序》真迹的流传、《兰亭序》的主要传世版本、《兰亭序》的艺术特点、《兰亭序》的影响五部分，全面系统地介绍了这一极为重要的书法作品，而不受限于正文的篇幅。专记展示重点，展示重要的细部和研究的深度，可增强志书的学术性，提高志书的学术价值。[①]

同一事物在两本志书中可能有不同的名称。良渚文化有一种似人非人的神人和兽面集于一体的刻划图像，最早于1986年出土于浙江余杭反山良渚墓地，常见于最高等级的玉器上。《书画志》中称为“人兽同体神像”[②]，而《美术志》中采用考古学术界普遍使用的“神人兽面纹”[③]，更为科学规范。“采用记述对象所属学科的专业术语和评价体系”，可以一定程度上“增强志书的学术性，提高志书的学术价值”[④]。

《书画志》《美术志》均有彩图展示书画作品，《书画志》图下注朝代、作者和书画名，如“明　徐渭　葡萄图”。《美术志》除此三项外，有图版号并括注藏地，如“图版83-007-2〔明〕徐渭《墨葡萄图》（北京故宫博物院藏）”，更方便读者、研究者在阅读过程中查找和使用。

---

① 荀德麟:《增强续修志书学术性之我见》,《江苏地方志》2007年第4期，第8页。
②《浙江省书画志》，方志出版社2004年版，第5页。
③《浙江通志·美术志》，浙江人民出版社2019年版，第2页。
④ 荀德麟:《增强续修志书学术性之我见》,《江苏地方志》2007年第4期，第9页。

对比《书画志》的“书画大事记”和《美术志》的“大事年表”，“书画大事记”记录时间和大事纪要两项内容，“大事年表”以表格形式进行记录，设“时间”“大事记要”“资料来源”三栏，横向排列。以《富春山居图》的创作为例，“书画大事记”记载为：“元至正七年（1347）黄公望入富春山，作《富春山居图》”[①]。“大事年表”记载为[②]：

时　间	大事记要	资料来源
元至正七年（1347 年）	黄公望隐居富春山，开始创稿《富春山居图》，至至正十年（1350 年）尚未完成	据《富春山居图》后段“无用师卷”黄公望自跋，现藏于台北故宫博物院

“资料来源”一栏便于普通读者、研究者和今后的志书编纂者查找出处，核对史实，既增加材料的可信度和权威性，也提高了志书的学术价值。

《美术志》设置专记记述浙江境内的重大美术事件，在使用材料时比《书画志》更注重专业术语的使用和资料出处的注释，体现了《美术志》学术性方面的进步。

综上所述，《浙江通志·美术志》与《浙江书画志》相比，有优化进步之处，主要体现在 3 个方面：门类更齐全、编排更科学、结构更严谨，体现了更强的科学性；材料收录更全面、资料选用更严格、内容记叙更翔实，体现了更强的资料性；设置专记、使用专业术语、规范注释，体现了更强的学术性。

（戴依依，女，浙江省人民政府地方志办公室省志工作部助理研究员。）

①《浙江省书画志》，方志出版社 2004 年版，第 471 页。
②《浙江通志·美术志》，浙江人民出版社 2019 年版，第 643 页。

《浙江通志·广播电视电影志》运用“述而有作”笔法述评

韩章训

提　要：文章认为，《浙江通志·广播电视电影志》有一个突出亮点，那就是较全面运用了“述而有作”笔法。其主要体现有三：一是体现于对史料的说明中，即对所用主要史料皆作必要说明，或说明史料具体出处，或载明史料的提供者。二是体现于对史实的解释中，其主要表现有五，即注意说明史事发生的社会背景并提炼其专业特色；注意用画龙点睛之笔，说明史事的社会意义和历史地位；注意用寓观点于叙事之中的笔法说明一些旧文化的反动本质；注意用夹叙夹议笔法来展示国人爱民族和爱祖国行为和思想；注意说明史事的是非曲直。三是体现于小序撰写中，具体表现有三，即用小序说明本项工作发展与国家实行改革开放的密切关系；用小序综述历史概貌和说明事业发展特点、社会作用等；用小序说明事业发展的社会背景和工作特点等。

关键词：广播电视电影志　应用　“述而有作”　笔法

《浙江通志·广播电视电影志》(以下简称《广播电视电影志》)102万字，已由浙江人民出版社于2020年6月出版。笔者近时有幸拜读，以为它有一个亮点，那就是行文笔法比较新，较好实现了从“述而不作”到“述而有作”

的发展。自东晋常璩化用孔子编修《春秋》的“述而不作”经验，首倡“善志者述而不作”[①]，后在一千余年历史长河里，中国修志界皆以“述而不作”为行文基本笔法。自20世纪80年代始，随着马克思主义认识论和反映论的逐渐普及，修志基本笔法发生了历史性变化。彼时魏桥曾总结浙江修志界践行“述而有作”经验曰：“地方志当以‘述’为主，这是已经形成的共识，可是‘作’并不应排斥，而是要用志书的体例和方法去‘作’。在浙江多年修志实践中，下列做法是比较可取的。”具体说来，主要有五端。“第一，‘作’于修正传统的错误观点。”“第二，‘作’于揭示地情和人情的基本特点。”“第三，是‘作’于志书的总体设计。”“第四，在志书的篇章设计中，注意志书规范化的同时，突出自己地方的特点”。“第五，在志书的各编、章之前立一段无题小序，用凝练、简朴的文字，或者概括编、章的要点；或者略述本编、章范围内因某种原因未提及的方面；或者作某些必要的编纂说明。”[②]《广播电视电影志》作者也是基于这种认识，故在该志编纂过程中，把“述而不作”变为“述而有作”。综观该志，它运用“述而有作”笔法主要体现有如下诸方面：

一、体现于对史料的说明中

凡是过来人都知道，在1960年前后的那次修志和第一轮修志中，修志者对志书所用史资料多不作说明或说明不甚具体，这样就会让读者怀疑其所用史料的真实性，就会严重影响志书的著述性和可信度。当代学术界所以很少援引新编志书，其主要原因就在这里。《广播电视电影志》作者也是基于这种认识，故对志书所用主要史料皆作必要说明。或说明史料具体出处，或载明资料的具体提供者。例如，该志在卷首首页首幅照片下载曰：“1949年5月12日，中国共产党中央委员会主席毛泽东在北平接见参加中华全国第一

① 常璩:《华阳国志》之《序志》《后贤志》小序，巴蜀书社2012年版，第1页。
② 魏桥:《续志三思》,《内蒙古地方志》2000年第3期。

次青年代表大会的代表，浙江新华广播电台播音员卢月梅代表国统区青年向毛泽东献词(《浙江日报》1949年6月14日，第4版)。”又该志在卷首首页第二幅照片下注曰：“1949年5月24日，浙江新华广播电台的第一张节目表(浙江广播电视集团提供)。”有的还载明照片拍摄者姓名。如该志在卷首第6页第二幅照片下载曰：“2009年7月3日，浙江广播电视集团投资600余万元引进的高清LED大屏正在调试，(赵乃澄摄)。”该志对所用重要史料皆一一注明出处。如该志卷末大事年表即如此。该年表计设“时间”“大事记要”“资料来源”3栏。全表内容编排以时为序，共记述发生于1908—2000年的大事121条，每条皆于“资料来源”栏中说明其资料具体出处。如其首条载曰：见“《杭州白话报》，清光绪三十四年五月十七”。[①]有的还通过页末注来说明所用史料的出处。如该志卷首概述载曰：“清光绪三十四年(1908年)五月，英国人司点文生在杭州拱宸桥开办阳春外国茶园并放映电影”。此外还于本页末作注曰：见“张清宏:《民国时期杭州的电影业》，《杭州民进》2018年第4期。”[②]该志还通过页末注对某些史料的特殊内涵作简要说明。如该志卷首概述曾记载这样一则史料：“21世纪初，省两台陆续开办《浙江全面奔小康》《潮涌杭州湾》《聚焦苏浙沪，展望长三角》《“八八战略”在基层》等专栏。”其中“八八战略”属特殊词语，其具体内涵为一般读者所不悉。有鉴于此，该志就在本页末特加这样一个注释：“‘八八战略’：2003年7月，省委举行第十一届第四次全体(扩大)会议，在总结浙江经济多年发展经验的基础上，全面系统地总结了浙江省发展的八个优势，提出了面向未来发展的八项举措——‘八八战略’，进一步发挥浙江的体制机制、区位、特色产业、城乡协调发展、生态、山海资源、环境、人文八大优势，推进主动接轨上海，参与长江三角洲地区交流合作、加快先进制造业基地建设、加快城乡一体化、创建生态省、欠发达地区跨越式发展、加强法制信用与机关效

---

①《浙江通志·广播电视电影志》，浙江人民出版社2020年版，第702页。

②《浙江通志·广播电视电影志》，浙江人民出版社2020年版，第2页。

能建设、科教兴省和人才强省、文化大省建设八个方面的举措。”[①]显而易见，这里对特殊短语“八八战略”做这样的补充说明是完全有必要的。有些志文因受上下行文风格的局限，对某些史实的记载往往过简。为弥补这种缺陷，该志作者就注意运用注释加以弥补。如该志卷首《概述》第二目写道：“民国17年(1928)10月，浙江省建设厅采用中波发射技术，在杭州建立浙江省无线电话广播电台并开始播音。这是全国首创的5个省广播电台之一。”[②]该志作者有感于如此记载有过简之嫌，故于本页末特加这样一条注释：“民国17年(1928)10月，浙江省政府在杭州成立250瓦电力的广播电台一座，呼号为Xgy；每日从9时至20时30分，除特别节目外，间歇播音3小时30分钟，其内容侧重省府决议案及通告通令等；职员9人，每月经费1000元(温世光：《60年前，我们第一次广播》,《浙江日报》2009年5月2日)。”[③]这里做如此补充，无论是对于优化志书行文还是对于丰富志书史料都是有必要的。

二、体现于对史实的解释中

传统修志界存有一个思想误区，即认为方志属纪实之书，主要是用史实说活，只要把客观史实记载清楚就万事大吉了。其实这种认识是有偏颇的。经验常识表明，无论是文物类史料还是文字类史料，其本身是静止的、平面的，不能表达任何意义。如果史料不经过解释，它是不可能给人以任何思想启迪的。死的史料必只有经过使用者的解释，方能与现时人有关，于现时人有用。有的史学家说得对：如果“离开了这种解释，则历史学便根本不能成立，而史籍也只能流为一种流水账”。[④]此理同样适用修志领域。传统修志存有一个通病，即皆强调奉行传统“述而不作”笔法，只注意对事实的叙述，

---

① 《浙江通志·广播电视电影志》，浙江人民出版社2020年版，第12页。
② 《浙江通志·广播电视电影志》，浙江人民出版社2020年版，第17页。
③ 均见《浙江通志·广播电视电影志》，浙江人民出版社2020年版，第1页。
④ 余英时：《历史与思想》，台北联经出版公司1976年版，第170—171页。

几乎见不到作者个人对史事的理解和阐释。有的民国学者甚至还主张修志必须对史实作纯客观记述。如余绍宋说：“作史志者必宜处于第三者地位，全任客观”。[①]章乃羹说：“修志乘者，能通其故，不参杂我见，按当时实际情形，据事直书，则一代文献方信而有征。”[②]这样的志书，其思想性、著述性以及给人的启迪性自然十分有限了。《广播电视电影志》行文与传统志书行文相较，已经截然不同，主要体现有如下3个方面：

一是注意记述史事发生的社会背景并提炼其专业特色。如该志第二章《电视》第一节《省级电视台》，在《新闻报道与重要活动》子目下写道：“2001年，电视直播成为省电视台宣传报道的主要手段。继在全国‘两会’采用卫星连线直播后，影视文化频道以‘买断’现场直播权的方式对雷峰塔地下发掘进行3个多小时的现场直播。‘五月的鲜花——大学生新世纪“西湖之约”大型电视演唱活动’通过浙江卫视、中国教育电视台、教育科技频道的联合直播，在全国产生广泛影响。周末版推出桐乡地理、良渚文化晚期大墓发掘、千岛湖秀水节、绍兴古鉴湖开源、江南长城开幕等同步直播活动，文艺部、周末版、钱江都市频道，经济生活频道对西湖博览会各项活动的直播，影视文化频道组织的全国首次对影视剧拍摄场《射雕英雄传》桃花岛片场的直播活动等，均收到较好的传播效果。原体育健康（后改为民生休闲）频道全年顺利形成包括中美女足‘世纪之战’‘甲B’足球联赛等重要重量级赛事在内的近100场体育赛事现场直播与1000次卫星直播，营造出全直播形态的频道专业化特色。”[③]该志此类例子甚多，这里就恕不枚举了。

二是在载明史实的基础上，还注意用画龙点睛之笔说明该史事的社会意义和历史地位。如该志卷首概述第二目21本世纪浙江影视产业发展曰：浙江“影视产业后来居上，全国居前。至2010年，全省影视制作主体总注册资

① 余绍宋：《答修志三问》，《浙江省通志馆馆刊》第1卷第3期，1945年。
② 章乃羹：《略论修志意见》，《浙江省通志馆馆刊》创刊号，1945年。
③《浙江通志·广播电视电影志》，浙江人民出版社2020年版，第15页。

金 44.7 亿元；横店影视产业实验区营业收入从 2000 年的 376 万元增长至 30 亿元，华谊兄弟、光线传媒等 382 家影视企业落户，出品的影视剧占全国产量的 1/5，累计营业收入 91.07 亿元，上缴税费 6.24 亿元；杭州滨江国家动画产业基地集聚近百家动画企业，年产量居全国动画基地之首。2005 年，首届中国国际动漫节在杭州举办，此后长期落户杭州。2002 年起，省内电影院线与省外电影院线竞相发展，同时浙江院线大步走向省外；2010 年，浙江省院线城市票房收入 7.38 亿元，同比增长 75.83%，占全国院线城市票房的 7.35%。2009 年 10 月，落户横店影视产业试区的华谊兄弟为‘中国电影第一股’；2010 年 10 月，华策影视成为‘中国电视剧第一股’”①。

三是对旧时一些反动文化现象则用寓观点于叙事之中的笔法予以记载。如该志第一章后《附：日伪电台》中的《杭州广播电台（日伪政权杭州放送局）》目就这样写道：“民国 28 年（1939 年），日本侵略军在杭州英氏街（现平海路）46 号设立杭州广播电台。是年 6 月 19 日开始播音，每天播音 9 小时，使用杭州话和日语播音。节目有《杭州新闻》《日语新闻》《讲座》《儿童节目》《日语讲座》和特设的对日军广播等，并由汉奸、亲日分子发表广播演讲。历任台长为日本人”②。在这段记述中，不仅说明抗战期间杭州日伪电台的建立和工作情况，而且还通过使用“日伪”“日本侵略军”“由汉奸、亲日分子发表广播演讲”3 个贬义词语，揭示出彼时杭州日伪电台的反动性。

四是运用夹叙夹议的“述而有作”笔法，以展示国人爱民族和爱祖国行为和思想。如该志第三章第一节《电影宣传放映》写道：“民国 14 年（1925 年）夏，上海发生‘五卅’惨案，杭州各界积极响应支援，杭州影戏院公映实地拍摄影片《五卅沪潮》。民国 20 年（1931 年）‘九一八’事变和民国 21 年（1932 年）上海‘一・二八’事件发生后，宁波青年会电影部、嘉兴民众乐园、桐乡乌镇、上虞春晖中学等先后放映《上海战争》《淞沪抗日血战》《十九路军光

① 《浙江通志・广播电视电影志》，浙江人民出版社 2020 年版，第 119 页。
② 《浙江通志・广播电视电影志》，浙江人民出版社 2020 年版，第 23 页。

荣史》等影片。民国28—32年，国民党浙江省党部等所属放映总队第一队，到东阳、绍兴、金华、衢县、江山、缙云等地放映《八一三抗战》《上海血战史》《克服台儿庄》等战地实录纪录片，及《保卫我们的土地》《八百壮士》等故事片，向民众宣传抗战”①。

五是在载明史事的基础上，还对某些史事进行是非曲直的评说。如该志卷首《概述》第二目写道：“中华人民共和国成立至20世纪70年代中期，作为党和人民喉舌之一的省电台和各地市、县广播站（室）在转播好中央人民广播电台（以下简称中央电台）节目的同时，围绕土地改革、抗美援朝、‘三反’、‘五反’、‘镇反’、‘肃反’、工商业社会主义改造和生产发展、群众生活，不同程度地自办新闻报道、政策宣传、农业科技、文化娱乐等节目。地市、县广播站（室）转播省电台节目，乡镇和农村大队广播站（室）定时转播县广播站节目。50年代末，宣传报道总路线、‘大跃进’、人民公社化，存在浮夸风、片面性。60年代初，报道克服自然灾害困难和总结经验、恢复经济发展。在1966—1976年的‘文化大革命’时期，广播宣传假话、大话、空话、套话泛滥，‘文化大革命’结束后，新闻报道等节目传播逐步回归正常。”如此评说无论对反映客观历史史实还是揭示事物本质都是很有必要的。

三、体现于小序撰写中

所谓“小序”即指那些置于志书各分志中的那种过渡性文字。从现存旧志看，从南宋起，一些志书就开始在卷篇之首设置过渡性文字。如罗愿《新安志》、陈耆卿《赤城志》、施谔《淳佑临安志》、周应合《景定建康志》等。当时王象祖在《赤城志序》中首称过渡性文字为“小序”②。清章学诚在《和州志》《永清县志》中称过渡性文字为“序例”。民国前的志书小序多以议论为主，说一些各地通用的虚话。自民国起，志书小序写法开始发生变化。在

①《浙江通志·广播电视电影志》，浙江人民出版社2020年版，第215页。

② 详见王象祖《赤城志序》，载《台州经籍志》卷13。

内容上，由务虚变为务虚，务实相结合；在行文笔法上，由议论体为主变为叙议结合体为主。当代新编志书在小序设置上，已经出现两个新态势。其一，越来越多的新编志书都在篇卷之首设置小序。如新编《乐平县志》《绍兴市志》等。其二，有些新编志书已经开始在篇、章、节首普遍设置小序。这种做法已被越来越多的修志者所认同。如李继隆总结当代修志经验说："这次我们编修的丰南续志共设 17 编，有 8 编设了综述，如'经济综述''政治综述''文化综述'；128 章中有 74 章设了'无题小序'"①。对于这种发展新态势，有的学者甚至还断言："这是一种不可逆转的趋势"②。《广播电视电影志》作者也是基于这种认识，故该志各章、节皆设有小序，以共同发挥阐释旨意、承上启下和提领后文等作用。该志小序的主要类型有如下诸种：

一是用小序来说明本项工作发展与国家实行改革开放的密切关系。如该志第三章《电影》第四节《电影业变革》节小序："1993—2010 年，是电影业大变革时期，发端于全国电影机制改革，经过计划经济体制与市场经济体制双轨制运行，进一步深化电影体制改革，建立电影院线制。浙江各电影院线公司担纲起电影发行放映重任，在省内外开疆拓土，建设新型电影院。省外电影院线公司也竞相进军浙江建设与签约影院。全省各级电影公司顺应变化，转企改制，创新发展。《浙江省建设文化大省纲要》《浙江文化事业发展若干政策的意见》及一系列发展电影产业政策出台，建构起良好产业生态环境，吸引大量社会资本进入，推动浙江电影产业健康繁荣发展。"③这样就把 1993—2010 年，浙江电影业蓬勃发展同国家实行改革开放政策的密切关系反映了出来。

二是用小序总括历史概貌和说明事业发展特点、社会作用等。例如该志第一章《广播》第一节《现代广播电台》小序曰："民国时期，国民党军政当

---

① 李继隆：《续志编写初探》，《河北地方志》1998 年第 4 期。
② 苑广才、党戈着：《方志写作学》，吉林文史出版社 2005 年版，第 245 页。
③《浙江通志·广播电视电影志》，浙江人民出版社 2020 年版，第 255 页。

局在浙江开办第一座广播电台——浙江省无线广播电台以及其他5座官办广播电台。杭州、宁波、温州、湖州、嘉兴、绍兴等地建立的20座民营广播电台，大多规模较小、存在的时间很短”[①]。其中“民国时期……20座民营广播电台”用以总括概貌，“大多规模较小、存在的时间很短”用以说明特点。又如该志第二章《电视》第一节《省级电视台》小序曰：“1960年10月1日，浙江人民广播电台电视台试开播，揭开浙江电视事业和省电视台历史发展的第一页。20世纪90年代初，省有线电视台和省教育电视台相继成立并发展成省级主要电视新闻媒体。2000年10月，省电视台、浙江有线电视台、浙江教育电视台宣布实施‘三台合并’，成立新的浙江电视台，形成以新闻综合频道为龙头，多功能、专业化、系列化频道相配套的省级电视新格局。资源重组、分工优化后的省电视台节目更加丰富，潜力进一步释放，事业蒸蒸日上，成为展示浙江风采、传播国内外信息的一个重要窗口，弘扬优秀民族文化和时代精神的重要阵地。”其中“1960年10月1日……形成以新闻综合频道为龙头，多功能、专业化、系列化频道相配套的省级电视新格局”用以总括概貌，“资源重组……弘扬优秀民族文化和时代精神的重要阵地。”用以说明事业发展特点和社会作用。

三是用小序说明事业发展的社会背景和工作特点等。如该志第三章《电影》第三节《电影业全面发展》小序曰：“中共十一届三中全会拨乱反正，实行改革开放，计划经济逐步向社会主义市场经济转轨。浙江电影业抓住机遇，改造城市电影院开发农村电影市场，开展‘以影为主，多种经营’。电影发行放映、创作、生产、教育、理论研究齐头并进，全面发展”[②]。此中“中共十一届三中全会拨乱反正……开展‘以影为主，多种经营’”用以说明彼时事业发展的社会背景。“电影发行放映……全面发展”用以事业发展的基本特点。该志许多节也设有小序，用夹叙夹议笔法说明本项工作的发展过程和

①《浙江通志·广播电视电影志》，浙江人民出版社2020年版，第17页。

②《浙江通志·广播电视电影志》，浙江人民出版社2020年版，第234页。

主要成就。如该志第六章《基础设施与公共服务》第二节《城乡广播影视公共服务工程》小序曰："浙江省的城乡广播电视电影公共服务，早期主要由广播收音站、有线广播网、中波广播、无线调频、电视广播、有线电视和农村电影放映等项目组成。在全省广播电视电影基本实现普及发展的基础上，自20世纪末至21世纪初，开展等级高、投入大的三轮广播电视'村村通'工程及一系列惠及农民的广播影视公共服务工程建设，如有线电视'村村通'、有线广播'村村响'、广播电视低保、帮助贫困户的'彩虹行动'、农村中央广播电视节目无线覆盖、农村电影放映'2131工程"等。这些工程建设的实施，解决全省城乡广大人民群众尤其是全省低收入群体及山区（海岛）广大农（渔）民群众听广播、看电视、看电影难和听不好、看不好的问题，有效提高了城乡居民广播电视电影的共享水平"[①]。如此概括是颇具高度、深度和综合度的。

回顾当代修志理论发展历史可知道，自20世纪90年代后期以来，方志学界已有越来越多的人主张编修新志必须用"述而有作"笔法。如2006年《中国地方志》第5期发表署名文章称：编修"方志必须是述而有作。这在第二轮修志开展以来，学术界已达成基本共识，主张方志不应再抱述而不作的陈规，应该提倡述而有作的新方法"[②]。2010年，有的学者曾总结修志笔法演变曰：时至当代，修志笔法已"从'述而不作'到'述而有作'"的飞跃。[③]当历史进入21世纪后，主张修志使用"述而有作"笔法已经成为广大修志同仁的基本共识。但从修志实践层面看，较深刻理解和较全面践行"述而不作"笔法的个例还较少见，故还有待于进一步研究和发展。由前所述可知，《浙江通志·广播电视电影志》作者在理解和践行"述而不作"笔法方面已有较多探索，其主要体现有三。一是体现于对史料的说明中，二是体现于对史实

① 《浙江通志·广播电视电影志》，浙江人民出版社2020年版，第412页。
② 曹建英：《浅论述而不作与述而有作的辩证统一》，《中国地方志》2006年第5期。
③ 刘伟毅等著：《中国方志史》，三晋出版社2010年版，第375页。

的解释中，三是体现于小序撰写中。他们这些新做法对第三轮修志继续深化修志笔法研究和更全面践行“述而有作”笔法是有借鉴意义的。

（韩章训，浙江省衢州市地方志办公室原主任，研究员，著有《普通方志学》《方志学基础教程》《方志接受学基础教程》《方志文本学基础教程》《方志写作学基础教程》等。）

《浙江通志·档案志》的篇目设计与记述特色

郑金月

提　要:《浙江通志·档案志》既是《浙江通志》的其中一卷，也是浙江省第一部公开出版的省级档案专业志。其篇目设计与二轮修志已经出版的其他省志档案志相比，总体上类同，但也有其自身的特点，使其专业特色得到进一步彰显；对浙江档案事业发展史上具有全国影响和浙江辨识度的大事、要事和经验、做法作了重点记述，强化了浙江印记，使浙江档案工作的特色得到充分彰显；聚焦档案工作“三个走向”展开记述，使浙江档案事业发展的当代成就和时代特色得到充分彰显；对“档案资源”作了重点记述，突出了“档案资源”作为档案事业立业之本的极端重要性，彰显了浙江档案资源体系的重要特色，堪称是一部记录浙江档案事业发展历程的教科书，一部推介档案工作“浙江经验”的样板书，一部档案从业者和档案利用者的工具书。

关键词: 浙江通志　档案志　篇目设计　“三个走向”　档案资源　特色

档案是历史的记录，方志是传承的历史。在历史长河中，绝大多数档案都湮灭无痕了，但也有相当一部分的内容记述通过修纂地方志得以传承至今。《浙江通志·档案志》[①](以下简称《档案志》)既是《浙江通志》的其中一卷，也是浙江省第一部公开出版的省级档案专业志。起讫时间为上溯事物发端，

①《浙江通志·档案志》，浙江教育出版社2021年版。

下限为2010年底。其中最早的记述是大事年表中“汉会稽(今绍兴)人袁康编撰浙江方志《越绝书》5卷，记春秋越国事”,《越绝书》被视为地方志的发端之作，但在这里是作为档案文献编纂成果而记述的，从中也可以看出地方志与档案工作的历史渊源。

《档案志》修纂工作于2011年11月启动，2021年12月出版，历时十年有余。笔者长期从事档案工作，有幸在2019年7月至2021年6月担任了两年的《档案志》的常务副主编，现在又是一名地方志工作的新兵，翻阅最新出版的《档案志》，自是感受良多。《档案志》的出版，凝聚了修纂人员的大量心血，从篇目设计、资料收集、体例呈现，到图片选用、内容记述无不用心，其专业特色、地方特色、时代特色、资源特色均得以彰显，堪称是一部记录浙江档案事业发展历程的教科书，一部推介档案工作“浙江经验”的样板书，一部档案从业者和档案利用者的工具书。

一、优化篇目设计，彰显专业特色

篇目是志书的总体框架和设计蓝图，体现出志书的结构体例、内容编排和记述重点，对资料收集和志稿撰写起着重要的引领作用，很大程度上决定了志书的专业特色。志书的篇目如何设计，是由其承载的对象所决定。档案志是记述和反映一个地区档案工作发展史和现状的专业志书，其承载对象是档案事业，篇目框架自然应当合乎档案事业发展的历史与现状。要编纂出高质量的档案志，在篇目设计上必须突出档案工作的专业特色，把当地档案事业的发展脉络作为档案志的主题主线。

档案志篇目设计的变化，一定程度上反映档案事业的发展与变化。一轮修志时，档案志在篇目设计上的“共同点是除了序言、概述、大事记和附录之外，本体部分其篇章基本上设计成档案馆工作、档案室工作、机构沿革和档案行政管理四个部分，其不同点则表现在章内各节的编排和选择上”①。这与当时我国档案事业发展现状是基本相适应的。二轮修志时，档案志的

① 杨松波:《北京〈崇文区档案志〉篇目设计特色》,《档案学通讯》1996年第6期。

篇目设计发生了很大的变化。从二轮修志已经出版的省志档案志的篇目设计来看，“除了其篇目名称的细微差别，各档案志的篇目设置都包含以下几大板块：1. 基础板块：档案 2. 业务板块：即指档案管理工作 3. 档案机构板块：包括档案室、档案馆 4. 档案工作板块：包括档案行政管理、档案教育、档案科研、档案国际交流与合作等”①。这样的篇目设计，总体上是与进入二十一世纪后我国档案事业发展繁荣的良好局面相对称的。

《档案志》采用章、节、目结构，卷前引用《浙江通志》统一的序和凡例，卷首设概述，分清代以前、民国时期、中华人民共和国成立后等不同阶段记述浙江档案事业发展变化的历史图景以及当前现状，读之即可纵览浙江档案工作之全貌。其后设十一章和专记、丛录、大事年表展开记述。第一章《档案行政管理》，设六节，分别记述管理体制、机构与编制、档案事业发展规划、档案法制、全省档案工作重要会议和档案行政监督等情况；第二章《档案室设置与业务》，设三节，分别记述档案室设置、档案室设施设备和档案业务等情况；第三章《档案馆设置与布局》，设七节，分别记述南宋天章阁、档案架阁库、综合档案馆、专门档案馆、省级部门档案馆、企事业单位档案馆和档案馆基础设施建设等情况；第四章《档案馆基础业务与利用服务》，设八节，分别记述档案收集、档案整理、档案保管与保护、重点档案抢救、档案鉴定与档案统计、档案利用、档案公布与开放和现行文件查询服务等情况；第五章《档案文献编研》，设三节，分别记述宋元明清时期、民国时期档案文献编研和现代档案编研等情况；第六章《档案理论研究和科技工作》，设四节，分别记述档案理论研究、应用技术研究、档案信息化建设和科研成果与推广应用等情况；第七章《档案宣传》，设四节，分别记述档案宣传的组织与实施、档案宣传内容及形式、专业期刊和爱国主义教育基地等情况；第八章《档案专业队伍建设》，设四节，分别记述学历教育、在职培训、专业技术资格评聘和考试、先进评选表彰等情况；第九章《社会档案事务服务与档案

① 徐海静：《试论档案志的编纂创新》，《档案学通讯》2008年第4期。

工作合作交流》，设两节，分别记述社会档案事务服务和档案工作国内外合作交流情况；第十章《浙江省档案学会》，设三节，分别记述档案学会的成立、浙江省档案学会理事会及专业委员会、学术活动等情况；第十一章《档案资源》，设十一节，分别记述清代及清代前档案、民国时期档案、革命历史档案、中华人民共和国成立后形成的档案、专业档案、声像档案、石刻档案、书画实物档案、资料、档案文献遗产、档案损毁与散失等情况。特设专记，记述中国档案学界一代宗师——吴宝康。丛录分两部分，一是收录档案管理办法与法规，二是收录相关著述、文论、奏札。大事年表以编年体和表的形式，简略记述了浙江档案发展史上的大事、要事及其资料来源。最后还设有编后记，对《档案志》的编纂过程和相关情况作出说明。

《档案志》的篇目设计，与二轮修志已经出版的其他省志档案志相比，总体相近，但也有其自身的特点：一是加大档案馆工作的记述比重，设《档案馆设置与布局》和《档案馆基础业务与利用服务》两章进行记述，使档案馆作为档案事业主体的地位更加凸显；二是将“档案文献编研”作了升格处理，升格为章单独记述，使档案工作重视开发利用的导向更加鲜明；三是“档案理论研究和科技工作”和“浙江省档案学会”均设专章记述，更加突出了档案理论研究在档案事业发展中基础支撑地位；四是设章对“档案资源”作了翔实的介绍，为利用者查找档案提供了线索。总之，《档案志》在篇目设计上这些特点，使其专业特色得到进一步彰显。

二、强化浙江印记，彰显地方特色

地方志记一地之史，地方性是其最基本的特征。“在媒体尚未发达的年代，地方志书既是官方引导民间文化潮流的优势媒介，也是推动具有地方特色、地域特点的事物不断发展壮大的载体和动力”[①]。《档案志》在内容记述

① 陈家传：《第一、二轮〈海南省志〉突出地方特色的实践》，《中国地方志》2022年第1期。

上的地方特色、地域特点十分明显，对浙江档案事业发展史上具有全国影响和浙江辨识度的大事、要事和经验、做法作了重点记述，强化了档案志的浙江印记，使档案志的浙江特色得到充分彰显。具体体现在以下几方面：

（一）关于南宋档案工作的记述

南宋建都杭州，立足浙江，统治整个南方地区。杭州是南宋政治、经济和文化中心，也是档案工作的管理指挥中心，“浙江有比较清晰文献记录的档案管理历史，始于南宋”，《档案志》对此作了重点记述。如在第一章《档案行政管理》第一节《管理体制》中记载：“宋绍兴元年（1131年），宋高宗赵构在绍兴府重新设立秘书省，掌古今经籍图书、国史、实录、天文历数等事。绍兴三年（1133年），尚书省在临安府（今杭州市）天水院桥建六部架阁库，保管六部档案。绍兴八年（1138年），正式定临安为行都。绍兴十五年，扩建六部架阁库，重新设置六部架阁库官4人”。第三章《档案馆设置与布局》专设一节记述“南宋天章阁”，“宋代继位君主在禁中专门建造殿阁，收藏已故的前一朝皇帝的御制、御书及所撰诗文、书画手迹，这是中国古代档案收藏管理史上前所未有、后世亦无的独创”。南宋绍兴二十四年（1154年）9月，高宗下诏正式重建天章等北宋君主六阁。新阁建在大内北门和宁门内，皇城之西北角。新阁建成，“诸阁所藏，皆在其中，自龙图至显（敷）文之阁，凡二十四字，合为一匾”，总称为天章阁。

（二）关于浙江人士对档案事业贡献的记述

《浙江通志》凡例规定：“以‘生不立传’为原则，专设《人物传》予以记载；其余各有关卷所涉人物按‘以事系人’‘人随事出’方法处理”，所以《档案志》不设有关人物的章节，采用“以事系人”“人随事出”的方法和专记、丛录形式记述浙江人士对档案事业的贡献。如第五章《档案文献编研》第二节《民国时期档案文献编研》设“浙籍人士对档案文献编研的贡献”一目，分别记述了蔡元培、沈兼士、罗振玉、王国维等在档案文献编研方面做出的成就与贡献；在第六章《档案理论研究和科技工作》第一节《理论研究》中记述了杭州大学教授陈作明、何嘉荪、傅荣校等学者在文件生命周期理论、文件连续体理论、档案价值与鉴定理论等研究方面的重要贡献；在第七章《档案宣传》第四节《先进评选表彰》中，记述了“新时期档案工作者的先进代表”——绍兴市档案局(馆)局(馆)长卞峰煜[①]。吴宝康(1917—2008年)，浙江湖州南浔人，是中华人民共和国档案事业的开拓者，档案学和档案教育的主要创立者和奠基人，《档案志》特设专记予以记述。在“丛录·著述、文论、奏札”中还收录了北宋沈括的《梦溪笔谈·后唐案检》和鲁迅的《谈所谓“大内档案”》等文献。

(三)关于浙江档案工作创新成就的记述

浙江富有勇于创新，敢为天下先的人文精神，是我国改革开放的先行地，浙江档案事业发展同样走在全国前列，有许多的全国“首创”“第一”，《档案志》对此作了充分的记述。如 1987 年 7 月 20 日，省档案馆正式对社会开放档案，共开放旧政权档案 7 万卷、革命历史档案 1965 件，开创中国省级以上档案馆公开向社会开放档案的先例；1992 年 9 月 10 日，全国第一家档案事务所——建德市档案事务所成立。2004 年 1 月 6 日，省档案局、省工商联在温州联合召开全省民营企业档案工作座谈会，国家档案局副局长冯鹤旺到会指导并讲话，在全国率先部署民营企业档案工作。2005 年 2 月，省政府第 187 号令公布《浙江省重大活动档案管理办法》，同年 4 月 1 日起施行，这是全国第一部规范重大活动档案管理制度的政府规章；2005 年 10 月至 2006 年 3 月，浙江省在全国率先出台关于加强社会保障档案工作“一个意见三个办法”；2007 年 9 月 25 日，全省档案工作服务民生座谈会在衢州召开，国家档案局局长、中央档案馆馆长杨冬权出席会议并讲话，在全国率先部署民生档案工作；2009 年 1 月 8 日，长兴县档案馆以 95.8 分的成绩通过国家档案局组织的测评验收，成为全国县档案馆中的第一家国家一级档案馆，等等。

---

① 2007 年，中共中央政治局候补委员、中央书记处书记、中央办公厅主任王刚对卞峰煜先进事迹作出批示，赞誉他是“新时期档案工作者的先进代表”。

（四）关于习近平有关档案工作活动与论述的记述

浙江是习近平新时代中国特色社会主义思想的重要萌发地，习近平总书记治国理政的许多思想都来自其在浙江的探索与实践，其中也包含了对档案工作的调研和论述。习近平在浙江省工作期间，多次视察省档案工作并作出重要指示，对浙江省的档案事业发展起到重要的指导作用，《档案志》对此作了重点记述。如 2003 年 5 月 26 日，省委书记、省人大常委会主任习近平考察浙江省档案局（馆），看望档案工作者，听取档案部门的工作汇报，并作重要讲话。他指出，档案工作是一项基础性工作，经验得以总结，规律得以认识，历史得以延续，各项事业得以发展，都离不开档案；作出“三个走向”——档案工作正在走向依法治理、走向开放、走向现代化的科学判断；提出档案工作要由封闭向开放、由重保管向重服务转变的发展要求，档案工作要及时向领导机关、向社会提供有价值的信息，坚持贯彻为经济建设和社会发展服务的宗旨。同时，为改善省档案馆保管条件，习近平提出要把档案馆建设纳入文化基础设施建设范围，并要求省委、省政府分管领导组织对省档案馆新馆建设进行研究论证；2005 年 6 月 1 日，习近平在省档案局的工作汇报上作出重要批示，对省档案局（馆）围绕省委中心工作，积极发挥档案信息服务作用，努力加快档案开发开放步伐，切实加强自身软硬件建设等，给予充分肯定。他希望省档案局（馆）再接再厉，积极推进档案信息化建设和队伍建设，不断提高档案服务的能力和水平，为浙江省实施“八八战略”、建设“平安浙江”发挥积极的作用；同年 8 月 25 日，习近平在省委常委、宣传部部长陈敏尔，省委常委、秘书长李强等陪同下，参观在浙江展览馆举行的“铭记历史　振兴中华——浙江省纪念中国人民抗日战争暨世界反法西斯战争胜利 60 周年大型图片展览”，并作重要讲话；2006 年 10 月 22 日，习近平参观在浙江图书馆举办的“伟大的长征——浙江省纪念红军长征胜利 70 周年大型图片展”。

三、聚焦“三个走向”，彰显时代特色

“志书所反映的是一个地区在一定时期内的社会历史的横断面，要有鲜明的时代风貌”①。任何一部志书都是时代的产物，必然会有也应该有鲜明的时代印记。2003 年 5 月，习近平在考察浙江省档案局(馆)时曾经提出了档案工作正在走向依法治理、走向开放、走向现代化(以下简称“三个走向”)的重要论断，科学揭示了档案事业发展的目标和方向，也是当代档案工作最鲜明的特征。《档案志》聚焦档案工作“三个走向”展开记述，使浙江档案事业发展的当代成就和时代特色得到充分彰显。

(一)关于走向依法治理的记述

一是第一章《档案行政管理》设“档案法制”一节，重点记述档案法规制订与实施、执法监督等内容；二是第一章《档案行政管理》设“档案法制”一节，重点记述调查研究、档案事业评估、检查指导、档案安全与保密等内容。三是丛录中收录档案管理办法与法规。《档案志》充分记述和反映了浙江档案事业走向依法治理的现实成效：1988 年 1 月 1 日《中华人民共和国档案法》实施后，省档案局适时建立档案执法队伍，组织开展全省档案执法检查，确保《中华人民共和国档案法》得到贯彻实施。1998 年后，结合全省实际，浙江省共制定《浙江省实施〈档案法〉办法》《宁波市档案工作条例》和《杭州市档案管理条例》3 个地方性档案法规，加快贯彻落实《中华人民共和国档案法》《中华人民共和国档案法实施办法》。全省各级档案行政管理部门不断拓展和延伸档案行政监管的内涵，不断丰富和发展档案行政监管的方式和手段，采取调查研究、会议推进、考核定级、检查评估指导等方式，加强对全省档案工作的监督和指导，使档案行政监管走上法治化、规范化的轨道，保障全省档案事业顺利发展。

---

① 郑东辉:《地方特点和时代特色》,《新疆地方志通讯》1987 年第 3 期。

（二）关于走向开放的记述

档案工作走向开放，包含了档案的开放、档案馆的开放和档案工作格局的开放三个层次，这些内容在《档案志》中都有比较充分的记述和反映。一是有关档案开放的内容，主要集中在第四章《档案馆基础业务与利用服务》的第六、第七两节，重点记载了档案公布、档案开放和现行文件查询服务等内容，其中"浙江省档案馆开创中国省级以上档案馆公开向社会开放档案的先例"和"省档案馆政府信息公开工作受到中纪委、监察部督察组、国务院办公厅秘书局的肯定和群众好评"成为浙江档案工作走向开放的突出亮点。二是有关档案馆开放的内容，首先体现在档案馆基础设施的开放性，"至2010年，全省形成文化性、开放性、标志性、多功能性和适度超前的档案馆建筑新理念和新共识，所建新馆现代化设施设备一应俱全，为档案馆功能的充分发挥提供良好条件"；其次体现档案馆档案利用社会化，"全省各级各类档案馆按照档案利用制度，通过一定的方式与方法，为社会各项工作提供档案或档案信息服务。"至2010年末，"全省各级综合档案馆共接待查档者26.77万人次，提供档案资料3.16万卷（件、册）"；第三是体现在爱国主义教育基地建设上，"至2010年末，全省共有54个各级各类档案馆被命名为爱国主义教育基地，并有效开展爱国主义教育宣传活动"。三是有关档案馆开放的内容，在第七章《档案宣传》、第九章《社会档案事务服务与档案工作合作交流》和第十章《浙江省档案学会》中都有重点记述，如体现大宣传格局的"历史文化宣传""经济社会发展宣传"和"档案工作宣传"；体现社会力量参与的"社会档案事务服务"和"浙江省档案学会"；体现档案工作开放性的"档案工作合作交流"等。

（三）关于走向现代化的记述

主要集中在第六章《档案理论研究和科技工作》的第二、三、四节，在应用技术研究方面重点记述了档案常规（传统）保护技术研究、缩微技术应用研究、计算机和网络技术研究等内容；在档案信息化建设重点记述了档案信息资源库建设、档案网站建设、数字档案馆（室）建设、电子文件管理等内容，还重点记述了档案科研成果与推广应用的情况。2008 年 7 月 7 日，省档案局印发《浙江省民生档案信息基础数据库结构与交换（推荐）格式（试行）》，进一步明确婚姻、土地承包等 11 类民生档案数据库的结构，在全国率先启动民生档案专题数据库建设。2009—2010 年，省档案局建立和实施全国首创的档案与电子文件登记备份制度。

四、突出立业之本，彰显资源特色

档案资源是档案事业的立业之本。与其他类别志书不同的是，档案资源的特色是档案志最重要的特色，可以说是档案志的“底色”。《档案志》对“档案资源”作了重点记述，全章共十一节，是《档案志》中分量最重的一章，突出了“档案资源”作为档案事业立业之本的极端重要性，也强化了《档案志》作为档案利用者工具书的功能。

根据《档案志》记载，浙江清代及清代前的特色档案有省档案馆馆藏的同善堂、瓯海关、汤寿潜等全宗，省博物馆的 300 多片甲骨档案，以及汉三老碑石、大吉买山地记、鱼鳞图册、石仓契约、浙东契约等；民国时期的特色档案有杭州西湖博览会档案、钱塘江大桥档案、龙泉司法档案、温岭地籍档案、青田华侨档案、日军侵浙细菌战档案等；革命历史档案中有上虞市档案馆馆藏的陈望道于民国 9 年（1920 年）所译中文版《共产党宣言》，是中共领导的第一次有组织有纲领的浙江萧山衙前农民运动档案，浙江第一个中共组织——杭州党小组创建档案，不同时期在浙西南、浙南、浙东、浙西多次形成游击根据地档案等；中华人民共和国成立后形成的档案共有省党政军机关档案，民主党派档案，人民团体档案，事业单位档案，农林牧渔业档案，采矿业档案，制造业档案，电力、燃气及水的生产和供应业档案，交通运输、仓储和邮政业档案，采购销售业档案，基本建设档案，重点建设项目档案，重大活动档案 13 大类。另外还介绍了专业档案、声像档案、石刻档案、书画实物档案的内容和保存情况。

资料是档案馆（室）藏的有益补充，《档案志》也作了十分翔实的记述。

资料包括史志、谱牒、政府公报、法规与文件汇编、图片画册及书画、地图、票证、报纸等。至2010年，全省馆藏资料共有126.77万册，各类档案室藏资料共有60.03万册。其中较有特色的包括：全省国家综合档案馆馆藏浙江方志，有刊印本和缩微胶片复制本两大部分，至2010年末，计300种、1719册；浙江谱牒有1.2万余种，其中省内存世谱牒逾6600种，居全国第一；省档案馆保存有民国时期完整的《浙江军政府公报》《浙江公报》和《浙江省政府公报》；浙江省测绘资料档案馆藏有国内外古旧地图4614幅，历代系列比例尺地图近13万幅，地图集356册(套)等。

档案文献遗产是中国档案宝库中的重中之重，是档案资源中的"宝石"。《档案志》专设一节予以记述。2002年3月，国家档案局首次在北京召开"中国档案文献遗产工程"国家咨询委员会会议，浙江的"钱塘江桥工程档案""汤寿潜与保路运动档案"和《清漾毛氏族谱》入选第一批《中国档案文献遗产名录》；2003年10月，《共产党宣言》中文首译本、"史家祖宗画像及传记、题跋"第二批入选；2010年2月"浙江抗日军民救护遇险盟军档案""浙军都督府汤寿潜函稿档案""茅盾珍档——日记、回忆录、部分小说及书信、随笔等手稿"第三批入选。2003年1月和2004年3月，在"浙江档案文献遗产"评选中，分别有15件(组)和5件(组)两批档案文献入选。

特别值得点赞的是，《档案志》在第十一章《档案资源》中设"档案损毁与散失"一节，专门记述火灾、台风、洪灾、战争、政治因素、档案制度不完善和失职渎职等造成的档案损毁与散失。地方志自古具有彰善瘅恶、引领风尚的重要功能，但这样的理念在地方志编纂实践中往往会被有意或无意地忽略掉，"彰善瘅恶"变成了"扬善隐恶"，成为许多地方志作品的一个缺憾。《档案志》突出记述"档案损毁与散失"的反面教训，给后人以警示，进一步提升了地方志以史鉴今、以案为戒的作用。《档案志》这种既"彰善"又"瘅恶"的编纂理念，展现了修纂人员科学严谨的治学态度，是十分难能可贵的。

结 语

综上所述，《档案志》作为一部全面、系统记述浙江档案事业的专业志，政治导向正确，篇目设计科学，资料丰富翔实，记述规范有据，专业特色、地方特色、时代特色、资源特色鲜明，不失为一部兼具资料性、史实性、应用性功能于一体的佳志。通观全志，笔者以为，《档案志》在篇目设计、内容编排和记述重点等方面犹有可斟酌之处，比如：把“档案信息化建设”归类到第六章《档案理论研究和科技工作》值得商榷，如单独设章，则更能体现时代特色；清代海关档案是浙江档案资源中的一大亮点，至少应独立成目；第十一章第三节的节名与该章其他节名不统一，“浙江革命历史档案”中“浙江”明显多余等。但总体而言，当是瑕不掩瑜。

（郑金月，浙江省社会科学院党委委员，浙江省人民政府地方志办公室主任，研究馆员。）

古老而又年轻的文化　继承不乏创新的体例

——从《浙江通志·非物质文化遗产志》的编纂探讨传统志书考体的运用

王　晖

提　要：浙江是中国非物质文化遗产大省。《浙江通志·非物质文化遗产志》是一部历史厚重、文化灿烂、体例谨严、语言得体的志书。文章不仅梳理了非物质文化遗产概念的诞生、学科建设和法律的颁布，重点剖析了非遗志体例结构编排和行文表述方法，充分肯定《浙江通志·非物质文化遗产志》创新中继承旧志“考”体传统，大量使用考据方法记述非物质文化产业项目。文章对传统体裁“考”体进行了深入探讨，认为考据是历史研究的基本方法，无考难以正本清源，非遗名称、起源与发展、保护所在地都需要考证，考据便是非遗志无法回避的记述方法，也是方志学如何扬弃值得反思的一个问题。

关键词：古老文化　年轻的非遗概念　创新体例编排　继承传统考据方法

浙江是方志大省，东汉方志发端之作、宋代方志成型之作、清代方志学大家……都出自浙江，众所周知，见惯不惊。

一、浙江是中国非物质文化遗产大省

非物质文化遗产承载着人类社会的文明，是世界文化多样性的体现，是一个国家和民族历史文化成就的重要标志。2003 年 10 月 17 日，联合国教

育、科学及文化组织大会第32届会议通过《保护非物质文化遗产公约》，第一章总则第二条定义非物质文化遗产，指被各社区、群体，有时是个人，视为其文化遗产组成部分的各种社会实践、观念表达、表现形式、知识、技能以及相关的工具、实物、手工艺品和文化场所。内容包括口头传统和表现形式，作为非物质文化遗产媒介的语言；表演艺术；社会实践、仪式、节庆活动；有关自然界和宇宙的知识和实践；传统手工艺。[①]概括地说，非物质文化遗产，是指各族人民世代相传并视为其文化遗产组成部分的各种传统文化表现形式，以及与传统文化表现形式相关的实物和场所。[②]

翻开《浙江通志·非物质文化遗产志》（以下简称《非遗志》），皇皇一册74万字，种类齐全，那些闪烁着中华优秀传统文化光辉的非物质文化遗产项目，原在我们脑海里就保存着清晰的记忆底片。娄阿鼠问卦——做贼心虚，一句歇后语道出一出戏《十五贯》，“一出戏救活了一个剧种”，实指曲调委婉细腻、流丽悠长的昆曲。大凡来过西湖的文人，一定少不了到孤山南麓西泠印社一游，这是“天下第一名社”，集诗、书、画、印于一体，尤以印见长，无论你有无金石篆刻艺术基础，大可了解一下“考篆、审名、辨印、论材、分式、制度、定见、参考、摹古、撮要、章法、字法、笔法、刀法、用印法”等基本常识。“刻印必先学篆，学篆必须读书，非娴熟经史，博通六书，终难免俗。”凡人到此不妨俗一把，选一方名石，刻一枚自号，有笔有意有刀，若三者俱备，堪称完美，无论你名气大小，百年之后或成文物，说不定那是出自西泠印社某大师之手。走出西泠印社，如果你是跟团旅游，一定会领你品西湖龙井，继而参观“中国丝绸博物馆”，这是世界最大的丝绸博物馆，主要从事丝绸文物收藏、研究、鉴定、修复和保护，同时进行丝绸文化宣传、教育和展览，让游客享受一系列免费活动：免费讲解、免费古代织机操作表演、赠送丝绸文化知识资料、免费提供语音导览器、免费提供轮

---

① 联合国网：https://www.un.org/zh/documents/treaty/files/ich.shtml。

②《中华人民共和国非物质文化遗产法》第一章“总则”第二条。

椅等服务项目，到此一游，将会对中国蚕桑丝织技艺有着深刻印象。“一部陶瓷史，半部在浙江；一部浙江陶瓷史，半部在龙泉。”龙泉青瓷粉青、梅子青厚釉瓷，淡雅、含蓄、敦厚、宁静，富有中国古典审美情趣：浙派古琴艺术追求“微、妙、圆、通”的“希声”音色，寻觅“清、微、淡、远”的艺术境界；乐清细纹刻纸刀法精妙入微、挺拔有力，图案细如发丝、工而不腻、纤而不繁。这六项非物质文化遗产了得：2001 年 5 月 18 日，联合国教科文组织在巴黎宣布第一批人类口头和非物质文化遗产代表作名单，昆曲名列第四；2003 年 11 月，联合国教科文组织公布中国古琴艺术(The Art Of Guqin Music)列入人类口头和非物质遗产代表作名录；2009 年 9 月，联合国教科文组织公布中国剪纸(Chinese Papercuts)列入人类非物质文化遗产代表作名录，乐清细纹刻纸囊括其中；同年同月同组织公布中国篆刻艺术(The Art Of Chinese Seal Engraving)列入人类非物质文化遗产代表作名录，保护单位为杭州西泠印社、中国艺术研究院篆刻研究所；同年同月同组织公布中国蚕桑丝织技艺(Sericulture And Silk Craftsmanship Of China)列入人类非物质文化遗产代表作名录；同年同月同组织公布龙泉青瓷传统烧制技艺(The Traditional FiringTechnology Of Longquan Celadon)列入人类非物质文化遗产代表作名录。至 2010 年 12 月，中国入选人类非物质文化遗产代表作项目共 26 项，保护地在浙江省或与浙江省相关的人类非物质文化遗产代表作项目就有 6 项，浙江非物质文化遗产闻名世界，引人注目。

2010 年，在国务院公布的国家级非物质文化遗产名录中，浙江民间文学类很多传说深入中国人骨髓，如梁祝传说、白蛇传说、西施传说、济公传说、西湖传说、刘伯温传说、黄初平(黄大仙)传说、观音传说、布袋和尚传说、王羲之传说、苏东坡传说……无一不在中国人脑海里留下深深的烙印。省、市、县级非物质文化遗产姑且不计，大数据时代，不得不列出浙江省列入国家级非物质文化遗产代表性项目名录数据：民间文学类 10 项，其中传说 9 项，故事 1 项；传统音乐类 10 项，其中民歌 3 项，器乐 5 项，宗教音乐 2 项；传统舞蹈类 10 项，其中龙舞 4 项，狮舞 1 项，灯舞 3 项，其他舞蹈 2 项；传统戏剧类 17 项，其中曲牌体戏曲 6 项，板腔体戏曲 4 项，曲牌、板腔综合体戏曲 2 项，傀儡戏 5 项；曲艺类 19 项，其中叙唱类 9 项，散说类 8 项，滑稽类 2 项；传统体育、游艺与杂技类 3 项；传统美术类 20 项，其中绘画 2 项，雕塑 6 项，剪纸 2 项，工艺 10 项；传统技艺类 26 项，其中蚕桑丝织技艺 3 项，传统建筑营造、烧造技艺 6 项，工具、金属工艺品制作 4 项，织染缝纫 1 项，手工造纸、传统印刷 1 项，髹漆技艺 1 项，文房用品、日用品制作 4 项，传统酿酒、制茶、制盐 4 项，食品加工、烹饪 2 项；传统医药类 2 项，其中制药 1 项，诊疗 1 项；民俗类 12 项，其中祭祀 1 项，庙会 1 项，岁时节令 5 项，信俗 2 项，其他 3 项，共计 129 项，项项精品，琳琅满目，目不暇接，接踵而至，至善至美，美不胜收！《非遗志》骄傲地说，"浙江作为华夏文明发祥地之一，人杰地灵，人文荟萃，创造了璀璨的悠久的历史文化，既有珍贵的物质文化遗产，也有同样值得珍视的非物质文化遗产。这些非物质文化遗产博大精深，丰富多彩，形式多样，蔚为壮观，千百年来薪火相传，生生不息，既是浙江源远流长的优秀传统文化的积淀，也是浙江人民引以为豪的宝贵文化财富。"中国非物质文化遗产公布 5 个批次，10 个类别，1557 个项目，3610 个子项，浙江占有多大比重？志中记载 129 项是截至 2010 年 12 月下限时期数据，近十多年来浙江非物质文化遗产项目国家级申报又有了新增和扩展，中国非物质文化遗产网公布的"国家级非物质文化遗产代表性项目名录"浙江省拥有 257 项。另据光明网记者赵艳艳、梁成恩报道，2021 年 6 月 12 日是第 16 个"文化和自然遗产日"，该年的主题为"人民的非遗　人民共享"。截至 2021 年 6 月 10 日，中国共提出 5 批国家级非物质文化遗产代表性项目名录，覆盖全国 33 个省市自治区、特别行政区及新疆生产建设兵团和多个中直单位。报道依据国家非物质文化遗产网数据制作了一张表，从新疆生产建设兵团拥有 7 项，向最多省份排列，浙江省殿后 257 项，[①]超出第二名山东省 71 项，浙江——非物质文化遗产大省，无人企及！

① 光明网：https://m.gmw.cn/baijia/2021-06/11/34918191.html。

二、非物质文化遗产是古老而又年轻的文化

所谓文化遗产，自然是古老的文化。老到什么程度？与人类文明同步。据《非遗志》记载，史前时期，浙江非物质文化已经呈现出丰富而精彩的面貌。上山文化因2000年最早发现于金华市浦江县黄宅镇渠南村、渠北村和三友村之间的上山遗址而得名，距今约8500~10000年。2004年，萧山跨湖桥遗址距今约7000~8000年，出土了独木舟，表明浙江在新石器时代，独木舟制作技艺已十分成熟。河姆渡文化时期距今约5000~7000年，已从原始火耕阶段进入耜耕阶段，人们赖以生存的水稻生产技术及其加工技艺、野果采集及狩猎等成为当时原始农业社会主要的非物质文化形态。良渚文明时期距今约4300~5300年，城市选址布局和城垣营造技艺已达极高水平，琢玉技艺达到史前顶峰，所琢玉器精美绝伦。吴兴钱山漾遗址（新石器时代晚期）出土的麻布和丝织品残片，说明当时浙江丝织、麻纺技艺已达到相当高的水平，成为浙江纺织、丝绸织造技艺的源头。《史记·夏本纪》记载，大禹巡视天下，会诸侯于苗山（今绍兴茅山），计功而殁。大禹祭奠活动肇始于秦始皇时期。东汉时，浙江青瓷业在技术上获得重大突破。魏晋南北朝时期，浙江民间歌谣、民间故事内容丰富、广泛流行。两宋时期，浙江是中国戏曲发源地。元代，浙江戏曲进一步发展，大批元杂剧作家和演员纷纷沿运河南下并汇集于杭州，掀起杂剧创作高潮。明清时期，市镇繁荣，工商贸易活跃，手工业兴盛。浙江丝绸业持续高速发展，逐渐成为全国丝绸生产中心。毋庸置疑，无论浙江，还是全国，中国非物质文化遗产10大类3610个项目，没有哪一项不是历史上遗留下来的古老文化。

非物质文化遗产是古老的文化，但它又是年轻的文化，其学科概念的起源与发展不过半个世纪，大约经历了两个阶段：

第一个阶段从“物质文化遗产”保护到“口头和非物质遗产”保护。1972年11月16日，联合国教科文组织通过了《保护世界文化和自然遗产

公约》，它的颁布为保护世界范围内的文化与自然遗产发挥了非常重要的推动作用。1989 年 11 月 15 日，联合国教科文组织通过了《保护民间创作建议案》，表明“民间创作（或传统的民间文化）是指来自某一文化社区的全部创作，这些创作以传统为依据、由某一群体或一些个体所表达并被认为是符合社区期望的作为其文化和社会特性的表达形式，准则和价值通过模仿或其他方式口头相传。它的形式包括：语言、文学、音乐、舞蹈、游戏、神话、礼仪、习惯、手工艺、建筑术及其他艺术”。尽管该建议尚未正式提出“非物质文化遗产”这一概念，但已经将文化遗产保护范围从有形的物质文化遗产扩展到了无形的传统的民间文化，其保护的内容和后来的“非物质文化遗产”界定的范围非常接近，为非物质文化遗产概念的正式提出奠定了基础。1998 年，为配合《保护民间创作建议案》的后续活动，联合国教科文组织又颁布《宣布人类口头和非物质遗产代表作条例》，该条例明显的变化是名称的变化，由“民间创作”（或“传统的民间文化”）改为“人类口头和非物质遗产”，提出了“非物质遗产”概念。[①]此概念从 1972 年演变至今恰恰半个世纪。

第二个阶段从“口头和非物质遗产”保护到“非物质文化遗产”保护。2001 年 11 月 2 日，联合国教科文组织通过了《世界文化多样性宣言》，认定并公布首批人类口头和非物质文化遗产代表作。2002 年 9 月，在伊斯坦布尔举行了以“非物质文化遗产——文化多样性的体现”为主题的文化部长圆桌会议，并发布第三届文化部长圆桌会议《伊斯坦布尔宣言》，明确提出了“非物质文化遗产”概念。2003 年 10 月，联合国教科文组织第 32 届大会通过《保护非物质文化遗产公约》，从公约（2003 年）开始，国际上正式形成了“非物质文化遗产”的定义和内容，“人类口头和非物质文化遗产代表作”改称“人类非物质文化遗产代表作”，以国家为单位申报。[②]从此，“非物质文化遗产”

① 黄永林、邓清源：《中国非物质文化遗产学形成的历史背景与定位》，《民俗研究》2021 年第 5 期，第 6 页。

②《浙江通志·非物质文化遗产志》，浙江人民出版社 2021 年版，第 11 页。

形成完整的定义，至今仅仅20年。

20年来，学术界围绕非物质文化遗产学科的研究对象，积极探讨建立非遗学。中华人民共和国国家质量监督检验检疫总局、中国国家标准化管理委员会颁布《中华人民共和国国家标准：学科分类与代码》(GB/T13745-2009)，其中“850民族学与文化学”一级学科下面的二级学科“85070文化学”下增设了“文化遗产学”三级学科。以此推理，“非物质文化遗产”应该是“文化遗产”三级学科的一个方向。非物质文化遗产学是以非遗为研究对象，研究民众创造、享用并以活态形式世代传承的，具有重要历史价值、文化价值、艺术价值、社会价值和科学价值的民族民间传统文化保护与传承规律的一门学问。非遗学的创立必将成为最年轻的新兴学科。2011年2月25日，中华人民共和国第十一届全国人民代表大会常务委员会第十九次会议通过公布《中华人民共和国非物质文化遗产法》。至此，非物质文化遗产保护不仅有学科归属方向，而且有法可依。

20年来，浙江省的非物质文化遗产保护和申报工作轰轰烈烈。2000年，浙江省政府颁布《浙江省建设文化大省纲要(2001—2020年)》，提出重视文化遗产保护和开发利用，积极发掘民俗文化、民间艺术资源，制定民族文化产业的保护和扶持政策。2002年，浙江省政府印发《关于加强基层文化建设的若干意见》，对保护和弘扬优秀民族民间文化，发掘利用各类文化艺术资源和人文资源，发展民间艺术之乡、特色艺术之乡和民族民间艺术生态保护区提出要求。2005年，中共浙江省委作出《关于加快建设文化大省的决定》，实施文化保护工程。2006年，浙江省政府印发《关于进一步加强文化遗产保护的意见》，明确文化遗产保护对象包括物质文化遗产和非物质文化遗产。2007年，浙江省人民代表大会常务委员会先于国家《非物质文化遗产法》颁布《浙江省非物质文化遗产保护条例》，浙江省非物质文化遗产保护工作进入有法可依、依法行政阶段，走在全国前列。“十一五”时期，浙江各级文化行政部门大胆创新，以敢于担当、勇争一流的精神，依靠广大人民群众，创造非物质文化遗产普查“浙江模式”、非物质文化遗产申报“浙江现象”、非物质文化遗产保护“浙江经验”，并逐步建立健全四大体系：非物质文化遗产保护制度体系、非物质文化遗产传承发展体系、非物质文化遗产生态保护体系、非物质文化遗产展示共享体系。非物质文化遗产这一古老而又年轻的文化，在浙江得到大力弘扬和空前发展。

三、《非遗志》继承不乏创新的体例

非物质文化遗产是古老而又年轻的文化，21 世纪才开展申报和保护工作，首轮修志还没有这个概念诞生，谈不上修志，编纂这门学科的专志，方志界尚处在探索阶段。笔者虽然也从事省志编纂方案的设计、编纂实践和理论研究工作，2010 年参加在浙江莫干山召开的华东五省市志篇目研讨会，2011 年在浙江省志编纂业务培训班交流过编纂工作体会，深深感受到那时方志前沿理论对于非物质文化遗产志的编纂还是一片空白。2012 年 12 月，浙江省才开始探索论证，十年磨一剑，2021 年终于完成《非遗志》编纂出版工作。感谢浙江这部专志的编纂实践，为方志界提供了可资借鉴的“浙江模式”和“浙江经验”。

《非遗志》体式结构如何设计编排？无疑要遵循学科分类。这类志记述客体有两种分类方法：一是非物质文化遗产项目分类，总体上有 10 大类；二是非物质文化遗产公布与保护级别分类，共 5 类：人类（世界级）非物质文化遗产代表性项目，中国国家级非物质文化遗产代表性项目，省级非物质文化遗产代表性项目，市级非物质文化遗产代表性项目，县（市、区）级非物质文化遗产代表性项目。

《非遗志》是按照 10 个种类分类，还是按照 5 个保护级别分类编排？“浙江模式”是两者兼顾。坚持种类分类标准，主体共设 17 章，第 2 章至第 11 章分民间文学，传统音乐，传统舞蹈，传统戏剧，曲艺，传统体育、游艺与杂技，传统美术，传统技艺，传统医药，民俗 10 个门类，设志 10 章；同时又兼顾保护级别分类，将联合国教科文组织认定的人类非物质文化遗产不受品种分类限制，升格独立为第 1 章，品种分类的 10 章中不再重复记述世界级项目，仅记述浙江省国家级非物质文化遗产代表性项目和部分浙江省非物质文化遗产代表性项目，这样，从保护级别划分记述了三类：世界级、国家级和省级。省志只记述省级以上的事物，浙江有市级非物质文化遗产代表性项目 2331 项，县（市、区）级非物质文化遗产代表性项目 5931 项，这两大保护级别类八千余项的非物质文化遗产项目，没有进入省志记述范畴。志书第 12 章至第 17 章，分别记述非遗普查、非遗项目申报与评定、非遗传承人申报认定及保护、非遗保护与传承基地建设、非遗展示展演与交流以及事业管理。卷首有概述，卷末有附录、大事年表，构成前所未有的不乏创新的《非遗志》体例结构“浙江模式”。

体例含体裁、结构与章法。从体裁运用和记述章法看，浙江《非遗志》突破新的羁绊，继承旧志优良传统，创出记述方法上的“浙江经验”。

何为新的羁绊？新编地方志以来，出现一种排斥志书文字表述考据方法。考据即考证，研究文献或历史问题时，根据资料来考核、证实和说明，这是研究历史常用的一种方法。新编地方志不知道谁是始作俑者，志书行文表述不能用考据方法。笔者主编的志书原在“建置”志中有地名考、沿革考，可志书评议时专家教授众口一词，说这些不能入正志，只能作附录。首轮《安徽省志》的“附录”卷，就是对安徽历史上一系列重大事件的考据文章汇编。二轮志书同样固守这一羁绊，将考据表现形式打入另册，于是乎两轮新编志书出现大大小小的附录，或专记，或特载，或丛谈，还有莫名其妙的链接，附赘悬疣，破坏了志书整体结构。

志书能不能用考体？古人是主张用的。颜师古在《汉书·地理志注》中说：“不考其谬论，莫能寻其根本。”《诗经·小雅·节南山之什·小弁》曰：“维桑与梓，必恭敬止。”明末鄞县人高宇泰撰《敬止录》，网罗宋、元、明旧志，作有沿革考、疆域考、城池考、乡里考、坊表考、山川考（一至七卷）、学校考(一至七卷)、仓储考(附库)、海防考、贡市考(上下)、武卫考(上下)、遗事考、坛庙考、寺观考(一至六卷)、胜迹考、谷土考、岁时考、灾异考、方言考、荟蕞考(上中下)、历志考，20考计40卷。[①]这部书被后人视为鄞县方志，同时也是明代方志考体运用的一个典型范例。仓修良认为“考据派”是清代两派之一，“古方志以考据存文献”“即以考证过去为主，所以又称厚古派。这一派主要代表人物为戴震、洪亮吉、孙星衍等”。[②]考据学大师戴震“所做的学问，无一不从考据入手”。戴震做《汾州府志》总纂时极力主张考辨，“志之首沿革也，有今必先有古”“沿革定而上考往古，乃始无惑”“疆域次沿革、星野之后，考今自是始也；疆域辨而山川乃可得而纪”。[③]除了卷首有沿革考外，《汾州府志》还专设卷二十五“事考”，以“考”名志。《汾州府志》义例精严，考据精审，清代文字训诂学家、经学家段玉裁称“其书之详核，自古地志所未有”，其体例可作为修志楷式。[④]

关于地理沿革考命题，章学诚与戴震曾发生一场面对面的争执。章学诚小戴震15岁，第一次相见章学诚十分崇拜戴震，第二次相见章学诚虽属晚辈，争论毫不相让，戴震逝世13年后，章学诚撰文记录争论或许有主观倾向，说戴震主张“夫志以考地理，但悉心于地理沿革，则志事已竟”。[⑤]章学诚反驳道“但作沿革考一篇足矣，何为集众启馆”“但考沿革，而他非所重。则沿革明显，毋庸考订之州县，可无庸修志矣。”[⑥]别看当时章学诚争论言辞偏激，后来他完全继承和发扬了戴震考据观点，而且不仅限于地理沿革考，

---

① (明)高宇泰:《敬止录》，沈建国点校，宁波出版社2019年版，第1—2页。

② 仓修良:《方志学通论》，方志出版社2003年版，第347页。

③ (清)戴震:《乾隆汾州府志例言》，载于《中国旧志名家论选》，燕山出版社1988年版，第8页。

④ 梁启超：载于《戴东原著述纂校书目考》(乙丑重编)《饮冰室文集》卷六十五。

⑤ (清)章学诚:《记与戴东原论修志》，载于《章氏遗书》，文物出版社1982年版，第十一册，章十四，第37页。

⑥ (清)章学诚:《记与戴东原论修志》，载于《章氏遗书》，文物出版社1982年版，第十一册，章十四，第38页。

还提出“典籍法制，则为考以著之。”[①]“除八忌，而立四体”“皇恩庆典宜作纪，官师科甲宜作谱，典籍法制宜作考，名宦人物宜作传。”[②]他的《修志十议》之“二、议考证：邑志虽小，体例无所不备，考核不厌精详，折衷务祈尽善。”[③]早年随父亲章镳修《天门县志》，章学诚撰下《天门县志艺文考序》《天门县志五行考序》《天门县志学校考序》三篇考序。《湖北通志》是章学诚“志、掌故、文征”三书体的代表作，其中“志分二纪、三图、五表、六考、四略、五十三传。”[④]六考为“府县、舆地、食货、水利、艺文、金石”。[⑤]“考”成为志书体裁之一。由于章学诚对考体有着丰富的理论与实践，致使考体在清代得到广泛应用，“如杨周宪《新建县志》用图、表、考、志、传，李文藻《诸城县志》分图、纪、考、表、录、传，……武亿《偃师县志》置表、记、志、传、考、图，……邓显鹤《武冈州志》用纪、图、表、书、考、略、传。除历史派继续沿用纪传体外，其他派别志书也借用纪、传、志、书、略、考等体裁。民国仍有些志书，如牛兆濂《续修蓝田县志》、宋联奎《咸宁长安两县续志》等，沿袭这一体式。”[⑥]实际上民国时期考体得到大发展。民国23年（1934年），安徽通志馆编纂《安徽通志》，原安徽大学校长、后任安徽通志馆副馆长兼总纂程演生博士将“志”改为“考”，“遵照内政部《修志事例概要》并参考旧志及他省志例，定为八图、二记、二十一考，列传则一遵史例”。其中“考分舆地、职官、民政、司法、财政、教育、军备、交通、外交、权

---

① （清）章学诚：《答甄秀才论修志第一书》，载于《章氏遗书》，文物出版社1982年版，第十一册，章十五，九页。

② （清）章学诚：《修志十议》，载于《章氏遗书》，文物出版社1982年版，第十一册，章十五，二十一页。

③ （清）章学诚：《修志十议》，载于《章氏遗书》，文物出版社1982年版，第十一册，章十五，二十二页。

④ （清）章学诚：《湖北通志·凡例》，张树棻纂辑、朱士嘉校订《章实斋方志论文集》，山东省地方史志编纂委员会办公室重印，第199页。

⑤ （清）章学诚：《湖北通志·凡例》，张树棻纂辑、朱士嘉校订《章实斋方志论文集》，山东省地方史志编纂委员会办公室重印，第206页。

⑥ 黄　苇：《方志学》，复旦大学出版社1993年版，第315—316页。

量、农政、工业、商务、物产、氏族、方言、礼俗、宗教、艺文、艺术、金石古物等”①，全书157卷，各自成篇，分类出版。民国32年(1943年)浙江省通志馆成立，余绍宋任馆长，“重修通志分五纲：一曰纪，记浙江自古以来大事，拟正史本纪例；二曰考，分八类，叙述自然现象与历史遗迹；三曰略，凡十二类，记载有关社会政治事项；四曰传，分三类，拟正史列传之例；五曰谱，凡二类，拟正史表之例。此外复有杂记一类。”②“考”成为《浙江通志》“纪、考、略、传、谱”五纲之一。如果说清代章学诚的“六考”是志的四体之一，民国余绍宋的“八考”是志的五纲之一，而程演生的“二十一考”则是志的主体，将“考”体裁运用推至巅峰。

综上所述，“考”体是志书传统体裁之一，考据是史志必须运用的表述方法。新编志书在理论上走向极端，盲目排斥，物极必反，浙江《非遗志》却通古人之遗意，继承明末鄞县《敬止录》和民国《浙江通志》的体裁传统，虽然“考”没有作为体裁名称出现，而考据的方法通篇得到运用，可以说每个非物质文化遗产项目的记述，都是以考据为主来表述的。每个条目的撰写基本结构是3个层次，第一部分是该非物质文化遗产项目何年何月何机构列入何级非物质文化遗产名录，第二部分考据其名称、起源与发展、保护所在地，第三部分是该项目由何组织公布代表性传承人。一、三部分都是很简约的文字简介，只有第二部分是大量的考据文字。无考难以正本清源，无考难以确立所在。考据就是要拿出证据，故条目记述多以理证、书证、物证为据，证实项目是哪个保护地的文化遗产，因此，这本《非遗志》出现大量的书证页下注和非遗活动物证图片，区别于其他志书，继承旧志考体传统，图文并茂，将史志考据方法发挥至极致。可以预言，该志将为其他《非遗志》的编纂提供教科书式的“浙江经验”。这种实践经验也将引起方志学界的反

① 《安徽省志·方志志》稿“第二章通志省志”，王晖总纂，安徽省地方志编纂委员会2015年3月印，第25—26页。

② 仓修良：《方志学通论》，方志出版社2003年版，第363页。

思，“考”体传统究竟应该如何扬弃。

四、白璧微瑕，《非遗志》尚存莫须有的文字疑案

浙江《非遗志》是一部体例谨严、语言得体的志书。高水平的志书应该有高水平的批评，高水平的批评非是平面的吹捧，应是瑕瑜互见的立体评述。笔者水平有限，文章篇幅有限，这里只探讨《非遗志》非常遗憾的莫须有的半个字疑案。

浙江剪纸是浙江文化的骄傲，一提到浙江剪纸，无不引出这样一段文字，“《武林梵志》载：‘吴越践王于行吉之日……城外百户，不张悬锦缎，皆用彩纸剪人马以代。’描绘吴越故地上曾出现的宏大剪纸景观。”[①]

乍一看，文字记载的是吴越相争时期越王勾践于行吉之日观看彩纸灯市。读书贵疑，春秋时期哪有纸张出现？那时用简牍、缣帛，以致西汉时期，汉武帝用了两个月的时间，才读完东方朔写在3000枚竹简上的奏章。东汉时期，蔡伦发明造纸术，后来有人考证之前已有了纸张，但无论如何春秋时期没有纸张出现，更谈不上有剪纸彩灯了。

查阅资料出处，1956年浙江人民出版社出版，浙江群众艺术馆编《浙江民间剪纸》一书“前言”第二句话就说“《武林梵志》里，记载有‘吴越践王于行吉之日……’”；半个世纪后的2006年，由中国美术学院出版社出版，中国美术学院教授王伯敏所著的《中国民间剪纸史》第47页第5行赫然记述“《武林梵志》载：‘吴越践王于行吉之日……’”这两本书是剪纸历史权威著作，除此之外，浙江所有关于剪纸历史记录的文献都是这样一引再引，众口一词“吴越践王”。《非遗志》未能幸免，编者在这一条资料引用上缺乏理证，稍作逆向思维就知道这些间接资料是违背历史常识的，应该查阅第一手资料，澄清这一疑案。笔者通篇浏览四库全书版明代吴之鲸撰《武林梵志》全文，该志记述武林（杭州）寺院426所兴废情况，其中“吴越王”词频出现

---

① 《浙江通志·非物质文化遗产志》，第三章“传统美术”第三节“剪纸”，浙江人民出版社2021年版，第221页。

48次，“钱王”出现19次，他为寺院塔泉修葺兴建的贡献历历在目，就是没有发现“吴越践王”及其观看剪纸灯市的行程记载。是谁始作俑酿成铺天盖地的栽赃之说？我们应该以书为证，为《武林梵志》作者吴之鲸正名还其清白。

穿越五代时期的吴越国历史，倘若《武林梵志》中有“吴越践王于行吉之日”这句话，那么这“吴越践王”指的当是吴越武肃王钱镠。钱镠，字具美，小字婆留，汉族，杭州临安人，生活在唐宣宗大中六年至后唐长兴三年（公元852—932年），为五代十国吴越国开国之君，先后被中原王朝封为越王、吴王、吴越王，别名钱婆留、吴越钱王。2006年杭州华文影视公司出品28集电视连续剧《吴越钱王》。相传，吴越钱王家奴中不乏“剪影”者，“剪鸟尤佳”。[①]但不知从何时何人开始，杜撰了“吴越践王于行吉之日”这一故事，以讹传讹写错了一个“践”字，实际上错了半个字，不是“足”字旁的“践”字，是“金”字旁的“钱”字，不是“吴越践王”，是“吴越钱王”，半字之差——1400余年，不得不提请继续考证这条故事，以防再次出现多米诺式引用之误。同时这一疑案也告诉我们，编史修志资料取用应以第一手资料为准，间接资料不足为凭。浙江关于剪纸历史的记载，既没有进行“理证”，也没进行“书证”，听信间接资料，以讹传讹，影响深久广矣！

（王晖，安徽省地方志编纂委员会办公室省志处原处长，安徽省方志学科带头人，《安徽省志》总编室副主任，副编审；现为中国地方志学会学术委员会委员，方志出版社专家委员会委员。）

① 王伯敏：《中国民间剪纸史》，中国美术学院出版社2006年版，第47页。

浙江人民生活的真实记录

——读《浙江通志·人民生活志》

李秋洪

提　要:《浙江通志·人民生活志》的篇目框架设计、记述内容和记述方法不局限于传统方志对民生的记述范围和篇目框架，颇多创新，有方法学意义；资料全面系统和权威可靠，纵贯古今且丰富充实的民生资料为诸多学科研究浙江民生问题和多领域的社会问题提供了权威的宝贵资料；时代特色和地方特色突出，注重记述不同时期有代表性的浙江民生内容，堪称省级专志的精品佳作和浙江人民生活的精彩记录。

关键词: 地方志　社会生活　创新　特色

人民生活涉及领域覆盖面广，丰富斑斓，也是地方志富有地域特色和时代特色的内容，然而，要在地方志中记述好人民生活并不容易。浙江科技出版社2021年10月出版的《浙江通志·人民生活志》(以下简称《人民生活志》)对浙江百姓生活的记述，框架完备，资料系统充实，鲜明地体现了地方特色和时代特色，堪称是浙江人民生活的真实记录，也是同时期全国社会发展的缩影。

一、系统性与完备性

在第一轮地方志编修中，各地的地方志对人民生活大多简单地划分为城镇居民生活和农村居民生活两大部分，或分为职工生活和农民生活两部分来记述。[①]囿于当时的认识和研究水平所限，相当多的地方志并未给予人民生活诸多领域以必要的记述，例如，从社会学视野看来，除了居民收入、居民支出等必需记述的关键内容外，居民的吃穿住用行、居民的教育与文化娱乐生活、医疗保健、生活保障和生活环境、婚姻习俗等都是居民生活的重要方面。这些领域的数据资料具有重要的社会学和经济学研究价值，其中人民生活各种重要资料，如城乡居民的收入和支出的历年变化数据、就业情况、恩格尔系数和基尼系数等，对于研究社会阶层、社会结构和社会变迁都是宝贵的实证资料。《人民生活志》没有局限于上述两个方面的内容，其篇目框架设计颇具新意，包含正文9章、《丛录》和《大事年表》，第一、二章分别为《居民收入》和《居民支出》，第三章《居民消费价格变动及资产》，第四章《居民吃穿住用行》，第五章《教育与文化》，第六章《医疗与健康》，第七章《生活保障与生活环境》，第八章《婚姻习俗》，第九章《人民生活统计调查》。这样的框架设计保证了人民生活所涉及领域资料的系统性和完备性，令读者不必查阅浙江省志的其他专志即可获得人民生活有关方面的基础资料，这也是社会学和经济学研究者难得的资料宝库。

这里需要指出的是，如果是一部综合性志书，其各篇章无疑应尽量避免与其他相关篇章出现过多的交叉重复，但对于省志系列或丛书中一部独立成书的专志而言，适当的交叉记述则不可避免，而且是有必要和有独特价值的，这样可使一部专志的框架体系更显完备，也便于读者查询使用有关资料，而不需再查找其他志书，毕竟“书到用时方恨少”。如在记述浙江省城乡居民的邮政通信情况时，该志从古代的邮驿、银号、民信局、海关书信馆、邮政局，一直到现代邮政服务，一一记述，使人对浙江省历史上邮政服务的发展演变脉络和现状有清晰的了解；对城乡居民听广播、看电视的历史变化也记述得很清晰;《健康与群众体育》节中包含了对城乡居民身体素质和平均寿命的大量数据。这些章节的内容可能跟《浙江通志》的《邮电志》《广电志》

① 沈松平:《新方志编纂学》，浙江大学出版社2014年版，第130页。

《卫生志》《体育志》等专志的记述有交叉，但是这种适当交叉对独立成志的专业志而言是必要的，对传播社会学、体育社会学等学科研究也有重要的史料价值。而且《人民生活志》在处理各部分资料时，详略得当，并不显得累赘，这也是它的一个优点。

二、时代特色

地方志是一个时代社会变迁的记录，每部志书的内容也必然带有时代的印记，但并不是每部志书在体现时代特色方面都能够恰如其分、详略得当的，例如对民俗的记述就有这方面的表现。部分新编地方志在体现地方特色方面存在两种倾向，一是片面理解“详今略古”的要求，只注重各种民俗的当代表现，而忽略了民俗的起源和演变，令人读后不知其所以然，不清楚其历史来龙去脉，缺乏历史的厚重感；另一种倾向则过于偏重历史特别是古代志书资料，对当代民俗记述不全，只记述民俗起源和过去的表现内容，而忽略了在当代各种民俗的变化，尤其是其物质和精神内容的变化，比如同一饮食文化或婚俗在古代和现代所表现的物质内容和精神追求差异，等等，更不注意记述新民俗的产生和社会功能，这种记述偏向易使读者对该地民俗产生误解。而《人民生活志》在记述浙江民俗时，不但记述了它们的起源和过去的表现（如婚俗），还记述了它们的演变过程，更进一步记述了新民俗的产生和发展，恰如其分地体现了民俗在城乡人民生活中的社会凝聚、教化功能及其变化。毫不夸张地说，这些记述为社会学和民俗学提供了具有重要价值的研究资料。对邮电服务、广播电视和群众体育（包括身体素质、平均寿命等）的记述，也是如此，无不既有历史的深度，又有鲜明的时代感，能够使人读后对浙江省民众会涉及的邮电服务、广播电视和群众体育的源头和现状有比较清晰的把握，掌握有关民俗的变化脉络。

城乡居民的生活质量不仅取决于收入和支出水平与构成，还与社会保障水平密切相关。《人民生活志》的时代感还在于它不仅记述了衣食住行、起居和文化生活等物质及精神层面的民生内容，还注意记述劳动保障、养老和医疗保障、失业救济、职工福利等这些有时代特色的民生保障制度内容。这些内容恰恰是旧时代大多缺乏而且历代旧志极少记载反映的，因此能够使人更全面地了解各个时代尤其是中华人民共和国时期城乡居民的生活水平和质量，更利于读者全面地了解各个时代的民生。此外，《人民生活志》在记述浙江省城乡居民生活保障网点时，不仅记述了住宿、餐饮、理发、洗浴、照相、洗染、日用百货和家政等方面的服务网点的历史变化，还延续记述至21世纪的迭代新变化，如2003年网上贸易平台——淘宝网和2004年网上支付平台——支付宝的诞生、超级市场、连锁集团、专卖店和社区服务等新的商业业态出现给居民生活带来的影响，显得时代感满满。

三、地方特色

具有鲜明地方特色的丰富史料，是这部专志的一大亮点。地方志之所以为“一方之志”，就在于它是全面系统地记述一个行政区域自然、政治、经济、文化和社会的历史和现状的资料性文献，区别于其他地域的资料文献，因此地方特色是地方志的应有之义。地方志的特色主要体现在其篇目框架和资料选取上。

《人民生活志》对许多不大为人注意，但又具有地方特色的衣食住行和风俗的细节资料很注意收录记述，如在第四章《居民吃穿住用》第一节“吃”详细记载了浙江省的各种主粮品种、蔬菜品种栽培和引进的时间和范围，玉米、番薯成为清代人们餐桌上重要主食和救荒食品，以及清代前期浙江人口大量增加与引进这些主粮品种的关系等都作了记述。

第二节“穿”则从马家浜文化时期开始记述，历数各个时代官民衣冠服饰、舆服制度、衣料质地和颜色。特别是中华人民共和国时期服饰的变化记述得尤为详尽，列宁装、布拉吉、中山装、旗袍、西装和各种时装的流行演变，各种布票的发行和退出历史舞台，令人读来仿佛置身于那个时代。一些时期的服装还配以图照佐证，使人一目了然。

第三节“住”中，从河姆渡文化开始，一一梳理当地官衙和民居类型及建筑材料的演变发展，记述了唐代的里坊制度、宋代住宅区和商业区的融合，颇有意思的是，还记述了南宋定都临安后，开十里天街，皇亲国戚、权贵内侍修建私宅，以及中下级官员吏胥多住在相当于集体宿舍的“廨舍”，如“六房院”“五房院”“百官宅”“卿监郎官宅”等。这一住房制度史料也为今天的公务员待遇制度提供了古代的参考实例。该节对杭州民居从明清以降，到民国时期以至中华人民共和国时期民居的建筑格局、建材、不同阶层家庭的住房、租金，乃至大企业职工住房分配评分办法等，都有详细的记述，使人如行走于杭州街坊肆里，置身其时坊间生活。

又如，这部专志还设有专记《计划经济时代的票证》，以这种体例专门记述20世纪50—80年代140余种票证资料。林林总总的票证如今已难得一见，是以计划为特征的短缺经济时期地方民生的重要符号，也是全国经济和民生的一个缩影，形象地反映了那个年代的浙江经济与民生，对于理解浙江省乃至全国在几十年里从短缺、贫困到温饱，再到全面小康的巨大历史性变迁是非常有说服力的佐证。类似的记述在《人民生活志》中比比皆是，使得该志具有浓厚的吴越特色。

四、资料的权威性和可靠性

一部志书最重要的价值在于其资料的权威性和可靠性，这正是包括政府官员、研究者、历史爱好者等社会各界应用者愿意参考和引据地方志资料的基本原因。历代方志有一个共同特点，就是资料大多不注明出处。与宏观经济和各项产业经济指标不同的是，历代旧志对民生指标的记载往往比较粗略，不够完整和具体，常常以模糊口径描述，缺少量化数据。即使有统计数据，也大多不连续、不完整，且统计口径不一致的现象也很常见，更遑论说明数据来源。读者无从对照比较，其来源的可靠性常令习惯西方学术文献格式的现代读者困惑。这就给研究过去时代的民生造成很大不便，同时也使得诸多研究结论难以进行精确的量化比较。现代经济学、社会学和民族学等学科的研究方法强调将定性分析和定量分析相结合，对民生问题的研究也是如此，这就需要地方志和年鉴这类地方资料文献搜集记述系统完备翔实可靠的数据资料。《人民生活志》行文的一个重要特点是所用图片和许多重要资料均注明出处，以证其资料来源丰富且可考。因此可以认为，该志这一编纂举措是具有方法学意义的。

此外，第九章《人民生活统计调查》的内容是浙江省调查统计机构和调查统计制度的记述，各节不仅记述了浙江省调查统计机构和制度的历史演变发展，更有助于读者了解各种调查统计数据资料的来源和计算依据，从而起到为全志的资料的权威性、可靠性背书的作用。

当然，以更高的质量标准衡量，这部专志也存在某些可能不够完美的细节，如第四章《居民吃穿住用行》中生活保障与生活环境和第五章《教育与文化》的内容如能用适当图片作为文字内容的映照，会更好地反映多姿多彩的居民生活，但是这两章的插图较少，有些遗憾；"浙江省农村居民人均住房面积有一览表"提供了1991—2010年逐年的人均数，但可能是由于资料来源的缘故，城镇居民只有1981—1985年人均数和2004—2010年户均数，没有1981—2010年的逐年人均数，若欲对比城乡居民人均住房面积时就会遇到困难，等等。

尽管有上述微瑕，但作为深谙此道不易的侪辈同行，自不应苛求细节完美。《人民生活志》虽然是第二轮编修时才启动的，但作为浙江人民生活的精彩记录，这部志书无论是框架的完备和创新，资料的全面系统和权威可靠，还是记述内容的时代特色和地方特色等方面，都堪称省级专志的精品佳作，值得推荐学习。它具有的诸多突出特色和优点，也彰显了浙江省地方志同行的深厚功底和后发优势。

（李秋洪，政协第十二届广西壮族自治区委员会文化文史和学习委员会原主任，广西壮族自治区社会科学院原副院长，广西壮族自治区地方志办公室党组原书记、原主任，研究员。）

广域民俗志的学术评估和书写判断

——以《浙江通志·民俗志》《陕西省志·民俗志》为例

张世民

提　要：该文通过《浙江通志·民俗志》与《陕西省志·民俗志》的比较分析，探讨了广域会通型志书社会部类／民俗版块的编纂问题，并对《浙江通志·民俗志》作出了必要的学术评估和书写判断。文章指出，民俗记述以普通民众为对象，有民俗事像和民俗事物的不同内涵，而对社会习俗的著录，关键是在于对民俗事像的系统反映。文章强调了民俗区域划分的重要性，主张省级广域民俗志书应擘画设置民俗区划图。作者对于历史民俗和现实民俗、文化视角和社会视角做了明晰的畛域划分，认为民俗志的编写，最关键的是记录经验世界的鲜活民俗。文章还探讨了民俗书写的话语方式和概念内涵，提出了钩沉民俗话语中私密话语的命题。文章认为，两部民俗志作为新中国各该省份第一部广域会通型社会部类／民俗版块志书，其共同特点在于全面、系统地梳理了各自省域民俗的历史与现状，思想导向正确，资料翔实有据，具有历史性与逻辑性相统一、思想性与科学性相统一和资料性与著述性相统一等著述优长。其中《浙江通志·民俗志》更是后出转精，不但具有社会学、人类学的重要文献价值，而且有着方志学著述方式和学科分类上的方法论价值。

关键词：浙江通志　陕西省志　民俗志　历史民俗　民俗区划　民俗话语

《浙江通志·民俗志》(以下简称《民俗志》),系全部113卷本《浙江通志》中的第96卷。该志由《浙江通志》编纂委员会编,主任童芍素,主编连晓鸣。浙江人民出版社出版,浙江新华数码印务有限公司印刷,2020年6月第1版第1次印刷。全志为大16开本,装帧典雅,图文并茂,总字数达1058.6千字。其起讫时间"上溯事物发端,下限为2010年12月31日,必要时以注释等形式适当下延";地域范围"以下限时浙江省行政区域为界,原则上不越境而书";体裁"采用述、记、志、传、图、表、录等体裁,以志体为主";结构"以卷章结构为主","凡时代特征、地方特色显著,又难以在正文中展开记述者,设为专记"①。以上引语既是《浙江通志》的基本义例,又是其《民俗志》的编纂规范。在内容表述上,该志以服务当代、垂鉴后世为宗旨,政治导向明确,著述思路清晰,将历史脉络和现代资讯钟乳互动,使全域省情和区域特色彼此兼容,具有宏观上的会通感和微观上的动态性,不失为一部具有较高社会学、民俗学乃至民族学价值的著述性文献,在当代中国地方志社会部类/民俗版块志书中堪称重局佳构。从地方志的学科、学术和学理角度,对此予以鉴赏、分析和评判,无疑有助于总结我国第二轮地方志书的编纂经验,并对第三轮地方志书的编写擘画提供历史借鉴。在此笔者试以《浙江通志》与《陕西省志》民俗志为例,探讨一下广域会通型志书社会部类/民俗版块的编纂问题,并对《民俗志》作出必要的学术评估和书写判断。

第二轮修志以来,围绕民俗志的编写,有来自方志学界和民俗学界的不同讨论。来自方志学界的讨论,诸如巴兆祥《第二轮志书风俗志编纂刍议》(《中国地方志》2010年第3期),首次提出"省级、市级、县级风俗志应当有个分工与协调问题",这就涉及风俗志记述区域的广狭问题。作者主张"省级风俗志则借鉴《汉书·地理志》体式,以政区(市)为纲,系以风俗内容";"省级风俗志的资料多取自县、市,更应高屋建瓴,删繁就简。"陈启生《关

①《浙江通志·凡例》,载《浙江通志·民俗志》,浙江人民出版社2020年版,第1页。

于第二轮志书风俗篇撰写的几点思考》(《中国地方志》2010年第12期),强调“专设传统风俗的章或节”,“专设新风尚的章或节”。乔方辉《谈第二轮民俗志编纂工作中的创新》(《中国地方志》2010年第12期),主张“与时俱进,提高民俗记述的准确性”;“详略有致,准确揭示民俗传承、变异规律”;“充分运用现代科技手段,重视民俗摄影图片的运用。”周慧《当代风俗变迁的感知与记述》(《中国地方志》2011年第3期),强调要“正视当代风俗内容的编纂难度”;“选择适合自身条件的方式开展风俗编纂”,其中包括方志机构组织人员自行开展风俗田野调查、由政协出面组织力量开展调查和委托高等院校组织开展田野调查等。来自民俗学界的讨论,如程安霞《关于民俗志书写的几点思考》(《中央民族大学学报》2011年第2期),强调“民俗志应该以深度描述、深度解释为基础,力求整体性叙事,具有反思精神”;黄龙光《民俗志及其书写》(《广西民族研究》2012年第1期),强调“民俗志书写不应只是一种资料汇集式的民俗记录,它应具有一定的理论追求,允许民俗学者的个性化诗性与美学书写”;刘铁梁《个人叙事与交流式民俗志:关于实践民俗学的一些思考》(《民俗研究》2019年第1期),强调“生活实践的主体是普通民众”,在田野访谈时要注意个人叙事与集体叙事的相互建构关系。两类学术争鸣的一个共同特点,就在于强调民俗志编写的重要性和创新的必要性。问题在于涉及省级广域民俗志的讨论不足,到底是否需要反思精神与个性判断,民俗志书写究应针对传统还是现实等。拙文着重探究一下广域民俗志编写的若干理论命题,讨论的具体命题大多为前人未及讨论。

一、涉及广域会通型志书社会部类/民俗版块的顶层设计问题

民俗记述以普通民众为对象,有民俗事像和民俗事物的不同内涵,而对社会习俗的著录,关键在于对民俗事像的系统反映。为此,一要瞩目广域和狭域、风俗风物和民风民气的不同概括,大的江浙一带的差异与小的浙江各地的内在差异等;从宏观、中观和微观角度进行趋势分析,作为省级广域会通型志书尤应强化宏观思维和中观思维;宏观经济活动和社会活动,区域之

间的互动交往，都可以找到整体上的比较对象，如浙陕对照；从微观角度来看，浙东浙西的风俗差异和学风差异，其影响力也牵动全国各地。二要瞩目不同社会阶层、不同文化人群的风俗描绘，譬如士农工商等不同社会阶层，历史上知识阶层、文盲半文盲阶层的风俗描绘；城市与乡村无差别发展，沿海经济扩张对吸纳外来风气、改造自我习俗方面作出的努力；知识分子阶层在总人口中所占百分比率提升引起的风俗变迁；对于妇女 / 性别习俗、儿童 / 游艺习俗的动态记录，均值得用功。三要瞩目功利视角和审美视角的动态差异，要明确不同历史主体的习俗倾向，更要留意近身经验世界的习俗描绘，因为这种经验世界的习俗描绘更具有现实的切真性和内容的鲜活性。经验世界的习俗，在任何情况下都是鲜活的，譬如蔡元培、章太炎、鲁迅、王国维等浙籍近代名人视野中的故乡习俗。四要瞩目民俗事像的精细性和鲜活性，切忌弄成脱离民族主体的空泛内容。要重视少数民族的民族志，也要关注汉族的民族志；不是汉族人数众多就不必写民族志，也不可混淆历史上的民族和近代民族国家的差异。以畲族为例，现已全部融入中华民族大家庭，对其民族民俗志的精细描绘尤具时代价值。五要瞩目时代节点，强化细节书写。诸如明清之际风俗变化、清末民初风俗变化、世纪之交风俗变化，都构成了必要的历史节点，且不厌其细。民国时期，鲁迅《药》《故乡》《祝福》《社戏》《阿 Q 正传》等中短篇小说中，便有不少那个时代浙江绍兴一带的汉族民俗志，所写那个社会底层文盲半文盲人群的生存状态尤其典型。

对照来说，政区类地方志书所涵盖的区域内容，历来有大有小，而习惯上的省志或通志，因其所涵盖的行政区域面积广大，地质地貌和人文活动空间拓宽，所以被列入明清以来方志学界习称的会通志范畴。尽管不是全程全域、纵横贯通的志书，至少也是以省级行政区域为书写单元的广域会通型文献。人们常说：“十里不同风，百里不同俗”，可见风俗异同在一切较广的行政区域皆可出现。从这个意义上说，现代政区概念上的县、乡一级，业已存在社会风俗的差异。而就范围更广、内涵更深的省级行政区域而言，其社会风俗上的局域差异恐怕更加悬殊、更加突出。至于县域之间较小区域的异同变化，也均可在此广域会通型志书的大布局、大背景中有所比较。这是显而易见的。

浙江、陕西两省省级民俗志分别站在今日省级行政区域的基础上，由此上溯这一区域的历史渊源，并对现存习俗进行系统的、全面的，具有活态样本的科学探究，这种做法大抵符合地方志书的书写原则。前志以物质生产民俗、商贸民俗为基础，兼及生活民俗、社会民俗、岁时节日民俗，然后是人生礼仪民俗、信仰民俗和民间游艺，特别是对具有较强区域性的畲族民俗、特殊人群民俗均做了精心介绍。该志前八章自成门类，旨在反映汉族为主的社会民俗，诸如农业、林业、渔业、养殖业、传统手工业，商贸市场、商贸经营、商业风俗、行业神崇拜与商业禁忌，服饰、饮食、居住、交通，家庭与家族、亲属、村落、民间结社、季节节日、诞生、成年、婚嫁、寿诞、丧葬，诸神崇拜、庙会、占卜、巫术与风水，民间演艺、工艺和竞技游戏等等细类，后两章分别设置，其中畲族民俗带有畲族民族志的特征，而“堕民”“渔民”带有地方传统民俗的特征①，总之两大板块相得益彰，展示了民俗志一般与浙江特殊民俗相呼应的书写视角。与之相比，后志则划分为经济民俗、生活民俗、社会民俗、信仰崇祀民俗、游艺民俗及陕西民俗事业沿革等六大门类，然后甄别为生产、商贸、服饰、饮食、居住、行旅、器用、民间医药卫生、婚嫁、生育、诞庆、丧葬、岁时、节日、宗族、家族、亲族、乡社、民间会社、社交礼仪、方言、信仰崇祀、卜巫迷信、禁忌、民间社火、乐舞、工艺美术、民间文学、曲艺、地方戏曲、游艺等细类②。两相比较，前志大类丰富，但细节上有交叉重复，如行业神崇拜；后志大类扼要，且细节上有其优长，譬如器用医药，以及民俗事业沿革等，均非前志所有。

需要指出的是，民俗志与民族志两者不可分割。站在占中华民族人数最多的主体民族——汉族的角度来看，其民俗志更多地体现在所在区域民俗事

---

①《浙江通志·民俗志·目录》，浙江人民出版社2020年版，第1—8页。

②《浙江通志·民俗志·目录》，三秦出版社2002年版，第1—5页。

像的记述方面，而站在中华民族的少数民族，如站在浙江境内的畲族、陕西境内的回族角度来看，其民俗志与民族志之间的互动联系就更加紧密。在民族民俗志的设置方面，《民俗志》设有畲族专志，而《陕西省志·民俗志》则未设少数民族专章，这是两部省级志书在顶层设计上的具体差异。《浙江通志》专设《少数民族志》，《陕西省志》专设《民族志》，两部民族志均重在历史文化概貌介绍，而此处民族民俗志的内容更集中一些。

就生产民俗而言，浙江、陕西两相对照，恐怕可以明确这样一点，就是：生产民俗，大抵涵盖了产业习俗和商贸习俗。古人划分社会各阶层，通常使用士农工商等社会阶层概念，因而所谓生产民俗，归根结底，属于上述社会各阶层的生产和再生产活动。从就业业态而言，参与物质性社会劳动的社会主体是农工商三个阶层，士人阶层的精神性社会劳动，则建立在这一物质性生产劳动的基础之上。作为士人阶层，尽管也有体力劳动，但更多的是智力劳动，所以将生产民俗限定在物质性生产劳动范畴，是基本可行的。我国南北各地产业不同，所以与物质性社会劳动相关联的生产民俗也就存在着较大的差异。就粮食作物而言，北方旱作农业与南方水作农业不同，前者以小麦为主，后者以水稻为主；就养殖业而言，野外放牧与家庭圈养有所区别；就手工业而言，传统制造业也林林总总，各有千秋。就商贸而言，浙江面向海洋，舟船运输更普遍；陕西地处内陆，车辆运输更突出。《民俗志》涉及全域性林业生产民俗，陕西境内仅有陕南秦巴山地一域；涉及海洋口岸贸易，更是陕西陆路交通所无法凸显的。

二、涉及全域民俗的区域划分和地图擘画问题

正如经济地理上有经济区划、政区地理上有行政区划、军事地理上有军事区划一样，民俗地理上也有相应的民俗区划。地方志书的民俗记载，涉及不同区域的习俗概括，必然会牵扯到民俗区域的划分问题。而对于全国、全省等广域民俗进行必要的区域划分，有助于人们的整体认知和局部感受。就

全国范围而言，韩养民、韩小晶在《中国风俗文化导论》[①]一书中将全国风俗文化划分为七大风俗文化圈，其中黄河流域风俗文化圈，在地理范围上大致北起长城，南界秦岭北麓、伏牛山、淮河，西抵青海湖以东的日月山，东及于黄海、渤海，这一区域属于华夏文化发源地，自然也是中国风俗文化的摇篮；拥有周秦文化、华夏文化、齐鲁文化等，陕西省属于这一风俗文化圈。长江流域风俗文化圈，大致位于秦岭淮河以南、西藏至青藏高原东侧，东、南均迄于海；主要包括长江中下游和岭南地区、天府之国、两湖平原、长江三角洲等，拥有荆楚文化、吴越文化、巴蜀文化，浙江省属于这一风俗文化圈。简而言之，陕西省作为周秦汉唐等统一王朝或政权的帝都咸阳/长安城所在地，属于原生态的周秦文化区域；而浙江省作为吴越、南宋等偏安王朝或政权的都城或行在杭州城所在地，属于原生态的吴越文化区域，两者的原生态文化和民俗业态势将有所差异。

所谓民俗，又指民间文化，或称之为地域性的民间文化。笔者曾在《略论地方志与区域文化的十个问题》一文中指出："区域文化不是恒定的，而是因时因地，不断发展和变化的。原生（态）文化传统的形成，也不是一朝一夕，更不是横空出世的，它仍然具有较长的历史时段和文化环境。在区域文化的交流上，首先是异质文化之间的碰撞和交融，必然因之出现较大的文化落差，并在结合过程中涌现出新的次生文化形态。这种次生文化形态，正是我们研究区域文化时不可不注意的方面。"[②]就陕西、浙江而言，历史上的"周秦文化""吴越文化"，受到不同时代传衍的异域文化，乃至异质文化的强势浸润和动态熏陶，必然在不同的历史时期出现新的转型和新的发展，从而变成"新关学""新越学"，或者名之以"陕西文化""浙江文化"，虽然此处"文化"概念不免泛用和滥解，但毕竟能够说明历史演变中的风俗文化传递。两个不同区域的文化之间，历史性也曾出现过频繁的交互影响。譬如就

① 韩养民、韩小晶：《中国风俗文化导论》，陕西人民出版社2002年版。

② 张世民：《略论地方志与区域文化的十个问题》，《陕西地方志》2021年第3期。

移风易俗的早期渊源而言，历史上的吴越文化接受过周秦文化的直接影响，更进而成为汉唐历史文化圈核心内涵的一部分。秦代会稽山刻石，所强调的“饰省宣义，有子而嫁，倍死不贞。防隔内外，禁止淫泆，男女絜诚。夫为寄豭，杀之无罪，男秉义程。妻为逃嫁，子不得母，咸化廉清”[①]，针对越国淫泆之风，秦始皇帝为之厉禁，而特著於石刻铭文。由此引起了越地风俗的巨变，这也是强势开展移风易俗的结果。而在当代中国，20 世纪 80 年代以来，具有温州色彩的社会服务业态，在撼动老陕重视服务业的同时也完成了浙商、温商的财富积累。一批批浙派官员反复倡导“店小二”作风，对于其他各省政风、民风也都有较大的影响。这也是不同地域文化在全国范围内的辐射 / 互动效应。

同时，就省级政区而言，陕西省域内的地理地貌，大抵划分为陕北高原（榆林、延安）、关中盆地（西安、宝鸡、咸阳、铜川、渭南）和陕南山地（汉中、安康、商洛）等三大自然区域，其中秦岭以北的陕北、关中地区属于黄河流域，为周秦汉唐等 14 个王朝的京城 / 京畿所在地，秦岭以南的陕南地区属于长江流域，迟至元代才划归陕西省管辖。与此相应，陕西境内三大区域之间的生产、生活习俗，也有较大的差异。拙著《陕西赋》[②]就概括了三大区域之间的具体差异：“斯陕北者，皇天后土，原壑纵横；耕牧交汇，文明肇端，固我人文初祖之利赖；信天游，打腰鼓，声彻塞上；粟米黄，刺枣红，映像初阳。斯陕南者，秦巴奥区，生物渊薮；巴蜀并举，秦楚交融，堪称华夏民族之苗裔；花鼓调，山二黄，名播异乡；陕青香，番薯甜，水润一方。斯关中者，陆海之域，天府之国；周秦芳华，汉唐遗韵，尤增中华传统之厚重；秦腔戏，眉户剧，至今绕梁；米麦饗，蔬果良，一派馨香。”浙江省以钱塘江为界，大抵划分为浙东、浙西两大区域（《浙江通志·民俗志·信

① （清）顾炎武撰，清黄汝成集释：《日知录集释》卷 13“秦纪会稽山刻石”，中华书局 2020 年版，第 677—678 页。

② 张世民：《陕西赋》，《陕西日报》，2016 年 4 月 29 日。

仰习俗》[1]中，又划分为浙西区域、浙东区域、浙东南区域及金衢山区），再细分为吴越文化区块（杭州、嘉兴、湖州）、古越（绍兴、宁波、舟山）、婺越（金华、衢州、古严州）和瓯越（温州、台州、丽水）四个亚文化区。其中“杭、嘉、湖是平原水乡，是为泽国之民；金、衢、严、处丘陵险阻，是为山谷之民；宁、绍、台、温连山大海，是为海滨之民”[2]。明嘉靖《浙江通志》卷65《风俗》中写道：“杭州，都会之地。隋志曰：川泽沃衍，有海陆之饶。其人君子尚礼，庸庶厚庞”；“嘉兴，泽国奥区。平湖志曰：天性巧慧，重文学，尚气节，挟智健讼”；“湖州，乌程张方平州学记云：自江左而后，清流美士，余风遗韵相续”；“严州，图经曰：山高水深，人性贞介。郡志曰：多文学之士”；“金华，旧志曰：其地双洞三溪之胜，降灵於人，故名士辈出，鸣於当时”；“衢州，据广川大谷之间，自古去京师远，风土朴野，民俗淳厚”；“处州，其地多山少田，民有银矿之利，勤于树艺而衣食自足”；“绍兴，山阴旧志曰：其民勤於身，俭於家，奉祭祀，力沟洫，有禹之遗风焉”；“宁波，当海陆之冲。《隋书》曰：人杂五方，俗类京口”；“台州，摄闽越之间，其民始颛蒙，后渐兴於礼教”；“温州，东瓯王之所国也。隋志曰：少争讼，尚歌舞，妇勤纺绩。”[3]其中虽则地域不同，时序有别，然其广域风俗，仍有脉络可循。从人文地理来看，若说浙江有“泽国之民”“山谷之民”和“滨海之民”的话，那么陕西便有“高原之民”“盆地之民”和“山地之民”。

就上述民俗区划的记载而言，最好是通过自然地理区划和人文地理区划相结合的角度来加以界定。从广域角度来说，设置相应的民俗区划图是非常必要的。一图在手，一目了然。有了地图为证，人们的视野必显宏阔，也必将带上相应的地理意识和人文意识。可惜两部省级志书均未设置民俗区划

---

① 《浙江通志·民俗志·信仰习俗》，浙江人民出版社2020年版，第424页。

② （明）王士性著，周振鹤编校：《王士性地理书三种·广志绎卷之四》，上海古籍出版社1993年版，第324页。

③ （明）嘉靖《浙江通志》卷六十五《风俗》，“天一阁藏历代方志汇刊”，第175册，国家图书馆出版社2017年版，第347—359页。

图，对于不熟悉基本省情的普通读者来说，有关两省广域空间的民俗分布印象就略显笼统。同时由于两省《自然地理志》《行政建置志》皆独立设置，要想便捷了解各省份的民俗区划状况，也会受到一定的局限。有鉴于此，第三轮省志或通志撰写，凡是涉及广域会通型社会部类/民俗版块志书，最好增加相应的民俗区划图，而且这一民俗区划图的设置，较之自然地理图、行政区划图乃至文化遗产分布图，有着不可替代的、独立的学术价值。因为不同区域的民俗事像，大都受制于山水自然，因应于民性环境，其分布状况更是区域治理中不可或缺的事项之一。就著述体裁而言，《浙江通志》规定了统一的《凡例》，但未设《民俗志》专门凡例[①]，所以无法有针对性地明确使用地图来说明民俗区划现状，而《陕西省志·民俗志》设有专题《凡例》，却未标出省志统一凡例，同样无法明确使用地图这一方志体裁，这恐怕也是第二轮广域民俗志著述上的一个缺憾。

三、涉及历史民俗与现实民俗的关系问题

民俗志旨在探讨人们视野中的世俗世界，它是民俗事像的总和，而不必是社会现象的总和。

首先，历史习俗与现实习俗之间的差异，实质上也是人们的经验世界与传统世界之间的差异。“传统世界作为意识的思考领域，它的特征是不断积累”“而经验世界作为主观的感觉领域，它的特征是不断创新。”“经验世界和传统世界各自构成特定的知识畛域，并不否定两者之间互相转移、互相过渡的联系”[②]。随着人类集体记忆遗产的不断积淀，也必然会出现传统世界的知识被钩沉后的活化利用问题。当代民俗志记载的关键，在于近百年来的习俗演变，切勿用历史代替现实，切勿用一般代替特殊。

---

①《浙江通志·凡例》规定有地图体裁，迄未使用；《浙江通志·民俗志》“编后记”说明文字中，也未进行解释，浙江人民出版社 2020 年版。

② 张世民：《论历史世界》，《咸阳师范学院学报》，2001 年第 2 期。

其次，这也意味着通用习俗与特殊习俗之间的转变。一个地方的习俗可能会披靡影响于一个时代，影响更远的地方，关键就在于它鲜明的时代特色和突出的资讯亮点。清代学人顾炎武强调，“论世而不考其风俗，无以明人主之功。余之所以斥周末而进东京，亦《春秋》之意也”[①]，其对周末、两汉和宋代风俗的分析和概括，实质上属于所在朝代的通用习俗，而不同于区域性的特殊习俗。

再次，要注意民族习俗与地域习俗的不同。汉族作为中华民族的主体构成，其人口之众、地域之广、包容之大，早已不同于那些单一民族的、有标志性的生存、生活习俗。汉族的民族志，实质上是带有地域性的民俗志。如何阐明汉族的民族志，本身就是一个值得探讨的理论命题。而少数民族的民俗志，本质上属于其民族志的一部分。譬如《民俗志》中的畲族，其所展现的现实生活和历史生活均在记录之列。

最后，要注意静态习俗与活态习俗的变化。静态习俗是指历史上出现过但现实生活中却被淘汰的民俗成分，而活态民俗，是指那些仍然渗透在现实社会生活中的民俗成分。两者之间有一个交替演变的过程。历史民俗很可能被现实中的人们所重新钩沉和考古发掘，但活态民俗受制于时代环境和现实政策，偶尔也会出现某些沉淀现象和更新现象。历来地方志书中涉及民俗志的记载，大抵上都是那个时代人们经验世界所能覆盖的内容。至于传统世界的文献记载，仅仅具有历史文化价值，其在现实生活中的实际表现，必将因时空环境的沉潜而有所变化。

《浙江通志·民俗志》重视全域历史文化的深度解读，对于包括吴越文化在内的地域文化内涵，也都有着精细的、分门别类地记载。总体上的风俗文化提炼和概括，也比较到位。该志强调“先讲清传统的、再讲变迁的、最后讲一下新近发生的新现象”[②]，能够妥善处置新的民俗事像，这也是广域

① (清)顾炎武撰，清黄汝成集释:《日知录集释》卷十三《周末风俗》，第 676 页。
② 《浙江通志·民俗志·编后记》，浙江人民出版社 2020 年版，第 742—743 页。

会通型志书社会部类 / 民俗板块应有的现实视角。该志大量引证了历代学人对于浙江民俗文化的研究成果，诸如吴自牧《梦粱录》、周密《武林旧事》等历史文献，大抵上具有都市民俗资讯的特点。与此相应，编者还大量引证当代学人关于浙江的民俗学著述，如蒋炳钊等著《百越民族文化》（学林出版社1988年版）、陈华文等《浙江民俗史》（杭州出版社2008年版）、商景才等《浙江事典》（浙江教育出版社1998年版）、倪志毅《浙江古代史》（浙江人民出版社1985年版）、叶大兵《中国民俗大系·浙江民俗》（甘肃人民出版社2003年版）、《浙江民俗大观》（当代中国出版社1998年版）、张紫晨《民俗调查与研究》（河北人民出版社1988年版）、《浙江风俗简志》（浙江人民出版社1986年版）等，同时也借鉴了浙江各地的民俗著述，诸如《绍兴民俗》《宁波老俗》《丽水民俗》《义乌民俗》《青田侨俗》等，这些会通性和个别性兼顾的民俗学著述，也都蕴含着大量鲜活的民俗事例和活态文献。从文献引证角度来看，该志兼顾会纂性和专著性两个方面，其资料性、知识性和科学性兼而有之，彰显了历史资讯和当代资讯、静态文献和活态调查有机统一的著述观点，其学术价值和社会价值也集中体现于此。

就静态资料来说，编者大都冠之以“传统”标签，譬如对传统手工业生产民俗、传统民居习俗、地方性传统节日的记载，譬如对行业神崇拜与商业禁忌、诸神崇拜等崇祀习俗的梳理，以及对浙江特殊人群（“浙江堕民”“九姓渔民”“特殊小姓”①）民俗的深度发掘，都值得肯定。因为这些内容，都是封建等级制社会长期积淀的地方陋习，更是农耕经济与渔猎经济走向灭失的历史形态，对于这些早已被社会道德、法律法规所抛弃的社会丑陋现象的记载，其实也都有其重要的历史借鉴价值。就活态资料而言，编者对于畲族民俗的记载，更具有畲族民族志的社会学、人类学价值。我们要注意民俗民族志的科学分类，就必须关注历史上不同行业和社会阶层的历史变迁，注意职业人群的规律性演变，譬如改革开放初期温州人的资本积累，以及稻作农

①《浙江通志·民俗志》第十章《特殊人群民俗》，浙江人民出版社2020年版，第678—741页。

业人口、农村环境的城市化、城镇化转型等。

同时要注意民俗民族志与区域社会调查的差异，注意方志文献中叙事性和论列性的差异，注意人文考察和科学分析的差异。畲族导源于广东潮州凤凰山一带，明清时期大量出现于闽东、浙南一带。畲族人以蓝、雷、钟为主要姓氏。畲族生产活动以山地农业为主，作物以番薯为大宗，米麦次之，菜蔬、茶叶、烟竹为副业，鸡鸭鱼兔甚多。作为中华民族大家庭的重要一员，长期生活在汉文化极端繁荣和发展的东南沿海，尽管有浙南山地的视野屏障，然其生活方式受到沿海汉族文化的强烈影响，在语言上早已完全汉化。就生产民俗、生活民俗、社会组织民俗、人生仪礼、岁时节日、信仰民俗和民间文学而言，仍然带有一定的区域性、民族性特色。编者对于《畲族社会历史调查》（福建人民出版社 1986 年版）资料的引证，对于单独出版的《浙江省少数民族志》（方志出版社 1999 年版）的内在借鉴，也都饶具鲜活性和社会性。对于畲族生育禁忌、文化娱乐、婚俗演变、丧葬习俗等内容的记载，更是挖掘深湛，征引广泛，具有民族民俗志的整体学理价值。

四、涉及民俗志书的书写序列和著述方式问题

地方志著述不同于文学作品，也不同于新闻报道，更不同于文书档案。作为新闻报道，人们的视野落在当下最鲜活的社会动态，而地方志著述犹如陈闻报道，它让人们的视野转向昨天或前天。前天属于传统世界，昨天属于经验世界。作为方志著述，不能搞成学术论著，而要成为实事求是的实录文献。首先，地方志著述的最大特点，被概括为“述而不作”（孔子《论语》），也就是仅作客观叙事，或者不待论断而于叙事中写明宗旨。《民俗志》将“述而不作（论）”与学术性结论相媲比，“考虑到‘民俗志’也即民俗学的特殊性，在必要的地方，可保留必要精练的学术性论述，最好是权威的学术性结论。但必须避免过多论述。”[①]在这里，编者强调了民俗志作为地方志中的一

① 《浙江通志·民俗志·编后记》，浙江人民出版社 2020 年版，第 742—744 页。该《编后记》实际上是对《浙江通志·凡例》的补充说明。

种但却应有必要的独立性，这是不言而喻的。事实上，“述而不作（论）”的观念本身，就是有鉴于资料处理和著述行为之间存在着一定的张力，根本不存在所谓无思想性、无政治性的著述性文献。地方志的志体记述，大抵上有描述、论述、叙述、概述等不同的叙事方式，在客观描绘和主观书写的基础上，必然存在相应的资料取舍和学术独断问题。对于一切民俗事像的书面记叙，也都将受到编写者或撰稿人的思想支配和文风影响。

在著述框架上，《民俗志》采用目前国内民俗学界认同的纲目式分类，并根据浙江省域民俗事项的实际来安排框剪架构，具有逻辑性、历史性与科学性相统一的特征。该志《概述》中既有历史叙事，又有个性分析，强调“当今浙江民俗的个性特征，也是在吴越文化与中原文化交融的大背景下逐步形成的。”[①]就现实社会各阶层而言，“浙江堕民”“九姓渔民”皆属历史现象，而今已被淘汰；编者的深度挖掘，涉及“浙江堕民”的历史起源和居留地域，以及有代表性的“绍兴堕民”“慈城堕民”等，涉及“九姓渔民”“特殊小姓”，也富有地方特色。可以肯定，这种“堕民”“渔民”现象，并非中原文化的直接产物，但其中所蕴含的封建等级制度孑遗，则是显而易见的。

同时，由于民俗书写属于描述行为，而非论述行为；资料采撷要有细节叙述，避免笼统说教。《民俗志》在书写序列上，采取了“章节目＋条目体”的形式，即章、节、目、子目，冠以序号；最小书写单元使用条目体，不冠序号。这种做法，乃是章节体与条目体相结合的一种学术范式。该志的条目体表述，譬如农业民俗中的“春牛会”、茶叶生产中的《采茶歌》、商业习俗中的温州商业秘密俗语、饮食民俗中的海鲜食品、社会民俗中的血亲嫡亲（含畲族中的亲族、房族）及族规祖训、亲属民俗，民间结社中的“水龙会”之类，岁时节日中的“观潮节”，信仰民俗中的行业神崇拜（包括传统手工业、商业和蚕桑业、制造业中的行业神崇拜），与陕西黄帝陵圣贤崇拜类似的黄帝祠宇崇拜，以及周穆王时期东夷盟主徐偃王崇拜，民间游艺中的戏曲

①《浙江通志·民俗志·概述》，浙江人民出版社 2020 年版，第 8 页。

曲艺，等等，都是富有浙江特色的民俗事像。编者对于这些富有特色的民俗事像的记述，既有广度又有深度，值得称道。

民俗书写，归根结底，是对于民俗事像的系统记述和深度发掘。采用章节体，能够说明基本分类框架，而采用条目体，才能灵活生动地说明某一民俗事像的源流动态。在大的门类划分之下，要注意不同民俗归类上的交叉性，避免重复设置。譬如行业神崇拜，既在商贸民俗中设置专节，又在信仰民俗章诸神崇拜节中有细目介绍，前者涉及传统手工业和商业神崇拜，后者涉及蚕桑业、纺织业、制扇业、火腿业、香菇业、茶神、湖笔之神、青瓷、龙泉宝剑等行业神崇拜，两者完全可以归并处理。又如畲族民俗志编写，按照民俗志的学科分类，完全可以融化到民俗事像的具体类别之中，汉族与畲族两个民族的对照分析与研究或将更精准、更丰赡一些。《民俗志》记载的畲族民俗，与其《少数民族志》记载的畲族历史文化互有裨益，相得益彰。但对于汉族人口的分布构成和文化传衍，固然不必逐一书写，却也要有最低限度的对应说明。在丽水等浙南民俗介绍上，有些显然不彰于汉族习俗，但编者并未从畲族角度来解析，也显得有点笼统。就篇目分类而言，畲族民俗志的分类与整个志书的基本门类相似，按照目前学术界民俗志的统一架构而言，理应分解处理，《浙江通志》单独设置民俗志，体现了民俗志与少数民族志相兼顾的特点，恐怕也是志书变体的一例。

五、涉及文化遗产和社会生活的视角转换问题

地方志书的社会部类是与自然部类、经济部类、政治部类、军事部类、文化部类相颉颃的主体部类之一，民俗版块则属于社会部类的重要组成部分。历代地方志书均有民俗介绍，志书中最能让人从差异中认识舆情的基础知识，也以民俗板块最为集中。从班固撰《汉书·地理志》这一最早的地理总志到明清时期广域会通型地方志书，民俗风尚和民俗事像的介绍，都是题中应有之义。就浙江而言，最早的史志文献——《越绝书》中，就记载了不少的民俗内涵。唐代李吉甫撰《元和郡县图志》，也有浙江境内州县民俗介

绍。明代嘉靖《浙江通志》卷65、清代雍正《浙江通志》卷99，都对境内各地民俗做了扼要概括。涉及以稻作为主的农耕习俗、个性鲜明的江湖海岛习俗、兴盛发达的商贸习俗、地方神崇拜突出的信仰习俗等等，都是历历可鉴的。但现在看来，这些历史习俗从现实社会转换成历史文献的过程，实际上就是从鲜活的民俗样态转变为僵硬的历史文献的过程；而我们重新钩沉古代浙江民俗采录文献的目的，却是让这些历史文化遗产重新焕发出新的生命力，进而融入我们的现实生活世界。就当代社会调查而言，我们的认识视角则要从现实社会生活转换成历史—方志文献，转换成人类社会的集体记忆遗产。这也就是鲜活的社会习俗文献化、书面化的过程。

现当代浙江民俗的采录与研究，肇始于辛亥革命时期。《浙江通志·民俗志·概述》中记载："浙江开风气之先，作为一门现代学科的民俗学，也较早来到浙江，来到杭州。"[①]如果说考古发掘是印证历史的有效方法，那么社会调查就是记录现实的重要手段。在民俗研究、考古资料日益丰富的同时，浙江省在这一时期开展了大量有影响力的民俗学田野调查，极大扩充了浙江省民俗研究的资料来源。其中二十世纪二三十年代的浙江民俗调查，1979年至1983年浙江省民俗调查，20世纪80年代浙江民族民间艺术十大集成采编，21世纪初浙江省民族民间艺术资源普查，浙江省非物质文化遗产普查，1989年至2010年中日联合民俗调查，2005年至2008年浙江省和中国社会科学院对于转型时期民间信仰的地位和作用等重大国情的调查研究，2006年至2007年中美联合田野调查等，都是富有现实性的当代浙江民俗社会调查与研究活动，其中形成的系列社会调查文献，也成为当代中国的重要民俗资源宝藏，成为定格于时代、定格于社会转型时期的历史见证。这一系列广泛而有深度的社会调查活动，也成为新时期地方志编纂的全新增长点。就浙江省而言，现当代浙江民俗的社会调查，也大大深化了广域会通型志书社会部类/民俗版块的记载内涵。而浙江省一些有代表性的市县志书，也因此有了

①《浙江通志·民俗志·概述》，浙江人民出版社2020年版，第16页。

新的突破。譬如两轮《萧山市志》重视社会调查，直接将社会调查成果纳入地方志的记述范围，对于新编地方志书经济、社会和文化部类的记述，都是一个创新性拓展和科学性延伸的范例。

要实现社会调查和文献记录之间的科学转换，就必须注意新编地方志书的思想性、人民性和政策性把握。就社会部类的记载而言，拙作《论第二轮修志中的社会部类》一文曾指出，“要编写好民俗志、方言志，一要有明确的指导思想。应该强调的是，记载各民族不同民俗风情的目的，绝不是为了猎奇搞怪，更不能任情贬抑，而要从生态环境的角度来理解它、认识它。二要注意人民性。对于生产习俗、禁忌习俗和生活习俗中不符合人民性的内容，要给予必要的否定处理，并在移风易俗的前提下提出社会改良的意见，诸如婚丧嫁娶，仅仅是中华人民共和国成立后在礼仪消费上的几度涨落，就足以证明整个社会转型和社会变革对世俗社会的直接影响。三要注意区域性。写好这种区域之间的区别或差异，也是地方志书中处理社会信息的关键所在。四是要注意政策性。要将宗教信仰与迷信习俗相区别，与存留于民间的会社组织相区别，尤其是不能将宗教派别与会道门组织混为一谈。五是要注意新风尚。”①通过社会学意义上的、扎实的田野调查，上述问题必将会得到有效的解决，新编地方志书社会部类/民俗板块的记载必将得到进一步深化、细化和活化。这是不言而喻的一个事实。

六、涉及民俗志书的话语方式和概念内涵问题

班固《汉书·地理志》载：“凡民函五常之性，而其刚柔缓急，音声不同，系水土之风气，故谓之风；好恶取舍，动静无常，随君上之情欲，故谓之俗。”②可见历史文献中涉及“风俗”的概念，具体内涵历来有所不同。人们

① 张世民：《论第二轮修志中的社会部类》，《中国地方志》2010年第6期。

② （汉）班固撰：《汉书》卷二十八《地理志》第八下，中华书局2006年版，第1640页。

习惯上使用的，有关于“风俗”的概念，有关于“民俗”的概念，也有关于“习俗”的概念。按照词典的解释，“风俗”是指长期相沿积久而成的风尚、习俗，“民俗”是指民间流行的风尚、习俗，而“习俗”是指习惯、风俗。编写《民俗志》（或名之曰《风俗志》），归根结底，就是对于一个区域、一个社会的主流风尚的科学提炼和精准概括。

对于不同的时代精神，人们的概括方式势将有所不同。战国时荀子到咸阳，回答应侯范雎质询时，深刻分析了弥漫在秦国的朝野风气。《荀子·强国篇》：“其国险塞，形势便利，山林川谷美，天材之利多，是形胜也。入境，观其风俗，其百姓朴，其声乐不流汙，其服不佻，甚畏有司而顺，古之民也。及都邑官府，其百吏肃然，莫不恭俭敦敬，忠信而不楛，古之吏也。”①朱熹在《诗集传》中，强调了厚重质直的秦人性格。他说：“秦人之俗，大抵尚气概，先勇力，忘生轻死。……雍州土厚水深，其民厚重质直，无郑、卫骄惰浮靡之习。以善导之，则易于兴起，而笃于仁义；以勇驱之，则其强毅果敢之资，亦足以强兵力农，而成富强之业，非山东诸国所及也。”②这个结论性概括，肯定了秦人风习的天然优势。

明清之际顾炎武亲赴关中考察，他在《日知录》中反复援用“风俗”一词，还称赞“东汉之世，虽人才之倜傥不及西京，而士风家法似有过于前代”③，这是从历史文献中提炼和概括的时代精神，也是那个时代张扬的主流风尚。在我看来，“民俗”“风俗”和“习俗”等等概念之间，其实也有着具体的差异。“民俗”不限于从事物质生产的社会阶层，那些从事精神生产的社会阶层，同样需要从地理—习俗角度加以分析。在这个问题上，颜之推《颜氏家训·音辞篇》对我国南北方风俗的对比分析，很能说明一些问题。颜氏强调：“南方水土和柔，其音清举而切诣，失在浮浅，其辞多鄙俗。北方山川深厚，其音

① 杨德春：《荀子新校·强国篇》第十六，知识产权出版社2015年版，第205页。

② （清）雍正《敕修陕西通志》卷四十五，《钦定四库全书》史部地理类，都会郡县之属。雍正十三年（1735）刻。

③（清）顾炎武撰，（清）黄汝成集释：《日知录集释》卷十三《东汉风俗》，第679页。

沉浊而鈋钝，得其质直，其辞多古语。……南染吴越，北杂夷虏，皆有深弊，不可具论。”[①]涉及吴越习俗，《淮南子·主术训》：“故曰乐，听其音则知其俗，见其俗则知其他。……灵王好细腰而民有杀食自饥也，越王好勇而民皆处危争死也。由此观之，权势之柄，其以移风易俗矣。”[②]清代章学诚以顾炎武、黄宗羲为例，强调了浙东学术和浙西学术的学风差异。他在《浙东学术》一文中说：“顾氏宗朱（朱熹）而黄氏宗陆（陆九渊）。……故浙东、浙西，道并行而不悖也。浙东贵专家，浙西尚博雅，各因其习而习也。”[③]就学理层次而言，社会风俗是一个社会最基础的意识形态，因而对于代表这一意识形态的知识分子阶层的学风分析，也应该成为整体风俗研究的重要组成部分。士农工商，缺一不可。这是一个问题。

另一个问题，“民俗”概念的泛用或滥用，也容易导致一个时代短时段的社会风气和长时段的社会心理的混同不彰。短时段的社会风气，就是传统史学意义上的“风习”，也就是被当时政治环境所激发的习俗因素；而长时段的社会风尚，就是传统史学意义上的“俗尚”，这种潜移默化的社会影响，更是足以跨越时代的一种基础性的人文底色。有鉴于此，包括生产民俗、生活民俗、岁时民俗、信仰民俗、社会民俗、游艺民俗等等概念，或许改用生产习俗、生活习俗、岁时习俗、信仰习俗、社会习俗和游艺习俗等概念，会显得更精准、更到位一些。至于“民俗”一词，容易写成社会底层的习俗，而忽视了庙堂之上的政治影响，因为一个时代庙堂之上的政治风气，对于那个时代的习俗风尚来说，恐怕也会产生深远的、不可逆转的影响。《孝经·广要道》：“移风易俗，莫善于乐；安上治民，莫善于礼”[④]；杨泉《物理论》：

① 杨敬敬解译:《颜氏家训全鉴》卷七《音辞篇》，中国纺织出版社 2019 年版，第 258 页。

② 张双棣:《淮南子校释》卷第九《主术训》，北京大学出版社，第 958 页。

③ （清）章学诚:《文史通义》卷五内篇五《浙东学术》，上海古籍出版社 2015 年版，第 177 页。

④ 蔡践:《孝经全鉴·广要道章》第十二，中国纺织出版社 2016 年版，第 158 页。

“上不正，下参差”[①]；周敦颐《拙赋》：“上安下顺，风清弊绝”[②]；今人也说：“党风政风影响社风民风”，“政风正则民风正，政风俭则民风俭”，诸如此类，也都说明了朝堂之上风气对于社会风气的直接影响。与此同时，中西之间、海陆之间、城乡之间等，也存在着一个风俗移易的问题。城市系人群聚居地，也是感应风潮最迅速的地方，强调一个省域范围有影响的习俗懿范，不可不彰显首位城市的风气变化。古代民谚：“城中好高髻，四方高一尺；城中好广眉，四方且半额；城中好广袖，四方全匹帛。”就反映了上行下效、追求时髦的城乡之间的穿透力和影响力。地方志书对于民俗事像的记载，恐怕既要关注早已沉淀的社会风尚，更要关注朝堂之上、城乡之际和阶层之间的互动感染，因为这也是广域会通型志书社会部类/民俗板块保持其鲜活样态的关键所在。

值得注意的是，对于区域习俗问题的认识和记载，始终存在着话语方式的转变问题。民俗话语方式的转变，也必将带来民俗语汇的具体变化。对于民俗事像的书写，历来既有公共话语，又有私密话语。所谓公共话语，是指在一个时代得到社会各界共同认可的通用话语；所谓私密话语，则是指编写者所在时代的独立话语，编写者的思想感情和话语情绪也有其专一性的特征。通常来说，一个区域的语言习俗乃是最深刻的地缘文化密码，一切物质、非物质文化遗产都将寄托于此，自然而然地就会出现某些私密语言，也就是当地人在生产劳动和社会生活中蔚成的习惯性表达方式。有些私密话语，也可能感受于外界的横向交叉和纵向交流。譬如所谓“原住民”和“新市民”概念的提出，便涉及这一社会学、人类学名词的内涵差异。原住民（或称之为土著居民）本意是指当地早先定居的族群，且多半用于西方各国民族国家的殖民化进程。新市民原指新迁入的城市居民，后来则成为户籍不在本地，由于求学或工作原因而来到某一城市的人群的总称。其中蕴含的新来乍

① （晋）杨泉撰，（清）孙星衍辑：《物理论》，山东人民出版社2018年版，第100页。
② （宋）周敦颐：《周敦颐集》，岳麓书社2007年版，第122页。

到的生存窘境或身份尴尬，均意在言外。

《民俗志》内设语言习俗，既记载了当地民间的行业名词或忌讳用语，记载了过去民间结社和会社组织的私密话语，又记载了“浙江堕民”“九姓渔民”等特殊人群内卷的私密话语，堪称是丰富其语言样态的一种重要方式。与此同时，民俗志书写还要注意散文叙事和韵语叙事的差异，涉及民间歌谣、谚语和故事对社会风俗的提称概括（拙编《咸阳市志·民俗》中，即大量引用民间歌谣，来验证与国家典礼相通的民间礼俗）[①]，涉及文人诗词、散文和其他著述对地方风俗的深入记叙，涉及域外风俗对当代社会的互动交流等等，也都可能涉及新词汇、新语境、新观念和新语态的普及使用，其中也有某些从私密话语向公共话语转变的情形。但就民俗著述的专业用语而言，严肃的学术性话语与时髦的生活性话语远非同一概念，切不可一概而论。《民俗志》既有民间私密话语解剖，又有不少民歌韵语裨助，在语言表达上展现了严肃、认真的治学态度，做出了饶具深度的、可贵的探索，值得肯定。

总体来看，《民俗志》《陕西省志·民俗志》作为新中国各该省份第一部广域会通型社会部类/民俗版块志书，其共同特点在于全面、系统地梳理了各自省域民俗的历史与现状，思想导向正确，资料翔实有据，具有历史性与逻辑性相统一、思想性与科学性相统一和资料性与著述性相统一等著述优长。但因著述时差和学风差异，两部著述也代表了不同的学术品格。比较而言，《陕西省志·民俗志》属于全国首轮修志周期内的省域民俗志，当时我国非物质文化遗产清理尚未提上议事日程，而《民俗志》属于全国第二轮修志周期内的省域民俗志，此时非物质文化遗产视角早已深入人心，前者有其草创特点，后者饶具转精之致，因而两部广域民俗志的结撰和成书，也进一步彰显了改革开放以来我国民俗学—方志学界对于民俗民族志的深化认识。两相对照，新出版的《民俗志》，更给予读者以新的启迪和新的思考。可以肯定，该志不但具有社会学、人类学的重要文献价值，而且有着方志学著述方

①《咸阳市志》第4卷第6编《民俗》，三秦出版社2000年版，第740—822页。

式和学科分类上的方法论价值。其编排上的合理性、内容上的丰赡性和取材上的科学性，也都可圈可点。该志对于历史民俗和现实民俗的处理，对于汉族民俗与畲族民俗的处理，对于良风美俗和歪风陋俗的处理，对于资料征引和思想总纂的处理，都有不少可资借鉴的地方。当然，两志的共同缺陷均在于缺少省域民俗区划图，对于城乡生活、朝野生活的互动表述略显不足，因而让异域读者在学术鉴赏的同时不免产生某些笼统认识。倘能在第三轮广域民俗志编写中注意相关问题，增加相关内容，则当代广域会通型志书社会部类 / 民俗版块的著述水准必将更上层楼。

（张世民，1983 年毕业于西北大学历史系。1988 年专业从事地方志编审工作。历任咸阳市地方志办公室副调研员，副编审，咸阳市有突出贡献专家、跨世纪学术带头人。系陕西省地方志办公室原二级巡视员兼《陕西地方志》主编。著作有《历史应用学浅论》《方志学散论》《新方志编纂学讲义》《民俗雅话》《咸阳市志·民俗编》，主编有《咸阳史话》《诗词歌赋话咸阳》《杨良瑶与海上丝绸之路:〈唐杨府君神道之碑〉解读》，总纂有《汶川特大地震陕西抗震救灾志》《陕西省人民政府沿革史》，参编有《咸阳市志》《建国五十年咸阳市大事记》，整理有《民国咸阳县志》等。）

浙江江河志的标杆之作

——评《浙江通志·钱塘江专志》

江　震

提　要:《钱塘江专志》是21世纪以来浙江江河志编纂的一大新锐成果。它拥有扎实的资料基础，在内容上统合古今，详今略古。它谋篇布局科学合理，既全方位梳理了钱塘江在自然环境、资源开发等方面的情况与特征，又通过钱江潮、海塘等主题凸显了钱塘江的地方特色。钱塘江流域的人地关系在其中得到体现。对于钱塘江及其流域，它是一本具备资料性、科学性、前沿性的新修江河志。

关键词：钱塘江　江河志　流域开发　地方文化

浙江素有“方志之乡”之称。其之所以得此称号，一大原因在于浙江方志数量多，多佳志，其中不乏在方志发展史上具有开创性和代表性的作品。无论是旧方志，还是新方志，浙江方志的记述对象，有很大一部分都位于钱塘江流域。方志，一般以行政区域为修纂对象，其中，江河志是以自然区域为范围。[①]从自然区域的角度出发，编纂相应的江河志，有利于我们从另一个角度通过方志去了解浙江。

① 朱士嘉:《关于编纂江河志的几个问题——在水利史志编写工作座谈会上的讲话》，载于李泽主编《朱士嘉方志文集》，燕山出版社1991年版，第144页。

提及浙江的江河，便不能不提及钱塘江。钱塘江的存在，为浙江人民带来了丰富的各类资源，也为浙江人民带来了各类自然灾害。面对资源，要利用；面对灾害，要防治。如何趋利避害，是古往今来浙江人地关系的重要主题，今日钱塘江流域的历史、地理面貌也由是得以塑造。在这样的过程中，钱塘江出现在了一代又一代浙江人的生活背景中，成为无数浙江人的地方情结之所在。和钱塘江相关联的一些语汇(如“浙江潮”)，也随之成为浙江地方文化中的重要意象。职是之故，欲了解浙江，则不可不了解钱塘江。

20世纪末，已有专门的《钱塘江志》出版。①但是，新世纪以来，编修新方志的浪潮方兴未艾，钱塘江及其流域的面貌日新月异。关于钱塘江，存在着丰富的修志经验有待落实，亦存在着许多新的内容、新的主题有待阐发。所以，一部新的关于钱塘江的河流专志，是作为新世纪的“方志之乡”的浙江所需要的。《浙江通志》编纂委员会所编的《浙江通志·钱塘江专志》(以下简称《钱塘江专志》)，是《浙江通志》的第九十八卷，在以某个具体自然地物作为记述对象的专志中，位列第一卷。它以极强的资料性和科学的谋篇布局，全面、系统地呈现了钱塘江的古貌今颜，展示了钱塘江的崭新气象和地方特色。它的出现，将浙江江河志的发展推至一个新的台阶，也为今后新的江河志的编纂提供了可贵的启发和更高的目标。

《钱塘江专志》的篇幅有600余页，89.43万字，其规模宏大，非同凡响。志书内分8章，分别名为《水系》《钱江潮》《自然灾害》《治理开发》《海塘与江堤建设》《生态环境保护》《管理》《民俗与名胜古迹》。前三章是以钱塘江及其流域的自然地理面貌为本的内容。第四到第七章专注于人们怎样发挥主观能动性，管理、改造钱塘江流域的自然环境，进而在有效利用钱塘江的各类资源的同时，与钱塘江流域的生态环境和谐共处。其中，第四章《治

① 《钱塘江志》共分为10篇，10篇之下分为47章，主要记述钱塘江水系的自然环境、开发治理史，对于钱塘江流域的社会经济情况也有所涉及。参阅《钱塘江志》编纂委员会编《钱塘江志》，方志出版社1998年版。

理开发》以一章之篇幅，熔关于水利工程的内容于一炉，对应了《钱塘江志》共47章篇幅中近20章的内容，这是可取的进步。第八章则是以流域文化为核心线索，对和钱塘江密切相关的物质文明遗存和精神文化遗产进行整理总结。

编写江河志，内容尺度的拿捏至关重要，既要对记述对象的各方面内容都有所涉及，又要有详有略。据1987年颁布的《江河志编写工作暂行规定》，江河志的内容应有4个要件：一、江河流域的自然面貌和特征，及其给人类社会发展的作用和影响；二、江河流域社会经济概况以及在国家建设中的地位和作用；三、水旱灾害以及本江河的治理开发、水资源的综合利用和保护的历史和现状；四、江河流域治理规划、水利工程、水利科学技术发展、水政、治水人物事迹等。[①]其中又尤以第三点为重。《钱塘江专志》的前三章对应了第一点，第四到第七章对应第三点和第四点。江河所带来的资源是多样的，所以，江河志在关于治理开发的内容中，不能忽视水运、渔业、旅游、水上体育等方面的工程。[②]否则，就会出现修江河志如修水利志的问题。同时，资源保护情况和资源开发一样，都是重要的议题。《钱塘江专志》较好地处理了这方面的问题。它将渔业资源和水资源水环境保护共同纳入了第六章《生态环境保护》，而将关于水力、水运、湿地等资源的开发统合在第四章《治理开发》中。从中可见，在实践层面上，进入新世纪，资源保护和资源开发已并作钱塘江流域人地关系中一体两面的重要主题。而“保护”和“开发”的侧重点亦各有不同，贯彻始终的，是科学的精神。

和《钱塘江志》不同，《钱塘江专志》并未专门着墨于钱塘江流域的人口、农业和城镇布局。这实践了“分志贵专”的原则。但是，作为《浙江通志》的一部分，《钱塘江专志》不能完全回避一个问题：钱塘江作为浙江的

---

① 中国江河水利志研究会：《江河志编写工作暂行规定》，转引自王复兴主编《省志编纂学》，齐鲁书社1992年版，第137页。

② 周潮生：《论江河志与水利志的异同》，载于浙江省钱塘江管理局、浙江省河口海岸研究所编《浙江省钱塘江管理局浙江省河口海岸研究所论文选编第一辑1949—1998》（上册），中国水利水电出版社2001年版，第1003页。

第一大河，它对于浙江而言究竟意味着什么？回答这样一个看似笼统的问题，却需要许多具体而微的答案。如，多少人口、多少土地和钱塘江有着息息相关的联系？钱塘江的水力资源在浙江的总水利资源中占有多大的比例？其开发程度究竟如何？关乎钱塘江的社会管理，浙江的地域社会中的重要性几何？……这些问题，正对应了《江河志编写工作暂行规定》所提到的第二点“江河流域社会经济概况以及在国家建设中的地位和作用”。在方志中，概括性的文字具有从宏观上综述史迹、彰明因果、评价得失、阐明规律的作用。[①]这类概括性的文字，应当包含着回答上述问题的答案。对此，《钱塘江专志》在卷首和各章的开头都有相应的内容。这些文字既包含了对重大事件的精简罗列，又不乏得当的定性概括与定量记述。例如，《钱塘江专志》的“概述”部分，在交代钱塘江流域的水库总数后，列出了一系列具有总括性的数字，这些水库对为居民的日常生活、农业开发和工矿企业所发挥的作用，均一目了然。[②]又如，在第七章《管理》的开头，《钱塘江专志》将对钱塘江流域的社会管理分为三类：官办、官督民办、民办民管，并概括了这三类管理方式的特点。从中可见，古往今来，钱塘江流域的水域治理，依靠的是一个立体的网络，政府和民众，都可在其中发声。[③]于公，钱塘江是行政与社会管理的重要方面；于私，钱塘江是民众的凝聚剂。可以说，在更大的视野下看待钱塘江，在《钱塘江专志》之中是处处有所关照的。

编写江河志，既需要部门齐全，又需要内容的丰富可靠。在这方面，《钱塘江专志》也是经得起检验的。在语言风格上，《钱塘江专志》文字朴实，极少见到空话套话。在资料积累与利用上，《钱塘江专志》以丰富的档案与实测数据为基础，编制了大量的图表。这使得对于各个具体的主题，读者常常可以获得精确到定量的印象。而在叙述各类事件时，除档案和实测数据

① 王复兴主编：《省志编纂学》，齐鲁书社 1992 年版，第 141 页。
②《浙江通志 · 钱塘江专志》，浙江人民出版社 2021 年版，第 7 页。
③《浙江通志 · 钱塘江专志》，浙江人民出版社 2021 年版，第 469 页。

外,《钱塘江专志》还广泛取材于各类历史文献与新方志，故而十分系统详尽。这赋予了《钱塘江专志》较强的科学性与资料性。在时间序列上，各部门内容的时间分布起于唐宋，清末至民国年间渐多，而重于中华人民共和国成立后，尤其是二十世纪八十年代以来。这满足了新修方志“既要掌握详今略古，又要坚持统合古今”的原则，也在客观上实现了对《钱塘江志》的拓展与完善。①

评价一本方志修得是否成功，不仅要看其是否满足了方志的共性，还应观察其是否具有自己的个性，即其内容是否反映了当地的实际情况，是否突出了当地的特殊性。②在这一点上,《钱塘江专志》也是做得比较成功的。第一章到第三章中，有《钱江潮》一章。“钱江潮”本身是钱塘江流域特有的自然现象。观“钱江潮”则是浙江地方社会特有的社会、文化现象。该章系统整理了关于“钱江潮”的各类水文数据，先后介绍了在现代水文科学的视野下钱江潮的生成机理，古往今来人们对于“钱江潮”的观察与研究，以及针对观潮行为的社会管理。第四到第七章中，有《海塘和江堤建设》一章。由于钱塘江口和杭州湾特殊的水文环境，克服涌潮的影响是古往今来沿岸人民所面对的重大难题。该章以时间为线索，对历代的海塘修建工程进行了详尽的梳理，对塘工技术进行了专业的介绍。除此之外,《钱塘江专志》还灵活地采用“互见法”，在第七章《管理》中，从人员、经费等角度介绍了钱塘江海塘的管理情况。《钱塘江专志》通过对钱江潮和海塘开辟专章，进行浓墨重彩的介绍，有力地凸显了钱塘江的地方特色。

由上可见，作为一本江河志,《钱塘江专志》的谋篇布局较为科学合理，钱塘江的独特性和在新时代的新面貌，也得到了充分的彰显。在过往修志中积累的一些修志理论与经验，在其中得到了较好的贯彻。同时，作为《浙江通志》的一部分,《钱塘江专志》也对钱塘江对于浙江而言意味着什么，在

① 参见王复兴主编:《省志编纂学》，齐鲁书社 1992 年版，第 140 页。
② 仓修良:《方志学通论》(增订本)，华东师范大学出版社 2014 年版，第 601 页。

历史和现实中，钱塘江和与其相关联的人们究竟呈现出一个怎样的互动关系等问题进行了适当的概括与分析。可以说，关于钱塘江及其流域，《钱塘江专志》是一本内容权威、详尽、不失前沿性的资料参考书，对于钱塘江流域的水文治理、资源利用与旅游开发，都具有重要的参考价值。它也为今后关于浙江乃至其他地区的江河志的编纂树立了一个标杆：既具备资料性与科学性，又具备全局性和启发性的江河指南。

（江震，中国人民大学清史研究所在读博士研究生。本文得到中国人民大学历史学院教授、博士生导师华林甫先生指导。）

“天造一半、人造一半”的西湖

——品读《浙江通志·西湖专志》

吉　祥

提　要：西湖是世界少有、中国唯一的湖泊类世界文化遗产之一。《浙江通志·西湖专志》是承载这一文化遗产极具价值的史志文献。《西湖专志》的主要特色表现在：记述内容范围从纯粹的湖泊扩展为西湖风景名胜区的“大西湖”，揭示了西湖景区的湖、山、城整体的景观特征；西湖之美不仅在于湖山之美，更重要的价值是由此衍生的中国山水文化的精神审美价值和中国景观美学思想；西湖风景是历代政府和有识之士抢救、维护和保护的结果，《西湖专志》记载的对西湖疏浚、生态维护等人工干预管理对西湖文化遗产的持久保护以及国内其他湖泊景区的管理维护有着重要的启发意义；专志提供了不少有价值的史料和历史掌故；撰著风格体现了史志结合的特点，专家学者的参与使《西湖专志》具有了专业学术价值。

关键词：浙江通志　专志　西湖　西湖文化　评论

从地名学的角度来说，纯粹以东南西北自然地理方位命名的地名往往是没有什么文化含量的。所谓西湖，无非是因湖在城西而得名。清代《冷庐杂识》中说：“天下西湖三十有六”[①]，可见称西湖者多的是，但是能被天下人

①(清)陆以:《冷庐杂识》卷六，上海古籍出版社 2013 年版，第 232 页。

都记住，并且首屈一指的只有杭州西湖，她是所有以“西湖”命名的湖泊中风景最为绮丽、历史最为悠久、文化内涵最为深厚的一处，是中国历史上知名度最高的“文化名湖”。[①]“上有天堂，下有苏杭”的民间谚语从北宋时就流行了。杭州之所以与苏州被并称人间天堂，主要就是因为西湖的存在。苏轼曾说“杭州之有西湖，如人之有眉目”，他同时又把西湖比喻为中国历史上四大美人之首的西施，“欲把西湖比西子”，两“西”两美相提并论，可谓是一个恰当的类比。

有意思的是，《浙江通志》的下限为2010年，而正是在这一年，中国向世界遗产中心递交了西湖申遗的文本并获初审通过，在次年的第35届世界遗产大会上，杭州西湖通过审议表决，正式列入世界文化遗产名录，这也是迄今世界遗产中全球少有、中国唯一的湖泊类世界文化遗产。踩在这样的时间节点上，浙江省将《西湖专志》列为《浙江通志》14部专志之一，便具有了特别的标志意义，这表明西湖不只是杭州的，更是浙江的、中国的，乃至世界的。在这个意义上，《西湖专志》是《浙江通志》中不可或缺的、极其重要的一部专志，它理应是世界湖泊类文化遗产的一个样本性史志文献。

一、“大西湖”的视野格局

从古至今，人人都说西湖好，很多人都慕名到过西湖，但大多数游人所理解的西湖只是狭义的西湖，即以西湖为核心的环湖景区景点，诸如苏堤、断桥、三潭印月等。而《浙江通志·西湖专志》(以下简称《西湖专志》)所记述的范围则从狭义西湖水域和核心保护区，扩展为广义的“大西湖”，即总面积59.04平方千米的西湖风景名胜区。根据《杭州西湖风景名胜区总体规划(2002—2020)》对西湖风景名胜区九大景区的划分,《西湖专志》在第四章《景区》下分别设列了环湖景区、北山景区、吴山景区、植物园景区、灵竺景区、

①《浙江通志·西湖专志》“概述”，浙江人民出版社2021年版，第1页。

凤凰山景区、钱江景区、五云景区、虎跑龙井景区9区，全景展现了整个西湖风景名胜区的景区格局风貌，这样的收录内容大大突破了单纯的西湖湖泊范围。

事实上，西湖风景的特点恰恰不是单纯的湖泊。西湖的周边环境是“三面云山一面城”，古往今来的人都意识到西湖是一个湖山一体、“湖山表里”的存在。清代《扬州画舫录》曾将全国的名城作过比较，称“杭州以湖山胜，苏州以市肆胜，扬州以园亭胜”，讲杭州实际上就是讲西湖，也是把西湖的湖山视为连体看的。西湖的湖水与群山紧密相依，共同构成了旖旎秀美的湖光山色。明徐霖诗云“西湖如明镜，诸山如美人。美人照明镜，形影两能真”，生动地道出了西湖湖山密不可分的关系。从自然景观上来看，西湖低缓的群山呈马蹄形环布在西湖的北、西、南三面，层叠绵延而舒展，天际线柔和委婉，视觉空间上具有丰富的层次感和纵深感；环抱中的西湖湖面，规模适中。自湖上西望，湖岸可辨，视觉空间上具有适宜的围合感和尺度感；同时，湖水盈满平静，呈现出湖与岸无间的亲和感。而湖东的杭州城则与湖山形成了唇齿相依的亲密关系。群山环抱着湖，古城依傍着湖，三者和谐地组合在一体，形成了立体、丰富的景观空间，这种湖、山、城整体的景观空间特征，体现出人与自然的独特的整体感和亲和感，具有天生自然的精致和细腻，是天人合一的典范。①

其实，明代田汝成在编纂《西湖游览志》时，就已经不再将西湖的游览区局限于西湖一隅，而是将西湖的自然景色与杭州城市的人文景观融为一体。当时有人质疑《西湖游览志》，认为既然书名“西湖”，内容却又旁及城市，似显与事实不符，田汝城就在《西湖游览志·序》中说：“予则以为西湖者，南北两山之秀液也；南北两山者，西湖之护沙也；滋灵酿淑，条贯同之。若非原本山川，要原别委，则西湖之全体不章，故旁及城市，正以摹写西湖

---

①《浙江通志·西湖专志》“概述”，浙江人民出版社2021年版，第4页。

者也。”[①]晚清著名学者俞樾也提出了一个很有意思的观点，“西湖之胜，不在湖而在山。”[②]如今出版的《西湖专志》同样并不仅仅是写单纯的西湖湖泊，而是扩展到西湖风景名胜区内在的湖—山—城。该志的第一章《西湖与西湖风景名胜区》，所反映的正是从西湖的形成到西湖风景名胜区发展历程的这种内在演进关系。考虑到群山是西湖景观的重要组成部分，为反映西湖风景名胜区“重重叠叠山”的地貌景观，《西湖专志》在第二章《自然环境》的地质和地貌中对岩石、地质构造、山系、丘陵、岩洞等作了记载，这些内容恰恰是“山”的内容而不是“湖”的内容。第五章《旅游》、第六章《宗教》、第八章《教育、藏书与科研》，第九章《风俗》则从诸多方面反映了西湖与杭州城市生活的关系。

历史上西湖曾多次修志，时间最近的是1995年出版的《西湖志》。从修志的角度来说，《西湖专志》有先例可循。但从内容来说，《西湖专志》着眼的是完整意义上的大西湖，而不是狭义的小西湖，因此该志提供了更开阔、更全面意义上的西湖史志文献。

二、西湖的文化价值和审美意义

西湖的湖山之美似乎是自然意义上的，但是她引发的却是“寄情山水”的精神审美。由这种审美又产生了巨量的、雅俗共赏的文化艺术。伴随西湖东岸的城市发展和周边群山的逐渐开发，西湖一带成为佛、道等宗教活动的开展地，儒学、忠孝、隐逸、书院、藏书、文学艺术、科学技术、印学以及茶、酒等文化发展的重地，文人雅士的游赏、创作和居住地。西湖山水与堤岛、桥涵、园墅、亭台、楼阁、假山等多种人工作品交融渗透，这种特有的自然和文化景观逐渐具有了吸引力和文化魅力，并融汇和吸附了大量的中国

① 《浙江通志·西湖专志》第五章“旅游”，浙江人民出版社2021年版，第377页。

② 《浙江通志·西湖专志》第七章“文学艺术”，浙江人民出版社2021年版，第545页。

儒释道主流文化，共同构成西湖景观的人文荟萃、内容丰富的显著价值。[①]

在所有的西湖文化中，笔者以为西湖产生的精神审美对中国文化最具贡献价值。2011 年世界遗产委员会对西湖列入联合国教科文组织的《世界遗产名录》的评语是："杭州西湖文化景观是文化景观的杰出代表，它极为清晰地展现了中国景观的美学思想，对中国乃至世界的园林设计影响深远……在景观营造的文化传统中，西湖是对天人合一这一理想境界的最佳诠释。"显然联合国教科文组织的这个评语，最为看重的是西湖提供的中国景观的"美学思想"。

西湖是一个巨大的审美空间。从唐以来的一千多年中，西湖承载了历代中国各阶层的精神审美需求，在"天人合一""寄情山水"的中国山水美学文化背景下，西湖拥有突出的精神栖居功能，对唐宋以来的中国历代文化精神，包括东亚地区的文化交流学者产生了强烈的吸引作用，成为他们持续不断地创造和营建的精神栖居地。《西湖专志》第三章《胜景》列出了不同时期景观提炼出的"西湖十景""钱塘十景""西湖十八景""杭州二十四景""新西湖十景""三评西湖十景"等。这种不断进行的景观评定，其实就是一次次的审美回味。在历次的景观认定中，笔者以为最为经典的仍然是最初的"西湖十景"，《西湖专志》对每一景都作了景观的美学品评，这些品评堪称景观美学的解读。

西湖的湖山之美熏陶了一代又一代中国人，养成了"湖中天地即胸中天地"的审美情趣。这种精神审美不只是对文人的，而是对包括普通百姓在内的所有世人的。网络上曾有人比较过杭州西湖与南京玄武湖两座名湖，两者之所以出现巨大的差异，其原因就在于南京的玄武湖在历史上长期是皇家后湖和禁区，普通人无法涉足，因此玄武湖并没有真正进入文人的精神生活和普通市民的城市生活。而杭州西湖恰恰相反，由于西湖山水空间的开敞性，

---

① 国家文物局编：《世界文化遗产公园申报世界文化遗产：中国杭州西湖文化景观》，转引自《浙江通志·西湖专志》"概述"，浙江人民出版社 2021 年版，第 4 页。

她的魅力吸引了社会各阶层，使他们无不产生到西湖一游为快的念头，从宋代就一直存在的西湖旅游，则使越来越多的人从西湖直接获得了湖山美景的审美感受，无数的文化艺术等精神文化由此而产生。唐宋以来西湖一直就与杭州城市生活紧密相关，不仅是士大夫们，即使是普通的百姓都能在西湖的公共城市空间中，无形中感受到湖山之美以及相应的精神文化熏陶。西湖的四季赏花、赏月、赏桂、夜游、泛舟、佛诞放生、香市庙会、烧香拜佛、鸟会、茶饮等，无不渗透到杭州人的日常生活中。在张艺谋等导演的“世界唯一的都市山水实景演出”《印象西湖》出现之前，每个到西湖的人何尝不是沉浸式参与在现场版的印象西湖天然画图中呢？

对于西湖的自然美延伸出的精神艺术审美，有一个实例颇具代表性，这就是杭州艺专在西湖的设立。民国时期，蔡元培担任南京国民政府大学院院长，锐意推行“以美育代替宗教”，主张在长江流域设一国立艺术大学，最适宜的办学地址就是杭州西湖，“盖其地山水清秀，逶迤数百里，能包括以上各名胜之长，而补其所不足。”[①]西湖为画家们提供了绘画素材和艺术灵感，一大批画家整天“泡在水光山色和艺术氛围中”[②]，他们中涌现了一批享誉国际的艺术大师。在西湖的场域中，某种意义上，是自然之美衍生出艺术之美。杭州艺术专科学校（中国美术学院的前身）由此成为中国近代最早的综合性国立艺术学府，现代中国美术教育的重镇。

三、西湖人工干预与守护的历史启示

南京大学教授、文化学者胡阿祥在阐释江南文化魅力时，曾说“江南是天造一半、人造一半，是人文色彩浓重的自然，是自然风韵独具的人文”[③]。此言用于西湖的解读，也十分精当。

---

① 转引自《浙江通志·西湖专志》第八章“教育、藏书和科研”，浙江人民出版社2021年版，第700页。

② 转引自《浙江通志·西湖专志》第七章“文学艺术”，浙江人民出版社2021年版，第659页。

③ 胡阿祥：《魅力江南：中国人的天堂》，《江苏地方志》2020年第1期。

这种“人造一半”，不只是西湖的人文景观建设，还包括对西湖的人为的维护。从西湖的形成史来看，西湖最初是钱塘江海湾的潟湖，东汉时，钱唐地方官华信兴筑防海大塘，开创了治理西湖的先河。唐代白居易主持疏浚西湖，修筑湖堤，使得上下湖发生了根本性变化，西湖始从一个天然湖泊演变成一个人工湖泊。北宋苏轼开葑筑堤，始建人文景观，标志着西湖从人工湖泊向园林景观的进化。西湖的湖山之美固然具有其自然属性的成分，但是离开了“人造”和人工干预，西湖也不可能成为享誉全球的西湖风景名胜区。

再美好的风景，如果没有持续的精心保护和维护，也会湮没和被毁灭。事实上，历史上西湖就曾多次面临着生死存亡的时刻。譬如五代吴越国时，曾有方士劝钱镠填西湖建造皇宫，幸被钱镠拒绝，否则西湖在当时可能也就被毁于一旦。北宋和南宋时期，军民寺观侵占湖区，湖上屋宇连接，一色楼台，沿湖居民冒佃侵多，葑菱蔓延，西南一带成为平陆，乾道年间，地方官就担心“恐数十年后，西湖遂废，将如越之鉴湖，不可复矣”[①]。元末时，同样由于官府“不事浚湖，沿湖泥淤之处，没为荒田荷荡。湖西一带，葑草蔓合，侵塞湖面，如野陂然”[②]。日本侵华战争期间，日军一度将西湖列为禁区，造成许多绝胜佳景荒芜废弛，文物古迹失修，庄园别墅被弃，万松岭、九里松等的风景松林几乎被砍光，水土流失严重，西湖淤塞严重。民国末年的时候，西湖各处香灰泥堆积很深，湖山失形，名胜毁圮，设施残破。

西湖之所以能保存下来，是历代有为官员和有识之士抢救、维护和保护的结果。览读《西湖专志》的《大事年表》，有一个突出的印象是历代治杭州者都把西湖的治理作为其重要政务，治杭州者，必治西湖，这与其他地方的官员职守很不一样。凌云翰《钱唐十咏》诗序中写道：“唐宋以来，多称贤守，

---

①《浙江通志·西湖专志》第一章“西湖与西湖风景名胜区”，浙江人民出版社2021年版，第29页。

②《浙江通志·西湖专志》第一章“西湖与西湖风景名胜区”，浙江人民出版社2021年版，第32页。

而白、苏为最，蔡襄、李及次之，其流风遗韵，固可考也。”[①]大事年表记录了很多杭州刺史和知府治西湖的情况，如唐代袁仁敬植“九里松”；李泌开六井引西湖水入城；白居易整理钱塘湖、制定钱塘湖整理办法；王钦若奏将西湖作为放生池禁民采捕；范仲淹以纵民竞渡解决杭州百姓灾荒；沈遘开南井引西湖水入城以便民汲；苏轼向朝廷呈报《杭州乞度牒开西湖状》，从放生、民饮、灌溉、助航、酿酒 5 个方面出发，提出西湖绝不可废[②]，并组织军民疏浚开发西湖；汤鹏举、周淙、张杓等若干杭州（临安）知府都曾大力治理西湖。这些杭州主政官员之于西湖的角色，颇类于今天生态治理中的河长制、湖长制。所以民国时竺可桢说“倘使没有宋元明清历代的开浚修葺，（西湖）不但里湖早已受了淘汰，就是外湖恐怕也要为污泥所充塞了，换言之，西湖若没有人工的浚掘，一定要受天然的淘汰……”

西湖作为世界文化遗产，遗产保护自然是西湖工作的题中应有之义。而《西湖专志》第十一章《治理与保护》和第十二章《管理》，记载了历代西湖水域治理和景区保护的管理之策。这些历史记载对中国其他湖泊的治理保护同样具有历史借鉴和启发意义。

在历代西湖及其景区的管理中，最值得注意的是湖泊的疏浚、景区墓葬的管理和山林生态维护。从唐代到清代，西湖经过多次疏浚。较重要的疏浚共有 23 次，其中相隔 100 年以上的 3 次，相隔 20 年以下的 7 次。特别是五代吴越国以及南宋时，西湖均曾设“撩湖兵”，相当于专业的水利城管部队，其主要的职责就是清除湖中蔓生的葑草和积淤的湖泥，维护西湖的生态。山林是西湖风景名胜区的重要生态组成部分。日本侵华时期，西湖及周边的植被受到很多破坏，上好的风景林被砍伐运往日本，理安寺的大片珍贵浙江楠被寺僧盗伐，市民因没有燃料生火做饭，上西湖周围群山砍柴挖根，南北两

---

① 转引自《浙江通志・西湖专志》第三章“胜景”，浙江人民出版社 2021 年版，第 147 页。

②《浙江通志・西湖专志》第一章“西湖与西湖风景名胜区”，浙江人民出版社 2021 年版，第 27 页。

山竟至童秃，万松岭、九里松的松树几乎被砍尽，以致水土大量流失，西湖淤塞。[①]中华人民共和国成立后，西湖山区开展绿化童山秃岭的治山运动。这些内容对于今天乃至今后的西湖风景名胜区保护都是有警示意义的。

四、不为人知的历史掌故

《西湖专志》的主体共设《西湖与西湖风景名胜区》《自然环境》《胜景》《景区》《旅游》《宗教》《文学艺术》《教育、藏书与科研》《风俗》《文物考古》《治理与保护》《管理》12章，全面反映了“大西湖”的各方面历史和现状。除了全面记载外，该专志提供了不少有价值的史料和历史掌故，这些内容除专业研究者之外，不少是为一般读者所不知的。

譬如第二章《自然环境》记载了西湖是中国金鱼的发源地之一，记载了历史上的西湖虎患，这些反映了西湖景区的历史生态情况。在“文化艺术”章中记载了滑稽戏诞生于西子湖畔，中国的第一个滑稽剧团——笑笑剧团就在西湖景区。第三章《胜景》中记载了中国民间故事《梁山伯与祝英台》中梁祝共读的万松书院，因为他们凄美的爱情传奇，万松书院也被称作梁祝书院，成为传奇姻缘的萌发地，今天的万松书院演变成人们寻觅良缘的地方，成为杭州一处重要的相亲之地。[②]对于西湖樱花的由来，《西湖专志》记载了一段掌故，1938—1939年沦陷期间，日军驻杭最高部队“赠送”杭州市日本国花——樱花4500株，分植于万松岭之阳及环湖各公园，大量樱花的种植，具有殖民色彩。“三潭印月”是西湖很有名的景观，三座小石塔的意境非常美，但为什么设三潭，三潭是什么意思很多人并不清楚。第十一章“治理与保护”中对此作了记载，主要是始于苏轼在西湖开葑田为湖面，变葑田为菱荡，使无茭草湮塞之患。为防止岁久人户日渐侵占原来水面种植，遂在湖中深潭处立三座小石潭（或称三潭）作为界限标志，禁止在石塔以内水面侵占种

---

① 《浙江通志·西湖专志》第十二章“管理”，浙江人民出版社2021年版，第897页。

① 《浙江通志·西湖专志》第三章“胜景”，浙江人民出版社2021年版，第176页。

植菱芡。第六章《宗教》记载了飞来峰的元代藏传佛教风格造像，指出这是中国汉族地区供奉藏传佛教造像最多的石刻造像群，在13—14世纪的中国石刻艺术史上具有不可或缺的地位。

很多历史传说与西湖有关，但是《西湖专志》正本清源记载了这些真实的原型和本原。如《水浒传》中的英雄武松是一个艺术加工的形象，而《西湖专志》记载了真实的武松。相传本是一位江湖卖艺之人，并非后人所说的强盗出身，武松因有一身武艺曾被知州高权赏识招揽为捕头。后奸相蔡京的儿子蔡鋆继任杭州知州，他仗势虐待杭州百姓，武松仗义挟刀狙杀其于途中，因寡不敌众被捕而死于狱中，杭州百姓感其侠义为民除恶，集资葬埋武松，故西湖旧有“宋义士武松之墓”[①]人们都知道民间传说的《白蛇传》，白娘子被压在雷峰塔下。对雷峰塔的倒塌，《西湖专志》记载其主要原因是无知乡民以塔砖利于农蚕，在塔下竞相挖取，致使塔基被挖空而倒塌。很多人对于《白蛇传》的故事都是通过戏曲和电视剧而了解的，《文学艺术》章中则除了人所共知的《白蛇前传》内容外，还对一般人不知的《白蛇后传》的内容加以交代。

《西湖专志》记载了一些西湖独有的历史现象，颇具历史研究价值。如西湖在历史上长期担负放生池的功能。从唐代开始西湖就作为全国81处放生池之一，历代统治者和西湖各大寺庙均提倡“放生”善举，以西湖为放生池。但是这种放生具有两面性，一方面长期禁捕保护了生态，另一方面过多的放生又破坏了湖区的生态平衡，直到民国16年(1927年)，州市政府才以蓄鱼有碍水质清洁为由废除了西湖的放生池地位。民国到中华人民共和国成立后，西湖放生习俗消失了较长时间，但是2010年后这种放生习俗又呈现复兴的迹象，这对西湖的生物链造成危害，破坏生态平衡，西湖的宗教放生传统与西湖生态保护之间的矛盾，是西湖治理中需要引起关注的一个问题。

还有西湖的“权厝”现象。南宋初期，临安城中出现大批来自北宋都城

① 《浙江通志·西湖专志》第四章“景区”，浙江人民出版社2021年版，第253页。

开封以及中原的流民，他们希望死后能“返骨”归葬故乡，所以将棺木“权厝”（即暂放）在寺院的习俗。这种缓葬权厝现象后来愈演愈烈，对后世杭州风俗产生了深远的影响，以致民间在湖滨筑小屋租与人停厝，称为“攒基（屋）”，形成久厝不葬的恶习，在中华人民共和国成立之前，西湖南北两山到处都是浮厝露棺，严重影响旅游观瞻。[①]所以西湖景区的墓葬管理是研究西湖中值得注意的历史问题。

五、专志的学者参与以及专业学术性

览读《西湖专志》的“编后记”得知，参与《西湖专志》编写人员，除了西湖风景名胜区管委会机关各部门和基层单位外，参与有关章节编写的专家达 19 人之多，他们的参与为《西湖专志》带来了较强的专业学术性，使得该志具有较高的文化学术价值。

作为一部专志，《西湖专志》体现了专业学术性。学术界对西湖成因和生成时间的研究探讨有多种说法，第一章就对西湖生成的时间争议，采取了诸说并存，分别记载了“距今 12000 年说”“形成于 6000 年前说”“距今 4500～3000 年说”“始于 2500 年前说”“距今 2000 年说”“唐代说”几种学说观点。

“南屏晚钟”是著名的“西湖十景”之一。每当苍烟暮霭、万籁归寂之时，净慈寺抑扬动听的寺钟便开始响起，山谷皆应，久久回荡不散，十分具有意境。《西湖专志》对这一胜景作了科学解读。“这是因为该景点所在的南屏山山岭由石灰岩组成，山体多空穴似音箱，山峰岩壁立若屏障，佛寺钟声每每响起，尤其是在晚间，由于空气因尘粒增加，密度加大而使声波为其所迫，加上岩石、洞穴的空谷效应而使振幅急遽增大，以致形成共振；钟声以相同的振荡频率飞达湖对岸由岩浆岩构成的葛岭，由于晚间日光的消失使听觉效

---

① 《浙江通志·西湖专志》第九章“风俗”，浙江人民出版社 2021 年版，第 763—764 页。

果加强而产生共鸣，回声迭起，响彻湖山。”[①]

《西湖专志》从园林景观学的角度对所有胜景作了描述和阐述，指出宋人祝穆《方舆胜览》的“西湖十景”景名，是中国史志第一次出现四言标题齐整的景目之说，为中国早期最为完整的景观系列。这一说法在中国园林景观史上是具有学术意义的。同样，第十章《文物考古》中提到西湖“一池三岛”的景观框架，是中国古代园林艺术“一池三岛”布局的唯一真实演绎，具有不可替代的艺术价值。所谓“一池三岛”（又称“一池三山”），一池指太液池，三山是指神话中东海里的蓬莱、方丈、瀛洲三座仙山。西湖的景观有“一池三山”的影子，辽阔的外湖西部三岛鼎足而立，南面最大的为三潭印月“小瀛洲”，中间的为湖心亭，最北为阮公墩。如果没有园林学的专业点破，普通人是不知道这种内行的园林知识的。

《西湖专志》第七章《文学艺术》和第八章的《科研》部分，对于西湖学研究以及文化学术而言具有学术史的价值。其中文学艺术章，均按照朝代分别作了综述，如果不是文学史、艺术史专业研究者执笔，这样的学术综述是无法完成的。科研部分对西湖成因、西湖园林植物、动物、绿化、西湖水体、西湖龙井茶及其文化、西湖园林建筑、南宋官窑、西湖历史人文、西湖宗教、西泠印社及篆刻艺术 11 个方面的研究成果分别进行了综述，为研究西湖提供了学术检索导引。

六、史志结合的撰著风格

从首轮新方志编修以来，志书的编纂已经逐渐形成了一些相对固定的观念和“习惯法”，譬如史志有别，志书“述而不作”，不越境而书，语言朴实，一般不交代资料出处。但是在《西湖专志》中，我们发现了一些有别于常规志书的处理。

---

①《浙江通志·西湖专志》第三章“胜景”，浙江人民出版社 2021 年版，第 145 页。

一是该志融合了“史”与“志”的特点。在笔者看来，方志的体裁其实是延续了中国传统纪传体史书的基本特征，多体裁综合运用，以“横排竖写”（即横排门类，竖写内容）的“志”体为主，结构上以事横向分类。但是现今通行的史书模式则是近代以后从西方传来的以社会进化论观念依时而书的一种撰著风格，同时融合了中国传统纪事本末体的部分特征，往往采用纵向结构，根据事物的发展阶段依时划分记述单元。因此，所谓“史志之别”本质上是新旧史体之别。志书的“横排竖写”，“横排”体现的是“全面性”，而“竖写”则是历史的基本属性。因此，志书本质上是一种由若干分支领域小史组成的“全史”。《西湖专志》从大的结构来看，基本的章节两个层次都是采用横分，但是在节下目和子目的层次，又有不少地方采用了常规史书以历史发展阶段划分的做法。如第一章第一节《西湖形成》下就分设山间谷地形成期、浅海期、沼泽期、现代西湖期四目，第三节的西湖风景名胜区的发展历程也是通常史书的标题，节下同样是按照历史发展阶段划分为孕育、诞生、成长、成熟、发展、辉煌六目。在第七章《文学艺术》的各节中，这种史志结合的特点更为明显，散文、诗歌、词、楹联、小说、绘画、书法、戏曲等目下无不是按照唐五代、宋代、元代、明代、清代、民国、中华人民共和国成立后来设立分目单元，这些其实都是将史书的结构方法引入专志，体现了史志结合的特征。从好的方面来说，这种处理无疑有利于认识相关领域的发展脉络和各个历史发展时期的特征，有利于从纵向把握历史的整体感。

二是不局限于“述而不作”，特别是第三章《胜景》中，对不少胜景作了分析品评解读，很有见地。第七章《文学艺术》大量使用了述评结合的写法。这种“品评”和“作”，没有专业学术功力其实是很难做到的。

三是虽然按照记述范围的要求写西湖风景名胜区范围的事，但是在不经意中带入了比较法，把西湖作了纵向和横向的比较，而西湖的特色正是在比较中得到了凸显。如概述援引史地学家张其昀《西湖风景史》的说法：“中山先生东方大港之计划，……一旦告成之后，欧美数万吨之巨轮，均得驶入杭州湾中，则西湖可望成为世界之公园，恐瑞士之日内瓦对之有愧色矣。”这就是世界眼光下的西湖。在宋代的西湖散文中，援引了欧阳修《有美堂记》的文字，将杭州和金陵（今南京）两个城市发展过程作了分析比较，对杭州这一繁华都会发展的由来及习俗作了肯定性评说。明代张岱之弟张毅孺对浙江三湖作比较，将西湖比作美人，将湘湖比作隐士，将鉴湖比作神仙。[①]同样的西湖，不同时间的审美感受不同，以致形成了“晴湖不如雨湖，雨湖不如月湖，月湖不如雪湖”等俗谚。

四是语言风格，西湖是美好的，美好的事物要用美好的方式、美好的语言加以呈现。《西湖专志》在第三章《胜景》和第四章《景区》以及第七章《文学艺术》中，其叙述或转引的文字非常优美，读之可谓是美的享受。如“苏堤春晓”，“天面长虹一鉴痕，直通南北两山春。”阳春三月，数里苏堤桃红柳绿，春光明媚，六桥烟柳笼纱，飞英蘸波，纷披掩映，如列锦铺绣，实为湖中最胜景。[②]志中援引朱偰《苏堤二月春如水》对苏堤的春景描写：“湖上由断桥至苏堤一带，绿烟红雾，弥漫二十余里。远望湖光染翠，山色横黛，极明媚之至。过断桥，行于白沙堤上，夹道植绯桃垂柳，湖水空明，蘋藻可数，已觉心旷神怡，与真山水真灵契合……”对“平湖秋月”的描写，“至若清秋静夜，月印平湖，万顷琉璃，水天一色。冰涟光烛楼台，远近四山如镜，诚为宇宙大观，时或击楫停桡，举杯邀月，恍疑秉槎入广寒也。”[③]这些语言均堪称短小的美文。

五是撰作风格。传统的旧志中，有纂和辑的不同。所谓纂，大抵是编纂者用自己的语言对史实进行文字组织，而辑则是无一不有出处，运用了考据的手法引经据典，逐一交代出处和原文依据。新方志编修以来，基本上采取的是纂的手法，几乎所有志书在《凡例》中都有一条，本志资料来源于各种

① 《浙江通志 · 西湖专志》第七章“文学艺术”，浙江人民出版社 2021 年版，第 541 页。

② 《浙江通志·西湖专志》第三章“胜景”，浙江人民出版社 2021 年版，第 135 页。

③ 《浙江通志·西湖专志》第三章“胜景”，浙江人民出版社 2021 年版，第 136 页。

档案文献，经过考证收录，不再注明资料出处。但是新方志的这种处理方式受到了学术界一些学者的批评，他们认为志书资料运用的权威性、可信性、严谨性不够。《浙江通志》十分重视注释，《凡例》专门规定"直接引用（引文）、地图、图片、表格及有关重要内容，均注明资料来源。"《西湖专志》几乎在各章中对所有历史资料来源都采用页下注的方式注明了出处，甚至大事年表每一条都注明了资料来源。不仅如此，《西湖专志》在很多章节的正文中大量采用了大段的文献引文，以不同的字体加以区分，这些做法恰恰是专家参与修志采用学术界通行做法的体现，可谓十分严谨。

《西湖专志》和其他的志书不同，很多地方修志往往是苦于资料不足、搜集资料困难，而编修《西湖专志》则恰恰相反，不是资料缺乏，而是资料浩如烟海。仅已经出版的《西湖文献集成》《西湖文献集成续辑》就有50册3000多万字。作为《浙江通志》中的一部，这部136万字专志的确需要把控体量适度，一方面需要进行综合、汲取西湖文化研究成果的精华，另一方面需要对史料进行鉴别考证，填补西湖研究的空白点。由于这种原因，《西湖专志》在某些方面其实是受到一些限制的，譬如西湖之美，不仅需要语言文字之美来体现，也需要视觉之美来呈现。从这方面来说，这部专志的图片视觉存在不足，无论是卷首的彩页还是内文的黑白图片，离西湖之美的视觉呈现都还有一定距离。卷首也缺少整个西湖风景名胜区的景区景点分布示意图。此外，部分章就内容价值而言，有的铺展稍显过开，有的又显得收敛。

（吉祥，江苏省地方志办公室《江苏地方志》杂志主编，江苏省地方志学会地情研究工委主任。）

舟楫往来贯古今

——品读《浙江通志·运河专志》

段 伟

提　要：中国大运河的范围包括隋唐运河、京杭运河和浙东运河三部分，浙江省就拥有京杭运河和浙东运河两部分，这显示出浙江运河在中国大运河中的突出地位。浙江运河不仅开凿时间早，延续时间也很长，即使到21世纪，还在进行改造利用，展现出浙江省能真正保护、利用古代运河，重视运河的当代价值，使运河焕发新春。《浙江通志·运河专志》既描述了浙江运河的历史，又呈现了浙江运河的现状，使读者能清晰明白浙江运河的价值和文化内涵，为我们今后保护运河生态、利用运河航运、发扬运河文化，建设大运河文化带，奠定了坚实的基础。

关键词：运河专志　中国大运河　京杭运河　浙东运河　生态　航运

新春佳节，雨雪纷飞，虽处陋室，但泡壶黄花云尖，打开散发墨香的佳作，实在是温暖的享受，一天的时光瞬间就从指尖溜走。这段时间与众友人合作编撰《中国大运河生态志》（将由江苏凤凰科学技术出版社出版），笔者不得不将近年来有关运河研究的专著仔细翻读。这几天专门精读的是2019年由浙江人民出版社出版的《浙江通志·运河专志》（以下简称《运河专志》）。

谈到大运河，我们会立即意识到它的重要价值是沟通南北运输，加强了国家统一。著名历史学家、运河史专家邹逸麟先生为《中国运河志》写的总述就以《舟楫往来通南北：中国大运河》为书名，[①]鲜明地点出了大运河的作用。浙江作为中国大运河的起点，自然具有通南北的重要贡献。细致考察浙江运河的开凿与发展，我们会发现，它不仅有通南北的作用，还有贯古今的历史，直到今天仍在发挥着重要的航运作用。

铭记历史，才能烛照未来。中国人历来重视历史，中国是历史记载的大国，也留下史志编撰的优良传统。近年来，我国各省市区新一轮的地方志陆续出版，为我们了解过去，展望未来奠定了良好基础。《浙江通志》自2011年正式启动，于2020年编纂完成。《运河专志》是《浙江通志》的一部专志，由浙江省水利厅承编，历经7年编竣出版。这是自2014年中国大运河列入世界文化遗产名录以来出版的第一部省级运河史志，其成果自然令人期待。

一、《运河专志》的主要内容

大运河开凿久远，是中国古代文明的独特标志，是南北间文化传播的纽带，民族融合的血脉，是中国社会兴替的历史见证，是祖先留下的宝贵遗产。浙江作为运河之乡，运河网络众多，如何全面描述运河的发展演变，《运河专志》作者独具匠心进行编排，全书内容可分为三大部分，一是正文，二是专记，三是丛录。

正文除概述和大事年表外，用10章的篇幅展现了浙江运河的变迁、治理及文化。概述明确指出浙江运河网络在中国大运河体系中占有重要地位，历经治理和改造，在蓄水灌溉、城市供水、防洪排涝、环境改善等水利功能与运输方面至今发挥着重要作用。第一章《水系水文》从水系和水文两个方面介绍了大运河浙江段在杭嘉湖平原和萧绍宁平原的变迁。第二章《运河的形成、变迁与治理》指出经过吴越至隋代的开凿，江南运河北达长江、南穿钱塘江、东跨曹娥江达甬江通于海的浙江运河网络形成；唐代以来，浙江运河网络不断开拓和治理；民国时期随着近代铁路的开通和清末漕运的停废，

---

① 邹逸麟:《舟楫往来通南北：中国大运河》，江苏凤凰科学技术出版社2018年版。

运河在国家政治、经济生活中的地位下降，运河仅做过局部治理，但运河航运运能大、成本低、污染少、占地少的优点并不能被其他运输方式替代，中华人民共和国成立特别是改革开放以来，浙江运河得以重新开发，运河航道基础设施得到极大改善。第三章《运河工程设施》对运河重要工程船闸、港口、码头、桥梁、运河纤道的历史予以介绍，一些跨运河古桥梁至今仍在发挥着交通功能。第四章《水运工具与运输》介绍了运河上古今使用的各类船型、运输活动。第五章《漕运》部分对唐代至清末的漕粮运输各类问题进行了细致梳理。第六章《运河水利建设》部分对上塘河流域、苕溪及运河(杭嘉湖东部平原)、浙东运河流域(萧绍宁平原)三大区域的水利建设进行梳理，这些水利建设除闸门、斗门及堤坝等设施建设，还包括新河道的开凿、原有河道的拓浚以及兴建拦蓄洪水的水库，一方面保障运河两岸农田灌溉、提高沿线防洪排涝能力，另一方面改善了航运条件，提高了通航保证率。第七章《运河产业》列举了与运河联系紧密的渔业(淡水养殖)、桑蚕丝绸及运河旅游业的发展。第八章《运河生态环境保护与治理》指出，中华人民共和国成立前，浙江运河入河污水基本没有超出河流的自净能力，但之后特别是改革开放以来，生活污水和工业废水大量产生并排入运河，导致运河生态环境恶化，经过治理，至2010年生态环境有了明显改善。第九章《运河管理》部分概述历代水利和航运管理机构的变迁、运河管理法规。第十章《名胜古迹与民俗文化》列举运河造就的各类历史文化遗产，包括古遗址、古墓葬、古建筑、碑刻及近现代史迹等物质文化遗产，还有与运河相关的非物质文化遗产，这些文化遗产形成一条壮观的遗产廊道。

本书附有两篇专记，分别记述了清代帝王巡游江南运河和大运河申报世界文化遗产事宜。大运河申报世界文化遗产成功举国振奋，但普通民众对如何申报并不了解，这篇专记较为具体地记述了申遗背景、过程，申报、保护内容，帮助关心运河发展的读者了解更多的信息。

《丛录》收集了大量与运河相关的历代法规、文献、诗词、楹联，可以在一定程度上满足读者对浙江运河深入了解的需求。

全书内容涵盖中国大运河浙江段水系水文及运河的形成、变迁与治理，运河工程设施，水运工具与运输，漕运，运河水利建设，运河产业，运河生态环境保护与治理，运河管理，名胜古迹与民俗文化等重要方面，将读者关心的运河相关内容基本都收纳进来，没有明显遗漏。

二、《运河专志》的编纂特色

浙江运河与其他各省市大运河相比有两个显著的特点：一、运河分南北两段，即京杭运河浙江段与浙东运河；二是中华人民共和国成立后继续修建、使用。

浙江运河以钱塘江为界，以北是京杭运河的浙江段（即江南运河的南段），以南是浙东运河。以往我们谈论京杭大运河比较多，强调起点杭州的贡献。浙东运河包括在中国大运河范畴，就将大运河终点从杭州东移至宁波镇海，沟通甬江，完整体现了大运河不仅是中国内陆交通的通道，还是连接海外贸易和中外交流的水上大通道。

说到大运河，我们潜意识地认为它是中国古代的产物，从先秦修建到明清，近代以来运输功能逐渐消亡，存留的多是遗迹，甚至更多的是景观意象。但实际上，浙江运河一直到今天仍在改造、使用，并没有荒废。1949年后，虽然公路、铁路大规模修建，但内河航运的优点并未被浙江人民所忽视。1968年开始，京杭运河自杭州市区拱墅区德胜坝一带向市区延伸4千米，1983年再度延伸7千米，重点移至三堡船闸。1979年开通杭甬运河，从南星桥溯钱塘江入浦阳江，经临浦峙山闸至绍兴钱清镇后，沿浙东运河原线路抵宁波甬江口。到2002年，杭甬运河又开始全线改造，西起杭州三堡船闸，经新坝船闸达于宁波，沟通钱塘江、曹娥江、甬江三大水系，是为新杭甬运河。其绍兴段部分是新开河道，已经北离浙东运河故道，航道更为宽阔顺畅，至2009年9月全线通航。这说明浙江运河在原先的古代运河基础上，根据新形势、新需求，重新加以利用、改造，使古老的运河焕发新春。

浙江运河的特点影响着《运河专志》的记述方式。该志有3个突出特色：

一是记述的事物种类丰富，共同构成了立体的浙江运河史。特别是该志不仅叙述大运河干线河流的水文，对运河水源也有一定的记述。书中指出，浦阳江原在萧山临浦镇流入西小江，经绍兴县钱清镇至三江口入杭州湾，明嘉靖年间浦阳江改道，经萧山义桥镇碛堰山北出钱塘江，不再借道西小江东流。可见浦阳江对浙东运河的影响有限，但该志对浦阳江的水文情况仍然著录。大运河流域不是一条单纯的人工河流，而是通过沟通五大水系形成一片流域，影响范围非常大。这样的记述避免了就运河河道变迁谈运河的狭隘视野，把浙江运河真正放在了钱塘江水系的格局上进行论述。

二是重视生态环境演变。大运河的水滋养着钱塘江两岸，沿河的居民和工厂都能取用，河里遍布鱼虾。民国时丰子恺说这环境娇养了人，人们行三五里路也要坐客船，不肯步行。但随着时代的发展，这样的美丽景象难以复返。伴随工业化的发展，特别是改革开放以来，浙江的工业生产蓬勃发展，大量工业废水和生活污水冲入运河，造成运河生态环境破坏日益严重，运河成为一条又黑又臭的“恶龙”，不再有往日清洁如镜的水面。良好生态环境是人类健康生存和发展的基础，理应得到高度重视。该志在记述上与时俱进，遵循着“绿水青山就是金山银山”的理念，期盼进一步发挥浙江的生态优势，打造绿色浙江，生态运河，专门设第八章《运河生态环境保护与治理》，这是其他地区运河志所没有的。

三是吸收了学术界最新成果。志书写作一般是参考当地各类文献，少有关注最新的学术研究。该志则对新成果比较关注。第八章在说明运河嘉兴段的水质变迁时指出，民国时期随着副业发展及造纸业兴起，运河嘉兴段局部水域开始受到污染；1920年代，嘉兴城区建成民丰（原名禾丰）造纸厂，污水排入角里河，进平湖塘、嘉善塘，导致东栅镇的河水变质，无法饮用。关于民丰造纸厂的水污染论述，学界研究极少，则是关注了梁志平的专著《救国与救民：民国时期工业废水污染及社会应对——基于嘉兴禾（民）丰造纸厂“废水风潮”的研究》（合肥工业大学出版社2017版）及相关论文。这也是其他地区运河志所少见的。

三、《运河专志》的价值及微瑕

作为志书，首先就是要尽可能多地保存历史信息。该志涉及的内容宏富，引证海量资料，并绘制了大量表格，附有多张图片，在保证信息准确的同时又减少了文字篇幅，有利于读者快速了解浙江运河的历史变迁。

除了存史外，志书还有资治和教育的重要功能。“修志问道，以启未来”，该志对于中华人民共和国成立后的运河变迁史叙述尤为详细，这对我们深入挖掘以大运河为核心的历史文化资源，服务大运河文化带建设重大国家战略，保护利用运河遗产，都大有裨益。特别是对于运河沿线的各级政府管理部门、各级河长了解运河近些年变化的原因，对运河加大法治保障、落实保护规划、积极修缮整治、全面展示宣传、共享活化成果提供了基础数据，可以有力推动运河沿线生态景观修复、文化遗产保护和传统文化复兴。大运河拥有繁盛的历史，了解运河的前世今生，才能有利于大运河的合理开发，保护好、传承好、利用好运河文化遗产，使运河文化得以生生不息。

作为一部多人合作且内容丰富的志书，存在一些瑕疵在所难免，《运河专志》也不例外。

其一，本书采用述、记、志、传、图、表、录等体裁，以志体为主，读者查阅较为方便，基本上做到了相互补充，不轻易重复，但尚有改进的空间。同一事物在不同章节出现，一方面难免有重复，另一方面因撰写者不同，采用的资料各异，数据会有冲突。如中河长度，第 15 页记为 11445 米，第 60 页记为 10423 米。

其二，个别错讹。绍兴市有狭猺湖，书中的《大运河浙江段示意图》和《大运河浙江段水位、水文站分布图》如此标识，但第 25、28 页作“猺湖”，可能是电脑字体难以显示出来造成的错误。第 19 页引用《越绝书》内容，注释却为雍正《浙江通志》，《越绝书》常见，该志其他章节也有引用，此处不应转引他书。

其三，书中所附《大运河浙江段示意图》和《大运河浙江段水位、水文站分布图》对于运河有特殊的图符“ ┴┴┴┴┴┴ ”，但山阴故水道、西兴运河等多段运河采用的是普通河流图符，应该统一。

本书遵照新方志详今略古的方式撰写，有利于资政，但浙江运河毕竟繁盛千余年，有关古代和民国时期的研究也很多，读者还是很感兴趣的，可以适当增加相关篇幅，加深运河历史的厚重感。本书立足于现有学术研究，参考了大量前人成果和档案文献，书后可以列参考文献予以说明。

2009 年 12 月 5 日，在浙江余杭中国江南水乡文化博物馆举办的“京杭运河与江南”会议上，笔者以《京杭运河与市镇发展》为题，比较过浙江与山东两地运河保护的现状，提出“大运河作为世界文明的优秀成果，需要保存，而如何保存，特别是如何在有利于当地市镇发展的情况下保存，也应纳入我们的思考”。全面阅读《运河专志》，笔者深刻感受到浙江省近些年来对运河航运和生态保护的重视，在运河治理和遗产保护上的卓越成就。

浙江运河通南北，是在中国古代交通不便情况下的不得已选择；而它能够在公路、高铁异常发达的今天仍在修建、利用，则是浙江人民看到了运河航运相比其他运输方式的优势，体现出浙江人民务实、灵活的性格。运河悠悠，通贯古今，相信浙江省在大运河文化带的建设中会取得更快更好的发展。

（段伟，复旦大学中国历史地理研究所教授，博士生导师，中国灾害防御协会灾害史专业委员会理事，中国行政区划与区域发展促进会历史政区与地名文化专委会委员，著有《历史政治地理对水患的响应——以明清时期的黄淮平原为中心》《清儒地理考据研究·秦汉卷》《禳灾与减灾：秦汉社会自然灾害应对制度的形成》等。）

品读“浙西诸山之祖”的古今千重秀色

——《浙江通志·天目山专志》简评

李 江

提 要： 作为《浙江通志》中的一卷专志，《天目山专志》特色鲜明，集历史性、学术性和可读性于一体，全景式展现了天目山的自然与人文、历史与现状。本文试析此志在编纂思路、篇目设置、内容记述、体裁、文风等方面的特色和出版价值，以供全国其他地区特色专志及山志编纂者借鉴、参考。

关键词： 天目山专志　篇目　内容　体裁　文风

素有“大树华盖闻九州”之称的天目山，地处浙江省杭州市西北部临安区境内，浙皖两省交界处。古名浮玉山。“天目”之名始于汉代，因此山包括东天目、西天目两山，两山峰顶各有一池，如双眸仰望苍穹，故得名。“天目千重秀，灵山十里深”。天目山是大自然造化的江南奇山，有“大树王国”“物种宝库”的美称，被尊称为道教洞天福地、佛教韦陀菩萨道场。

《天目山专志》为二轮修志中的皇皇巨著《浙江通志》第101卷，全书集历史性、学术性和可读性于一体，全景式展现了天目山的自然与人文、历史与现状。

章学诚在总结前人修志的经验教训时，一般都要用3条标准进行衡量，即史家法度、方志体例、内容价值。三者符合，方为佳志。《全国地方志事业发展规划纲要（2015—2020年）》中也提出：“坚持质量第一。坚持存真求实，确保地方志质量……将精品意识贯穿于地方志编纂出版工作全过程，严把政治关、史实关、体例关、文字关、出版关，编纂出版经得起历史检验、具有鲜明时代特征和地域特色的地方志成果。”[①]而作为专业出版者，笔者在阅读全国第二轮新编社会主义地方志时，会对篇目设置是否合理，是否符合编纂规范，记述内容是否全面丰富、有深度和广度，特色是否鲜明，是否具有学术性和可读性，装帧设计是否精美尤为关注。

综合以上标准来衡量《天目山专志》，可以看出该志有以下特点：

一、谋篇布局既关注方志共性，又关注山志个性。既符合《浙江通志》统一体例和编纂规范，又突出天目山自身特色。内容全面丰富，博观约取，天目山的特点鲜明突出

山水志是方志的一个分支，章学诚在《修志十议》中指出：“夫志州县与志名山不同。彼以名胜景物为主，描摩宛肖为工，崖颠之碑，壁阴之记，以及雷电鬼怪之迹，洞天符验之文，与夫今古名流游览登眺之作，收无孑遗，即征奥博，盖原无所用史法也。若夫州县志乘，即当时一国之书，民人社稷，政教典故，所用甚广，岂可与彼一例？”[②]可见，山志为地方志中的一个特殊门类，其编纂体例、资料取舍、篇目设置等在遵循志书共性的基础上，又必须有其独特的个性。《天目山专志》的编者，在谋篇布局方面，充分考虑了山志的特点和天目山自身情况，全书以概述开篇，设专志九章，分别为：《自然环境》《生物资源》《科研教育》《自然保护》《生态旅游》《道教佛教》《军事》《管理》《文史艺术》，后附丛录及大事年表。这样的篇目设置既符合《地方志书质量规定》关于“内容全面”的要求，又注重反映天

① 《国务院办公厅关于印发〈全国地方志事业发展规划纲要（2015—2020年）〉的通知》（国办发〔2015〕64号文件）。

② （清）章学诚：《修志十议》，载于章学诚《文史通义》，中华书局2012年版，第1341页。

目山的主要特点，即生态名山、大树王国、物种宝库、国家级自然保护区（西天目山）、道教始祖出生地、禅门临济宗中兴祖庭、浙皖交界战略要地等等。在记述中能做到博观约取，志书的信息含量丰富。全书共计 57.6 万字、400 页左右。其中，自然环境、生物资源共 100 页左右，占全书 25%；科研教育与自然保护共 80 页，占了全书 20%；生态旅游 60 页左右，占全书约 15%；宗教、军事、文史艺术等部类，共 100 页左右，占全书 25%。总体体量适当，各章的比重较为均衡合理。

同时，本志不是独立的山志，是《浙江通志》中的一卷专志，因此，本志不设人物章，而是在记述中以事系人，或用随文附录的方式记述相关人物，如在道教一节中记述了始祖张道陵，并在其后附录了《汉天师世家》卷二《天师世传引》，对正文进行了很好的补充，内容丰富立体。因《浙江通志》有专门的大事记卷，本志也不设大事记，而是在书末附大事年表，天目山各历史节点的重大事件纵向串起，脉络清晰。

总体来看，本志篇目设置合理、内容丰富、特色鲜明。

二、述体运用得当，记述注重整体性

志书有述、记、志、传、图、表、录诸体裁，其中的述体，在首轮修志时已为大多数地方使用，从而避免了传统志书“只见树林，不见森林”和“因果不彰”的问题。二轮修志则尤为重视述体。《天目山专志》在志首设全志概述，各章、各节前均设无题概述（无题序），有效地增强了志书的整体性。

全志概述采用综合式的写作方法，博采众长，兼有板块式、特点勾勒式的特点。除引言外，分 6 个部分：第一部分写天目山的自然地理，包括地质、地貌、气候、水系等，重点介绍其丰富的物种资源。第二部分写有关此山的科学研究，重点突出其作为国家自然科学考察研究重要基地的特点。第三部分写保护和管理，重点介绍中华人民共和国成立后对天目山有序的、法治化的保护方法和管理措施。第四部分写此山的旅游开发，以及实现保护与开发双赢的模式和经验。第五部分记述天目山作为浙西门户，扼皖浙两省咽喉的兵家必争之地所经历的历代战事。第六部分记该山文化的多样性，集儒、道、释于一身，既是道教始祖张道陵诞生地，又是佛教诸多高僧大德的驻锡之地，并被尊称为韦驮菩萨道场。整篇概述不到一万字，简明扼要，精心勾勒出天目山的六大特色。读者通过概述能够对天目山的历史和现状有比较全面的了解，是一篇极见功力、高度凝练的优秀概述。同时，全书九个专志以及专志下的每一节均有无题序，对其下内容进行总体记述，志书的整体性大大增强。

三、在正文记述中，注重点面结合、古今对比、纵横对比、定性定量

《天目山专志》作为二轮志书中的一部，较好地避免了很多二轮志书中出现的比较普遍的倾向性问题，如平淡肤浅、“流水账”记述、主次倒置、宣传色彩重、部门志痕迹重、工作总结和公文照搬照抄等。具体来说，本志记述方法灵活多样，注重点面结合、古今（前后）对比、纵横对比、定性定量记述、综合概括、彰明因果、反映起伏。如在第一章自然环境中介绍气候时，除了总体介绍之外，增加了独特的天目山林荫气候介绍，通过林内不同季节、海拔气温分布，林外不同季节、海拔气温分布，林内外不同海拔不同时段温差对比等多种方式，点面结合、综合记述加表格，用具体数据进行对比，既有定性又有定量分析。又如古老的天目山至今仍保持着良好的自然生态系统和森林植被的原因除了地理位置优越之外，更是历代护山人悉心保护的结果。所以，在本志第四章自然保护中，分寺院管护、林场营护、政府保护、综合保护、示范自然区建设五节，全面系统记述了从古至今对天目山的保护。第一节寺院管护介绍了历代僧人不仅护林，而且不断营林的情况。第二节林场营护介绍民国至当代在东、西天目山设立林场，一直从事育苗、造林和管护工作。第三节政府保护中，记述从明代的官署禁碑至当代政府立法对天目山生态环境和生物资源的保护。既有全面的介绍，又有典型案例的查处。第四节为综合保护，从森林防火、林区治安、防治病虫害、监管生态旅

游、协调周边关系等方面多角度、多侧面记述对天目山生态环境和生物多样性的保护。在防治病虫害一目中，还使用了防治前后树种的对比图，治理前被病虫侵害的柳杉枝叶稀少，经过治理后的柳杉枝叶繁茂。读者通过文字加图片可以直观看到治理成果显著。这样的例子还有很多，总之，本志较好地处理了综合加表格、全面与典型、动态与静态、综述与分析、平衡与协调、详细与简略的关系。

四、随文附录的选取有深度、有价值、有典型性，引文有出处，页下注规范严谨，从而增强了本书的学术性

《天目山专志》的编者对附录的选取十分用心，所选取的内容学术性和典型性较强。如自然环境一章中在记述冰川遗迹时，随文收录了李四光的《关于研究长江下游冰川问题材料》(摘要)。科研教育一章中收录了《天目山古柳杉衰退机理和综合调控技术研究》项目总结报告(摘要)、《天目山银杏种群起源分析》(摘要)，在生物资源一章中中科院学部委员张广学为《天目山昆虫》一书撰写的序等，增强了本志的学术价值。

同时，页下注的设置，也增强了本书的学术性。《地方志书质量规定》第十一条规定方志体裁共有8种，但没有"注"。没有"注"，不是志书的优势而是劣势。其实早在光绪《仙居县志·新例》中就提出："史，作者也，故不著出典；志，述者也，故必引群书。"著名历史地理学家陈桥驿先生也多次强调"资料有出处，利于人们对'秉笔'和'御笔'的分辨，从而鉴定资料是否严肃、科学，而且也有利于提高地方志的学术性"。[①]首轮修志时，全国大部分地区的志书不注重注明出处，导致很多研究者在使用时很不方便。在二轮修志中，部分地区的编者对二轮志书"注"的内容和形式作了诸多的创新，丰富了方志体裁，增强了方志的学术性。本志对"注"的内容和形式均十分严谨，完全按照学术类图书的注释格式，凡有引用必注出处，甚至连文

① 陈桥驿:《〈中国地方志五十年史事录〉序》,《中国地方志》2003年第2期。

末的大事年表中的每一个事条都注明了资料来源，既丰富了方志体裁，也增强了本志的学术性。

五、人文部类的比重适当

由于首轮志书人文部类篇幅过小，二轮志书无疑应相应增加人文部类的比重，这是方志界的共识。天目山虽以生态资源闻名于世，但历史文化积淀也十分深厚。所以本志也注重记述有关人文部类的内容。“自古志书半人物”，方志学的奠基人章学诚就把人物志看成“志中之志”“书中之髓”。之所以如此，是因为志中人物能起到“矜其乡贤，垂范后人”的作用。这也是为何无论是旧志还是新志都重视对人物记载的原因。作为《浙江通志》中的一卷专志，本志遵循通例，不专门设人物部类，对人物的记述采取了以事系人、人随事出的方式。“山不在高，有仙则灵”，名山之所以名，也在于以名人而闻名。本志在生态旅游一章中以附录的形式收录《历代名人游天目山》的内容。在道教佛教一章中，随文介绍道教史祖张道陵和在天目山修行的历代高僧。这种以事系人的方式，既生动灵活、又避免了很多二轮志书中见事不见人的问题。

同时，《天目山志》设置文史艺术专章，精选有代表性的诗歌、楹联、游记、传说、历代山志简介、摩崖石刻、书画、摄影、影视等，丰富了本志人文部类，体现了天目山深厚的文化底蕴。

六、图照选取精心，图文并茂，文风自然，语言流畅，增强了本志的鉴赏性、可读性和导览作用

21 世纪被人们称为读图时代。照片和绘画资料的运用，首轮修志时不太重视，而在二轮修志时，各地编者高度重视图照的作用。图照内容丰富，极富感染力，可以为志书增色。而且可使志书更具直观性，能起到“一(图)照抵千言”的作用。有的图片可以最真实地再现历史，使志书记述的内容得到充分、直观的佐证，具有无以替代的存史价值。有的则可以扩展志书资料，

拓宽视野，使其更具史料价值。同时还能起到美化、调节版面的作用，增加志书阅读美学效果。

本志的图片也是一大亮点。一是文前彩页图片选取精心，第一页彩图为16开单页，选取了天目山最有代表性之一的树种，中生代的银杏树，第二页与第三页为对开跨页图，选取了东、西天目山远眺图，读者能够非常直观地看到西天目山最高峰仙人顶和东天目山最高峰大仙峰，两座山峰遥相呼应，自洪荒远古至今遗世独立于江南，群山层次分明、山峦叠翠，千重秀色独绝江南。其后的彩图按类别设置，分别为典型树种和植被、独特的地貌、四季山色风光、代表性动植物、旅游、科研、自然保护、军事、佛道教寺观、书法绘画作品、物产等。图片选取精心，十分典型而且美观。二是除文前彩页外，书中随文图片也很丰富，而且具有代表性。三是本志图片均有拍摄时间，存史价值高。图注文字后都标注了摄影者姓名，可见编者十分注重图片著作权的问题。

同时，本书文风自然、平实、流畅。既坚持志体，又符合普通读者的阅读习惯，既有存史的历史厚重性，堪存堪鉴，又具有可读性，普通读者喜看爱看。

七、书末丛录的设置和部分随文附录的精心选取提高了本志的存史价值

在地方志七大基本体裁中，录可能是最被忽略或者说被运用得最不好的一种体裁。不少志书附录选录标准随意，内容存史价值不高，未能使附录发挥出补充正文记述之不足的作用，形同虚设，成了点缀。而本书随文附录和书末丛录的资料选取十分精当，存史价值较高。本书丛录分为3个部分，分别是“旧志序选录”“碑记选录”“重要的文件选录”。这一丛录使典型和珍贵史料得到了保存。随文附录中除上文已提到的有科研价值的附录外，另一部分附录的存史价值也比较高。如自然环境一章收录了《部分古籍关于天目山的记载》，其中有《山海经》《吴兴记》《隋书》《新唐书》《元和郡县图志》

《咸淳临安志》《明史》等关于天目山的典型记载。自然保护一章中收录了民国 18 年（1929 年）以来天目山主要山林火警。道教佛教一章中收录了《天目山历代御书敕谕》，军事一章中有关新四军转战天目山一目中附录了当年苏浙军区司令员、政治部关于建立浙江抗日民主根据地的布告，抗战期间浙西行署与蒋介石之间来往的电文，抗战期间救援盟军飞行人员及几十年友好往来的信函。总之，书末丛录与正文随文附录的精心选取、入志，使本书存史价值明显提高。

当然，本书也有一些缺点：一是本书编者虽然注意到了志书数字化的问题，是值得肯定的，但随书附赠光盘并不利于读者使用。因为现在很多电脑已没有光驱了，而且光盘也比较容易损坏。而本书的出版时间是 2019 年，数字出版技术已经又有新的飞跃了。其实完全可以采用二维码等更加便于读者阅读和使用的网络出版形式。二是随文附录虽然很有价值和分量，但标题未上目录，不便于读者查找。三是人文景观一节放在生态旅游一章中，领属不太得当。四是一般来说，地图应放在文前彩页之前、编委会名单之后，而不应当放在文前彩页之后。五是志书编纂委员会名单不需要括注人物的职务，因为人物职务是暂时的、变动的。但瑕不掩瑜，通篇来看，本志篇目设置合理、内容丰富、特色鲜明、注重科学性、记述方式多样、资料选取得当、存史价值高、图片典型美观、实为《浙江通志》一卷编纂十分成功的优秀分志，也是全国二轮志书中有特色、有水平的名山类专志，并为其他地区编纂名山志或者省志中的特色专志提供了良好的经验和范例。

（李江，女，方志出版社副社长、副总编辑，编审。）

人文情怀观照下的浙江海塘历史新书写

——读《浙江通志·海塘专志》

和卫国

提　要：《浙江通志·海塘专志》是对明清以来编修海塘专志、专书传统的正面接续和弘扬。其编修体例严谨，资料宏富，内容丰赡，考证精详，恰当处理了基本史实与重要数据、古与今、人文关怀与水利工程三重关系，是一部严守"史家法度"、贯通古今的"活"的浙江海塘史。此外，志书部分内容尚有可进一步完善之处，一些表述还有待规范，可在未来修订或续修海塘志书时加以改进。

关键词：水利工程　专志　历史书写　传统　人文关怀

因为从事清代国家与钱塘江海塘关系研究，笔者多年来一直期待浙江省能够重新编修一部贯通古今的高质量海塘专志，以志书的形式，系统保存海塘历史资料，更好地书写海塘修筑的历史。2022 年 1 月 18 日，终于收到了这部厚重的《浙江通志·海塘专志》（该志于 2021 年 12 月由浙江人民出版社出版，为新编《浙江通志》113 个分卷之一。以下简称《海塘专志》）。捧

---

① 本文为中国社会科学院妇女 / 性别研究中心"社会主义新编方志与历代旧志记述女性人物比较研究"项目阶段性成果（项目编号：fnzx051–2021）。

读之下，如获至宝，倍感欣喜。

一

明清时期，随着江浙地区社会经济的进一步发展，各地治水活动越来越频繁。其中，清代更是传统社会海塘修筑的巅峰时期，最具代表性的是乾隆朝钱塘江北岸鱼鳞大石塘工程体系的建立，从此海塘如同“海上长城”，担负起了保障一方民生安危的历史重任。

作为海塘修筑的重要记录，除不同年代的《浙江通志》以及相关府州县志书外，治水官员还本着“勒成一书，垂法后世”[①]的理念，特别属意于治水资料的保存和整理，连续组织编修了一批海塘专志、专书。其中，专志主要有乾隆年间方观承等修《敕修两浙海塘通志》、翟均廉修《海塘录》、琅玕等修《海塘新志》，嘉庆年间杨鑅修《海塘揽要》，道光年间富呢扬阿等修《续海塘新志》。此外，还有明代仇俊卿编《全修海塘录》、乔拱璧编《续修海塘录》，清代杨昌濬等编《海塘新案》、连仲愚编《上虞塘工纪略》、连蘅编《上虞塘工纪要》、汪仲洋编《海盐县新办塘工成案》等众多海塘专书。系列专志、专书的编修，构建起了明末以来特别是清代较为完整的浙江海塘资料体系，而且与《清实录》等官书以及保存下来的大量清宫档案一起，为后世研究明清浙江地区水环境变迁、钱塘江海塘及浙东海塘修筑历史、塘工技术演进、清朝政府的治水理念以及政府政策与政府行为等提供了最具价值的文献支撑。延绵不断地为海塘工程编修专志、志书，也因此成为了明清以来独具特色的浙江治水文化的重要组成部分。

清末、民国时期，动乱频仍，海塘修筑虽有近代新材料、新技术和新结构的运用，整体上处于停顿或失修状态，并无太多可圈可点之处。其间也有浙江省水利局、钱塘江海塘工程局等机构的工程计划书或报告书一类资料存

① (清)方观承:《敕修两浙海塘通志》序，载于符宁平、闫彦编《海塘历史文献集成》(上)，中国水利水电出版社 2017 年版，第 10 页。

留，编修海塘志书根本无从谈起。

中华人民共和国成立后，浙江省海塘修筑开始了从抢修加固整修海塘，恢复海塘防御能力，到围涂筑塘，探索标准海塘修筑，逐步提高防潮御浪能力，再到全面建设高标准海塘，大幅提升海塘防御能力的不断发展、升级。特别是1997年开始的大规模标准海塘修筑，更是值得大书特书。时年8月，第11号台风重创浙东沿海海塘及钱塘江海塘，造成巨大经济损失。为此，浙江省委、省政府做出“全民动员兴水利，万众一心修海塘”的重大决策，开启了大规模建设高标准海塘的序幕。至2010年，建成5级以上标准海塘2723千米及大批附属设施，同时对老海塘进行了系统加固。标准海塘的修筑，经受住了此后历次台风的侵袭，防灾减灾效益巨大，成为了浙江人民的治水壮举。

在全国开展首轮修志期间，浙江省曾编修出版有一部《浙江省水利志》（中华书局1998年出版）和一部《钱塘江志》（方志出版社1998年出版）。后者记述海塘修筑内容相对较多，但二者均非海塘专志。二轮修志开始后，浙江省根据水利事业发展实际，在编修水利志和钱塘江专志的同时，决定另行编修一部海塘专志。其编修整体上采取重修的方式，内容上溯事物发端，下讫2010年12月31日，打通古代、近代与当代海塘修筑的历史脉络，特别是续写民国和中华人民共和国成立后海塘修筑的历史尤属难能可贵。乾隆初年，浙江巡抚方观承在评述《敕修两浙海塘通志》之前所编专书时指出：“迨元叶恒，明黄光昇、仇俊卿诸人，海堤始有专录，然止记一时补苴之术，未及百年经久之计”[①]。如就此而论，新编《海塘专志》则是在新思想、新方法、新材料指导下，对编修专志、专书垂鉴后世文化传统的正面接续和内容记述上的重大超越，为在历史长时段中研究和审视浙江海塘修筑的推进和治水文化的生长提供了可能，同时深刻而又生动地阐释了伟大的“海塘精神”，其社

① （清）方观承：《敕修两浙海塘通志》序，载于符宁平、闫彦编《海塘历史文献集成》（上），中国水利水电出版社2017年版，第9—10页。

会价值和历史地位应该得到充分肯定。

二

清人方苞在《与一统志馆诸翰林书》中指出：修志“……体例不一，犹农之无畔也；博引以为富，而无所折衷，犹耕而弗耨也”。[①]因此，发凡起例，做好志书的框架设计，以期实现资料在历史书写中的合理化运用，是一部志书编修的重要前提。

传统海塘专志编修，坚持横排竖写，一般设置诏谕（或宸翰）、潮水（或沙水）、列代修筑、工程、物料、职官、祠庙、艺文等门类。《海塘专志》除概述、大事年表、丛录（包括政事文存、文著碑记和诗词联语）外，正文分设海塘环境（包括地质地貌与岸线变迁、沿海水文气候与潮灾、海塘保护区域社会经济），海塘规划与设计，钱塘江海塘修筑，浙东海塘修筑，沿塘设施（包括水闸与泵站、港口码头与船闸），塘工技术（包括塘身结构及修筑技术、护塘设施及修筑技术）、海塘法规制度，海塘管理（包括管理机构、塘政管理和塘工管理）8章。与传统专志相比，变动较大之处体现在3个方面：一是不再保留“诏谕”“祠庙”，部分史料价值较高的谕旨收录在丛录之中；二是增设“海塘规划与建设”一章；三是增设“沿塘设施”一章。其中，后两者涉及的海塘规划与设计，水闸、泵站、码头和船闸等设施，绝大多数内容为新增。此外，其他章节的标题，虽然采用了现代专业术语加以设计，但是有效地将传统志书中的重要资料收录进来，继而对近代特别是现代的海塘资料予以充分载录，实现了前后的有机衔接。因此，这种设计既体现出对传统志书、对历史资料的充分尊重，又体现出编修者以现代水利技术、水利学和水文化视角看待和组织水利工程专志编修的鲜明特点。

再以“海塘修筑”为例。记述修筑历史，《敕修两浙海塘通志》设有“列代兴修”上、下两卷，“本朝建筑”四卷；《海塘录》设有“建筑”四卷；《海

---

① （清）方苞：《方苞集》卷六，上海古籍出版社2008年版，第180页。

塘新志》设有“修筑”两卷;《海塘揽要》设有“列代修筑”一卷、“国朝修筑”三卷。其中,《敕修两浙海塘通志》在“列代兴修”中分杭州府、嘉兴府、绍兴府、宁波府、温州府加以记述，清代不再划分区域，其他各志均按时序记述，未划区域。这种做法显然无法清晰地展示不同区域海塘修筑的轨迹和特点。由于《海塘专志》编修涉及区域范围更广，且跨越古代、近代和现代3种历史发展阶段，因此其篇目设置先以“钱塘江海塘修筑”“浙东海塘修筑”划分，其中“钱塘江海塘修筑”又分为“钱塘江北岸海塘修筑”和“钱塘江南岸海塘修筑”两部分，“浙东海塘修筑”则分宁波、舟山、台州、温州4个地区，再以中华人民共和国成立为节点照时序纵向记述，从而使不同地区的海塘历史得到了系统而又饱满的梳理和书写。

三

邹逸麟先生指出:“衡量一部方志的质量，体例是否规范，文字是否典雅简练，固然是重要标准，但根本一点还是要从‘存史’的角度看它是否真实、全面，这是今天衡量一部方志质量最重要的标准。”[①]诚然，志书作为资料性文献，其存在的第一要义在于存史，其生命力在于内容记述是否完整、丰赡、准确，体例并不居第一重要之地位。特别是对于讲求横分门类、纵述史实且内容纵贯古今的志书，其成书面临着最大的风险就是：横分门类，样样俱全；纵述史实，内容空洞，乏善可陈，形同流水账目。然而，“后之视今，亦犹今之视昔”，[②]无论是专业研究者，还是普通读者，无不渴望能够在志书中查到客观翔实的载录，而不希望出现“大雨连旬，漂没田庐，淹毙无算”之类寥寥数语带来的遗憾和无奈。这也正是体例备受推崇的明代康海修《武功县志》、韩邦靖修《朝邑县志》饱受争议的要害所在。而《海塘专志》的资料搜集和文字记述，深刻体现了编修者难得的专业精神。

① 邹逸麟:《对新编方志工作的几点意见》,《中国地方志》2000年第5期。

② 丁太勰、刘运好校释:《王羲之集校释》，浙江大学出版社2021版，第470页。

在平日的交往中，笔者多次听浙江省水利河口研究院教授级高级工程师、《海塘专志》副主编李永和先生讲述他们深入浙江各地搜集资料的艰辛和收获，也曾目睹过他们搜集整理的数百万字的资料长编。据统计，该志编修过程中共收集各类资料2000余万字，制作卡片8306张566万字，检查考订后录入系统的资料卡片6700张520余万字；编辑成资料长编字数399万字，撰写形成了53万字的初稿。不仅如此，该志还卓有成效地动员了浙江省、市、县三级水利部门投入大量人员收集资料。编辑部组织过两次集中收集资料，历时一年多，深入沿海各地有关单位，收集资料达1500余份计1400余万字；梳理辑录海塘要事、古籍摘要等参考资料110多万字，并将查阅考订古今资料、志稿修改补充工作贯穿于整个修志过程。志稿形成后邀请专家把关指导约300余人次。多次专函、去电沿海水利部门、厅处室及相关单位，征求修改意见。复审稿、终审稿编纂阶段，又对4000多条主要审查意见举一反三，全面修改、调整、完善。从资料搜集整理到筛选甄别再到考证确定，稳扎稳打，严谨求实，成为了《海塘专志》质量的重要保障。

搜集资料是基础，如何整合、运用资料，尤显编修者的文字水平。从专业研究角度讲，《海塘专志》在记述中恰当地处理了三重关系，而这三重关系在很多新编志书中往往处理得不太到位。

其一，基本史实与重要数据的关系。与传统志书相比，很多新编志书存在一种让人反感的通病：一眼望去，只见数据的堆砌，基本史实反倒隐而不彰，读者一脸茫然，无从了解重要节点的基本情况和问题所在，无从把握事物发展演变的基本轨迹。《海塘专志》记述对象是海塘，出现一批工程数据当属自然之事，但是编修者注重志书的存史功用，着力记述人、事、工程修筑基本情况基础上，再恰当使用数据进行量化辅助说明。这种处理方法留给了读者广阔的研究和利用空间，而不是“望数兴叹”。兹以明万历三年“乙亥之役”为例。为更清晰地说明问题，现将该志第89页正文全部抄录如下：

万历三年五月三十日，风潮大作，海塘尽数坍毁，海盐县水深2丈多，民溺死100余，漂没房屋200余间，咸水涌入内河，坏田地8万余亩。巡抚谢鹏举、巡按吴从宪、继任巡抚徐栻督官兴修，以台州府通判黄清改升嘉兴府同知专管海塘修筑，选派各级官员30余人分段分工，合力修筑。根据黄清的建议，在石塘内再造土塘为备塘，同时石塘与土塘之间开河为渠，开河所取沙土恰可用于修筑土塘，所开河道又可用于行舟运石修筑外侧石塘。土塘与石塘唇齿相护，大潮即便翻越海塘，也会首先进入塘河，潮势为之缓和，则后方土塘足以抵挡。同时潮水进入塘河后，不会直接淹没田地，同时塘河又可用于灌溉和交通。形成石塘—塘河—土备塘联合御潮体系。海盐自澉浦至乍浦原有白洋河，该工程自秦驻山起向北至三涧寨止，与龙王、宋庄的旧里塘相接，皆开浚河道，开浚白洋河共3395丈，乍浦一带因经费短缺中止。以开河之土填筑内塘土备塘2216丈，塘坡植草皮，日久草聚根结可使土塘更为坚固。外塘仿黄光昇法，黄清根据不同地段潮势缓急，增减纵横条石数，修复全坍石塘，添筑缺塘，同时对其余倾欹开裂但未尽坍圮的石塘进行理砌，理砌仅针对砌层之上，为节约经费，对塘根未进行处理。此外在石塘外密立木桩以消浪，桩群后方淤沙后可以护塘，总计修造荡浪桩木栅2600丈。此工程还铸造镇海铁兽12座，并修筑海神祠（今龙王庙旧址）及前宪使杨瑄祠（今报功祠旧址）等。工程至万历五年十月竣工，总计修筑海塘18里，用银120875两。董份、陆光祖所撰碑文详细记述此次工程。同时在海塘建设管理上亦有进步。

将以上内容与其他海塘史料对比发现，此处系最大限度地吸收了明代天启《海盐县图经》和清代《敕修两浙海塘通志》等传统志书的内容，并进一步融会贯通，完整地保留了此次大工的背景、组织、办工、技术、成果等情况，同时还穿插有对修筑土塘、开浚塘河的适当评述①，修筑数据则

① 不知何时，新编志书特别强调“述而不论”的原则，对志书出现评述性文字讳莫如深，甚至以此作为评判一部志书优劣的标准。殊不知，翻阅旧志，文中论说、文末按语屡见不鲜，而今人研究利用时对这些不同于我们今人“时代意见”的“历史意见”（两个名词皆为钱穆先生所提）每每奉若珍宝，必引用、对比而后快。这一现象值得当今修志人认真反思。

是说明问题即可（最后提到的海塘建设管理以及经费问题在第八章“海塘管理”中记述）。这些文字的合理组织，实现了志书存史价值的大幅提升，可以有效地满足学术研究和查阅利用所需，这种情况在《海塘专志》属于通例并非个案。

其二，古与今的关系。笔者从事的是清代钱塘江海塘研究，对民国及其以前海塘修筑的历史关注较多。翻阅志书后，一个直观的印象就是，该志记述当代历史非常详尽，记述近代和古代同样系统、翔实，没有让人感觉厚此薄彼或顾此失彼。这一方面在第一重关系中有所反映，也可从全书各章所占比例方面窥其一斑。8章正文内容共有近500页的篇幅，其中比重最大的当数对海塘修筑历史的记述，即第三章和第四两章就有200余页。在此200多页中，中华人民共和国成立前的内容篇幅即占据40%强。

这在“塘工技术”一章也得到了较好体现。该志坚持以图文结合的形式记述土塘、土石塘、柴塘、石塘等各类塘型的发展演变及当代遗存，并从现代工程技术角度评述了塘型的进步与弊端。如，记述清代鱼鳞大石塘，不仅提供了大量鱼鳞石塘修筑历史、修筑技术等资料，同时对修筑中使用糯米汁石灰浆作为黏结材料耐久性问题的最新研究成果和认识进行了记述。再如挑溜护塘工程，不仅有宋代至2010年间柴盘头和石盘头的修筑情况及盘头护塘原理，更详细记述了至今使用较多的丁坝工程。其中，既有大家较为熟悉的堆石丁坝、素混凝土坧工坝、桩式丁坝工程，还有1973年以来围绕丁坝布置开展的科学研究及其取得的重要成果。尤其让人印象深刻的是，该志用千余言并配图的形式，详细描述了颇有特色但不太为人注意的雍正十二年（1734）杭州副都统隆昇所修鸡嘴坝的修筑技术和作用原理。可以说，《海塘专志》完整保留了古今挑溜护塘工程的前世今生，使得很多重要的治水技术不至于被淹没在历史长河之中。总之，编修者并不“厚今薄古”，对前代行为语焉不详，甚至付诸阙如，他们尊重前人，尊重历史，讲求存史，讲求古今贯通，从而书写了一部有血有肉的海塘通史。

其三，人文关怀与水利工程的关系。这一点是对前面两点的进一步延伸。应该承认，以志书的形式书写一项大型水利工程的历史，并不是一件易事。其最大的难点在于，如何使“冰冷”的水利工程在志书语境中“活”起来。笔者认为，实现这个目的，编修者具备必要的人文情怀至关重要。《海塘专志》的编修者大多为水利领域的技术专家，但是通过志书内容，看到的是他们身上难得的人文修养，即并不简单地以时间、工段丈尺、经费数额来描述对象，乃是以“史家法度”，将工程修筑和技术进步视为一种“历史事件”，讲求人性化的历史叙事而非机械化的工程描绘，注重其来龙去脉，前因后果，注重历史人物对海塘的认知和贡献，做到了在历史中讲工程，在工程中说历史。即使面对塘工技术一类的内容，给予读者的也不仅是晦涩难懂的工程技术语言，而是在一种大历史观和整体浙江治水史背景中为读者提供了一大批“活”的技术资料。

除对以上三重关系的恰当把握，《海塘专志》还在专业问题的辨析、考证上采取了审慎态度，且用心用力。从事水利史研究的学者都知道，历史典籍中常常出现作用非常相似的陡门、斗门、碶和水闸四种水利设施，但是四者究竟如何区分，功能如何划分，却始终没有一个准确的解释。因《海塘专志》大量涉及四种设施，因此编修人员在依据康熙《临海县志》、光绪《玉环厅志》、民国《台州府志》等资料进行前期研究基础上[①]，在第五章第一节开篇对此进行了明确阐释：

自古迄今，人类控制水流的工程，从陡门、斗门、碶等逐步演变为水闸。秦代始筑的灵渠上，曾设陡门壅高水位以利通航；唐代，建有陡门、斗门、碶等；宋代，建有水闸。陡门，有在水流陡急之处安门之意，即“急水通沟以出之谓之陡门”，陡门有御咸(海水)的功能，陡门的功能低于水闸。斗门，多用于平原河流的引水、排水，规模一般小于水闸，沿海地区的斗门也有御咸蓄淡的功能。碶，多存在于宁波、舟山东部沿海地区，为砌石结

① 参见李永和《试论陡门、斗门、水闸、碶的异同》一文，《四川水利》2019年第4期。

构，有御咸（海水）的功能，安装闸板后，称为碶闸。水闸，多用于平原河流水流的控制，具有通水和断水的功能，即“阻水不时启闭谓之闸”，水闸集合了陡门、斗门、碶等工程的综合功能，因此，今天水闸基本取代了相类似的工程。

此外，该志运用页下注对正文内容的延伸也是一大亮点。即如第 34 页对“慈溪”与“慈谿”地名演变的解释，第 80 页对历史上钱塘江北岸江塘、海塘分界点杭州乌龙庙地名地理坐标的准确标注，第 81 页对古人关于既济、未济两卦克水一说在治水中的运用，第 94 页对重要地名“澉儿兜”沿革的考证，第 243 页对明代嘉靖年间修筑温岭牌下塘的南京礼部尚书黄绾官职的考证，等等，无不体现着编修者对史实客观准确和最大限度为读者提供利用空间及使用便利双重目的的孜孜追求和合理兼顾。当然，对于目前因掌握史料有限而无法解释的问题，该志也适当存疑。如第 34 页关于光绪十二年和十三年两次潮灾，民国《海宁州志》列为两次，编修者分析认为应该是同一次，但是囿于史料匮乏，无法确认，故而注明“待有新的史料再进一步考辨”。这些无不是严守“史家法度”的重要表现。

四

当然，任何一部志书不可能完美无缺。仓修良先生指出：评论一部志书，“必须实事求是，而不能随心所欲夸大其辞地乱捧”。[①]诚然，撰写书评不是唱赞歌，而应该客观认识其价值和作用，深入总结编修经验和教训，既讲成绩，也讲不足，这才是一种负责任的态度。就个人愚见，《海塘专志》还存在以下可改进之处。

其一，部分内容可适当补充。如，第三章记述清代海塘修筑时，乾隆九

---

① 仓修良：《对当前方志学界若干问题的看法》，载于仓修良著《仓修良探方志》，华东师范大学出版社 2005 年版，第 220 页。

年大工告竣至乾隆四十五年间的海塘修筑历史，特别是乾隆十二年水归中小亹，以及乾隆二十四年之后至乾隆四十五年间“力缮柴塘、补偏救弊”治水理念和工程施工情况，未能予以足够关注；对道光十四至十六年间钱塘江海塘大修工程及其规模笼统带过，略显不够。再如，第七章记述民国时期海塘管理规章制度共分两个部分，第一部分关于海塘规章，列举《整理塘产办法》等7个重要规章的时间、发布者、名称等基本信息外，仅有两个规章简要提及规定内容，其他付诸阙如，第二部分海塘制度则以3行文字一带而过。如果能对其中重要制度规定的主要内容稍作归纳补充，似乎可以更为完整、系统地反映海塘管理的发展变迁。此外，大事年表应适当补充雍正十三年六月风潮造成的全塘溃坍事故，以及当年十月乾隆帝谕令浙省增捐之处不必行、海塘工程著动正项钱粮办理等重大政策调整等。

其二，“丛录”内容还有可丰富之处。如，其中收录有一批关于海塘修筑的上谕和碑记等，但是未能适当收录部分钱塘江治水一线大臣关于海塘修筑的重要奏折、题本，而所收几则上谕中，乾隆五年闰六月二十三日、道光十四年八月二十七日等价值不高。此外，《海塘专志》如果适当收录《敕修两浙海塘通志》《海塘揽要》等专志的重要序言，或者是《四库全书》的《海塘录》提要等文字，则可以更为全面地展示浙江治水文化。

其三，文中尚有表述不规范之处。如，第90—91页“清帝雍正”“清帝乾隆”等表述不规范，全书应统一表述为雍正帝（或清世宗）、乾隆帝（或清高宗）；第147页“巡抚马端愍奏报”中“端愍”是谥号，应改为“巡抚马新贻奏报”；第381页等处“颁布圣旨”中“圣旨”一词应改为“谕旨”或“上谕”；第401、第425等页多处将杭州副都统“隆昇”误写为“隆升”，写法应与第95、第372等页保持一致。此外，第421—422页部分内容对原始资料的处理还不够到位。

尽管存在个别问题，但并不能否定笔者对《海塘专志》作为一部厚重佳志的基本评价。提出以上问题，更多的是希望能够在未来修订或续修海塘志书时加以改进。

浙江巡抚方观承评价《敕修两浙海塘通志》时称："余受而读之，凡列圣之訏谟，累朝之沿革，形势之迁变，工程之险夷，与夫经费所出、物料所资、职守所存、祀典所秩，罔不灿若列眉，了如指掌，洵可为经国之要典，备来者之参稽矣。"[①]今天品读这部新修《海塘专志》，我们可能会感觉方观承的这番话语很多仍可适用。当然，与传统志书相比，该志更是一部在新思想、新方法、新材料指导下，体现浓厚人文情怀和严谨科学精神的海塘专志。它在继承、弘扬优秀传统基础上对海塘历史的成功书写和续写，将为保存浙江人民治水历史，服务水利学、历史学、环境科学等相关学科研究，助力浙江沿海地区经济社会发展，弘扬伟大的海塘精神，发挥出不可替代的重要作用。这不正是我们绵延不断编修志书的价值和意义所在吗？

（和卫国，国家方志馆馆藏部主任，研究员。）

① （清）方观承：《敕修两浙海塘通志》序，载于符宁平、闫彦编《海塘历史文献集成》（上），中国水利水电出版社 2017 年版，第 9 页。

试论《浙江通志·茶叶专志》的记述特色

王铁鹏

提　要:《浙江通志·茶叶专志》是一部以浙江茶叶为主要记述对象的专志。该志"专志贵专",记述浙江茶叶种植、采摘、加工、销售、品尝的全过程,以突出专业特点;记述当地环境资源、人物、历史遗迹,以突出地方特色;从生产力和生产关系两个维度,记述了浙江茶叶生产方式的变迁,以突出时代特征;从茶道、茶艺、茶馆、习俗、礼仪等方面记述茶文化,以突出文化特性。

主题词:地方志　专志　茶叶专志　记述特色

浙江是中国茶树栽种历史早、茶区广、产量大、贸易发达、饮茶者众的省份之一。8000 年前就有山茶科山茶属植物,人工栽培不晚于东汉时期。1200 多年前陆羽在浙江撰就中国茶学开山之作《茶经》。中国茶叶及其文化在唐、宋时期曾先后两次从浙江东传日本。浙江茶叶产量在全国举足轻重,浙江茶叶连续多年享有"国人四杯茶,浙江占其一"之誉。[①]2012 年 3 月,浙江省启动了《浙江通志·茶叶专志》(以下简称《茶叶专志》)的编纂工作,作为浙江通志中的一部特色专志,体现了茶叶在浙江社会经济和文化中的独特地位,乃至在全国茶叶中的影响力。这是一部专志,是一部专业特点、地

① 《浙江通志·茶叶专志》,浙江人民出版社 2020 年版,第 1 页。

域特色、时代特征、文化特性都非常突出的佳志名作。

一、专业特点突出

专业特点突出，是专志编纂的基本要求。《茶叶专志》以茶叶为记述对象，突出围绕茶叶这个特定事物进行了一系列的记述，有以下几个方面的专业特点。

专志贵专。专志是以某一专项事物为记述对象的志书。专志不同于综合志，综合志是全面系统地记述本行政区域自然、政治、经济、文化和社会的历史与现状的资料性文献[①]。专志也不同于部门志，部门志是记述某个单位对外履行职能和对内实行内部管理的志书。与综合志比较，专志记述内容窄而专；与部门志比较，专志则聚集本专业的信息，不记述部门的内视信息。《茶叶专志》秉承了这一原则，全志共设十章，分别是《环境资源》《生产种植》《茶叶加工》《名茶》《茶叶国内贸易》《茶叶对外经贸》《茶叶企业》《茶政管理》《教育》《科研》和《茶文化》。从篇目设置上来看，都与该志特定的记述对象茶叶有关，无关的内容一概不记，体现了很强的专业性特点。

按生产流程设置篇目。如何设置专志的篇目，也是专志能否突出专业特点的要求之一。专志篇目设置要突出专业性，首先要强调科学性，并体现出内在的逻辑关系。茶叶专志的篇目既可以按茶叶种类分类，如绿茶、红茶、花茶、白茶等，也可以按照茶叶生产加工销售等工序流程分类。《茶叶专志》是按照工序流程来分类的，从茶叶的环境资源开始记起，到茶叶种植、加工、销售、管理、茶文化等，看起来更专业一些。因为这符合茶叶作为一个特定产品，从生产、加工、销售到管理，以及衍生出来的文化特性一般性的规律，存在较强的内在联系的逻辑关系。

专业的事由专业人士去做。作为茶叶专志，则要体现茶叶作为一种特定产品的专业性。该志的专业性、技术性特征非常突出。比如，在茶叶栽培

①《地方志工作条例》第三条，载2006年5月30日《人民日报》。

中，就分别记述了4种或7种栽种方式，并记述了不同方式试验结果，可知茶苗性喜丛生，故密植如丛植、双条植、单条植成活率较大，而其他均较差。[①]为了体现专业性，就要由专业人士来编纂，外行编纂难免闹笑话。该志承编单位是浙江省茶叶集团股份有限公司，参编单位有中国农业科学院茶叶研究所、中国茶叶博物馆、中国国际茶文化研究会、浙江省茶叶产业协会等单位，主编阮浩耕先生，原任浙江省茶叶公司办公室主任，《茶博览》杂志主编，是浙江著名的茶文化研究专家，于20世纪90年代主编了《浙江省茶叶志》，这是他主编的第二部茶叶志。参与各分章的主编都是某一领域的专家，加上方志专家从体例上、行文上指导、把关，确保整部志书带有显著的专业性特点。

二、地方特色鲜明

专志是地方志的一个分支，具有鲜明的地方特色。《茶叶专志》是浙江通志中一部，记述的是浙江省的茶叶，因此必然具有鲜明的浙江地方特色。该志从以下几个方面彰显地方特色。

环境资源。环境资源，既是万物生长的基本条件，也是地方特色的首要体现。浙江为古今江南重要茶区，首先缘于得天独厚的自然资源环境，成为茶树栽培生长的黄金地带。浙江境内多丘陵山地，这些山地、丘陵以及盆地的土壤均适宜种茶。浙江属亚热带季风气候，丰富的光、热、水资源，适宜茶树喜温暖湿润气候的特征。浙江还有丰富的茶树种质资源，拥有一大批地域原种，品类多样。正因为如此，《茶叶专志》第一章便是《环境资源》，下分茶区分布、地势与土壤、气候环境、种质资源等节，全面系统地记述了浙江优越的自然地理条件和资源条件，使该志的地方特色更加鲜明。

图文并茂。图片，是志书之地方特色最直观的一种体现。《茶叶专志》前插有图片40版，图片数百幅，大大超过一般志书的前插图片数量，志中

①《浙江通志·茶叶专志》，浙江人民出版社2020年版，第100页。

还有随文图，起到图文并茂的效果。前插图划分为不同专题，包括领导考察、历史遗迹、茶叶种植、茶叶采摘、茶叶加工、茶叶贸易、茶叶企业、茶叶文化、茶政管理、科研培训等，其中不乏一些珍贵的历史照片，其中既有唐阎立本《萧翼赚兰亭图》（五代摹本），唐刘松年《撵茶图》（明代摹本），宋周季常、林庭珪《五百罗汉图》五十六“喫茶”（局部）等，也有2001年发掘的杭州萧山湖桥遗址T0510探方第7层中，发现的一颗茶叶种实以及约有800年历史的淳安鸠坑乡翠峰村鸠坑茶树王，还有清代及民国时期浙江茶叶生产、贸易的老照片，以及中华人民共和国成立后的照片，包括与茶叶有关的历史遗迹。[①]这些照片以时间为经，印证了浙江茶叶从种植到消费的全过程，更加直观地反映了浙江的地方特色。

以事系人。一方水土养一方人。浙江人杰地灵，浙江的山水、土壤、植物，包括茶叶，催生了一批能工巧匠，也造就了一批文人墨客，更是吸引了各级领导和外国政要到浙江考察和品尝茶叶。按照《浙江通志》的整体布局，全志专门设有《人物传》，各分卷不再设置相关的人物传记。因此，《茶叶专志》没有设置人物传记，但它采取以事系人的方式，记述了一批与浙江茶叶有关的人物，这些人物有的是本籍的，有的是非本籍的，但都对浙江茶叶事业的发展做出了贡献，也为该志增添了不少浙江地域色彩。

最直观反映人物的是该志的前插。其中既有毛泽东、刘少奇、周恩来、朱德等老一辈革命家到浙江考察茶叶的情形，也有尼克松、西哈努克、伏罗希洛夫等外国政要到浙江参观访问的照片；既有清末宁波籍茶叶技师刘峻周到格鲁吉亚指导种茶和其母亲、妻子、妹妹的留影，民国时期茶叶专家吴觉农与浙江省农林改良场茶场工作人员合影，也有全国三八红旗手沈顺招和她的双手采茶十姐妹的照片等。[②]

在《茶叶专志》中，最突出反映人物的是该志的专记。该志设有三个专

---

①《浙江通志·茶叶专志》，浙江人民出版社2020年版，前插彩页。
②《浙江通志·茶叶专志》，浙江人民出版社2020年版，前插彩页。

记，分别是专记一：陆羽在浙江，专记二：径山茶宴，专记三：吴觉农和浙江近代茶叶。其中第二部专记径山茶宴，记述的是宋代余杭径山寺茶事礼仪和茶汤煎点的规范程式，另外两部专记则是用大量篇幅记述人物。陆羽是湖北天门人，中唐时期著名的文人、隐士和茶家，一生爱茶、嗜茶、艺茶并事茶，流寓湖州，终老湖州，埋骨杼山。[①]所著《茶经》，载录了诸多浙江茶事。该专记对其主要内容以及本人在浙江的行踪作了较为详细的记述，其中重点记述了他寓居游历时间最长的是湖州。尤以上元至大历近20年间，与文朋诗友往来频仍，著述亦丰。其次是几度到过杭州，并寓居杭州的经历。第三是他在越州、睦州、婺州、台州、明州、处州等地经历。陆羽之所以如此偏爱浙江，应该是与浙江茶叶有着不解之缘吧！

吴觉农是上虞县人，光绪年间出生，是近现代茶叶事业的奠基人，被誉为“当代茶圣”。他一生事茶，他的事业始于浙江，为中国茶业发展做出重要贡献，对浙江近现代茶业的发展有着深远的影响。[②]据该专记记载，他的茶叶生涯始于日本留学时期，在茶叶试验场从事茶叶科目。回国后关注中国农业和农民问题。负责茶叶出口检验工作后，制定中国首部出口检验法典。后专门从事茶叶的改良工作，取得明显效果，后从事茶叶贸易和社会活动。解放后，任农业部第二副部长，兼任中国茶叶公司总经理，后专门从事茶叶的生产、销售和茶文化问题，倡议成立中国茶文化博物馆，并应邀担任名誉馆长。

正因为《茶叶专志》记述了大量的本籍人物，以及与浙江茶叶有关的非本籍人物，才使得该志的内容更加鲜活、更加充实，地方特色更加突出。

三、时代特征显著

时代特征表现为不同历史时期的不同历史特征。无论任何事物，都会打

---

①《浙江通志·茶叶专志》，浙江人民出版社2020年版，第837页。
②《浙江通志·茶叶专志》，浙江人民出版社2020年版，第856页。

上深深的历史烙印。作为专志，虽然记述的是某类事物，但都会涉及这类事物的历史与现状，都会带有明显的时代特征。《茶叶专志》所记述浙江茶叶的时代特征，是从生产力和生产关系两个维度展开的。

在生产力方面，该志首先记述了茶叶种植者。陆羽《茶经·七之事》所引《神异记》，丹丘子带余姚人虞洪，入山采大茗。虞洪是浙江个体采种茶叶第一个留下姓名的。[①]到了解放前夕，浙江的茶农达到 14.3 万户。截至 2010 年，江浙有 2 亩以上的茶农总户数为 62.8 万户[②]。由于采茶在茶叶生产中占据时间过多，所以江浙最早于 1947 年开始“茶叶采摘器”研究，但结果与手摘相仿而停顿。20 世纪 70 年代实现制茶机械化后，采茶时间占总劳动时间的 53.8%，[③]70 年代末开始，浙江加强了茶叶生产机械的研究，以国内现有机具为基础，适当引进和研制缺门机具，采取农机和农艺相结合，使两者相互顾及，有的注重缺门研究，有的注重综合配套试验，取得了一定的进展和经验。70 年代推行茶园固定喷灌工程建设，80 年代推广担架式机动喷雾机，90 年代开始研制开发茶园中耕机、微耕机，引进使用茶叶采摘机械和修剪机械。21 世纪应用具有现代高新技术的太阳能杀虫灯和植保无人机喷洒作业，使茶叶生产的机械化上了一个大台阶。

在生产关系方面，茶叶分为佛寺道观生产、个体生产、集体生产、联产承包、国有生产经营、专业合作生产等方式。[④]浙江众多名茶源于寺观栽种，许多茶叶产区初创于寺观生产。除了寺观僧道之外，就是山民农户。民国之前，茶园规模普遍较小，多是一家一户的个体生产，产量不高。民国期间，浙江发动茶农组织合作社，取得较好业绩。同时举办国有茶场，在生产技术改良方面起到一定示范作用。民国政府罢贡止榷后，茶叶购销基本上不加限制。抗日战争期间，民国政府对出口茶叶一度实施统制。

---

①《浙江通志·茶叶专志》，浙江人民出版社 2020 年版，第 49 页。
②《浙江通志·茶叶专志》，浙江人民出版社 2020 年版，第 53 页。
③《浙江通志·茶叶专志》，浙江人民出版社 2020 年版，第 124 页。
④《浙江通志·茶叶专志》，浙江人民出版社 2020 年版，第 45 页。

中华人民共和国成立后至20世纪80年代初，对茶叶购销实行统一的计划管理，经历了外销茶统一管理、内销茶公私联购，统购，派购，内销茶放开经营、外销茶按合同收购4个时期。[①]浙江出口茶货源计划管理一直延续到90年代初，长达44年。1993年开始，浙江内外销茶叶市场全面放开，管理上从直接控制茶叶的购销调存转变为指导协调服务。据该志记载：1957年8月，茶叶属于国家统一收购的物资，茶叶进入统购时期，由国家指定的国有企业和供销社收购，生产者不得自行出售，挫伤了茶农的积极性，生产一度严重下滑。改革开放初期，实行计划内和计划外双轨政策，内销实行多渠道经营，出口货源收购仍继续实行计划管理。直至1993年，浙江省对出口绿茶不再下达指导性计划，全省茶叶全部放开经营。[②]

四、文化特性彰显

茶叶历史源远流长，茶叶文化博大精深。浙江几千年的茶叶种植、饮茶历史，不仅创造了丰厚的物质文明，而且还孕育了浓厚的精神遗产，造就了享誉中外的茶文化。《茶叶专志》用大量的篇幅、笔墨，记述了浙江的茶文化，强化了茶叶的文化特性。

在篇目设置上，该志专门设有茶文化一章，下设八节，是各章中设节最多的一章，足以看到茶文化在该志的地位和分量。这八章分别是：《茶以载道》《茶事艺文》《茶馆文化》《茶事礼俗》《茶文化胜迹》《非物质文化遗产》《茶文化对外传播与交流》《茶文化社团与活动》。此外，该志在茶文化一章中，还列有章下专记：中国茶叶博物馆，章下附录：茶文化书录。

在内容上，该志首先记述了茶文化的最高境界：茶道，为此专设一节茶以载道。该节记载，“茶道”一说出于唐，茶之道在“涤心源”“清我神”“功致和”。宋元，浙籍和旅浙文士的诗文中，更多见到叙茶谈理、寓道于茶的

① 《浙江通志·茶叶专志》，浙江人民出版社2020年版，第588页。
② 《浙江通志·茶叶专志》，浙江人民出版社2020年版，第594页。

记述。该节记载，范仲淹出守睦州，作有多首咏茶诗，论茶之功："众人之浊我可清，千日之醉我可醒。"苏轼两次出任杭州，前后在杭生活5年，曾赋诗"要知冰雪心肠好，不是膏油首面新。戏作小诗君一笑，从来佳茗似佳人。"[①]文人对茶的喜爱可见一斑。

茶叶采制、品饮中的知觉、情趣和经验，深深感染着一代又一代爱茶、事茶者，他们以各自擅长的艺术形式来展示表现，创作出丰富多彩的艺文作品，且不同时代显现出新的艺文特色。如唐代的咏茶诗，宋代的茶画与法书，元代茶事入戏，明清以散文、小说书写茶情，近现代更有茶的歌舞、影视。历代浙籍和寓浙文学艺术家的创作实践和精品佳作，是弥足珍贵的文化财富。对此，该志用一定篇幅进行了记述。其中包括唐代湖州顾渚山下集聚起的以皎然、陆羽为首的一群文士僧家，彼此唱和游从；宋代浙籍和在浙任职寓居过的诗人达百人以上，多有咏茶佳作名篇等，看了之后使人回味无穷。

小茶馆，大社会。茶馆是浙江城乡人民社会生活不可或缺的一个重要场所。[②]由饮茶普及而出现，伴随社会经济文化的发展和自身社会性功能的扩展而繁荣。浙江各地的茶馆在历史发展过程中积淀了丰富的文化，浓缩着浙江的地域文化特征。该志记有茶馆源流、茶艺馆舍、茶食名点等内容，其中不仅记述了杭州茶馆、嘉湖茶馆、宁绍茶馆、金温茶馆等处的老茶馆，还记述了20世纪80年代以来出现的现代茶馆茶楼，其中包括茶人之家、太极茶道院等；不仅记述了浙江古代的茶食果品，如松子、梅花、杨梅、核桃等，还记述了杭州的蓑衣饼，湖州的"茶食三珍"，宁波的陆埠豆酥糖、三北藕丝糖、苔生片，金华的毛坦、小桃酥、寸金糖、油金枣等。[③]

在悠久的饮茶生活中，浙江各地区逐渐累积起了各具风采的茶事礼俗。

---

①《浙江通志·茶叶专志》，浙江人民出版社2020年版，第730页。
②《浙江通志·茶叶专志》，浙江人民出版社2020年版，第754页。
③《浙江通志·茶叶专志》，浙江人民出版社2020年版，第764页。

随着时代的变迁，传统的茶事礼俗，有许多.记忆，有的至今还继续流传着，同时又逐渐凝结成了新的礼俗。①对此，该志比较全面系统地对此进行了记述。其中包括岁时茶俗、婚礼茶俗、祭祀茶俗、日常礼俗。新茶事节庆则是改革开放后，围绕着茶叶生产、贸易、文化交流举办多种以茶事为主题的活动，许多已成为相对固定的新茶事节庆。如敬老茶会、全民饮茶日、西湖龙井开茶节、西湖国际茶文化博览会、中国茶圣节以及温州、松阳、新昌、长兴、开化等地举办的茶文化节等。

此外，该志还在茶文化中专门记述了茶文化胜迹、非物质文化遗产、茶文化对外传播与交流、茶文化社团与活动等内容。在附录中，专门收录茶事诗词赋文选录，使茶文化在该志中篇幅最大，足见茶文化在浙江茶叶中的地位与作用。

除了以上几个方面的特点外，《茶叶专志》还有一些特点，如该志资料性特别强，引经据典，记述内容翔实具体，反映了编纂者具有丰厚的资料积累和扎实的业务功底。

《茶叶专志》是一部全面、翔实记述浙江茶叶的专志，也是中国茶叶历史与现状的一个剪影，是一部茶叶的百科全书，在中国的茶叶史上、茶文化史和方志史上，都会留下深深的印迹，产生重大的影响。

（王铁鹏，北京市地方志办公室原主任，中国地方志学会学术委员。）

① 《浙江通志·茶叶专志》，浙江人民出版社 2020 年版，第 765 页。

志显江南韵　传世有佳作

——读《浙江通志·蚕桑丝绸专志》

陈守强

提　要:《浙江通志·蚕桑丝绸专志》将浙江蚕桑丝绸产业发展的来龙去脉全面载入史册，内容丰富，特点突出，体例详备，文字规范，它必将在一带一路推进、中华民族伟大复兴、世界命共体建设中凸显其独特的传世价值。

关键词: 浙江通志　蚕桑丝绸专志　佳作　传世价值

东方丝绸，天赐圣物。中华蚕业，源远流长。春节过后不久，收到《浙江通志·蚕桑丝绸专志》(以下简称《蚕桑丝绸专志》)。看封面：古朴，典雅，端庄，大气；论装帧：紧实，细腻，精致，厚重；总体印象：微透锦缎华贵丽质，暗合绫罗曼妙神韵，尽显江南文雅风范！翻其内容：增加不少见识，章章引人入胜。下列3点感想，与同行交流切磋。

一、修志问道　摸清地情

习近平总书记早有“欲知大道，必先为史”的系列讲话，李克强总理也早有“修志问道，以启未来”等重要批示。编史修志是中华民族的优良文化传统，方志向被称为“一方之全史”和“地方百科全书”，生来就具有存史、资政、教化三大功能，修志可以摸清我们的国情、地情、史情、族情，可以为大自治国理政、中至百业振兴、小至一事一业提供全面系统、真实可信资料，为各行各业发展和各级领导决策提供有益借鉴和准确依据。

《蚕桑丝绸专志》的编纂出版，具有重大的现实意义和持久的传世价值。世界百年变局正在徐徐开启，东方世纪正在加速到来，中华民族复兴的大潮波澜壮阔，历史巨变的奇迹无处不在发生，中国倡议的一带一路已全力开启，破浪前行。盛世修志，志载盛世，《蚕桑丝绸专志》将浙江蚕桑丝绸产业发展的来龙去脉全面载入史册，既是史无前例巨变进程的文化成果，反过来又助力巨变，必将为中国蚕桑丝绸产业的持续发展发挥出更持久的作用！

二、修志载道　智慧结晶

中国是丝绸的故乡，声名早已享誉中外，领 5000 年时尚而不衰！浙江是中国丝绸的最重要发祥地，浙江丝绸无疑也是中国丝绸文化中最耀眼的明珠。余姚河姆渡出土有 6700 年前的 4 条蚕纹牙雕，说明其时人们对蚕已有一定认识；湖州久有“丝绸之府”“湖州丝绸甲天下”美称，1958 年，湖州（吴兴）市郊出土了 4700 多年前的丝线、丝带和没有碳化的绢片，是世界上最古老的丝织物成品，绢片成为浙江丝绸博物馆的镇馆之宝，标志浙江先民其时已掌握栽桑、养蚕、缫丝、织帛的技术工艺水平。其时与黄帝生卒（公元前 2717—2599）传说大体相当，不仅没有推翻而恰恰印证并增加了黄帝元妃嫘祖发明养蚕传说的可信度。

浙江蚕桑丝绸产业，既是浙江悠久的传统特色产业，也是浙江的经典名牌支柱产业，长期为浙江物产的重要名片。《蚕桑丝绸专志》运用唯物史观和方法，力求做到思想性、资料性和科学性的统一，以“服务当代，垂鉴后世”为编修宗旨，横跨农业（栽桑）、养殖业（养蚕）、工业（制丝、织造、印染、服饰手工业与现代工业）、交通（收储、陆运、海运）、贸易（内销、出口）等产业，逐业追根溯源，分类横陈现状，全面、系统、客观地梳理和收录浙江蚕桑丝绸产业起源与发展的历史和现状，从生产力的发展到生产关系的变革，从生产方式的转变到社会分工的演绎，全方位汇集了中华先民古老的聪明才智和近现代蚕桑丝绸业者的发明与创造，突出反映了中华民族的原创智慧和现代科技的充分发展与进步。

《蚕桑丝绸专志》内容非常丰富，资料基础十分扎实。全志上限溯至事物发端，下限截至2010年底。从浙江蚕桑最早源起于新石器时代，到春秋时期有文字记载的越王句践“劝民农桑”，绍兴蚕桑生产已占重要地位，春秋战国至南北朝，湖州丝绸就已出口十多个国家。隋唐时期浙江蚕桑丝绸的生产和贸易迅速发展，唐代湖州丝绸远近闻名，精美绝伦的绫缎被列为朝廷贡品，湖州成为唐朝丝绸之路的真正起点，至今仍保留着西域商人贩运丝绸的骆驼桥等地名，吴越王还开创了官营织造先河。

两宋时期，南方逐步超越北方，浙江成为全国蚕丝中心，杭嘉湖成为东南最大蚕桑基地，明州港（宁波）成为国内海上丝绸之路三大贸易港之一。1292年，意大利旅行家马可波罗在游记中描写湖州为“居民温文尔雅，衣绫罗绸缎，恃工商为活”。明代中叶，嘉湖蚕丝产量已居全国之首。清代，浙江蚕区遍及11府58县，浙江蚕业达到鼎盛时期。1851年，“荣记湖丝”在英国首届世界博览会——万国工业博览会一举获得维多利亚女王亲自颁发的金银大奖，成为中国第一个获得国际大奖的民族工业品牌。1910年，湖州丝绸又获南洋劝业会超等奖。1915年，再在巴拿马博览会获奖，当时西洋贵族均以穿湖州丝绸为荣，英女王穿湖丝长裙，清朝皇帝的龙袍也均以湖州丝绸织造。

民国时期，1923年，浙江省桑园面积达265.82万亩，为有史可查最高纪录；1931年，全省蚕茧产量达136.33万担，创历史最高水平。中华人民共和国成立后，1984年，全省蚕茧产量首超1931年；1992年，达281.4万担再创历史新高；1994年，蚕区遍及全省11市65县、桑园面积达151.2万亩；2010年，浙江有23个年产茧万担以上重点县，全省蚕桑丝绸产业始终占据举足轻重的支柱地位。

毫无疑问，这部《蚕桑丝绸专志》不仅是凝结编写人员广征博取、精心编写的汗水结晶，更是凝聚中华民族几千年勤劳与心血的智慧结晶！

三、修志传道　体例详备

从修志专业角度看，《蚕桑丝绸专志》作为《浙江通志》中的第105卷，是《浙江通志》独具特色的15部专志之一。全志前有彩图、序言、凡例、目录，后有专记、丛录、大事年表、编后记。中间主体内容，循产业分工逻辑分设13章，共约72万余字。专志贵专，体例详备，特色比较突出。

一是编排体例合乎规范。《蚕桑丝绸专志》遵循《浙江通志》统一要求，坚持“存真求实”核心准则，采取现代卷章节目体式，体裁上以述、志为主，灵活运用图、表、录，专志不重复设置人物传、大事记，而在志尾创设《专记：宁波与海上丝绸之路》《丛录：一、蚕桑丝绸文化　二、中国丝绸博物馆》和《大事年表》，使独具的特色更加突出，从而实现与《浙江通志》详略互补、珠联璧合的有机接轨。

二是框架结构科学合理。坚持“横排竖写”体例原则，用科学分类原理作指导，依据现实产业分工实际创新设计，将中间主体内容按照社会分工实际，分设《蚕桑生产》《栽桑》《养蚕》《蚕茧收烘》《制丝》《绢纺与丝绵》《织造》《印染》《丝绸服饰》《丝绸贸易》《机构与管理》《教育与科研》等13章44节，各章、节均设无题概述或无题小序，各节之下酌情设置目、子目、细目等，分门别类，层层统领，层次清晰，收录全面，编排系统合理，框架结构严密。

三是文体文风符合要求。全志采取现代白话语体，实际上采取了“述而不论”或“少论”的文体文风原则，语言朴实，语气流畅，文字简练，记述翔实，不夸张溢美，没有不适当的政治化倾向，计量、纪年、数字、称谓比较统一规范。全志图文并茂，志前彩页部分共收录92幅，精挑细选，不仅非常精美，而且非常珍贵，存史价值很高，尤其是1套12幅《康熙御制耕织诗图》，信息含量很大也很难得。

四是观点鲜明特色突出。全志在政治上坚持与党的路线方针政策保持一致，遵守各项法律规章和制度，比较注意把握记述分寸，讲究叙事周延，力求记述得体。时代特色、地方特色、专业行业特色都比较突出，改革开放主旋律、科技进步主旋律、地方优势主旋律在志书中交相辉映。《蚕桑丝绸专志》作为传世文化载体，包含着全体中国国民的人生观、价值观和世界观，包含着我们对人类美好未来的憧憬与希望。中国已跨在世界第一大经济体的门槛上。海上丝路，漂洋过海；一带一路，联通全球。如果说丝绸之路泛指整个贸易往来和文化交流的话，那么，特点突出的《蚕桑丝绸专志》也一定会在中华复兴和中国丝路建设、世界命共体建设中凸显其独特的传世价值！

（陈守强，河南省地方史志办公室省志工作处原处长兼河南省志编辑部主任。）

书写时代画卷　修志以启未来

——读《浙江通志·乡镇企业专志》

蒋庆立

提　要：《浙江通志·乡镇企业专志》运用专志形式，守正创新，坚持大历史观，把握时代主线和本质，全面记述了全省乡镇企业60年发展进步的历程和现状；坚持以史为鉴与开创未来并重，全景式展现全省乡镇企业发展的历史成就与贡献，客观总结了发展规律和经验，坚定了历史自信和发展自信。感到该志观点鲜明，体例完备，内容丰富，资料翔实，特色突出，尤其是纵横驰骋、史论交融、点面呼应等笔法运用令人印象深刻，增强了志书的记述深度和著述性。

关键词：专志　大历史观　特色　笔法

浙江乡镇企业源于传统手工业作坊和中华人民共和国成立初期的农村副业和手工业。经过60年（1949—2009年）的发展，浙江乡镇企业逐步成为浙江农村经济的主体力量，为繁荣农村经济，支持农业生产，增加农民收入，加快推进浙江农业现代化和城乡一体化建设做出了重大贡献。乡镇企业不但在浙江工业发展中占据半壁江山，而且众多经济指标居全国第一，发展模式也一度引领时代潮流。面对乡镇企业创造的辉煌历史、卓越成就，《浙江通志》编纂委员会编纂了《浙江通志·乡镇企业专志》（以下简称《乡镇企业专志》）这部特色专志，系统记述了浙江乡镇企业60年的发展历程。细细品读，感到该志观点鲜明，体例完备，内容丰富，资料翔实，特色突出，语言平实，图文并茂，坚持了资料性、科学性和思想性相统一的原则。

一、坚持历史连续性与阶段性、现象和本质相统一，把握时代主题与本质，系统反映全省乡镇企业发展进步的伟大征程

历史是一个大过程。任何事物的发展都离不开时代的宏阔背景和历史主题主线。该志立足不同历史阶段的发展基础和国家对乡镇企业实施的大政方针，追本溯源，思今望远，求真务实，抓住历史主线和阶段性特征，全面系统地描绘了浙江乡镇企业发展的伟大时代画卷，科学记述了乡镇企业发展的四个历史阶段，揭示了历史发展中的内在逻辑性。

（一）第一阶段：中华人民共和国成立至1984年，是乡镇企业的前身社队企业兴起与发展阶段

浙江地处东南沿海，是我国乡镇企业发展起步较早、发展较快的一个省份。浙江的乡镇企业与农村副业和民间传统手工业有着深厚的历史渊源。中华人民共和国成立初期，浙江省委对农村副业和手工业加以鼓励和支持，使之有了较快发展，生产经营水平得到提高。随着全国大办工业的高潮兴起，浙江社办企业逐步发展起来。到1960年，浙江基本达到社社有工业、队队有副业，形成与城市工业相呼应、以加工农用物资为主体的小型工业群体，数以万计的能工巧匠成了社队企业的第一代工人。从这时起，浙江的公社工业作为农村一种相对独立的产业地位被确定。但当时在高度集中的计划经济体制和人民公社制度下，社队企业主要是为农业服务的“五小工业”，乡镇企业发展的政策环境尚不宽松，因此发展缓慢。

（二）第二阶段：1984年至1992年，是乡镇企业异军突起大发展阶段

20世纪80年代，随着家庭联产承包责任制的实行，以乡村集体企业为主体的乡镇企业在浙江农村迅速崛起。1984年3月，中共中央、国务院批转了农牧渔业部《关于开创社队企业新局面的报告》，同意将社队企业改称乡镇企业。浙江省委、省政府制定激励和扶持政策，提出了乡镇企业要实现由内

向型向外向性的战略转变，走国际大循环的道路。这些政策有力地促进了乡镇企业的全面发展，形成第一个发展高峰，1988 年，浙江乡镇企业工业总产值占到全省工业总产值的一半。

（三）第三阶段：1992 年至 2003 年，是乡镇企业二次创业阶段

进入 20 世纪 90 年代，乡镇企业在浙江农村经济中已占有“半壁江山”。邓小平同志视察南方谈话发表和党的十四大召开后，浙江乡镇企业发展的外部环境开始发生重大而深刻的变化。在进一步加快改革开放和发展社会主义市场经济的新的历史条件下，浙江乡村集体企业的发展面临新的挑战和机遇，越来越多的乡镇集体企业感受到了来自多方面的冲击和巨大的竞争压力。乡村集体企业自身存在的政企不分、产权不清、权责不明、管理粗放、激励不足、监管不严等体制方面的弊病日益显现，使得原有的经营机制优势明显弱化。相当一部分企业经营不善、效益下降、亏损严重、管理失控、集体资产大量流失，乡村集体企业发展面临一个新的转折点。1992 年，省政府召开全省乡镇企业工作会议，从建立社会主义市场经济体制的要求出发，确立了“多轮驱动、多业并举”的发展方针。从 1993 年起，全省各地开始由点到面，有领导、有部署地开展了以股份合作制为主要形式的乡村集体企业转换经营体制的改革，坚持把发展乡镇企业作为“德政工程”“富民工程”来抓，在实践进程中不断地完善和深化，开创了公有制实现形式多样化和多种经济成分共同发展的新局面。到 2000 年，二次创业的伟大实践取得了大发展、大成就。乡镇企业彻底摆脱“三就地”限制，相当一部分企业走进城镇，进入大中型城市，部分企业走到境外，乡镇企业突破已经狭隘的地域束缚；乡镇企业的从业人员不再是农民或亦工亦农，而是已转变为职业工人，成为工人阶级的一个重要组成部分，企业普遍成立工会；企业逐步与农业脱离，部分重点骨干企业成为国家大中型企业，仅 2000 年浙江就有 111 家乡镇企业建立现代企业制度，大部分乡镇企业转变为股份有限公司、有限责任公司、股份合作或个体私营企业。浙江乡镇企业基本上与农业脱离，基本实现从农业向工业，从农村向城市，从业人员从农民向工人的转变。

（四）第四阶段 2004 年至 2009 年，乡镇企业嬗变，向中小企业接轨转化

进入 21 世纪，浙江乡镇企业再次面临新的挑战和机遇。由于内外环境的变化，城乡一体化的发展，乡镇企业扩张与升级的需要，旧概念的乡镇企业已经完成了历史使命。乡镇企业的发展已超越了地域限制，步入以国际通行的按企业规模进行管理的阶段，开始与中小企业接轨，纳入统一经济体系，进入统一市场竞争。全省乡镇企业坚持由量的扩张向质的提高转变，进入企业机制创新期、技改投入见效期和产业集聚加速期。经过转型升级、结构调整，产业规模迅速发展扩大，形成大量产品加工带、产业集群和工业园区，形成了产业发展、人口聚集、市场扩张、城镇扩大的良性互动局面。形成以机电制造、纺织服装、化工建材、交通运输和农产品加工为主导的产业结构新格局，涌现出一批太阳能、电子信息、纳米材料、电动汽车、商贸物流、影视旅游等新兴产业，成为浙江乡镇企业经济增长的新亮点，树立起浙江乡镇企业在国内外的新形象。

该志把浙江乡镇企业的发展放到党执政 70 余年的治国理政史、改革开放 40 多年的发展史中考察，系统梳理了乡镇企业发展本源、现在发展到什么程度、将来发展取向，以生动实例展现了在浙江这块热土上发生的伟大历史变革。在这伟大的历史实践场景中，我们看到了乡镇企业兴起发展，由小变大、由弱变强成长的曲折与艰辛，更是以速度之快，效益之显著，特色之鲜明，为全国树立了典型；看到了中共中央的大政方针和决策部署在浙江生根发芽的生动实践；看到了发展乡镇企业加快了浙江农民脱贫致富奔小康的进程；看到了繁荣农村经济，推进农业现代化、农村工业化和城镇化的现实范例，感受到浙江农民改革创新、艰苦拼搏，探索适合中国国情的独特的工业化道路的首创精神；看到了从以经营管理制度改革为主，到以产权制度改革为主，再到以建立现代企业制度为主的乡镇企业改革发展史。

二、坚持以史为鉴与开创未来，全景式展现全省乡镇企业发展的历史成就与贡献

历史是一个民族、一个国家形成、发展及其盛衰兴亡的真实记录，是一部“百科全书”，即前人各种知识、经验和智慧的总汇。专志对于一个行业也是如此。该志运用历史思维，记录总结历史，尊重把握规律，汲取经验和智慧，以坚定自信，推进浙江中小企业（乡镇企业）走向更美好的未来。

（一）全面展示全省乡镇企业取得的伟大成就，以丰富的史实客观评判了对浙江政治、经济、社会生活各方面产生的深远影响，明确了发展的现实与实践基础，坚定了历史自信、发展自信

从直接作用来看，乡镇企业的发展解决了农村劳动力的出路，发展了农村工业，提升了农村经济增加了社会供需，活跃了城乡市场，增加了农民收入，改善了生活，增加了财政收入，增强了国民经济实力。比如，为全省“三农”（农业、农村、农民）工作做出历史性贡献。改革开放以前，浙江省是一个典型的农业省，第一产业占据主导地位，从事第一产业劳动力占到89%。党的十一届三中全会后，乡镇企业在农村异军突起，农村的经济格局发生重大变化，农村非农产业迅速发展，乡镇企业成为农村的经济支柱。1988年，全省乡镇企业工业总产值占全省工业总产值的48.8%。1998年，全省农村工业产值9480.94亿元，占农村社会总产值的90.42%，主要经济指标连续多年居全国第一。2003年，虽遇非典疫情，浙江乡镇企业多项指标仍连续六年在全国保持前列。全省乡镇企业树高千尺不离根，自觉以服务“三农”为己任，没有辜负省委、省政府寄予乡镇企业要为实现农业农村现代化多作贡献的希望和要求。对于农业，通过“以工补农、以工建农、以工兴农”来反哺和支持农业，1988—2001年，支农建农资金达192.49亿元，2008年，补农资金55.21亿元，以此改善农业生产条件，延伸农业产业链，支援农业基础设施建设，提高农业技术装备水平。对于农村，通过30年的努力（1978—2008年），以乡镇企业发展和专业市场的繁荣为依托，推进农

村的工业化、市场化、城镇化和农业现代化，促进农村文化、教育、卫生事业发展，出现了一批与乡镇工业息息相关的浙江省新农村建设典范。对于农民，收入来源扩大，从主要依靠农业转为主要依靠工商业；农民的纯收入大幅增加，2009 年已超过万元，这都得益于乡镇企业持续发展带来的发展红利。农民的文化素质随着大量劳动力向乡镇企业转移，不断的改造和提升。分布在浙江农村的 100 万家乡镇企业，犹如一座座学校，培养了一批批新型产业工人。浙江乡镇企业对全省“三农”乃至对国家和社会做出的贡献，可用“45678”来概括。这就是：乡镇企业吸纳了农村 40% 的劳动力；在农民人均年收入中，有 50% 取自乡镇企业；在财政收入中，由乡镇企业交纳的占了 60%；全省农民纯收入 75% 来自非农产业；在村级经济收益中，近 80% 来自乡镇企业。

(二)突出区域特色和亮点，展现引领中国乡镇企业发展之先的典型形象

浙江是我国乡镇企业发展起步较早的一个省份，是中国乡镇企业发展的代表，1987 年邓小平就赞扬“浙江的乡镇企业搞得不错”。进入 90 年代，乡镇企业在浙江农村经济中已占有“半壁江山”。作为一面旗帜，特色鲜明，亮点频现。

1. 小而活。创业初期，以家庭工业为单位的小作坊、小店面、小工厂破土而出。改革开放后，当乡镇企业还在强调集体为主的时候，浙江积极探索发展个体和私人经济。80 年代初，温州的个体私人经济率先发展起来，创造出全国闻名的“温州模式”。受“温州模式”的影响，台州地区、义乌市、诸暨市等地的个体私人经济也紧紧跟上，最终带动全省个体、私人经济大发展。在全国的乡镇企业中，浙江的个体、私人经济发展最早，速度最快，比例最高，效果最显著。90 年代又开始了大规模地对乡镇集体企业改制。改制与发展个私企业这两项措施，使浙江乡镇企业机制灵活的优势，一度领先于全国。全国前来学习考察者络绎不绝。

2. 专而轻。80年代初，温州农村陆续开业了10大专业市场，1990年底，全省共建成各类专业市场 3797 个，到 2001 年，有各类专业市场 4278 个，年成交额 4652 亿元，连续 11 年名列全国第一。这些依托乡镇企业产业区建起的市场专业化分工发达，突出表现在不同地区，根据当地的传统优势，形成了“一县一品”“一乡一品”“一村一品”的社会化分工的生产格局。“轻”是指产业结构轻型化。全省乡镇企业形成了轻纺、机电、化工、建筑建材、服装、食品为主的支柱产业，轻纺、服装、食品、各类供生活消费的小商品，构成了浙江省乡镇企业结构的主体。此外主要以加工业为主。轻型化的产业结构生产周期短，资金周转较快，市场占有率高，是浙江省乡镇企业产生良好经济效益的重要原因。

3. 产业集聚、块状发展。经过多年发展，以主导产品为纽带，以专业市场为依托，立足当地的资源和加工能力，实行连片开发，集约发展，涌现了一批具有浙江特色的乡镇工业专业园区，促进了产业的集聚和升级，形成了专业化分工、社会化协作的新格局，提高了区域经济的发展水平。绍兴的纺织、嵊州的领带、新昌的轴承、海宁的皮革、东阳的磁性材料等都是典型代表。这些各具特色的产业集群的发展壮大，形成“建一个市场，带一批产品，活一地经济，富一方百姓，兴一个城镇”的局面，支撑起浙江经济的“半壁江山”。

4. 建立工业园区，搭建企业聚集平台。浙江针对乡镇企业发展中呈现的短板，以乡镇企业工业园区建设为手段，引导企业入园。到 2008 年，全省乡镇企业工业园区 501 个，容纳企业 41556 家。这一举措使乡镇企业集中连片发展成为现实，公共设施共建共享，提高了利用率，减轻了企业投入，同时促进企业相互协作、优势互补和产业产品升级，加快了农村工业化和城市化进程。

5. 乡镇企业实现华丽转身，适时向中小企业转化。随着发展形势的变化，乡镇企业只有转变为中小企业，从大农业的母体中脱离出来，成为独立的工业体系，乡镇企业职工只有从兼业状态中解脱出来，成为专业工人，才能提高劳动生产率，促进工业生产力的发展。同时，乡镇企业与城市企业、外资企业一样是企业，是企业就应该平等对待，给予公平的国民待遇。因此浙江省委、省政府从宏观管理上将乡镇企业与中小企业接轨，适时理顺乡镇企业和中小企业、民营经济之间的关系，纳入统一经济体系。针对存在问题，通过建设社会化服务体系、建设乡镇企业（中小企业）创业创新培育工程等措施，改善服务环境，构建“八大体系”（构建政策法规体系、构建产业提升体系等），抓好“八个100”（即重点扶持100家成长型中小企业、重点培育100家中小企业共性技术服务中心等），在全国率先建起中小企业融资担保平台，确保乡镇企业在原有的基础上升华转化，为农村工业拓展了上升的空间。在新的历史背景下，浙江通过城乡工业的融合，跨越城乡界限的中小企业虽脱胎于乡镇企业，但实现了这一华丽转身，成为乡镇企业的升华，是中国工业化的一大发展。2006年，浙江一批中小企业做成隐形冠军：全省232种工业产品市场占有率居全国第一；2007年，全省开发享有自主知识产权的知名品牌位居全国第一，经过推动现有产业升级，形成了新的“一村一品”“一镇一品”格局。

6. 总结了以“温州模式”为代表乡镇企业经济发展模式。“温州模式”的特点是以家庭工业和联户企业为主体，规模较小，经营灵活，以大批供销人员为纽带，以专业市场为依托，使产供销紧密结合，形成一种“小商品、大市场”“小规模、大协作”的专业化的区域性经济。宁绍式经济的特点是以乡（镇）村办集体企业为主，家庭工业所占比重很小。而浙中浙西的多种所有制并存的经济模式特点是集体、联户、家庭工业各占一定比重，多路并进，实际上是宁绍式经济和温州式经济两种模式的结合。这些在全国都有不同程度的影响，引来外地众多的学习考察。

（三）立足修志为用，总结历史经验，汲取历史智慧

习近平总书记指出，我们回顾历史，不是为了从成功中寻求慰藉，更不是为了躺在功劳簿上、为回避今天面临的问题寻找借口，而是为了总结历史经验，把握历史规律，增强开拓前进的勇气和力量。该志的编纂者们在全面真实客观记录全省乡镇企业发展历史的同时，采用回看、比较、远眺相关照的方法，不断认识分析、总结提高，得出符合实际的结论，把握规律，汲取经验，镜鉴未来。

1. 改革是浙江乡镇企业兴起发展的内在动力。浙江乡镇企业改革的实践，是一个由基层干部群众自发的改革探索，逐步发展到有领导有部署地整体推进改革的过程，是从单一企业改革转向综合配套改革的逐步深化的过程。从农村实行家庭联产承包责任制的第一步改革，到股份合作制的探索和产权制度改革，再到现代企业制度建设，从宏观层面政府、行政部门如何管理乡镇企业，即乡镇企业的经营管理体制和相关政策的制定，到企业内部如何管理的改革，都给乡镇企业的发展壮大提供了内在动力。着力点主要是：从单个企业改制逐步转向乡镇企业整体改组和资产重组，开创了公有制实现形式多样化和多种经济成分共同发展的新局面，形成了乡镇企业新的增长点；从单一的企业改革逐步转向农村集体资产管理体制综合改革，既搞活了乡镇企业，又促进了集体资产保值增值；从单纯的乡镇企业体制改革逐步转向体制创新与技术创新、产品创新相结合，以企业改制带动技术改造和产品开发，有力地促进了乡镇企业的两个根本性转变；从单项的企业体制改革逐步转向体制改革与产业结构调整相结合，促进乡镇企业向一、二、三产业综合经营方向发展，努力开拓国内国际两个大市场（参见顾益康《以改革促发展的成功探索》，载《求是》杂志 1999 年第 5 期）。

2. 人民群众是乡镇企业发展的内生动力。浙江有着深厚的文化底蕴，孕育和造就了一批勤劳务实、勇于开拓的创业者。浙江素有经商兴业的传统，农民特别吃苦耐劳，头脑灵活，富有创造精神。创业初期，浙江农民就以敢为天下先的气魄，率先探索。面临困难和挑战时，敢于冒险，从不气馁，执着守望，直至成功。这一人文精神在创业实践中，逐步沉淀为浙江乡镇企业文化，是“浙江精神”的生动写照和实践。人民群众对美好生活的追求，不断进取，不断创新，永不满足，敢为人先的创业精神，是推动浙江乡镇企业持续发展的重要动力。

3. 党和政府的关心和引导扶持是乡镇企业发展的关键因素。各级坚持党的群众路线，尊重基层的探索、实践和群众的首创精神，充分发挥浙江人聪明勤奋的优势，形成了依靠群众、推进改革，加快发展的强劲势头。省委、省政府把乡镇企业作为全省新的经济增长点，根据各发展阶段实际，制定一系列扶持政策、促进政策、指导政策、推进政策和法规，解决阶段性突出矛盾和问题，从财政、税收、金融、政府采购等方面，营造良好的发展环境，积极鼓励、引导、扶持和服务乡镇企业发展。

4. 注重科技创新是乡镇企业转型升级高质量发展的重要法宝。科技是再创新优势的原动力。1991—2001 年，全省乡镇企业技改投入 922.6 亿元。2008 年，建立技术创新中心和研发机构 3017 个，坚持走科技与生产相结合的发展路子。2002—2008 年，共研发国家级和省级新产品 481660 个，新产品总产值 11325 亿元，自主开发新技术、新产品的能力大大提高，在培育新兴产业、改造提升传统产业、实施名牌战略等方面发挥着不可替代的作用。

习近平总书记指出，只有回看走过的路，比较别人的路，远眺前行的路……很多问题才能看得深、把得准。浙江乡镇企业的实践证明：哪个地方乡镇企业发展快，哪个地方经济活力就强，农民富裕程度就高。乡镇企业的发展之路就是给农民带来丰厚利益的富裕之路，繁荣和壮大农村经济、缩小城乡差别，加速实现中国特色工业化的希望之路。这些回看以及对区域或行业治理经验的总结，是符合历史实际的结论，更是我们未来做好事业的历史动力。

三、坚持“志”优秀传统文化形式的基本原则，守正创新，科学反映记述本体

（一）提高政治站位，坚持历史思维，从乡镇企业的历史发展和地位作用出发，单独设立专志

浙江乡镇企业经过 60 年的发展，已成为浙江农村经济的主体力量和国民经济的重要支柱。面对乡镇企业创造的辉煌历史、卓越成就，同时面临机构调整，全省各级乡镇企业管理机构归属有较大变化，浙江省人民政府地方志办公室在编纂《浙江省乡镇企业志（1949—2001）》基础上，立足乡镇企业

的历史地位和作用，没有放在大的工业部类中，而是专门设立《乡镇企业专志》这部特色专志。这一“抢救性行为”体现了编纂者高度的历史责任感和围绕中心、服务大局的时代担当。该志记述自中华人民共和国成立至2009年浙江乡镇企业的发展历史，既尊重《浙江乡镇企业志》既有成果，又立足《浙江通志》全局，明确定位，充分考虑了与《民营经济志》《商品市场志》及其他各工业行业志的重复交叉问题，省略了相关内容，力求编纂出有时代特征和浙江特色的专志。

（二）根据乡镇企业发展新情况，做好顶层设计，重新谋篇布局

随着社队企业改为乡镇企业，村（队）办工业从过去计入农业改为计入工业。乡镇企业完成改制工作，浙江县镇企业不再有地域概念，与农业基本脱离，部分重点骨干企业成为国家大中型企业，大部分乡镇企业转变为股份有限公司、有限责任公司、股份合作或个体私营企业，基本实现了从农业向工业的转变。从管理角度看，乡镇企业不再按地域或行政部门进行管理，而是以国际通行的按企业规模进行管理，把乡镇企业与国有工业等共同纳入统一经济体系，创造统一的市场竞争格局。该志把记述本体看作是社会主义初级阶段不可忽视的经济体系、综合性经济部门，不按地区分类，而是按照企业要素、统计指标等，分门别类，按照乡镇企业与“三农”、产业结构、规模结构、产品结构、地区结构、行业发展状况、企业改革、企业文化、发展特色、科技创新、政策扶持等方面设章立节，全面系统，整体性强，重点突出，特点鲜明。

（三）注重入志资料的真实性、鲜活性和生动性

志书的基本属性是资料性，质量标准之一就是资料准确、系统、具有权威性。本志编写者在资料工作上下足了功夫，体现出了众手修志的集体智慧。他们广泛搜集文字资料，建立电子资料库。为确保资料的权威性、代表性，把历年的《浙江省乡镇企业统计年鉴》《中国乡镇企业统计年鉴》《浙江年鉴》《浙江省中小企业发展报告》及省委、省政府出台的有关促进乡镇企业中小企业发展的相关政策、法规文件选编等进行分类整理。为提升资料的鲜活性和典型性，注重口述资料的搜集与使用。全体编写者深入企业、走访乡镇开展调研，与乡镇企业创业初期的老支书、老村长、老厂长促膝座谈，采访乡镇企业在创始阶段的艰苦历程，收集挖掘第一手资料；走访了东阳横店集团、杭州西子电梯集团、万事利集团、新昌三花控股集团、海宁皮革城、东阳花园工贸集团、宁波雅戈尔集团、浙江华丰企业集团、绍兴鱼得水实业公司、绍兴县华天实业有限公司等有代表性的企业，使全体编纂人员增加了对浙江乡镇企业发展的感性与理性认识，拓宽了编辑思路；召开全省各市县乡镇企业局老局长座谈会，向曾经在一线工作多年的老领导取经，得到许多老企业家的热情关心和支持，会后征集提供各种原始信息资料，推荐入志的重点乡镇企业初选名单。这种求真务实、精益求精的工作态度，确保资料收集和入志史实的质量。在此基础上考订编写的资料长编，为撰写初稿打下了坚实基础。

（四）纵横结合，述论交融，多维度多层次反映记述本体

本志在开展记述上既坚持志体的基本原则，又不拘一格，注重表达形式与内容需要的和谐统一，一些笔法值得借鉴。

1. 纵横结合，有利于综合反映事物整体。为全面反映浙江乡镇企业发展历程和发展状况，采取纵横结合的方式，设立发展历程章纵述乡镇企业发展历史，且注重历史阶段记述的完整性，比如乡镇企业的记述，没有写到改为中小企业即止，而是下沿至 2008 年，反映出编写者高度自觉的历史意识。同时，按照工业企业规模指标横分诸章翔实展现发展规模、产业结构、发展质量、历史贡献等；为写得更加有深度，把浙江乡镇企业发展置于中国乃至世界发展的大背景下，注重横向对比，凸显自己的特色、发展成就和历史地位。

2. 述论交融，有利于深化内容记述。本志在概述、各章章节下以及正文当中，在坚持述而不论基本原则的同时，广泛使用史实记述与评论分析相结合笔法，运用画龙点睛式结论性文字，或者是借论，提炼升华，得出合乎历史实际的结论，让人感到水到渠成，相得益彰，大大提高了志书的著述性。如发展历程中，梳理完毕乡镇企业二次创业的发展史实后，得出阶段性定性的结论："2000年，浙江乡镇企业完成改制工作，乡镇企业已不再是传统意义上的农村企业。一是乡镇企业已彻底摆脱'三就地'的限制，相当一部分企业进了城镇，甚至进入大中型城市，部分企业还办到境外，乡镇企业已经没有地域概念；二是乡镇企业的从业人员不再是农民或亦工亦农，已转变为职业工人，成为工人阶级的一个重要组成部分，企业普遍成立工会；三是企业逐步与农业脱离，部分重点骨干企业成为国家大中型企业，仅2000年经农业部认定，浙江就有111家乡镇企业建立现代企业制度。而大部分乡镇企业转变为股份有限公司、有限责任公司、股份合作或个体私营企业。乡镇企业基本上与农业脱离。因此，浙江乡镇企业基本实现从农业向工业，从农村向城市，从农民向工人的转变。"读者读来，不仅看到了定量发展数据、成就，而且透过现象看到了乡镇企业发展本质上的终极价值，为读者研究思考这一历史现象提供启迪和切入点。

3. 点面结合，有利于写出区域特色，维护志书的整体性。该志立足浙江通志全局，在谋篇布局、资料选择、记述方法上，注意解决与其他分志、其他行业的交叉重复，以突出此部专志的特殊性。一方面立足企业整体，综合宏观地反映发展质量，另一方面通过区域特色、企业文化、重点企业等点上的亮点，相互辉映和印证，特别展示浙江乡镇企业突破性进展、标志性成果、变革性实践。

当然，该志也存在一些不足，比如正文中没有运用图片，多是示意图；对人物的记述，尤其是一些有代表性的人物介绍不够，涉及不多。但瑕不掩瑜，该志不愧是一部有深度、有品位的佳志。

［蒋庆立，中共山东省委党史研究院（山东省地方史志研究院）省志工作处处长、一级调研员。］

体大思精　事简有要

——评《浙江通志·地方志专志》

张明阳　巴兆祥

提　要:《浙江通志·地方志专志》是一部以浙江地方志为主要记述对象的专志。该志概述了浙江省、市、县、乡镇、村各级志书以及专志、年鉴的发展情况，同时还涉及了方志编纂的各项事业。该专志内容完备，体例谨严，突出了时代性和地方性，体现了志书编修的人文关怀，是一部具有典范意义的专志。

关键词: 地方志专志　内容　体例　人文关怀　典范意义

浙江历史悠久，其地方志编纂事业源远流长，素有“文献之邦”“方志之乡”之称。1985年出版的《中国地方志联合目录》所列8200多种方志中，浙江有641种，约占全国总数的十三分之一。自中华人民共和国成立后，浙江地方志工作承继其传统优势，修志氛围浓厚，各项事业不断发展进步，并出版了大批志书年鉴，成果斐然。在全国二轮修志的浪潮下，浙江省委、省政府于2011年正式启动《浙江通志》编纂工作，其中《浙江通志·地方志专志》(以下简称《地方志专志》)由浙江省人民政府地方志办公室承担，并于2018年修讫，先后历时7年。《地方志专志》是浙江历史上第一部以记载地方志事业发展历史和现实成就为主要内容的专业志书，亦是二轮修志浪潮下的杰出代表，具有典范意义。

一、内容完备，兼述志书提要和地方志事业发展

专志是地方志种类之一，是记述一个地方的某一事业或某种事物的历史与现状的著作。[①]在新编方志中，专志包括党政志、军事志、政法志、农业志、工业志、教育志、文化志等，一部志书中的每一个分志都可独立成为一个专志。[②]而《地方志专志》则是一部以浙江地方志为主要记述对象的专志，其所载内容分为两方面：一方面是针对方志本身的记述，涉及历代浙江方志的目录提要、收藏、传播、开发利用以及学术研究；另一方面是围绕方志事业发展的记载，涉及了修志机构和队伍、工作管理、方志馆建设等。该书统合古今，为读者提供了地方志编修与地方志事业发展的立体图景，既可了解浙江历代修志概貌，亦可感知现代体制下方志的编修与运作。

方志绵延千载，贵在史识，重在致用。通览全书，可知该部志书记述完备，将地方志有关的方方面面，进行全面而系统的记载，即“横不缺要项，纵不断主线”。2015年《全国地方志事业发展规划纲要（2015—2020年）》出台，在全国范围内全面推动地方志从一项工作向一项事业转型升级，从“一本书主义”转向志、鉴、库、馆、网、用、会、刊、研、史“十业并举”，形成地方志编修体系、理论研究和学科建设体系、质量保障体系、资源开发利用体系、工作保障体系“五位一体”的地方志事业综合发展体系，使得地方志事业服务于经济社会发展和人民美好生活需要。《地方志专志》一书将浙江历代志书与地方志事业有机结合，客观记述了志书、年鉴、地方史、方志馆、地方志资源开发利用、地方志学会、地方史志期刊、地方志理论研究等内容，凸显了当代方志事业的转型，展现了当代方志事业建设的新局面。全书共分为十一章，并附有丛录。第一至六章分别为《省级志书编纂》《市（府、路、地区）级志书编纂》《县（州、市、区）级志书编纂》《乡镇村志编纂》《专

① 黄苇等:《方志学》，复旦大学出版社1993年版，第753页。
② 黄苇主编:《中国地方志词典》，黄山书社1987年版，第356页。

门志书编纂》《年鉴编纂》；第七章《志书收藏与传播》；第八章《地方志资源开发利用》；第九章《地方志学术研究》；第十章《机构队伍》；第十一章《地方志工作管理》。比如第一至六章各章先略述各级地区的行政区划沿革以及方志发展史，后以时为序，对各级志书进行提要式著录。浙江省记述一省的地方志书——通志是从明代开始编纂的，从明代至中华民国先后进行了5次编纂，现存有明嘉靖《浙江通志》、清康熙《浙江通志》、清雍正《浙江通志》、民国《浙江续通志（稿）》、民国《重修浙江通志（稿）》。该志第一章对现存的5部通志进行提要式著录，包括年代、纂修者、志书体例、版本以及收藏单位等。其后又简明介绍了2008年浙江省政府启动重修《浙江通志》的筹备工作。自隋唐废郡设州，经宋、元、明、清直至当代，浙江省境内州（府、市）一级的行政区总体格局未有重大调整，形成了至今11个设区市的行政格局。因此该志第二章以浙江省内行政格局为依据下分11节（杭州、宁波、温州、湖州、嘉兴、绍兴、金华、衢州、舟山、台州、丽水），每节下又按时间顺序列出该地区现存的志书提要。其后四章同此例，实际上形成了浙江省方志提要专目。这一提要目录可以"提示方志内容、体例、编纂原委与得失，是更深层次把握和利用方志的'金钥匙'，是调整地方志内容的揭示和读者需要之间矛盾的最佳途径之一"，[①]便于读者了解浙江方志的发展史，同时也彰显了该部志书的学术价值。

若将方志看作一个产品，其经历了产生、传播、收藏、整理、利用、再开发、再传播的生产、传播过程。而第七章《志书收藏与传播》以及第八章《地方志资源的开发利用》便是方志从产生到再开发的中间环节，呈现了志书流传的动态变化过程。其后，该部志书还呈现了志书编纂背后的制度运行机制。第九章《地方志学术研究》记载了宋代以来的方志学理论研究成果、学术团体、学术活动、方志刊物、学术队伍等，并列出1958—2010年浙江方志研究部分著述和主要成果。其中，浙江方志的学术团体与全省方志编纂

① 巴兆祥：《方志学新论》，学林出版社2004年版，第291页。

实践和理论研究关系密切，因而其主要兴盛于20世纪80年代全省启动第一轮大规模修志工作后。故该书主要介绍了80年代后省级学会、市级学会和县级学会。中国地方志编修历史悠久，浙江与全国地方志事业的发展趋势格局基本一致，但是又具有自身的特点。该书在第十章《机构队伍》介绍了浙江省、市、县以及部门修志机构队伍，尤其展现了民国时期浙江省通志局、浙江通志馆的兴废沿革。方志具有“官书”性质，体现了政府的“官职”“官责”。随着时代发展，政府对方志事业的管理呈现出日益强化的态势。第十一章《地方志工作管理》则为读者呈现了地方志行政法规、规章以及工作规划等。

该书所列志书提要，既载古代方志，又录新方志，做到了古今不偏废。而有关地方事业则将重点聚焦于现代，实现了“统合古今，详今略古”。该书末附有丛录，包括宋代浙江方志目录、明代纂修志书一览表、文献辑录以及大事年表四个部分。其中宋代浙江方志目录主要参考顾宏义《宋朝方志考》一书，以表格形式呈现了宋代浙江方志的书名、作者以及卷数。明代纂修志书一览表则提供了明代各省通志、府志、州志、县志、乡镇志、卫所志、关志的数量，并注明资料来源为诸葛计《中国方志两千年通鉴》。而《文献辑录》则提供了民国以来浙江方志事业发展过程中形成的规程通知、重要文件、法规以及政府工作报告等，对收录的文献进行认真筛选，如“浙江省通志馆组织规程”“浙江省人民政府办公厅关于开展续修地方志工作”等。《大事年表》则是重大事件纪实，并提供了汇编丛录的资料来源，便于读者按图索骥，并对志书有佐证、补充、深化作用。

二、体例谨严，严守时空界限

方志为一方之志，地域性是其首要特性，应当严守时空界限。[①]在志书记载的起讫时间上，该书凡例规定“上溯事物发端，下限为2010年12月31

① 巴兆祥：《方志学新论》，学林出版社2004年版，第417页。

日，必要时以注释等形式作适当下延”。在地域范围上，基本遵循“越境不书”的编纂原则，以下限时浙江省境为界。[①]同时根据实际情况规定“有的内容，为保持事物的完整性，可酌情适当外延。”[②]比如在该书第七章《志书收藏与传播》中，就载道“海外收藏浙江旧志的第一大户是日本”，“其次是美国，各大图书馆和研究机构藏浙江原本方志约300种，其中国会图书馆和哈佛大学燕京图书馆藏品最丰”，[③]该部分记载是为说明浙江方志流传范围之广，影响之大，还是为描述浙江旧志的流传情况服务的。

明确了志书所载的时空范围后，可再观志书的篇章结构安排。确定志书的体例是方志编修的重要一环，体例确定后，修志人员方可根据篇目分门别类地进行资料的搜集和寻访工作。李泰棻就在《方志学》中言道：“体例之于方志，如栋梁之于房屋，栋梁倒置，房屋安得稳固？”[④]指出了体例对于志书编纂的重要性，而吴宗慈在《修志丛论·论体例》更直言：“今作志者，必先撰体例，几为一般通则。”[⑤]在《浙江通志》拟修初期，便有对志书的总体框架和编纂思路的构想，[⑥]其总体上以卷谋篇，每卷下设章、节、目3个层次，必要时添设子目。《地方志专志》按“横列门类，纵叙史实”的编纂原则，以目记事，目为志文的主要载体。以该书第八章《地方志资源的开发利用》为例，章下又设有3节，包括“旧志整理”“读志用志”和“信息化建设”。节后又设目，“旧志整理”下设“发展过程及主要工作”“成果选介”两目，

---

①《浙江通志·地方志专志》，浙江人民出版社2018年版，第1页。

② 俞文华：《〈浙江通志〉的总体框架和编纂思路——俞文华在〈浙江通志〉第二期编纂业务培训班上的讲话》，《〈浙江通志〉编纂工作简报》2012年第3期。

③《浙江通志·地方志专志》，浙江人民出版社2018年版，第244—245页。

④ 李泰棻：《方志学》，商务印书馆1935年版，第31页。

⑤ 吴宗慈：《修志丛论》，载于朱士嘉编《中国旧志名家论选》，北京燕山出版社1988年版，第143页。

⑥ 俞文华：《〈浙江通志〉的总体框架和编纂思路——俞文华在〈浙江通志〉第二期编纂业务培训班上的讲话》，参见《〈浙江通志〉编纂工作简报》2012年第3期。

概述了浙江方志整理的传统，重点介绍了中华人民共和国成立后方志的编目、出版、校勘、标点、辑佚等工作。“读志用志”则指出方志在存史资政、服务经济建设、服务社会发展等方面作用，尤其突出了浙江各地对于方志文化的宣传与弘扬。“信息化建设”则主要指现代语境下方志事业的发展，指出 21 世纪后随着全社会信息化技术的飞速发展，地方志系统信息化建设成果显著，一方面是方志成果的数字化，一方面是地方志工作的信息化。

中国地方志指导小组印发的《关于地方志编纂工作的规定》第十四条指出：“地方志的篇目设置，应合乎科学分类和社会分工实际，突出时代特点和地方特色，做到门类合理，归属得当，层次分明，排列有序，形式上不强求一律”。[①]《地方志专志》一书，依照当地方志发展实际情况设置篇目，并根据从属性、系统性和科学性的原则进行归类记述，将与方志相关的事物囊括于一书。其横向编排门类，涉及地方志的提要式著录、传播与利用、学术研究、机构、队伍以及地方志工作管理等方面，呈现了浙江省历来方志的编修与方志事业的发展。其所记内容全面广泛，资料来源广泛，反映了浙江省地方志发展的全貌。各门类下又纵向书写，统合古今。如上文所述，该书著录方志提要既有旧志又有新志，按照时间先后进行编排。又如第九章《地方志学术研究》，其在理论研究一节，便分为“宋代至中华民国时期的方志编纂理论研究”和“中华人民共和国成立以后的方志理论研究”，指出浙江学者在修志过程中十分注重方志编纂理论的研究，并列举代表性方志学者及其理论成就，同时认为中华民国时期方志编纂由传统向现代过渡，理论研究也引入新内容。[②]分门别类地按照时间顺序纵向叙述事物发展的历程，保证了志书内容上的连贯性，而不缺失要素，亦可反映事物的兴衰始终。

---

① 中国地方志指导小组办公室编：《中国方志文献汇编》，方志出版社 1999 年版，第 282 页。

②《浙江通志·地方志专志》，浙江人民出版社 2018 年版，第 263 页。

此外，该书灵活地综合运用志、记、表、图、录等多种体裁。其配图得当，卷首附有旧方志、新方志、学术科研成果、学术年会、方志馆等图片。同时表格制作合理，有表序、表题、单位、表头（纵向、横向标目）、表注等，对正文起到了很好的补充作用。

三、与时俱进，体现当代特色

如上文所述，该书内容可分为两个部分：一是方志提要以及方志传播和利用，一是方志的事业发展。其体例上“横列门类，纵叙史实”，并注明资料来源，客观严谨。但是作为一种著作体裁类型的志书，不同志书之间既有共性，又有个性的差异。志书在确定体例、拟定篇目时不能脱离方志的共性，即要遵循横排纵写、事以类分、横不缺项纵不断线、不越境而书等惯例。在遵循方志共性的前提下，还要具备自身的特点，反映当地的特色。这就要求志书能够从本地实际情况出发，挖掘本地特有的资源。

仓修良在《方志学通论》一书中指出，“新编方志必须反映新时代特点，体现新时代社会面貌”，①即要具备时代性，能够及时反映社会上所产生的新事物和新的社会现象。该志书凡例便明确规定要以马克思列宁主义、毛泽东思想、邓小平理论、“三个代表”重要思想、科学发展观、习近平新时代中国特色社会主义思想为指导，遵循辩证唯物主义和历史唯物主义原理。用科学的方法论作为宗旨，进而全面、客观、系统地记述浙江省自然、政治、经济、文化和社会的历史与现状，以服务当代，垂鉴后世。如该书第五章《专门志书编纂》，列有事业行业专志、机构团体专志、厂矿企业专志等，通过对专志的著录，反映了新时代各行各业发展的大势大略，彰显了方志的时代性特征。又如该书专记中国现存最早的私家藏书楼——浙江宁波天一阁的方志收藏情况。天一阁为浙江所独有，其藏旧方志在国内外藏书楼中首屈一指，同时亦重视收藏当代新方志，是国内收集新编地方志最多的机构之一。

---

① 仓修良：《方志学通论》，方志出版社 2003 年版，第 610 页。

并建有“中国地方志珍藏馆”，利用古籍、新志书等实物，采用图片、统计表等多种手段，展示了珍藏馆的创建和收藏情况。对于天一阁的专记，则可进一步突出浙江省“方志之乡”的独有地位，反映了其方志编修事业的发达。[①]2006年国务院颁布《地方志工作条例》[②]第三条规定“本条例所称地方志，包括地方志书、地方综合年鉴”，首次将地方综合年鉴纳入各地方志机构统一编纂、管理、开发利用。方志部门扩大工作范围，将其他年鉴也纳入管理范围。该书不仅收录有浙江境内编纂出版的地方综合年鉴，同时辅以各级专业年鉴，如《浙江外事年鉴》《浙江出版年鉴》《宁波美术馆年鉴》等，完善年鉴收录体系。

地方志编纂传统悠久，纸张是方志书写的主要载体。20世纪80年代全国新时期第一轮大规模修志工作开始后，方志成果逐步实现数字化，志书和年鉴转换成为电子格式的产品，并建立专门的网络数据库，供读者检索和查阅。21世纪初，地方志系统的网站建设也逐步展开，并逐步添设方志资料数据库、地情数据库、在线工作平台等内容，进行志鉴的在线编写、储存、管理和传播的尝试，解决了志鉴资料浩繁和不便于大众接受等问题，并逐步提高了信息化建设水平。浙江省方志信息化建设走在全国前列，亦展现了方志在新世纪的发展特点。此外，该书在第九章《地方志学术研究》中指出“浙江方志编纂研究的历史悠久，萌芽于宋代以前，经元代、明代的发展，清代趋于成熟，中华民国时期方志编纂由传统向现代过渡，理论研究也引入了新的内容，并于中华人民共和国成立以后步入繁荣期”，上述概述不仅是浙江方志的发展趋势，其他省市也基本如此。因此该书后文则对浙江省方志学家、方志成果进行重点论述，显示自身的地域性特征，也彰显了方志理论研究的当代特色。

一部志书唯有把握住时代特色，方能突破前志，在一地的志书编纂链条

---

① 《浙江通志·地方志专志》，浙江人民出版社2018年版，第243页。
② 载2006年5月30日《人民日报》。

中谋求一席之地。《地方志专志》一书兼顾普遍性和特殊性两个方面，更把握住了时代性和地方性，凸显浙江历史和现实特色。

四、方法创新，书写“活”的方志史

该书篇目设计合理，写“活”方志收藏、传播的特色。邓小南在《再谈走向“活”的制度史》一文中强调：“制度的活力与生命是‘人’赋予的，研究制度史必须关注人的活动。”[①]笔者认为，书写方志史，亦要关注规章政策背后的“人”的要素，展现历史发展的动态图景。《地方志专志》一书便化静态为动态，一方面，该志勾勒了方志收藏与传播的流通图景；另一方面，该志将鲜活的人物呈现在文本之上，记载了方志编修背后一代代修志者的努力，书写了一部“活”的方志史。如该书第七章《志书收藏与传播》，利用藏书史等史料，揭示了官府、公共藏书机构以及私人藏书家收藏、购求方志的行为，如陆心源的皕宋楼、丁申和丁丙的八千卷楼、刘承幹的嘉业堂等收藏有大量地方志书。而官方和民间对于地方志书的购求行为，则直接促进了方志的流通，更有志书流播海外。据该书记载，20 世纪 90 年代开始，浙江省地方志编委会办公室多次组织人员赴各地考察海内外存世浙江旧志的情况，初步查清海外藏近 400 种，包括约 20 种中国大陆缺藏或不全的孤本、善本。

本文作者之一的巴兆祥在《方志传播学的构建》一文中明确提出要将方志传播学纳入方志学科体系建设，并阐述了方志传播学的研究对象和内容、方志传播的类型、方志传播研究的方法与资料等。认为“方志传播学应以方志和方志知识为研究对象，以传播学的视角，立足于自古至今方志与方志知识在空间和时间上的传播事实，并结合当下的信息化传播发展，探究方志与方志知识的传播历史与发展趋势。”[②]学界从方志收藏与传播视角研究地方志成果较少。但是该志能够突破窠臼，以传播学视角展现方志的发展趋势，其

---

① 邓小南：《再谈走向“活”的制度史》，《史学月刊》，2022 年第 1 期。
② 巴兆祥：《方志传播学的构建》，《中国地方志》，2014 年第 5 期。

记述了抄刻并重的传统传播形式，并专论志书的海外流播，体现了方志的分布态势和流传范围，而在20世纪80年代社会主义时期第一轮修志开始后，浙江省提出了“旧志还家”的方针，旨在让散佚于外的志书回归当地。尤其是国内缺藏或仅存残本的旧志，国外保存有全本，这种情况下促进失散于海外的孤本方志再回归便意义非凡。

另一方面，该志书注重记载参与编修方志的人员，如第九章《地方志学术研究》中对“学术团体”“学术队伍”的记载，第十章《机构队伍》中对修志机构的记载。对于浙江省地方志事业发展的记述，该志不再是陈列政策法规、规章制度、领导讲话等书面化内容，而是聚焦于政策背后的实际运行。其记载方志的人才培养事业，各地设立方志专业并开设史志编纂研究班，建设人才梯队，建立中国(浙江)地方志学术研究中心、中国地方志(杭州)培训交流中心、中国(宁波)地方志国际交流中心等平台，以推动浙江方志学术研究和学科建设。同时记载了各级地方志机构对于地方志工作的组织指导与管理服务等，揭示了章程规定背后方志工作人员的实践与努力，这些努力使得地方历史传统得以延续，地方文化得以保存。因此，该书是一部“活”的方志史，彰显了深刻的人文关怀。

如上文所述，该志记载方志流通以及修志者的工作，展现了鲜活的方志发展图景，而一部“活”的方志史，则可以更好地让方志“活”起来。修志为用，如何开发利用地方志资源，让其服务社会大众，是方志工作者的重要任务。基于对方志收藏与传播的把握以及对修志者工作的理解，在地方志资源开发利用上下功夫，让地方志文化宝库“活”起来，从而彰显地方志的存史、资政、育人功能。

结　语

《地方志专志》是浙江省方志事业的缩影，其以辩证唯物主义和历史唯物主义为指导思想，书内表格、附录、图片与正文相辅相成，并且语言简洁，文约事丰。所记内容通贯古今，全面系统，在遵循志书共同规则的同时，以突出浙江的地方特色与时代特征为首要追求。由于志书统合古今，内容全面，不可避免涉及章节目之间的交叉问题。比如该书第九章《地方志学术研究》中“学术队伍”与第十章《机构队伍》便有重复之处。该书所涉的“学术队伍”，亦有史志机构人员，二者存在交叉，不可截然划分。此外，“宋代浙江方志目录”以表格形式呈现了宋代浙江方志的书名、作者以及卷数，若列存佚情况、馆藏地、版本等信息，则会更显实用性。事物发展的道路是曲折的，浙江地方志事业呈现今天繁荣的局面，并非一蹴而就。该志书或可增设志书在搜集资料以及编纂过程中遇见的困难与挫折，则会更加鲜活地呈现方志事业的发展历程。但是瑕不掩瑜，该志对历来浙江方志进行提要式著录，记述方志事业发展的机构、队伍与工作管理制度，兼具学术价值和实用价值，具有典范意义。

［张明阳，女，复旦大学历史系博士研究生；巴兆祥，历史学博士，复旦大学历史系教授、方志学博士生导师，上海地方志发展研究中心主任，第六届中国地方志指导小组成员，中国方志学会学术委员会委员，中国方志学研究会副会长，上海地方史志学会副会长，国家学位办MTA教学指导委员会委员，教育部旅游管理类教学指导委员会委员，《中国地方志》编委，《中国年鉴研究》编委，主要研究方向为方志学、文化资源利用，著有《万志学新论》《中国地方志流播日本研究》《方志学》（合著）等。］

新高度　新标杆

——评《浙江通志·越文化专志》

徐吉军

提　要:《浙江通志·越文化专志》，是迄今国内外出版的第一部越文化专志。本书具有六大优点，即：一是内容全面系统，研究深入；二是结构严谨；三是史料翔实；四是立论公允；五是图文并茂；六是学术规范。这是一部学术质量很高的志书，它的出版在浙江志书中达到了一个新的高度，在方志界树立了一个新的标杆，值得学习和推广。

关键词：浙江通志　越文化专志　六大优点　学术质量　高度　标杆

越族是浙江大地上土生土长的古老民族，越国是大量传世文献和出土文物相互印证的浙江历史上的第一个王国，越文化是浙江文化的主要根脉所在，越国的卧薪尝胆、发愤图强精神是中华民族精神的重要组成部分。有鉴于此，浙江省人民政府地方志办公室在酝酿《浙江通志》113卷框架体系时，特设了《越文化专志》一卷，这是《浙江通志》中唯一以“地域文化”命名的卷。从地方志的角度看，这是一种升格记述，目的是突出浙江文化的地域特色，突出越文化在浙江地域文化中独一无二、不可或缺的重要性。同时，基于此前这一领域已有不少相关成果，21世纪以来随着中华优秀传统文化的研究和弘扬迎来前所未有的兴盛，有关越国历史文化的新材料、新观点不断涌现，需要及时甄别、吸收和守正创新，需要把志书框架上的升格记述落实到学术品位上的升格记述，经过慎重考虑，浙江省人民政府地方志办公室又把《浙江通志·越文化专志》(以下简称《越文化专志》)列为面向整个学术界公开招标的仅有4卷之一。

《越文化专志》由绍兴文理学院潘承玉教授组建的编纂团队竞标成功，也属众望所归。潘承玉教授此前已经出版过《中华文化格局中的越文化》等著作，同时又得到国务院古籍整理特等奖获得者、原《绍兴市志》总纂任桂全先生等加盟，编纂团队形成了越文化研究和地方志编纂优势互补的格局；经过8年多的辛勤耕耘，在完成300余万字资料长编的基础上，由潘承玉教授主编、主撰的《越文化专志》，2021年10月由浙江人民出版社出版。这是由省级层面组织开展的对历史悠久、内容丰富的越国历史文化的第一次全面清理，也是国内外第一部越文化专志。展读之下，我们欣喜地看到，这是一部编纂质量高、学术质量高的“双高”志书。

《越文化专志》具有六大特点或者说是六大优点，它们是：

(一)内容全面系统，研究深入

全面体现在志书的文化内涵上。众所周知，文化包括3个层面，即物质文化、精神文化和制度文化，《越文化专志》也就从这三大基本内容，对越文化进行了全面的记述；而系统，则主要体现在对越文化的发展过程，从其发祥、发展、繁荣、衰亡的过程，包括“於越”的名称，越族族名的来历与释义，越族族源(如梳理“越为禹后”“芈越同祖”“吴越同族”“於越土著”诸说)及其与邻近民族的关系，越国贵族统治集团的来源，越文化的远近渊源等，都有非常详细、清晰的记述。研究深入同样体现在两个方面：一是利用了多学科的综合研究方法和比较研究方法。从《越文化专志》的文本来看，除传统的史学成果外，我们还可看到文献学、文字学、文学、考古学、人类学、民俗学、地理学等众多学科的研究成果；同时，志书还注重比较研究的方法，如与吴文化的比较研究，在比较中进一步突出了越文化的特色，也进一步开掘了越文化研究的深度。二是除通常的研究成果外，我们还见到了最新的相关学科的研究成果，如曹锦炎《吴越历史与考古论集》(文物出版社

2007年版)，马雪芹《古越国兴衰变迁研究》(齐鲁书社2008年版)，孟文镛《越国史稿》(中国社会科学出版社2010年版)，董珊《吴越题铭研究》(科学出版社2014年版)，林华东《越国早期史地探索》(绍兴文理学院《越文化与越国史学术研讨会论文集》2018年11月)，李家浩《新见越王者旨於睗剑和越王州句剑》(《中国文字研究》2018年第1期)。当然其中也包括海外学者的成果，如美国华裔学者焦天龙等学者的科研成果。由此可见编纂者学术视野之广。

(二)结构严谨

众所周知，志书编纂必须遵循“横排门类”“纵述史实”的一般原则。所谓“横排门类”，在《越文化专志》体现为，主干部分安排三章介绍越国的物质文化，即《越国的农业》(含水利)《越国的手工业和商业》及《越国的城市建筑与交通》；安排四章介绍越国的精神文化，即《越国的思想学说》《越国的语言与文学》《越国的艺术》《越国的信仰与习俗风尚》；在物质文化、精神文化之间安排一章介绍越国的制度文化，含“越国的社会结构”“越国的政治制度”“越国的军事制度”和“越王句践的改革”。所谓“纵述史实”，在《越文化专志》中，不仅是上述各章记述各具体文化时有清晰的历史线条，整个越文化从何而来，存在于什么历史空间，其和其他文化什么关系，最终向何处去等问题，也力求记述明白。

(三)史料翔实

仅以全书的注释为例，从《越文化专志》看，内文有注释862条，如果加上大事年表的注释，有近1000条，这在国内出版的志书中是罕见的。内文引用的史料，则更达数千条。从这数千条史料中，我们大致可以将其分为几类：

一是古代文献，除最为权威的正史材料，如《史记》《汉书》《后汉书》以及我们常常引用的越文化经典地方文献《吴越春秋》《越绝书》外，几乎涵盖了先秦的所有相关文献；此外，还有《艺文类聚》《北堂书钞》《元和姓纂》等大型类书引用的《周书》《纪年》等先秦文献，《嘉泰吴兴志》等书引《越绝书》佚文，以及东汉王充《论衡》，晋杜预注《春秋左氏传》《春秋释例》，北魏郦道元《水经注》，唐陆广微《吴地记》，宋程公说《春秋分记》，清顾炎武《日知录》、钱大昕《廿二史考异》、顾栋高《春秋大事表》、洪亮吉《春秋左传诂》、梁玉绳《史记志疑》、黄以周《儆季杂著·史说》等相关考证文献。

二是近、今人所编的几乎所有相关的第一手历史信息披露资料与几乎所有这一领域的重要研究成果。如中国社科院考古研究所编《殷周金文集成》，吴振锋编著《商周青铜器铭文暨图像集成》《商周青铜器铭文暨图像集成续编》，黄锡全编著《湖北出土商周文字辑证》，孙合肥编著《安徽商周金文汇编》，李学勤主编《清华大学藏战国竹简(贰)》《清华大学藏战国竹简(柒)》及《越涌君将其众以归楚之岁考》等论文，杨宽《战国史料编年辑证》，曹锦炎《鸟虫书通考》，董楚平《吴越文化新探》《广义吴越文化通论》《吴越徐舒金文集释》，容庚《鸟书考》、郭沫若《者汈钟铭考释》等经典论文等等。

三是中华人民共和国成立以来的大量考古资料特别是近20年的越文化考古资料。这部分资料几乎可以说是穷尽性的，让人钦佩不已。

由此，我们完全可以说，《越文化专志》确实如其概述所言，是“全面、系统、准确记述越国时期浙江区域内於越民族各种历史文化的资料性文献”。

(四)立论公允

正是编纂者掌握了上述包括考古资料在内的海量文献，故此其研究能在前人的基础上有了进一步的提升，将越文化的研究水平推进到了新的高度。在志书中，作者提出了众多的新颖独特、客观公允的观点，可以说是精彩纷呈。如：“於越民族是繁衍生息于以今会稽山为中心的东南沿海地区，有着自己独特的语言，有别于中原华夏族的少数民族。就首创稻作文明、丝绸文明、海洋文明，拥有独特的建筑文明、玉器文明和青铜文明，以及其后参与形塑中华文明的创造主体汉族和南方各种少数民族而言，於越民族文化堪称中华文明的源头之一。”“就越王句践‘卧薪尝胆’，以弱胜强，打败强吴，挺进中原，成为‘春秋五霸’的最后一霸和事实上的‘战国七雄’之前的战国首雄而言，越国文化还创造了一个辉煌的政治典范，树立中国历史上的一个政治图腾，与《易传》‘天行健，君子以自强不息’等儒家思想一起缔造了中华民族精神最可宝贵的内核，为中华文明的生生不息提供了永恒精神动力。它们确乎是秦汉以来浙江历代民众‘文明以止’的基础，是帮助推动中国传统文化发展，‘化成天下’的东方精神财富的重要组成部分。”“越国文化是浙江先民作为南方独特的於越民族，将本民族的创造性和来自其他民族的先进理念结合起来，对浙江本土进行一次大开发，同时积极与其他民族展开竞争、融合，参与中国历史和文化的首次大一统，共同开创中华文明的元典时代或曰元典创制期，在这一历史过程中创造的文化，是有文字记载和出土文物共同印证的浙江历史的灿烂开篇，在中国文化发展史上也占有极为重要的地位”等，无不体现出编纂者在深入研究之后所得出结论的精当、新颖。

（五）图文互证

为使志书的内容更加丰满，观点更加有力，阅读起来更加轻松愉快，编纂者在文字稿各章试写和陆续撰就的同时，花费很大的心血设法拍到数千张照片。这项工作得到中国国家博物馆、故宫博物院、上海博物馆、浙江省博物馆、湖北省博物馆、湖南博物馆、广州南越王墓博物馆、海南博物馆等的鼎力支持。书中共选用了数百幅精美的文物照片、线绘图等，尽力做到图文互证，相得益彰。在志书中选用如此多的图片，也可以说是一个新的尝试。其实，这样的尝试是早就应该做的。近代史学大师王国维早在民国初年就在《古史新证》中提出了“二重证据法”，极力主张“地下之新材料”与“纸上之材料”相互印证。现在我们已经进入了21世纪，这是一个学术大发展的时代，也是一个学术创新的时代、一个读图的时代。如何适应时代的需要，使志书贴近大众，让读者更易读懂，并获得美感，是值得我们探索的，也是应当我们努力的方向和追求的目标。

（六）遵循学术规范

在当前的志书编纂中，如何与学术接轨，符合学术规范，取得学者的信任，是新时代志书编纂者急需要考虑和解决的重大问题。其实，志书的学术规范，早在数百年前就有先人进行了实践，在一些条目或史实后面，简要地注明资料的出处。可这种优良的传统，在中华人民共和国成立以来的志书编纂中并没有得到发扬光大，相反，还出现了逐渐消失的现象。因此，这一时期出版的志书很少有学者在撰写学术论著时加以引用。著名历史地理学家陈桥驿先生、邹逸麟先生等曾经在多个场合呼吁，希望能够改变这一现象。在《浙江通志》编纂委员编纂的这些志书中，《越文化专志》和《西湖专志》等许多志书做了可贵的探索，取得了有益的经验，相信也会得到学术界的肯定。

总之，《越文化专志》的出版在浙江志书中达到了一个新的高度，在方志界树立了一个新的标杆，值得学习和推广。

（徐吉军，浙江省社会科学院历史研究所原所长，二级研究员。主要研究方向为中国文化史、宋史和浙江地方史，主编《长江文化史》《黄河文化史》《中国风俗通史》等，独著或合著有《南宋史稿》《南宋都城临安》《南宋临安工商业》《南宋临安社会生活》等。）

坚守科学精神和人民立场的志书力作

——评《浙江通志·人物传》

沈松平

提　要:《浙江通志·人物传》除了拥有新志人物分志的共性特点，如生不立传、叙而不论、横排竖写、男女平等、褒贬并用、记载长期定居于本地并有重要业绩的客籍人物等，还体现了它独有的个性特点，即较为严格地遵循“志体”，坚守科学精神，坚持志书的人民性，并在人物细节的描述上作了有益的探索，是一部编纂得法、质量上乘的人物分志，为《浙江通志》增添了夺目的光彩。

关键词: 浙江通志　人物传“志体”　科学精神　人民性　人物细节

在“家国同构”的中国传统社会，“夫家有谱，州县有志，国有史，其义一也”[①]。清代著名史学家钱大昕说:“史家之例，以列传为重。”[②]被誉为我国方志学奠基人的章学诚也说:“邑志尤重人物。”[③]我国古代史书、地方

---

① （清）章学诚著，叶瑛校注:《为张吉甫司马撰大名县志序》,《文史通义校注》卷八，外篇三，中华书局2000年版，第882页。

② （清）钱大昕:《鄞县志局与同事书》，载于《潜研堂文集》卷三十五，书三，《续修四库全书》第1439册，上海古籍出版社2002年版，第90页。

③ （清）章学诚著，叶瑛校注:《修志十议》，载于《文史通义校注》卷八，外篇三，中华书局2000年版，第843页。

志一向偏重人物，有“古来方志半人物”之称。虽然民国以后的志书，尤其是当代新编方志，由于大量增加经济和社会发展方面的内容，人物传所占比重已不像古代方志那么大，但仍是新编志书不可或缺的重要组成部分。方志人物传的撰写历来被称为地方志的“重头戏”，编纂是否恰当，关乎志书质量所能达到的高度。新编地方志的人物传既要严守志书生不列传、叙而不论、越境不书、横排竖写的基本原则，又要体现不同于旧志的男女平等、学术兼容、褒贬并用等特点，随着国际、国内人口流动的日益频繁，还要把长期居住本地并有突出贡献的客籍人士也包括入内。1985 年 7 月颁布的《新编地方志工作暂行规定》明确规定：“立传人物以原籍（出生地）为主。非本地出生，但长期定居本地并有重要业绩者，也可在本地立传，包括外籍、外籍华裔和华侨为本地做出重要贡献者”。[①]我们欣喜地看到，首部新编《浙江通志》的人物分志完全体现了上述新编志书人物传应有的特征，志书中除了记载浙江籍儿女的英雄业绩外，也收录了一些曾在浙江工作并对浙江发展有重要影响的客籍人物，如担任过中共浙江省委书记、省人民政府主席的谭震林、谭启龙、江华，曾在浙江开展游击战争、担任过新四军苏浙军区司令员兼政治委员的共和国开国大将粟裕，为我国改革开放以来经济发展的“温州模式”做出过突出贡献的袁芳烈，浙江近代高等教育的发起者、浙江大学前身求是书院的创办人林启，著名的钱塘江大桥的设计者茅以升，在历代反侵略斗争中守护浙江的民族英雄戚继光、俞大猷、王锡朋、郑国鸿，“为有牺牲多壮志，敢教日月换新天”的守桥卫士、共产主义战士蔡永祥，以及开浙江西医风气之先的外国传教士麦嘉谛、梅滕更、高福林等，他们都在浙江这片土地上留下了壮丽恢宏的华彩篇章，对浙江做出了突出的贡献。但除了以上这些新志应有的共性特点外，《浙江通志·人物传》（以下简称《人物传》）与国内其他新志的人物传相比，还表现了它独有的个性特点，主要表现在较为严格地遵

① 《新编地方志工作暂行规定》，载于中国地方志指导小组办公室编《地方志工作文献选编》，方志出版社 2009 年版，第 71 页。

循“志体”、坚守科学精神、坚持志书的人民性3个方面。

一、严守志书底线

志书姓“志”，要坚守志书的底线，不能混同于一般的史书，造成史、志不分。什么是志书的底线呢？笔者认为主要表现为叙而不论、越境不书、生不立传，这个一定要遵守，横排竖写的编纂形式也要遵守，还有就是一般综合性志书强调的内容全面、系统，“横不缺要项，纵不断主线”。人物传作为综合志中的一个有机组成部分，理应坚守生不立传、叙而不论、越境不书、横排竖写的原则。人物生不立传，是旧志的铁律，中华人民共和国成立新志编修全面启动后，也将其视为修志的基本原则之一，在官方前后出台的修志文件上对此有较为明确的规定，人物志要坚持生不列传的原则，在世人物不立传，其确有可记述的事迹，可以以事系人的方法入志，在有关篇章节目之中予以记录。[①]首轮修志后期，一些志书出现“人物简介”这一形式，用于记述在世人物。严格来说，人物简介和人物传的区别仅在于内容的多少和篇幅的长短，简介就是内容少、篇幅短的人物小传，可追溯到章学诚所创的“阙访列传”，专门收录够立传条件但因资料缺乏而留待后人补充的人物，理应和其他类型人物传一样，坚持“生不立传”的原则。为生人立传，不论直接称人物传，还是变通称人物简介，都是不可行的。但新中国第二轮修志以来，设置“人物简介”的情形有愈演愈烈之势，有些第二轮志书的人物简介记载的全是在世人物，甚至将70后80后有一点成就的人士都囊括其中，由于人物传与人物简介在形式和写法上没有明显的界线，人物简介不简，很大一部分

① 可参见《关于编纂新县志的初步方案》(讨论稿)(《中国地方史志通讯》1981年第1期)、《关于新县志编修方案的建议(草案)》(《中国地方史志通讯》1981年第5—6合期)、《关于〈新编地方志工作条例〉的建议》(征求意见稿)(《中国地方史志》1982年第5期)、《新编地方志工作暂行规定》(《地方志工作文献选编》，方志出版社2009年版，第71页)、《关于地方志编纂工作的规定》(《地方志工作文献选编》，方志出版社2009年版，第80页)。

人物简介篇幅比人物传还长，实际上是在变相为生人立传，以至于中国地方志指导小组2007年11月下发的《关于第二轮地方志书编纂的若干意见》中不得不有这样的规定，“坚持‘生不立传’的原则，对有重大影响、有突出贡献、有代表性的在世人物，主要采用以事系人的方式记述；在人物简介、人物表(录)中需要反映的，要严格掌握收录标准，其原则由省一级地方志工作机构确定”①。有些省为控制利用人物简介形式变相为生人立传现象的蔓延，出台了相关文件予以明令禁止。②可喜的是，《人物传》只设人物传记，坚持“生不立传”的原则，没有设立“人物简介”篇目以记载在世人物，我们了解到这与编修者对“人物简介”的理解有关，可以说是较为严格地遵循了“志体”。较为严格地遵循“志体”，是《人物传》的首要特点。

《人物传》对“志体”要求的严格程度，还表现在较为严格地遵循人物传的“叙而不论”。“叙而不论”当然也是志书传统的编纂原则，但古往今来，总有志书甚至是名志逾越这条“红线”，如《浙江通志》的前志，民国时期由著名方志学者余绍宋主持编纂的《民国重修浙江通志稿》就沿用了余氏一贯主张的在人物传、列女传后面设置“论赞”、夹叙夹议的做法，“传后应加论赞与否，亦宜论及，……今凡改撰或新撰之传，当仍用之”③，甚至“各部门之后，可酌量附以论议，但不得立异炫奇，违于公论”④，从而逾越了志书“叙而不论”的底线。新志中这样的情况也有发生。但《人物传》基本上杜

---

①《中国地方志指导小组关于第二轮地方志书编纂的若干意见》，载于中国地方志指导小组办公室编《地方志工作文献选编》，方志出版社2009年版，第100页。

② 如《河北省地方志书编纂质量标准(试行)》明确规定：对于一些为本地社会发展做出重要贡献的生人，可以采用“以事系人”的方法记述，不可用人物简介的形式变相为生人立传。见王复兴:《勿用人物简介变相为生人立传》,《中国地方志》2012年第4期，第35页。

③ 余绍宋:《浙江通志人物总表及列传例议》，载于《浙江省通志馆馆刊》第1卷第4期，杭州古籍书店1986年4月影印本，第7页。

④ 余绍宋:《浙江省通志编纂大纲草案》，载于《浙江省通志馆馆刊》创刊号，杭州古籍书店1986年4月影印本，第18页。

绝了这种情况，严守叙而不论，寓观点于事实之中的底线，在书写人物的影响或确需对人物进行总体评价时，巧妙地采用了“借论”或“转述”的办法，通过转引权威人士已经公开发表过的讲话，来表达对人物的看法或是指出其影响，严格做到符合“志体”。如孙诒让是清末浙江著名学者、经学家，被誉为清代“最后的朴学大师”①，《人物传》在记述其学术影响时，转述了梁启超、章太炎、郭沫若等学术泰斗对其的公开评价，“梁启超赞其‘有醇无疵，得此后殿，清学有光’，章太炎誉为‘三百年绝等双’，郭沫若尊为‘启后承前一巨儒’”②。又如陈汉章也是清末浙江的一位大儒，著名史学家、经学家，《人物传》通过转述章太炎、蔡元培、黄侃的评价来烘托其学术影响，“章太炎赞其‘博学精思’，蔡元培称其‘两脚书库’，黄侃尊其为‘魁儒’”③。再如鲁迅是我国著名文学家，中国现代文学和无产阶级文学的奠基人，新文化运动和20世纪30年代中国左翼文化运动的重要参与者，《人物传》巧妙地借用了毛泽东主席于1940年1月发表的《新民主主义论》一文中的权威讲话，来对鲁迅作总体评价，“鲁迅是中国文化革命的主将，他不但是伟大的文学家，而且是伟大的思想家和伟大的革命家。……鲁迅是在文化战线上，代表全民族的大多数，向着敌人冲锋陷阵的最正确、最勇敢、最坚决、最忠实、最热忱的空前的民族英雄。鲁迅的方向，就是中华民族新文化的方向”④。采用“借论”或“转述”的手法来对人物进行评价，而不是编者直接站出来直白对人物的看法，既不违反“志体”，同时也巧妙地“评价”了人物，提升了人们对传主的整体印象，起到画龙点睛的神奇作用。

二、坚守科学精神

坚守科学精神，是《人物传》的第二个特点。科学精神表现在入志资料

① 张舜徽:《清儒学记》，孙诒让学记第十，齐鲁书社1991年版，第521页。

②《浙江通志·人物传》，浙江人民出版社2021年版，第574页。

③《浙江通志·人物传》，浙江人民出版社2021年版，第593页。

④《浙江通志·人物传》，浙江人民出版社2021年版，第667页。

的严谨性，以及吸收了一些社会科学的最新研究成果。资料是志书的基础，志书是用资料说话的，入志资料的质量决定了志书的质量。《人物传》在入志资料的严谨性方面，主要表现为引述正史等可靠文献，以及遇到资料有歧义的地方，考证无法确定的，采取多说并存。如在记载大禹治水的事迹时，引述了《史记·夏本纪》的记载，“行山表木，定高山大川。……劳身焦思，居外十三年，过家门不敢入。……陆行乘车，水行乘船，泥行乘橇，山行乘檋。左准绳，右规矩，载四时，以开九州，通九道，陂九泽，度九山”①；又引《越绝书·记地传》记载了大禹两次到会稽的情形，“禹始也，忧民救水，到大越，上茅山，大会计，爵有德，封有功，更名茅山曰会稽。及其王也，巡狩大越，见耆老，纳诗书，审铨衡，平斗斛。因病亡死，葬会稽”②。在记载白居易担任杭州刺史期间兴修水利，筑堤(后人称之为“白公堤”)保护西湖，泄引湖水，灌溉良田时，则引述了明代田汝成的《西湖游览志》的记载，“白居易缵邺侯之绩而浚治之，民以为利”③，以及明代王稚登的《重修白公堤疏》的记载，“若夫白公堤者，据采云之名里，实吴会之通逵。……买鱼沽酒，行旅如云；走马呼鹰，飞尘蔽日……江州司马，筑此芳堤”④。记述人物时引用古文献说话，是一种比较严谨的做法，而这样的做法，在《人物传》中却是常态。此外，《人物传》记述人物时，遇到资料有歧义的地方，都会求助于考证，若考证无法确定时，则采取多说并存，留待后人求证。如古代越国名人西施，其后来的结局历来莫衷一是，《人物传》采取了多说并存的做法，在“西施”条中这样记载：“吴亡后的西施或者说随范蠡而去，或说被沉于江，不得而知”。⑤同样，对于国民革命北伐期间脱离孙传芳集团、投向广东国民政府的时任浙江省省长夏超，通电起义后被孙传芳所杀

①《浙江通志·人物传》，浙江人民出版社 2021 年版，第 1 页。
②《浙江通志·人物传》，浙江人民出版社 2021 年版，第 1 页。
③《浙江通志·人物传》，浙江人民出版社 2021 年版，第 70 页。
④《浙江通志·人物传》，浙江人民出版社 2021 年版，第 70 页。
⑤《浙江通志·人物传》，浙江人民出版社 2021 年版，第 5 页。

的具体情形，《人物传》也是三说并存，“夏超则派保安第二总队队长章燮率部赴嘉兴抵抗，并亲自上阵督战，相持半日。21日在指挥战斗中咯血昏倒，经人抢救败退杭州，在昭庆寺麻风病院前被宋梅村部俘获并秘密杀害。但其死另有二说，一说他回杭后交出省长印信，由张载阳暂时维持地方秩序，自己去富阳、桐庐一带收集残部，船到富阳大风骤至，船无法上行折回江干，被宋军逮捕，并按孙传芳令割其首级，专送九江验明无误后被抛入江中。另说：孙军进入杭州派兵追击，在余杭公路上发现了便衣队，双方开枪，导致夏中弹毙命”[①]。对于无法确证的东西采取诸说并存，也是一种严谨的做法，为后世学者提供了进一步研究的线索，可以留待他们去考证完善。这是《人物传》坚守科学精神的一个具体表现。

吸纳社会科学研究的最新成果，也是志书坚守科学精神的表现之一，同时也是志书体现时代特点的具体表征之一。《人物传》在记述某些人物的生平时，吸纳了历史学、中共党史研究的最新学术成果。比如南宋抗金名将岳飞被陷害冤杀，历代正史为维护宋高宗赵构，将其写成被蒙骗，而将陷害岳飞的罪责归咎于秦桧、万俟卨、张俊等奸臣，至今杭州岳坟前跪着的四尊铜像也只有秦桧、秦桧妻王氏、万俟卨、张俊，但后来的历史研究证明，宋高宗赵构实是陷害岳飞的主谋之一。我们欣喜地看到，《人物传》“赵构”条中拨乱反正，没有为尊者讳，写明其是岳飞案的主谋，还了历史本来面目，“绍兴十一年，解除岳飞、韩世忠等大将的兵权，向金表示坚决议和的决心。不久，他与秦桧制造岳飞父子谋反冤案，以‘莫须有’的罪名加以杀害。十一月同金朝签订‘绍兴和议’，向金称臣纳贡”[②]。再如抗战后期，以著名作家身份为掩护的中共女党员关露受党派遣，曾秘密打入汪伪76号特工总部策反特务头子李士群，这件事以前一直处于保密状态，现已解密，而《人物传》“李士群”条中也及时反映了这一变化，记载李士群“民国32年因向中共提

①《浙江通志·人物传》，浙江人民出版社2021年版，第675页。
②《浙江通志·人物传》，浙江人民出版社2021年版，第149页。

供军事情报和运输军用物资方便，引起日伪不满”[①]。再比如中华人民共和国成立后农村“包产到户”，以前一般都认为是安徽省凤阳县小岗村首先开始的，但后来研究证实，全国最先开始“包产到户”的是浙江省永嘉县，《人物传》在“李云河”条集中记述了这一事实，“1956年任分管农村工作的县委副书记时，首倡‘包产到户’，并在雄溪乡燎原社试验成功。9月又在全县高级社社长千人大会上加以推广。11月19日，《浙南大众》刊文公开指责批判，他为此撰写专题答辩报告《‘专管制’和‘包产到户’是解决社内主要矛盾的好办法——学习党的‘八大’决议和深入实践的体会》，署名报送温州地委、浙江省委、华东局和中央农工部。1957年1月，报告被作为省委农村工作会议交流材料。当月《浙江日报》也予全文刊登并加‘编者按’，从而使‘包产到户’在永嘉和温州迅速推广。同年3月，‘包产到户’再遭批判，并随整风反右派运动进一步升级。1958年，他也被作为‘右派分子’，被开除党籍和撤销一切职务，下放县铁工厂劳动。……1983年1月，中共中央发文，肯定‘包产到户’是党领导下中国农民的伟大创造，永嘉县燎原高级农业生产合作社成为中国农村改革的源头”[②]。

三、坚持志书的人民性

坚持志书的人民性，是《人物传》的第三个特点。古代志书虽是为世家人族服务，但普通老百姓还是有机会在“孝义”“节概”“艺术”“方技”等类传中出现，这是古代志书与国史显著不同的地方。我国是人民当家作主的国家，中华人民共和国的历史，就是一部坚持以人民为中心、一切为了人民依靠人民的奋斗史。人民也是改革开放的主体，改革开放的不竭动力来自人民。正如习近平总书记指出：“改革开放在认识和实践上的每一次突破和

①《浙江通志·人物传》，浙江人民出版社2021年版，第992页。
②《浙江通志·人物传》，浙江人民出版社2021年版，第1293—1294页。

深化，改革开放中每一个新生事物的产生和发展，改革开放每一个领域和环节经验的创造和积累，无不来自亿万人民的智慧和实践。没有人民支持和参与，任何改革都不可能取得成功。只有充分尊重人民意愿，形成广泛共识，人民才会积极支持改革、踊跃投身改革”。[①]新编志书理应坚持入志人物的人民性，按照某人对某一事业或事件的作用而不是按照人物的行政级别来决定是否入志，凡是在某一历史发展阶段对推动历史或阻碍历史有重大作用及对某事有重大贡献的人都应收录，这就要求我们在制定人物传收录标准时，不应只限于行政官职或技术职务。一部志书的人物传，既要写好领导干部、著名人物，也要写好所谓“小人物”，这样的人物传才是全面而完整的。所谓“小人物”，是指广大工农兵学商等当地普通劳动者的各类代表人物，他们是改造自然、改造世界的第一线实践者，分布在各行各业、各条战线，默默无闻地辛勤劳动和工作，为社会主义建设、改革开放和经济社会发展做出了杰出贡献，直接推动社会历史进步，但他们中的许多人未必学有高就或业有奇勋，一生中不属轰轰烈烈，也未曾登过大雅之堂，基本上属于默默无闻的一生。但遗憾的是，在第一、二轮新志编修中，不少志书由于制定了比较严格且便于操作的入传人物的标准，入传人物受到了地位限制，收入人物传的人物要么是党政领导、革命先烈，要么是有技术职称的教授、技术人员，或者是著名企业家、文体明星，或者是某一级别的劳动模范、先进工作者，而将其他一些应该入志却无法用标准来衡量的“小人物”淡出志书，写的仍然是精英的历史，而不是普通人的历史。《人物传》可贵的是摈弃了精英史观的影响，坚持入志人物的人民性，以名气或贡献入志，而不是用世俗的标准，既写好了领导人物，也写了许多默默无闻却无私奉献的“小人物”。入志的“小人物”中包括了地方戏曲艺人，如女子越剧创始人金荣水，评弹艺人夏荷生、王宝庆、杨莲青，琵琶艺人李芳园，甬剧演员徐凤仙，“舟山锣鼓”

---

① 习近平:《在庆祝海南建省办经济特区30周年大会上的讲话》,《光明日报》2018年4月14日，第2版。

创始人高如兴，民间歌王蓝三满；民间能工巧匠，如木雕艺人楼水明、王凤祚、叶益舟、叶润周，石雕艺人周百琦、周芝山，青瓷艺人李怀德，篆刻艺人方介堪，刺绣高手沈寿，龙泉宝剑工艺传人沈庭璋，培育兰花闻名的工匠诸涨富；民间小吃传人，如腌制火腿的蒋雪舫，千张包子店创始人丁莲芳，“海宁三把刀”的周富亭，湖州粽子大王诸老大；民间老中医韦文贵、曹炳章、史沛棠、王士雄、赵云龙、雷丰、韩士良，参与设计中华人民共和国第一枚纪念邮票、第一套特种邮票、第一套普通邮票、第一套体育邮票的专业邮票设计师孙传哲，猜灯谜能手柯国臻，太极拳高手范亚夫、陈仁镐，“乐善好施”的富商张氏夫人，驾车飞越黄河壶口大瀑布的象山人柯受良，骑自行车只身环游世界的湖州人潘德明，位卑未敢忘忧国、20 世纪 60 年代因上“包产到户建议书”而被判刑的嵊县农业局城区农技站技术员杨木水，向国家工商行政管理局建议衡器改制、推广使用十两秤的温州市三溪区郭溪供销社会计姜周元，等等。还有一些“小人物”也入了《人物传》，甚至连事迹也很难归入哪一类。试举两例。一是青田人夏炳承，志书中是这样记载的，“自幼双目失明，一生以说唱鼓词糊口。一天从县城返家，途经糊口渡，适遇溪水暴涨，渡夫乘机勒索。从此决心创建义渡，四处劝募。清光绪二十二年（1896），建成糊口义渡。经数十年艰苦努力，陆续募建下障义渡、大奕坑义渡、联山桥、大垟桥、金漆坑茶亭，并置租田用作渡夫工资和渡船、桥、亭维修费用。又在小奕村创建积米庵，收养孤寡老人。某年夏旱，农民与富豪争田水被殴打致死。村人不平上告，县官受贿袒私，反而扣押死难者家属 8 人。夏炳承十分气愤，即编鼓词说唱‘堂堂衙门八字开，有理无钱莫进来’，‘有钱官司帮你赢，无钱死亲办八名’。官方慑于舆论压力，只得释放死难者家属。卒年 70 多岁，村人在积米庵立像竖碑纪念”①；二是开化人郑如达，《人物传》记述道：“民国 17 年（1928）结婚成家。4 年后在华埠镇开起豆腐店。民国 26 年在一场伤寒病中险些丧生。此后，看淡得失，坦然处世。20

①《浙江通志·人物传》，浙江人民出版社 2021 年版，第 562—563 页。

世纪 60 年代后期，当地办起供销合作社，年已花甲的郑如达应招担任脚力。他每天肩挑近百千克的山货和日用品等，来回 30 千米，风雨无阻。后又重操旧业做豆腐，一直忙到 93 岁才歇手休息。‘人生两件事，一为自己，二为别人。’这是其做人原则。村民们都说他待人热情，而且乐善好施。对邻里有求必应，如同亲人；对亲友严己宽人，并十分疼爱小辈，从不倚老卖老。在 2003 年浙江省开展的‘健康老人寿星征寻评选’活动中，被评为全省十大‘健康寿星’。2004 年，记者向他询问长寿秘诀，他说：‘没别的，就是三餐五谷杂粮，豆腐不断，禁烟限酒。另外，有村里的好生态，加上自己的好心态。’”①有这么多的“小人物”进入了《人物传》，无疑体现了志书人民性的特征，拉近了志书与普通读者的距离，进而激励普通百姓的爱乡爱国之情，真正起到了志书人物传补益世道人心的作用。

四、人物细节描述的有益探索

《人物传》除了以上三个特点外，还在人物细节的描述上作了有益的探索。我们知道，人物传记述的基本要素有姓名、性别、民族、生卒年月日、出生地、家庭出身、配偶及家庭、所受教育及主要著作、政治面貌或倾向及其变化、职务、埋葬地及他人对其的评价、主要活动事迹，只有把这些基本要素记全了，一个人物的整体面貌才能反映出来。但笔者以为这还不够，在写人物的主要活动事迹时，应注重细节描写，通过记述人物的言行举止使人物活起来，动起来。人物的动作、语言、神态是刻画人物形象的主要方式，传统志书的人物传就有通过传主的言行事迹体现其个性特点和形象的案例，增强了人物传记的可读性。如南宋陈耆卿的《嘉定赤城志》“人物门”中对余元卿的记载，“余元卿，黄岩人，父死，元卿始生。母曰：‘我不见夫，何忍见子’。自剔其目，誓不他适。宣和寇乱，元卿负母而逃，力弱不胜，仰天誓曰：‘天若助我全母，愿焚身以报’。寇定，欲偿前誓，母力止之，燃一

---

①《浙江通志·人物传》，浙江人民出版社 2021 年版，第 795 页。

指以谢天贶。其后闾里欲上其事，则曰：'吾非干名者也'，旋居。母丧，哀毁不离墓侧，县上之郡，立碣以记其事"[①]，这里编者通过特定的场景和传主的语言凸显了人物的性格，通过"宣和寇乱"的特定场景和"天若助我全母，愿焚身以报"的人物语言，简练而又非常有力地凸显了余元卿至孝的品格和伟岸的形象，刻画人物简劲传神，是旧志人物传撰写的范例。而我们经常看到的新志中履历式的传记，绝不是志书人物传应有的写法，只不过是目前新志人物传编写中存在的不足罢了。当然，在记述传主的细节、言行时，还应当参考传主的身份、职业、经历及性格特征，选择那些最具有代表性的事件和言行记载，使人物传中的人物一个个性格鲜明，形象逼真，让人如闻其声，如见其人。如果有闻必录，巨细不分，反而会模糊人们对传主的基本认识。《人物传》在刻画人物时，注意到了人物的细节描写和通过言行举止反映人物个性。如在记述宋代名将宗泽时是这样记载的："建炎元年七月至二年五月，宗泽上 24 疏，力劝高宗还京，以图恢复北方失地，均为奸佞所阻。宗泽忧愤成疾，疽发于背。诸将入问，宗泽遽然跃起，曰：'吾固无恙。以二帝蒙尘，积愤至此。汝等能歼敌，吾死无恨。'众皆洒泪，齐声应答'敢不尽力！'诸将出，宗泽长叹'出师未捷身先死，长使英雄泪满襟。'次日，唯连呼'渡河！渡河！渡河'而逝，无一语及家事"。[②]鲜明地刻画了这个以北伐中原、迎回徽钦二帝为职志的爱国名将的思想和人物性格。在记述明建文帝忠臣方孝孺时，《人物传》也注意通过描述方孝孺的言行，用人物独特的语言刻画人物的性格，靖难之役后，"朱棣惜其才，召他进宫草拟登基诏书，方孝孺披麻戴孝恸哭至殿，骂不绝，拒草诏，疾书'燕贼篡位'，掷笔于地。朱棣以诛其九族相威吓，他答：'便十族奈我何？'朱棣怒，命磔诸市。方孝孺慨然就死，作绝命词：'忠臣发愤兮血泪交流，以此殉君兮抑又何求？'

① （宋）黄宙、齐硕修，陈耆卿纂：《嘉定赤城志》，《宋元方志丛刊》第 7 册，中华书局 1990 年版，第 7549 页。

②《浙江通志 · 人物传》，浙江人民出版社 2021 年版，第 118 页。

因是罹难十族(九族加其学生)计873人，妻郑氏及二子方中宪、方中愈先自死，二女投秦淮河死。宗族亲友前后坐诛者数百人。其门下士有以身殉者。入狱谪戍者数千，以致村废，惨烈震惊朝野”。①同样的记述手法也运用于刻画革命先烈、曾任中共浙江省委书记的张秋人和“浙东刘胡兰”李敏烈士。如记载张秋人在国民党监狱的内设法庭上以砚台怒掷法官，连中七弹壮烈牺牲②，李敏被绑在鄞县樟村十字路口的房柱上，被国民党顽固派连刺20余刀，而宁死不屈，厉声回答：“杀了我一个，会有千千万万个站出来！”③不过需要指出的是，虽然《人物传》在人物细节的描述上作了有益的尝试，但也存在着需要提高的地方，比如对辛亥先烈、光复会领导人徐锡麟言行举止的描述就有不足。徐锡麟捐官道员后，分发安徽官场，时任安徽巡抚恩铭对其有知遇、提携之恩，但后来徐锡麟乘安徽巡警学堂毕业典礼之际，刺杀恩铭，策动1907年皖浙起义，失败被杀。徐锡麟被俘后，在被讯问中，他曾说过这样的话：“尔等言抚台是好官，待我甚厚，诚然，但我既以排满为宗旨，即不能问满人作官好坏。至于抚台厚我，系属个人私恩，我杀抚台，乃是排满公理”，又说：“我与孙汶(即指孙中山——笔者注)宗旨不合，他也不配使我行刺。”④这两段话很能鲜明地表现徐锡麟的人物性格和革命思想，前者体现了革命党人“驱除鞑虏、恢复中华”的坚定理想信念和公私分明的磊落之气，后者则表明徐锡麟与孙中山虽同为推翻清廷而斗争，但革命主张是有分歧的(事实也确实如此，徐锡麟是唯一没有参加中国同盟会的光复会领导人，其所持“革命排满”思想与孙中山的“三民主义”有差别)。《人物传》“徐锡麟”条虽记载了其被俘后被剖腹挖心的细节，却没有录入上述供词中的两段话，

---

①《浙江通志·人物传》，浙江人民出版社2021年版，第278页。

②《浙江通志·人物传》，浙江人民出版社2021年版，第831页。

③《浙江通志·人物传》，浙江人民出版社2021年版，第1262页。

④ 中国第一历史档案馆：《光绪三十三年徐锡麟刺杀安徽巡抚恩铭档案》，《历史档案》2011年第4期。

使徐锡麟的人物性格、思想及形象没有完整地呈现出来，在人物的刻画上有所不足，也会使后世读者对徐锡麟刺杀“恩公”感到不理解。

仓修良先生在《方志学通论》一书中说：“编纂新方志，若想取得独特的成就，除了体例上进行合理的创新外，更重要的要争取在人物传的编写上能够有一个大的突破，在人物传上写出特色，写得成功。……若要修出特色，则应多在人物传上下些功夫”。[①]《人物传》无疑是一部编纂得法、质量上乘的人物分志，因此为篇幅达113卷之巨的《浙江通志》增添了夺目的光彩。虽然它也有着这样那样的不足，比如在部分著名人物的细节记述方面可以增加一些反映人物个性特征的内容，再比如该志收录了3413位历代人物，人物众多，难免有考虑不周之处，对某些已有的研究成果吸收不够。如陈训正是光绪二十八年(1902)举人，而《人物传》记载其是光绪二十九年中举；徐青甫，应为光绪二十九年考中秀才，即末科秀才，未中过举人，志书中却记其为光绪末科举人。这些已被最新研究以无可辩驳的史料实证的结论[②]，志书中因未及时吸收，造成史实上的差错，令人扼腕叹息。但不管怎么说，这毕竟只是白璧微瑕，俗话说瑕不掩瑜，其奉献的佳志力作，以其内容上的科学性和人民性，体例和表现手法上的推陈出新，成为新志昭示育人之道的一个成功的探索，值得其他志书借鉴和学习。

（沈松平，宁波大学人文与传媒学院地方志研究中心主任，副教授，兼任中国地方志学会学术委员，浙江省地方志学会常务理事、副秘书长。）

---

① 仓修良：《方志学通论》，方志出版社2003年版，第618页。

② 见沈松平：《陈训正评传》，浙江大学出版社2015年版，第13页；沈松平：《徐青甫评传》，浙江工商大学出版社2019年版，第16页。

《浙江通志》特色探赜

李迎春

提　要： 新编《浙江通志》内容丰富，史料翔实，富有地方特色和时代特征。其特色主要体现为坚持正确政治方向，彰显浙江的“红色根脉”优势；体例规范，注重在传承中发展，在守正中创新，努力使之具有更高水准、浙江要求；坚持内容为本，较好地体现了省志“全”“实”“特”的三大特征。新修《浙江通志》贯通古今，特色鲜明，可为新一轮的通志编修提供若干借鉴。

关键词： 浙江通志　“红色根脉”优势　体例　内容　特色鲜明

浙江素有“方志之乡”的美誉。新编《浙江通志》记述了上至事物发端，下至 2010 年底浙江省自然、政治、经济、文化、社会等各方面的发展历程，不仅贯通古今、内容丰富，而且富有鲜明的地方特色和时代特征。本文主要从政治立场、编纂体例、内容记述等方面对《浙江通志》的特色进行初步研究和探讨。

一、政治为魂，彰显浙江“红色根脉”优势

方志编纂要“坚持正确方向”，要“通过编修和开发利用地方志成果，为培育和践行社会主义核心价值观提供丰富、优秀的精神文化产品。”[①]《浙江

① 《全国地方志事业发展规划纲要（2015—2020 年）》（国办发〔2015〕64 号文件）。

通志》坚持政治为先，政治为魂，确保志书编纂工作正确的政治方向、舆论导向和价值取向。浙江是中国革命红船起航地、改革开放先行地、习近平新时代中国特色社会主义思想重要萌发地，这是浙江独有的政治优势资源。《浙江通志》内容全面，特别是重点记述了浙江“红色根脉”的相关内容，展现了浙江独有的政治资源优势。

（一）浙江是中国革命红船起航地

1921年8月初，中国共产党第一次全国代表大会在浙江嘉兴南湖的一条游船上胜利闭幕，宣告了中国共产党的诞生。

浙江在中国共产党创建史上具有重要地位，浙江籍知识分子为党的创建和初步发展做了大量卓有成效的开创性工作。浙江是较早传播马克思主义的省份之一，从新文化运动开始，浙江籍知识分子就通过各种渠道传播马克思主义，积极参与早期党组织的创建，并成为上海、北京建党骨干。《浙江通志·中国共产党志》从多个侧面、在不同章节展示这一光辉历程：五四运动前后，浙江兴起了研究和宣传马克思主义热潮，《浙江新潮》《钱江评论》是当时浙江宣传马克思主义的最早刊物；1920年8月，陈望道在其家乡义乌分水塘村，翻译完成《共产党宣言》第一个中文全译本，并在上海公开出版，该书出版对于中国共产党的创建具有重要的意义，在《共产党宣言》引领下，大批有志之士走上了无产阶级的革命道路；在李大钊、陈独秀相约建党之时，浙江籍的俞秀松、陈望道、施存统、邵力子、沈雁冰、沈泽民等青年知识分子，先后参加共产党早期组织的创建工作；[①]1921年7月23日，各地共产主义小组派代表齐聚上海，召开了中国共产党第一次全国代表大会，全国50多名共产党员中浙江籍党员就有7位。会议最后一天转移到浙江嘉兴南湖的一艘游船上继续举行，南湖会议通过了《中国共产党第一个纲领》及《关于当前实际工作的决议》两个文件，选举了党的第一个领导机构中央局，

①《浙江通志·中国共产党志》，浙江人民出版社2020年版，第1页。

宣告了中国共产党的诞生。这条游船因而获得了一个永载中国革命史册的名字——红船，红船从浙江起航，"红船"见证了中国历史上开天辟地的大事变，浙江作为中国革命红船起航地而永载史册。

2005 年 6 月 21 日，《光明日报》发表题为《弘扬"红船精神"走在时代前列》的署名文章，阐释了"红船精神"的深刻内涵：开天辟地、敢为人先的首创精神，坚定理想、百折不挠的奋斗精神，立党为公、忠诚为民的奉献精神。从小小红船到巍巍巨轮，产生于民主革命时期的红船精神，是中国共产党历史起点上的精神标识，昭示了中国共产党的初心和使命，是伟大建党精神的重要组成部分，一直激励和鼓舞着我们党坚持站在历史的高度，走在时代的前列，勇当舵手，引领航向，不断取得革命、建设和改革的一个又一个胜利。南湖红船也"日益成为全国人民尤其是党员干部向往的革命圣地。"[①]习近平总书记在庆祝中国共产党成立 100 周年大会上的重要讲话中指出："一百年前，中国共产党的先驱们创建了中国共产党，形成了坚持真理、坚守理想，践行初心、担当使命，不怕牺牲、英勇斗争，对党忠诚、不负人民的伟大建党精神，这是中国共产党的精神之源。"[②]伟大建党精神，内涵丰富、意境深远，而红船精神作为建党精神的一项初始内容、一种内涵体现，显示出其独特的光彩，这一切在《浙江通志·中国共产党志》中得到充分反映。

（二）浙江是改革开放先行地

党的十一届三中全会召开后，浙江省委坚决贯彻执行党的基本路线，把工作重点转移到社会主义现代化建设上来，成为改革开放先行地。浙江广大干部群众坚持"实践是检验真理的唯一标准""摸着石头过河"，先行开展市场化取向的改革，率先打开了市场之门，创造了全国第一批个体工商户、第一座农民城、第一批专业市场、第一批私营企业、第一批股份合作企业等，

---

①《浙江通志·中国共产党志》，浙江人民出版社 2021 年版，第 218 页。

② 习近平：《在庆祝中国共产党成立 100 周年大会上的讲话》，《人民日报》2021 年 7 月 2 日第 1 版。

实现了由资源小省到经济大省的历史性跨越。《浙江通志》各相关卷都着重记述了浙江改革开放的辉煌历程。

《浙江通志·商品市场志》是首部省级通志类型的商品市场专志，全志设集市、农贸市场、农产品批发市场、工业消费品市场、生产资料市场、网上商品市场、省外浙商市场、商品市场配套服务、商品市场建设主体与管理制度，着重记述了改革开放后浙江商品市场大发展、大繁荣的历程。"改革开放后，浙江商品市场迅速从传统集市转型为现代商品交易市场。商品市场的快速发展有力地推进了浙江市场化、工业化、城市化、国际化进程……浙江被誉为市场大省，引领全国商品市场发展潮流。"①展示了浙江商品市场的经济社会影响和浙江商品市场发展的重要创新。

《浙江通志·旅游业志》内容涵盖浙江旅游资源、规划与建设、服务与设施、市场与营销、产业融合与区域合作、管理体制与经营机制、从业人员与管理、教育与研究以及3个专记"全省旅游发展大会""徐霞客与浙江旅游""旅行家、地理学家王士性"等方面。突出记载了"1978年改革开放以来，随着国民经济发展和对外开放不断扩大，浙江旅游经济呈现出快速健康发展的良好态势，走过了从"创汇经济"到"优势产业"，再到"国民经济支柱产业"的历程，形成了具有地域特色和典型示范意义发展模式，被称为'旅游业发展的浙江模式'"②，体现了旅游业在浙江社会经济文化发展中的地位及其在全国旅游业的地位。

（三）浙江是习近平新时代中国特色社会主义思想重要萌发地

2003年7月，时任浙江省委书记的习近平同志在深入调研、深邃思考的基础上，做出了"八八战略"重大决策，之后又根据形势的发展、任务的变化，继续充实、丰富和发展。"八八战略"为浙江省的发展布局谋篇，是引领浙江发展的总纲领，是习近平新时代中国特色社会主义思想在省域范围

①《浙江通志·商品市场志》，浙江教育出版社2021年版，第1页。

②《浙江通志·旅游业志》，浙江人民出版社2021年版，第1页。

的先行探索，是习近平总书记留给浙江的宝贵财富。《浙江通志》各相关卷志书对此做了全面、系统、客观记述，全景式展现了习近平新时代中国特色社会主义思想在浙江萌发与实践的伟大历程和重大成果。

如《浙江通志·中国共产党志》所记：2003年7月，省委十一届四次全体扩大会议提出了发挥“八个方面的优势”，推进“八个方面的举措”的重大决策和部署；同年12月，省委十一届五次全体扩大会议上，省委书记习近平作了题为《充分发挥“八个优势”，深入实施“八项举措”，扎实推进浙江全面、协调、可持续发展》的报告；[①]2003年后浙江省委又做出了平安浙江、法治浙江、文化大省、生态省建设和加强党的执政能力建设等决策部署，为‘八八战略’注入新内涵，形成全面完整的实践布局。“从‘腾笼换鸟、凤凰涅槃’到高质量发展；从‘千村示范、万村整治’工程到乡村振兴战略；从山海协作、城乡统筹到区域协调发展战略；从‘民生为重’到‘以人民为中心’；从‘绿水青山就是金山银山’理念的提出，到推进生态文明建设战略；从再创体制机制新优势到全面深化改革，都体现了从传承到丰富、从发展到跃升的递进关系。”[②]

《浙江通志·农业志》记述了习近平同志在浙江工作期间，亲自部署推进浙江城乡协调发展、加快推进城乡一体化、创建生态省、发展高效生态农业、实施“千村示范万村整治”工程等工作，为浙江农业农村工作指明了方向。《浙江通志·水利志》记述了习近平同志在安吉提出的“绿水青山就是金山银山”的理念，为浙江生态水环境建设指明了一条可持续发展的道路，同时体现了“以人民为中心”“人民日益增长的美好生活需要”和“经济社会可持续发展”思想。该志还设有《城市防洪工程》和《中国水利博物馆》两篇专记，完整记述了其相关建设历程和成果，对于推进城市化建设，提升城市品位，以及弘扬水利精神，传承水利文化，促进水利事业发展等都具有重

①《浙江通志·中国共产党志》，浙江人民出版社2020年版，第196页。

②《浙江通志·中国共产党志》，浙江人民出版社2020年版，第196页。

要意义。《浙江通志·林业志》特设《"绿水青山就是金山银山"理念的成功实践——浙江公益林建设》专记，从"分类经营"思想引发浙江公益林建设、公益林建设步入快车道、公益林建设初步见成效等方面对浙江公益林建设成就做了真实记述，科学体现习近平"绿水青山就是金山银山"理念在浙江的成功实践。

二、体例为要，注重志书编纂原则的守正创新

体例是志书编纂的准则，是历朝历代在修志实践中形成的一整套相对完整的规范，包括志书的结构、体裁与章法，涵盖志书的类型、名称、时间断限、篇目结构、体裁、文体、叙事等多个方面，是志书成其为志书的关键，从某种意义上讲，决定着志书质量的优劣。《浙江通志》遵循志书编纂的基本准则及中国地方志指导小组印发的《地方志书质量规定》中关于体例的要求，结合浙江省情和时代特征，注重体例创新，体现了稳定性、传承性和创新性，使志书特色得到充分反映。

（一）框架结构精心编排

首先，《浙江通志》按照事物的性质和特点，根据"事以类从、类为一志"的原则，分门别类设置分卷，共设有113卷，各卷记述上溯事物发端，下限至2010年12月31日，空间界限以下限时浙江省所辖境域为界，全面、客观、系统、准确地记述浙江省境内自然、政治、经济、文化和社会的历史与现状，113卷按自然、政治、经济、社会、文化等5个部类次序排列，兼顾逻辑关系，5个部类名称隐而不显。5个部类的比例为：自然部类15卷，约占全志的13%；政治部类17卷，约占全志的15%；经济部类52卷，约占全志的46%；文化部类19卷，约占全志的17%；社会部类10卷，约占全志的9%。①

① 李志庭、董郁奎、阎乐民：《彰显时代特征 凸现地方特色——在编〈浙江通志〉篇目形成过程及其特点约略谈》，载于董郁奎主编《〈浙江通志〉篇目研究》，河海大学出版社2015年版，第16—29页。

其次是设置了一些具有前瞻领域的卷目。如浙江省海洋资源丰富，浙江省委、省政府于1993、1998年两次召开海洋经济工作会议，提出建设“海洋经济大省”的战略构想，设置《浙江通志·海洋经济专志》既能体现《浙江通志》时代特征和地方特色，又颇具有前瞻性。

再次，《浙江通志》设有14卷专志，以集中突出浙江特色。设置《浙江通志·运河专志》记述内河运输方面的内容；将钱塘江、西湖、天目山、雁荡山等浙江自然环境的标志性地理实体升格为卷，分别设为《浙江通志·钱塘江专志》《浙江通志·西湖专志》《浙江通志·天目山专志》《浙江通志·雁荡山专志》；设置《浙江通志·海塘专志》《浙江通志·茶叶专志》《浙江通志·蚕桑丝绸专志》《浙江通志·乡镇企业专志》《浙江通志·海洋经济专志》等专志以更好地反映浙江经济的特色；设置《浙江通志·越文化专志》以体现历史文化长河中浙江于越民族创造的光辉灿烂文化；设置《浙江通志·名城名镇名村专志》《浙江通志·风景名胜专志》以反映浙江作为风景名胜大省的地位和形象，展示浙江省珍贵的历史文化资源和富有浙江特色的保护体系；作为浙江历史上第一部记载地方志事业发展和现实成就的专业志书，《浙江通志·地方志专志》的设置，有利于体现浙江“方志之乡”的优良传统，对于更好地保存和利用浙江地方志历史资料也具有重要意义。

最后，《浙江通志》中设置有全国首创卷目《浙江通志·商品市场志》，独具开创性和探索性特点。《浙江通志》还将方志界习惯使用的一些志名进行了修改和创新，如《浙江通志·自然灾异志》“灾”指灾害，“异”为异常，该卷不仅记载自然灾害，也记载自然界的异常现象，因而不使用《自然灾害》作为志名等。

（二）篇目设置科学规范

篇目是最能也最容易体现志书特色的部分，“省志要想体现一省的特色应该在篇目设计上下功夫。”[①]《浙江通志》各卷在设置篇目时，均能坚持科

① 李娟：《省志如何突出地域文化特色》，《中国地方志》2015年第7期。

学性、整体性、系统性、地域性等原则，确立实事求是、全面系统、抓大放小、保障质量的工作方针，努力做到内容完整、事以类聚、重点突出、特色鲜明、层次分明。

《浙江通志》各卷篇目一般由卷首、主体篇目、卷尾3部分组成，卷首包括图版、目录、概述，卷尾含丛录、大事年表、索引、编后记，主体篇目则根据各卷所记内容而定，设章多少根据内容多寡而定，章下设节，节下设若干目和子目(细目)，部分卷内还设有或与章、或与节、或与目平行的专记。各卷在设置篇目时，都遵循了地方志要突出时代特征、地方特色、行业特点的理念，做到个性与共性、普遍性与特殊性统一。同时，也都注意到了各卷之间、各卷内部之间的交叉重复关系，采用把握主次、注重侧重，把握详略、注重互见，把握志体、注重照应，把握特性、注重内涵的原则妥善处理各卷之间、各卷内部之间的交叉关系，避免出现重复记述现象。《浙江通志》五大部类篇目设置情况如下：

自然部类的篇目设置，突出浙江山脉、平原、河流、湖泊、海洋一应俱全的特色，将浙江省自然地理环境的标志性实体单独立卷或设章。如《浙江通志·自然环境志》将海洋单独设章，章下设《海洋地质》《水文》《化学》《生物》和《海洋资源》5节;《浙江通志·国土资源志》共设《资源种类》《制度与法规》《开发利用》《规划》《保护》《税租费》《地籍管理》《矿产资源与地质环境管理》《科技与教育》《机构与队伍》10章，篇目涵盖了浙江省国土资源管理工作的全部内容，体现土地、矿产资源管理各项工作之间的内在逻辑关系。

政治部类篇目设置时注意突出中国共产党的领导核心作用，突出民主政治建设，突出政府管理体制改革，突出民主法治建设，如在《浙江通志·中国共产党志》中专设《重大决策》章，集中反映中共浙江省委在各个时期的重大决策与重要活动，突出体现中国共产党的执政地位和领导核心作用，避免志书一般性反映党的组织、宣传、统战、纪检等方面的工作。各卷篇目设置时还适当地使用了升格、位置前移、增设类目等方法以更好地体现特色。

如《浙江通志·人民代表大会志》《浙江通志·人民政协志》两卷均将“人大代表”“政协委员”单列一章并置于所有章节之首，体现人大代表代表人民管理国家、社会事务的重要性和代表作用发挥的独特性；政协委员是人民政协履行职能的主体，这样记述凸显了政协的职能和地位。《浙江通志·政府志》设置“施政纪略(上中下)”3章，着重记述了中华人民共和国成立以来特别是改革开放以来省政府施政的主要业绩。

经济部类篇目设置思路则着重体现在“求全”“求大”“求新”“求特”上，突出通志的“通”“全”“统”“特”，同时立足全行业、全事业的眼光和格局，避免部门志痕迹。如《浙江通志·民营经济志》以经营方式为标准，将个体经营、私人经营、国有民营、合作经营等纳入民营经济范畴，并将民营经济产生、发展历史单独成章，探明了其发展历程。

文化部类在设置篇目时注重突出浙江文化的辉煌历史和成就，全方位展示了浙江文化名人辈出和丰硕的文化成果，体现了浙江文化事业和文化产业的明显优势。《浙江通志·公共文化志》设置《公共文化工程》《公共文化活动》《群众文艺创作》《公共文化研究》等7章，展示了浙江省公共文化建设一直走在全国前列的成就，如《机构》章下设“公共文化管理部门、民众教育馆、文化馆(站)、其他公共文化事业机构”，记述了浙江省是全国最早建立群众艺术馆的省份，第四章第一节下设浙江东海明珠工程、“蒲公英计划”、农村文化基础设施工程3目，对“全国万里边疆文化长廊工程”组成部分的浙江东海明珠工程等基础性工程做了很好的展现。《浙江通志·体育志》在设置篇目时，根据体育工作主要任务和体育志分类的传统做法，突出群众体育、竞技体育、体育产业三大主体，兼顾体育场地、体育教育、体育科研、体育宣传、体育交流、体育管理、人才培养等多个方面具有浙江特色的内容。

社会部类包含有人口、人民生活、社会保障、民政、民族、宗教、民俗、方言等内容，设置篇目时则突出社会变迁、生活变化，如《浙江通志·人民生活志》篇目就是按照充分围绕居民生活水平、生活观念、生活方式变迁的这条主线进行设置，志书主体由居民收入、居民支出、居民消费价格变动及资产、居民吃穿用行、教育与文化、医疗与健康、生活保障与生活环境、婚姻与习俗、人民生活统计调查 9 个方面充分展示浙江经济的高速发展，人民生活发生的翻天覆地的变化，该卷附录除收录有关政策外，还录有“人民生活统计资料选录”的有关内容，对相关年份浙江省城镇居民人均收入来源、浙江省农村居民人均收入及增长情况、浙江省评价每百户农村居民家庭耐用消费品拥有量、浙江省居民货币购买力指数等列表记述。

（三）体裁运用合理得当

《浙江通志》全志以卷章结构为主。以卷谋篇，横排门类，纵述史实，卷下分 4 类：《浙江通志·总述》卷，按部类加以概括性记述；《浙江通志·大事记》卷，以“大事”为记述单元；《浙江通志·人物传》卷，以人物为记述单元；其余各志均以《浙江通志·×× 志》命名，各卷下设章、节，节下根据需要设目、子目与细目等层级，以目（子目或细目）为记述单元。全志采用述、记、志、传、图、表、录 7 种体裁，以志体为主，辅以图表。

1. 述体：在《浙江通志》中有 3 种，一种是总述，该卷是《浙江通志》的全志概述，既依托各相关卷，又统揽全局、统摄全志；另一种是各卷概述，为各卷开篇之作，置于卷首，主要记述各卷所记事物（事业、行业）的基本概念及其发生、发展、演变和形成，在记述时要求写出该项事物的时代特征与地方特色、存在的优势与劣势；还有一种是章、节无题小序，无题小序为综述该章、节内容的总体情况而设，置于章、节开篇之前，《浙江通志》卷下各章及有目的节均设有无题小序，这些章节设置无题小序既是志书相关章节宏观、中观层面的记述，也是全章或全节内容的“浓缩”与“提升”，还是标记各卷、各章、各节之间相关问题如交叉重复、拾遗补阙的重要“窗口”。

《浙江通志》各卷概述一般按照以下 3 种方式编写：一是横分浓缩法，即将志书所要记述的主要内容加以提炼和浓缩，按照该志所记篇章来设置概述的段落，如《浙江通志·自然环境志》，该志概述分设 8 部分，前 7 部分与该志篇目“地质、地貌、气候、水文、土壤、海洋、生物”7 章相对应，最后1部分为结语，总结展望，该概述要点明晰，浙江自然环境特色一览无余；二是纵述主线法，即将该志所记内容的历史划分为若干阶段，按照历史分期来记述，如《浙江通志·档案志》，该志概述按照古代档案、民国时期档案、中华人民共和国成立后档案事业的发展等几个时期来记述浙江档案的发展历程，又重点记述中华人民共和国成立后浙江档案事业历经事业初创、稳步建设、遭受挫折、恢复整顿总结提高、依法全面协调发展5个时期，所记内容均按时间顺序进行表述，重点突出，脉络清楚；三是纵横结合法，既有纵述的段落，又有横陈内容，如《浙江通志·非物质文化遗产志》，该志概述即采用纵横结合的记述方式，先纵写从史前到民国时期浙江非物质文化遗产丰富而精彩的面貌，再横陈中华人民共和国成立后尤其是改革开放以后浙江非物质文化遗产的种类、分布的区域、特色特点、非物质文化遗产的保护传承等方面，亮点突出，韵味独特。

2. 记体：《浙江通志》设置有大事记（其他各卷同时设有大事年表）、编后记、卷内专记3种。为了与《大事记》卷相区分，避免名称上的重复，《浙江通志》各卷大事记使用大事年表名称，采用年表体形式，简明扼要、全面系统地展示该卷内容的历史发展主要脉络，各卷大事年表表头设时间、大事纪要、资料来源3栏，其中资料来源一栏记载的原始出处，既增强了志书的学术性，也提升了志书的可信度。编后记主要交代该卷编纂的缘起、始末以及其他需要说明的编纂工作问题。

《浙江通志·大事记》卷是浙江第一部贯通古今的历史大事记，采用编年体（在具体条目记述上兼用纪事本末体）形式，记述浙江省境域内发生的大事、要事、特事，全面、客观、系统展示了浙江自古及今的史事要略，该志重点记述中华人民共和国成立70年来特别是改革开放40多年来浙江经济和社会各项事业所发生的历史巨变，“述而不论”，客观真实。

《浙江通志》相关卷设置有专记若干，各卷专记的设置，是为了把正文中难以归类的事物、具有特色的事件、具有典型意义的事物单列出来进行专题记述，很好地体现了志书特色。如《浙江通志·医疗卫生志》的2个专记《毛泽东视察小营巷》《“废除中医案”》，就非常具有浙江特色。

3. 志体：志为《浙江通志》之主体，各卷主体采用横排门类、纵述史实的叙事方式，遵守横不缺要项，纵不断主线、越境不书、述而不论等原则，通过大量资料，全面、客观、系统地记述浙江省自然、政治、经济、文化和社会的历史和现状，《浙江通志》各卷志文字数占全志的70%左右。各卷记述事物的发生、发展、变化、结果，均能做到据实直书、详略得当、点面结合，选材真实可信，杜绝了工作总结、新闻报道、文艺作品、“流水账”等写法，尽力避免了“开天窗”现象，尤其是消除了部门志的痕迹。

如《浙江通志·社会团体志》，为跳出部门志局限，全面系统记述浙江工人、青年、妇女组织的历史与现状，该志将此3章的章名设置为“工人组织章”“青年组织章”“妇女组织章”，不使用“省总工会章”“团省委章”“省妇联章”这样的章名。《浙江通志·民俗志》有别于多数纯工作性志卷的“点面关系”，既有一定的面上的概述，又突出细节，做到点与面的有机结合。该志在相关章节采取“事项与事件”结合，选择“有特色、有代表性的细节”进行“民俗志书写范式探索”试探性地创新。[①]《浙江通志·发展计划志》则注意把握时空界线、记述顺序、内容交叉重复等要求，有效避免了“流水账”式、总结式、报告式、广告式等记述。这些记的方式，既是志书记述的普遍要求的体现，也是浙江特色的一种展示。

4. 传体：浙江历代名人数量众多，涵盖面广，影响力大，从古至今载入史册浙江籍文化名人占约全国名人总数的1/5，中国科学院、中国工程院两院院士中浙江人约占1/5，商界精英数量浙江为全国第一。《浙江通志》以“生不立传”为原则，专设《人物传》予以记载。该卷编纂坚持生不立传（只收录该志下限时去世人物）、主客兼收（以本籍为主兼收客籍）、实事求是（同时客观如实收录了在历史上有影响的有关人物）等原则，每位入传人物各以姓名为题撰写传文，全志单设人物传，不设在世人物简介、人物表，也不附

① 《浙江通志·民俗志》，浙江人民出版社2020年版，第743页。

人物图像和照片。该志所收人物按生年先后自然排序，卷末附有索引，按人名首字笔画数由少到多排列，同名人物分别括注籍贯以示区别，便于读者检索。这些原则与要求，使得入志人物充满了浓浓的“浙味”。

5. 图体:《浙江通志》按入志之图的所在版页，分为图版图和随文图两类。《浙江通志》入志之图主要有地图、照片、图画、统计图等。各卷基本做到了主题突出、特色明显，所选图照质量上乘。各图均标注图序、图题、资料来源及说明。如《浙江通志·天目山专志》图版共收录图照113幅，图片主题突出、清晰美观、编排整齐、搭配得当、要素齐全、图注精练，每图后均标注有拍摄者或提供单位，学术价值高。内容涵盖自然环境、生物资源、科研教育、自然保护、生态旅游、道教、佛教、军事、机构管理、文史艺术等方面，尤其是“生长于西天目山的国家以及保护植物、中生代孑遗植物银杏”“活动在西天目山的中国特有物种安吉小鲵”等珍贵动植物图片，“陆俨少水墨画《西天目狮子口云海》”等独具天目山特色、极富人文价值的图照，极大增强了志书的可读性、观赏性，丰富了志书的内容，具有很高的史料价值，让人过目难忘。

6. 表体:《浙江通志》各卷表格分数字统计表和事类表两种。表格由表题、表序号、单位、填写内容的表体、资料来源及说明组成，各卷表格表题除“名录”外，均使用“××× 一览表”为标题,《浙江通志》表体有两个特色，一是各卷有表必注，所有表格后均需标注资料来源，有效提升了志书质量和学术品位；二是正文中表格(图亦如此)在相应自然段之下的，不括注表格(图)的序号，只有表格(图)不在该自然段之下的才需括注序号，这一做法不仅节约了文字量，也增强了志文与表(图)的紧密度。如《浙江通志·邮政业志》全志配200余张表格，内容涉及古代邮驿及近代邮递通信、邮政机构、邮政业务、邮件处理、邮政服务、邮政财务与人力资源管理、邮政建设、邮政监管、快递等，浙江是民营快递的主要发源地，桐庐县被中国快递协会授予“中国民营快递之乡”称号，浙江民营快递的发展在全国占有突出地位，该志《快递》章设置有“2010年浙江省通过快递经营许可审核的非邮快递企业分布一览表”“2010年浙江省内圆通快递品牌经营机构一览表”等大量表格，表题含序号、快递企业名称、快递经营许可证号、工商注册日期、所在地区、人员(人)、汽车(辆)、其他车辆(辆)，这些图表极其突出地体现了志书下限时浙江著名快递品牌及其他快递品牌分布情况，数据翔实、文约事丰，主要内容一目了然，且便于读者查阅，更为重要的是把浙江邮政业的风貌呈现得淋漓尽致。

7. 录体：《浙江通志》各卷丛录专事收录该卷具有存史价值的珍贵文献资料，收录的内容包括有关浙江省的历代诏谕、典章制度、政策法规文本，有关浙江省的重要诗、词、歌赋、楹联、金石、碑碣、民谣、文章以及其他重要文献等。《丛录》总字数不超过全卷字数的10%，这是正文内容的重要补充，《浙江通志》各卷基本都设有丛录，如《浙江通志·出版志》丛录设有《历代序跋选录》《出版管理文件选录》2部分，《浙江通志·气象志》丛录设有《文件辑录》《气象文赋摘录》《气象谚语摘录》3部分等。此外，《浙江通志》相关卷根据需要另设有附录若干。这些《丛录》的内容，把与各部门、各行业最具特色的文献汇聚一起，使得这种特色给人带来强烈的阅读冲击，留下深刻的印象。

《浙江通志》七体并用，各体合理齐全，在编纂体例、编纂原则、编纂方法上既有继承，又不乏创新，同时注重突出浙江的特色与要求，不仅提高了全志的科学性、规范性、著述性，也提升了志书的学术价值和学术品位。

三、内容为本，着力讲好浙江的鲜活故事

《浙江通志》各卷内容丰富，史料翔实，特色突出，在内容上较好地体现了省志“全”“实”“特”的特征，它承载着丰富多彩的浙江故事，正如序言所记：“《浙江通志》把浙江人民所创造的辉煌业绩和奋斗精神记载下来，既可以激励当代浙江人励精图治、团结奋斗，更能够广泛宣传浙江，让全国

①《浙江通志·大事记》，浙江人民出版社2019年版，第2页。

乃至世界更加充分地了解浙江、认识浙江，作用巨大，意义深远。”[①]

（一）全：门类齐全，记述完整

省志是一省范围内自然和社会百科历史与现状的总体反映，全面系统性是其基本属性之一。《浙江通志》涵盖了浙江省域内自然、政治、经济、文化、社会、人物等各方面的内容。对主要事物及事物的主要方面不遗漏，在各事物重要发展阶段不缺失，达到“横不缺项”和“纵不断线”的要求。

如《浙江通志·国内贸易志》涵盖“商品贸易”“住宿、餐饮与居民生活服务”“商务服务与其他服务业”三大类，内容包含了城市商业与农村商业、计划经济与市场经济、传统经营方式与现代经营方式、商品贸易与服务贸易的各个方面，涉及70多个行业门类。同时比较全面地记述了那些具有开拓性、创新性的新业态、新事物，如电子商务、拍卖、典当业、会展业、美容美发、摄影彩扩、家政、连锁经营、商品市场、特色街区等，内容丰富，资料性强，浙江地方色彩浓厚。

如《浙江通志·地质勘查志》从旧石器时代起至2010年12月31日止，全面客观记述了浙江先民从萌芽时期原始采集和原始开发与利用至现代地勘工作。丛录“巍巍青山作证——走进浙江省第七地质大队”，以介绍全国模范地质队——浙江省第七地质大队先进事迹为例，全面展示了浙江地勘队伍发展的历史进程，让后人更好地了解浙江地勘人“以地质找矿为荣、以艰苦奋斗为荣、以献身地质事业为荣”的事例。

如《浙江通志·美术志》主体横跨13个美术门类，记述了中国画、书法、篆刻、油画、水彩画、水粉画、粉画、雕塑、漫画连环、画动画、工艺美术、民间美术、美术教育、美术论著、美术展览、美术市场、美术社团、美术机构等内容，时间跨越上下三千多年，充分展现了浙江区域相对稳定有序的美术传承脉络、大批引领美术界的艺术大家、经典丰富的艺术成果，显出了“美术浙江”的魅力。

如《浙江通志·名城名镇名村专志》设《名城名镇名村概貌》《名城名镇名村保护与管理》《国家历史文化名城》《省历史文化名城》《中国历史文化

名镇》《省历史文化名镇》《中国历史文化名村》《省历史文化名村》8章，记述了浙江省9个国家历史文化名城、14个省历史文化名城；16个中国历史文化名镇、36个省历史文化名镇；14个中国历史文化名村、21个省历史文化名村，内容从历史沿革、古城格局与历史风貌、历史文化街区、文物古迹、历史建筑、历史环境要素、民俗文化、传统技艺、历史名人与重要历史事件、保护利用管理等方面进行记述，全面丰富。

（二）实：史料翔实，可信可用

资料性是地方志的基本属性，志界称资料是志书的生命源泉，一部志书能否有存史价值，资料是最为重要的评判标准。《浙江通志》采用大量的原始文件、档案、信函等一手材料，资料丰富厚实；同时，又注意做好资料的考订核实工作，确保入志内容真实准确。

《浙江通志·自然灾异志》系统全面记述浙江省2000余年的各种自然灾异现象，反映的历史灾异现象百余项，涉及知识领域广泛；内容涵盖台风、干旱和洪涝、强对流天气、高温和冰雪低温、海洋灾异、地质灾害、生物灾异、灾异杂录等方面。其中，附录一“自然灾异编年”占据了该卷2/5的篇幅，所记内容参考了500种以上的资料如正史、地方志、明清实录、杂著，查阅了大量档案资料、汇编成果、观测资料等，史料丰富，考证翔实，填补了同类工作空白，且每条志文都标注有资料来源，具有很高的资料价值和学术价值。

《浙江通志·公安志》全志字数100余万，内文插图220张，表格162张。该志编辑部将资料工作贯穿于整个修志过程中。特别是在2013年6至10月这段时间里，编辑部“共查阅各类档案资料1万余卷，利用数字化档案成果6000余页，复印（打印）资料8000余页，征集图片资料2000余张，摘录并录入‘省公安志编纂系统’的电子资料达1000余万字，其中新收集资料500余万字”，[①]该志全面、客观记述了浙江省近代警察事业的发展，尤其是全

①《浙江通志·公安志》，浙江人民出版社2018年版，第731页。

面、客观、系统地记述了浙江解放以来公安(警察)事业发展的历史与现状。

《浙江通志·测绘与地理信息志》通过深入的资料收集，发现了一些浙江测绘的新史料。如通过史料查证，把浙江测绘历史向前推进到距今4700—5100年的良渚古城外围的水利系统建设，浙江测绘历史不再是以夏禹治水作为发端。另外，还增添了地理学家、德清人胡渭收集历代地理资料的内容。

《浙江通志·越文化专志》是《浙江通志》113卷里唯一以“地域文化”命名的专志，全书共12章，内容涵盖越国文化的发祥基础、越国兴衰史及社会政治制度、学术思想、农业、商业、城市交通、文学艺术等方方面面。该志立足于大量古代文献，充分运用新刊文献史料，并注重运用考古资料，以弥补历史文献记载资料不足，在此基础上“对诸多似是而非的问题作出审慎澄清、重新梳陈于世。为了让人们对越国历史形成更清晰的认识和了解，书中还配以大量的遗址遗迹和出土文物的图片”。[①]

《浙江通志·西湖专志》注重图文并茂，选用了300多幅珍贵的历史图片和风景照片，史料性、可读性均较强；另一突出特色是在编写上十分重视志书的学术规范，全志有一千多条资料出处，每条出处均详细注明版本、出版社、页码，学术性强。

上述志书只是通志113卷中的5卷，因篇幅所限，本文不能一一细述。《浙江通志》各卷均重视资料收集、整理与考订，都强调所录资料的真实准确和全面系统，并注重选取有代表性和权威性的资料。各卷资料收集均努力做到“见底”和“原始”，部分卷的资料字数甚至是最终志稿字数8倍乃至10倍以上，而且不少资料起到了填补史料空白，或修正的作用。大量一手资料的收集和保存，为讲好浙江故事打下了坚实基础。

(三)特：突出浙江味，体现时代味

志书要体现时代特征、地方特色、行业特点，这是志界共识。《浙江通志》注重记述某一时期较为突出，具有独特性和代表性、有重大影响力的事

① 郑梦莹:《越地长歌 声声不息》,《浙江日报》2022年4月22日第8版。

物，注重记述新生事物。

《浙江通志·人民政协志》编辑部收集了习近平同志参加政协会议和活动的讲话以及对政协报告、提案、信息、大会发言材料上的批示，并在志稿中作较为充分的记述，习近平同志在任浙江省委书记时，“对政协报送省委的请示汇报、委员重点提案、调研报告作了大量的批示，省委加强对政协工作的领导形成制度化，这是习近平总书记留给浙江省政协宝贵的思想财富。”①这些记述使得该志“时代味”凸显。该志为突出“浙江味”，在第四章《政治协商》中单列了《专题协商会协商》一节、在第五章《民主监督》中单列《听证会》《专项集体民主监督》两节、在第六章《参政议政》中单列了《重大调研》一节并把《委员约谈》作为目、在第八章第一节《理论研究》中单列《政协文化研究》一目，以此来突出记述省政协在全国政协系统较早组织召开专题协商会；在全国政协系统最早组织开展专项集体民主监督工作，并把听证会作为广泛听取群众意见、切实提升监督实效的必要程序；在全国政协系统较早组织开展了重点课题调研，于2000年在全国政协系统最早推行了委员约谈制度；在全国政协系统首次提出政协文化建设的命题，等等。这些都是很有“浙江味”的地方特色内容。

《浙江通志·建筑业志》记述了浙江建筑业中众多的能工巧匠和专家学者；记述了远古的上山文化、跨湖桥文化、河姆渡文化、马家浜文化、良渚文化等中国古代建筑史上的璀璨明珠；记述了宋代李诫编写的中国古代最完整的建筑技术书籍《营造法式》；记述了近代的茅以升设计的钱塘江大桥；记述了现代驰名中外的杭州湾跨海大桥等。志书中专门设章详细介绍了1994年和2010年命名的“建筑之乡”上虞市、东阳市、绍兴县、诸暨市、萧山市、象山县、温岭市、嵊州市、宁波市鄞州区、慈溪市、临海市，突出浙江作为全国建筑大省的地位。

---

① 杨帆:《修志天下事 得失寸心知——〈浙江通志·人民政协志〉编纂感怀》,《浙江方志》2020年第3期。

《浙江通志·气象志》重点记述了具有浙江特色的，在全国独有的或位居全国前列的内容。浙江地方志书中所记载的气象灾害，史料之丰富，年代之久远，全国少有，“浙江自秦汉以来施行雨泽奏报制度，至2010年中国第一历史档案馆还保存有清代杭州上班的晴雨录文献资料。”①近代至2010年，更是涌现出一大批以中国现代气象科学奠基人竺可桢（绍兴上虞籍）为代表的气象科学家。进入21世纪，浙江气象工作干在实处、走在前列，多项工作全国领先“组成了基本涵盖全省区域的现代化综合气象观测系统。”②这些记载都使《气象志》内容更加丰富，浙江特色、气象特色更加鲜明。

《浙江通志·渔业志》充分展示了浙江悠久的渔业历史、明显的渔业优势、突出的渔业贡献。“世界上第一本养鱼专著《养鱼经》就出自古代越国。”③2010年，浙江水产品产量列全国第四。“全省渔区人均收入13350元，比上年增长11%；高出全国渔民人均收入4387.19元，高48.95%；高出全省农民人均收入2047元，高18.11%（列全国除北京、上海两个直辖市外第一位）”④突出了改革开放以后渔业发展成就，这些内容在志书中的记述，使得志书的地域特色、时代特征和行业特点得到了充分的体现。

《浙江通志·文学志》全志主体是文学作品，篇目上按照作品、传媒、组织、活动、附录的顺序编排，入志作品按类型分章记述，设置《文学流派与作家群》章以呈现浙江灿若星辰的文学名家如“永嘉四灵”“江湖诗派”“铁崖诗派”“越诗派”“晚明小品文派”“浙西词派”“秀水诗派”“湖畔诗派”“人生派”“创造派”以及“浙西乡土文学作家群”“鲁迅风作家群”“浙东左翼作家群”“现代派作家群”“战时浙江作家群”等，设立“当代戏剧影视与新媒体文学”节对动漫剧本和网络类型文学予以记述，全志浙江特色突出，时代特征凸显。

①《浙江通志·气象志》，浙江人民出版社2021年版，第2页。
②《浙江通志·气象志》，浙江人民出版社2021年版，第10页。
③《浙江通志·渔业志》，浙江人民出版社2020年版，第1页。
④《浙江通志·渔业志》，浙江人民出版社2020年版，第2页。

浙江是全国茶树栽种历史早、茶区广、产量大、贸易发达、饮茶者众的省份之一。《浙江通志·茶叶志》设10章，全面记述了茶叶的方方面面及特色，尤其是《名茶》章，下设“史录存目名茶、获奖或地理标志保护名茶、龙井茶、茗茶选录”四节，不仅梳理了古代史籍上有关浙江名茶的记载并整理成《史录存目名茶》，还梳理了清宣统二年(1910年)最早名茶评奖至2010年获农产品地理标志保护名茶，包括各类奖项、获地理标志保护和列入“非遗”名录的浙江名茶。同时，将龙井茶升格为节，以体现龙井这款名茶的特殊地位。

结　语

《浙江通志》在体例上既继承了前人修志的优良传统，又注重与时俱进，适度创新，在内容上既讲求“上记到顶，下记到底”，又重视资料的真实准确，典型权威。该志以其丰富的内容，彰显了浙江“红色根脉”的政治优势，展示了浙江“鱼米之乡、丝茶之府、文物之邦、旅游胜地”的悠久历史，凸显了浙江“方志之乡”的时代传承和鲜明特色。这一有着1.13亿字的鸿篇巨“志”，既是浙江文化强省建设的标志性工程，也是浙江打造“新时代全面展示中国特色社会主义制度优越性的重要窗口”的丰硕成果，生动体现了“为党立言、为国存史、为民修志”的要求，对于存史资政、教化启智、鉴往知来具有重要价值。

（李迎春，浙江省人民政府地方志办公室省志工作部副主任，助理研究员。）

《浙江通志》质量保障体系建设的实践与思考

颜越虎

提　要：新编《浙江通志》是浙江省自清雍正《浙江通志》编竣以来第一部完整的省志。通过全员、全方位、全过程的质量保障体系建设，从18个方面入手，一环扣一环，层层抓落实，使《浙江通志》这一文化强省建设的标志性工程成为一项优质工程。领导重视志书质量与人人重视志书质量并重等8个方面的基本认识和志书质量建设制度刚性落实的难题有待进一步破解等3个方面的反思，无论对浙江地方志事业的继往开来，还是对全国二轮修志的探究考量，都不无意义。

关键词：《浙江通志》　质量保障体系　实践　思考

新编《浙江通志》是浙江省这一行政区域自清雍正《浙江通志》[①]编竣以来第一部完整的省志。国务院前总理温家宝，中国工程院院士、中国茶叶研究所研究员陈宗懋及方志界同仁对《浙江通志》编纂工作及其成就予以充分肯定[②]，它已经成为"方志之乡"的又一个引人瞩目的质量标杆，成为浙江方

---

① 雍正《浙江通志》自清雍正九年（1731）开始编纂，至雍正十三年（1735）编竣成书，全书共分54门280卷。该志是中华人民共和国成立前浙江省体例最完备、内容最完整的一部省志，历来被称为佳志。

② 颜越虎：《温家宝总理关心〈浙江通志〉》，2020年6月26日"新越绝书"微信公众平台；本刊通讯员：《〈浙江通志·茶叶专志〉出版首发式在杭州召开》，《茶叶》2021年第2期；王铁鹏：《试论〈浙江通志·茶叶专志〉的记述特色》，《广西地方志》2021年第4期；李秋洪：《浙江人民生活的真实记录——读〈浙江通志·人民生活志〉》，《广西地方志》2022年第1期。

志史、浙江文化史上又一座耀眼的里程碑。

质量保障体系建设是《浙江通志》编纂取得成功的关键因素。回顾编纂过程中质量保障体系建设的种种实践，总结其成败得失，探讨其成效经验，无论对浙江地方志事业的继往开来，还是对全国二轮修志的探究考量，都不无意义。本人不揣浅陋，草成此文，权作抛砖引玉。

一、《浙江通志》的基本情况与编纂、出版过程

（一）基本情况

新编《浙江通志》共 113 卷，全志合计 131 册，约 1.13 亿字。全志共有 111 卷公开出版，第 26 卷《军事志》、第 27 卷《武警志》不公开出版；另有第 98 卷《钱塘江专志》等 14 卷系专门设置的特色卷，目的是彰显浙江自然、经济、文化等领域的地方特色与优势。

（二）编纂、出版过程

1. 筹备阶段。2008 年 12 月 22 日和 12 月 20 日，时任浙江省委副书记、省长吕祖善和省委常委、常务副省长陈敏尔在省方志办关于编纂《浙江通志》建议上批示同意新修《浙江通志》。此后，省方志办在学习取经、调研论证的基础上拟订卷目，同时开展编纂工作启动的其他准备工作。

2. 编纂阶段。2011 年 1 月 16 日，吕祖善宣布将于 2011 年“启动《浙江通志》编纂工作。”[①]同年 9 月 23 日，省委办公厅、省政府办公厅印发《〈浙江通志〉编纂工作实施方案》。这标志着编纂工作正式启动。2012 年 2 月 13 日，全省地方志工作电视电话会议召开，时任浙江省委副书记、省长、省地方志编纂委员会主任夏宝龙代表省政府在会上向俞文华（省委副秘书长、省委办公厅主任、省政协秘书长）等颁发了《浙江通志》总编、副总编聘书，与有关单位签订了编纂责任书。这标志着编纂工作全面启动。

编纂工作全面启动后，各编纂责任单位和全体编纂人员所做的主要工作

---

① 吕祖善：《政府工作报告》，《浙江日报》2011 年 1 月 23 日，第 3 版。

为：设立机构与选定人员；参加业务培训；确定各卷篇目；收集、整理与考订资料；编辑资料长编；初稿编写；志稿总纂；评审验收。[①]《浙江通志》共召开 13 次终审会，第一次终审会于 2016 年 7 月 1 日召开，《公安志》等 5 卷志稿通过终审；第十三次终审会于 2020 年 11 月 10 日召开，《交通运输业志》等 11 卷通过终审，这标志着编纂工作全面完成。

3. 出版阶段。《盐业志》等 4 卷于 2017 年 4 月由浙江人民出版社出版。此后其余各卷陆续出版，并于 2021 年底基本完成出版任务。

二、《浙江通志》质量保障体系建设的谋划

在《浙江通志》编纂之初，我们就把质量放在首位。2012 年 11 月，时任省地方志编纂委员会副主任张曦提出“《浙江通志》质量保障体系建设”的要求之后，各编纂责任单位、各编纂人员更是把质量保障体系建设作为编纂工作的重中之重，层层贯彻落实，取得了切实成效。

2012 年 9 月，张曦要求《浙江通志》总编室从全国范围查找地方志书质量保障体系建设的相关材料。11 月，张曦在一份材料中提出“建立全员、全方位、全过程的质量保障体系与保障机制”的要求，提出“防止各卷志书质量良莠不齐，杜绝‘豆腐渣工程’，经得起历史检验”的要求；提出防止出现“两个工程”（即“胡子工程”和“豆腐渣工程”）的要求。这是从宏观层面对质量保障体系建设的思考和要求，对此后质量保障体系建设产生了重大影响。

质量保障体系建设要求的提出，为《浙江通志》打造优秀志书指明了方向和路径，与总编俞文华提出的“锲而不舍抓质量，拼尽心力铸精品”要求一脉相承，成为编纂人员打造高质量志书的精神支柱和志在必得的明确目标。

三、《浙江通志》质量保障体系建设的实践

为落实《浙江通志》质量保障体系建设的相关要求，我们主要从 18 个方

① 参见《关于〈浙江通志〉各卷编纂出版工作的规定》，浙地委〔2011〕9 号文件。

面入手，其主要措施如下。

（一）重视学习，提高认识

我们从认真学习相关指示、法规、文件及其他有关材料入手，使《浙江通志》全体编纂人员构筑起质量至上的牢固意识，从而为打造精品志书构筑牢固的认识基础，提供有力的思想保障。

（二）着眼质量，确定班子

《浙江通志》被列为"文化大省建设的一项标志性工程"和"当前和今后一个时期我省地方志工作的重中之重"①，其质量要求之高，不言自明。浙江省建立了以省委副书记、省长为主任的《浙江通志》编纂委员会②，配备了以俞文华为总编的总编班子③，"总编负责决定编纂工作重大事项，全面把关志书质量；副总编在总编领导下开展工作，负责有关分卷的统筹协调、指导检查、质量把关等工作"④。

为了提高志书质量，对各责任单位上交的终审稿进行总体把关，经省政府领导同意，2015 年 5 月 18 日，省地方志编纂委员会决定组建《浙江通志》总纂班子，聘请浙江大学教授李志廷为《浙江通志》总纂，另聘 6 位同志为副总纂。⑤总纂工作班子在总编领导下开展工作。

这是根据编纂工作的实际情况，着眼于志书编纂质量而作出的重要决定。总编班子和总纂班子在工作中各有侧重，实现了良性互补。这样的工作架构和人员配备在全国省级志书编纂机构中是独一无二的，这恰恰是从志书

① 参见《浙江省人民政府办公厅关于进一步加强地方志工作的意见》，浙政办发〔2011〕91 号文件。

② 省委办公厅、省政府办公厅：《关于成立〈浙江通志〉编纂委员会的通知》，浙委办发〔2016〕7 号文件。

③ 2011 年 9 月，省政府聘请《浙江通志》总编 1 名，副总编 8 名（其中常务副总编 1 名），2012 年 9 月、2019 年 5 月分别更换 1 名副总编，2019 年 5 月增加 1 名副总编。

④ 省委办公厅、省政府办公厅：《〈浙江通志〉编纂工作实施方案》，浙委办〔2011〕117 号文件。

⑤ 参见浙江省地方志编纂委员会：《关于公布〈浙江通志〉总纂班子的通知》，浙地委〔2015〕2 号文件。2018 年和 2019 年又增加了 5 名副总纂。

质量的角度来考虑、布局的，而最后取得的进度和质量并进共赢的成果也充分证明这一决策的正确。

（三）集思广益，提高起点

在编纂过程中，我们一直注重向中国地方志指导小组及其办公室（以下简称“中指组”“中指办”）请示求教，向兄弟省（自治区、直辖市）同行学习取经，先后邀请相关专家参加研讨会、授课传经或上门讨教、索要资料等，涉及20余个省（自治区、直辖市）省级地方志工作机构，取人之长，补己之短，获益匪浅。

总编室收集了宁波天一阁博物馆（今宁波天一阁博物院）中国地方志珍藏馆、浙江图书馆和省方志办资料室收藏的除浙江省以外的首轮全国30个省（自治区、直辖市）的省级地方志书1981部（卷），以及部分第二轮省级地方志书，合计2000余卷（部）志书的目录，将其篇目刻录成3张光盘（为反映志书原貌，所收志书目录采用扫描刻录方式保存）。从2012年10月中旬开始，陆续发放给各卷编辑部，供他们对应查找、阅读借鉴。这不仅大大加快了各卷编辑部细化篇目、拟定篇目的速度，而且所拟定的篇目普遍质量较高，因为这是站在了“巨人的肩膀上”，有了更高的起点。

（四）加强培训，提高素质

业务培训是提升编纂人员素质、提高志书质量的重要手段。我们先后邀请了梅森、王晖、黄晓明等方志专家为编纂人员授课。

总编俞文华、总纂李志廷等相关人员结合编纂实际，多次为编纂人员授课；总编室在编纂的各个阶段均组织较大规模的培训班，总编室负责人在培训班上就篇目设置、资料的收集与考订、资料长编编辑、志稿的编写及志稿修改、总纂等有关内容授课。由各相关责任编辑组织的小型的、分散的培训与辅导更是数不胜数。

正是因为在每个阶段都做好有针对性的培训与辅导，对资料收集、资料长编编辑、志稿编写及志稿修改、总纂质量的提升都起到了不可或缺、吹糠见米的作用。

（五）建章立制，规范引路

我们建立了总编办公会议制度、总纂工作会议制度和编纂工作例会制度。总编办公会议是《浙江通志》最高决策方式，由总编主持，每月召开一次，至2020年底，共召开104次，商讨、决定《浙江通志》编纂工作中的重要事项；总纂工作会议不定期召开，由总纂主持，主要结合各阶段编纂工作实际，研究解决相关业务的问题；编纂工作例会每周一、四上午举行，由总编主持，由总编室负责人汇报相关工作情况，及时商讨、解决较短时间内遇到的各种问题，以提高编纂工作的效率与质量。

各卷编辑部也建立了不同形式的会议制度，以贯彻落实省方志办和总编室的工作要求，研究解决编纂过程中出现的问题。

除了通常的编纂工作方案、凡例和行文规范等文件、制度外，我们在《浙江通志》编纂的各个阶段、各个方面出台了相关制度、提出了相关要求，有效地规范了各个阶段、各个方面的工作，以确保志书质量。

我们规定志书篇目在初步拟订之后必须进行论证、进行完善[①]；规定志书篇目及编纂方案“应上报省地方志编委会及省地方志办公室，经同意后方能进入下一阶段工作”（该处的“同意”是指由省方志办发文同意，否则各卷编辑部不得进入下一阶段即资料收集阶段）；规定初稿编写阶段，应“对试写稿进行评议，作出修改，报省地方志办公室审核通过后，全面进入初稿编写工作”[②]；规定“各卷编辑部要根据统一规定使用纸质资料卡和电子资料卡”，进行资料收集工作[③]；规定“各卷在资料收集、整理与考订后应编辑资料长编”，而且“各卷资料长编的电子稿和纸质稿应与总纂稿一起上报省地方志办公室”[④]；规定志稿必须经各部门（单位）保密委员会审定，才能上报省方志办，

① 参见《〈浙江通志〉各卷篇目论证办法》，浙地通〔2012〕1号文件。

② 参见《关于〈浙江通志〉各卷编纂出版工作的规定》，浙地委〔2011〕9号文件。

③ 参见《关于〈浙江通志〉各卷编纂出版工作的规定》（浙地委〔2011〕9号文件）和《关于进一步做好〈浙江通志〉资料工作的通知》（浙地办〔2013〕12号文件）。

④ 参见《关于〈浙江通志〉各卷编纂出版工作的规定》，浙地委〔2011〕9号文件；《关于做好〈浙江通志〉资料长编工作的通知》，浙地办〔2014〕8号文件。

为此，专门由省志工作部起草[①]，省方志办与省保密局联合发文加以规定[②]；规定了各卷志稿审查验收的各种程序与各项要求。[③]

我们还对原先的“浙江省志丛书”相关资料的运用作出明确规定[④]；对《浙江通志》使用的3种注释作出明确规定（一是引文必注资料来源，二是图表必注资料来源，三是其他重要的、需要说明的内容必注资料来源或情况说明，如入志的被判刑的有关人员注明相关情况等）；对志书各卷部分内容（主要是共性内容，如卷概述、章节无题小序、丛录、大事年表、编后记等）的写法作出明确规定[⑤]；对志书内容交叉问题的处理作出明确规定[⑥]；对各卷编纂时间作出明确规定[⑦]；对各卷、编写主体、编写程序、通志文体、编写内容、志稿报送等作出明确规定[⑧]；对各卷参加初审会、复审会、终审会的报送材料作出明确规定[⑨]；对各卷编辑部出版阶段的工作作出明确规定。[⑩]

这些规定有大有小，有先有后，涉及《浙江通志》编纂的各个阶段、各个方面，全面、明确，可操作性较强，对实际编纂工作起到了很好的规范作用，也对志书质量的提升产生了有力的管控作用。

---

① 2020年4月16日，中共浙江省机构编制委员会印发《关于〈浙江省地方志编纂委员会办公室主要职责、内设机构和人员编制规定〉的通知》（浙编〔2014〕文件）后，“省志工作处”改称“省志工作部”。

② 参见《关于切实加强地方志编纂工作保密管理的通知》，浙地办〔2015〕8号文件。

③ 参见《关于〈浙江通志〉审查验收工作的通知》，浙地办〔2016〕14号文件。

④ 参见《关于进一步做好〈浙江通志〉资料工作的通知》，浙地办〔2013〕12号文件。

⑤ 参见《关于〈浙江通志〉各卷部分内容的编纂意见》，浙地办〔2013〕9号文件。

⑥ 参见《关于处理〈浙江通志〉记述内容交叉问题的若干意见》，浙地办〔2013〕28号文件。

⑦ 参见《关于印发〈浙江通志〉各卷交稿时间计划的通知》，浙地办〔2014〕19号文件。

⑧ 参见《〈浙江通志〉志稿编写与报送要求》，浙地办〔2014〕20号文件。

⑨ 参见《〈浙江通志〉编纂手册》中“初审会有关材料”“复审会有关材料”“终审会有关材料”等内容。

⑩ 参见《关于〈浙江通志〉各卷编纂出版工作的规定》，浙地委〔2011〕9号文件。此外，省方志办还要求各卷编辑部志书不出版，队伍不能散，编纂人员可以根据实际情况作相应减少，但必须保留骨干做好志书出版阶段的相关工作。

（六）夯实基础，筑牢根基

志书是资料性文献。省方志办明确要求在资料收集阶段及其后的资料补充阶段运用摘录资料卡片的方法做好资料工作。《浙江通志》电子资料卡有统一规定，共分档案资料、图书资料、报刊资料、口碑资料、图片资料和实物资料等6种类型，资料卡除名称、类别、来源、时间、内容等信息外，还有资料摘录人、摘录时间等信息，以便日后发现差错时追溯资料卡片制作人。这样既尊重摘录人的劳动，也可以有效增强资料卡片制作人的责任心，从而提高资料工作的质量。

省方志办明确要求各卷编辑部“在资料收集、整理与考订后应编辑资料长编”，同时要求“各卷资料长编的电子稿和纸质稿应与总纂稿一起上报省地方志办公室”[①]。这些工作是优化资料、筑牢根基必不可少的一环。

2017年5月10—13日，全国第二次《汶川特大地震抗震救灾志》编纂工作经验交流会暨修志工作研讨会在四川省成都市召开。与会代表讨论了《关于编辑志书资料长编的若干要求（征求意见稿）》和《地方志资料工作规定（征求意见稿）》。根据中指办领导的指示，总编室负责人在会上专题介绍开展《浙江通志》资料长编编辑工作，提高志书工作效率，实现资料长编的存史价值的相关做法与经验，得到中指办领导和与会代表的肯定与好评。[②]

（七）借助外力，优化评审

在志稿评审时，我们先后聘请中国工程院院士、中国茶叶研究所研究员陈宗懋，浙江省地方志编纂委员会办公室原主任、编审魏桥，浙江大学教授仓修良，复旦大学教授许宝华，原国家海洋局第二海洋研究所研究员陈全振，中国社会科学院研究员沈冬梅，北京师范大学教授萧放，华东师范大学

---

① 参见《关于〈浙江通志〉各卷编纂出版工作的规定》，浙地委〔2011〕9号文件。后因资料长编的规模太大，省方志办没有要求各卷编辑部将资料长编的纸质稿随总纂稿一起上报。

② 刘淑颖：《全国第二次〈汶川特大地震抗震救灾志〉编纂工作经验交流会暨修志工作研讨会总述》，中国方志网，2017年5月。

教授陈建勤，中国人民大学教授华林甫，复旦大学教授巴兆祥，浙江省社会科学院历史研究所原所长、研究员林华东等一大批全国一流的各有关专业的专家学者参与相关卷志稿的评审。这样做有助于准确把控各卷相关专业的内容，从而达到提高志书质量的目的。

在志稿修改、总纂阶段，部分卷编辑部聘请了全国一流的省外方志专家担任统稿、总纂工作，相关专家的深度介入，使志稿质量得到显著提升。

（八）明确流程，把控节奏

在编纂之初，省地方志编纂委员会就印发了《关于〈浙江通志〉各卷编纂出版工作的规定》，对各个阶段的相关工作提出明确要求，特别是对一些相对比较重要的阶段，要求经过省方志办发文认可、批准之后，才能进入下一阶段的工作，各卷编辑部不得自行“转段”。

这样做不仅增强了省方志办在《浙江通志》编纂工作中的权威性，更重要的是强化了省方志办对编纂进程、编纂节奏以及编纂质量的把控力度。

（九）以点带面，全面提高

《天目山专志》是《浙江通志》113卷中最早进入评审程序的志稿，于2015年2月进行了初审。在该志资料收集和志稿编写的过程中，大量使用以前编纂的天目山志书中的相关资料。由于种种原因，原来志书中的许多资料存在史实差错。总编室在审稿的过程中发现了这些史实差错，两次详细点评志稿，一一指出志稿中存在的史实差错等问题。①

随后，省方志办以此为例，于2015年9月28日举办专题培训班，近400位《浙江通志》编纂骨干参加培训班。会上，总编室负责人结合对《天目山专志》各类史实差错的考订实例，以《坚守志书底线　提高资料质量》为题，进一步明确了资料考订的意义、要求、方法及必须具备的态度。

总编室借此要求各卷编辑部及全体编纂人员注意资料入志的质量要求。通过此次专题培训，其典型意义得到放大，其示范效应远超预期。《天目山

---

① 参见《〈浙江通志〉编纂工作简报》2015年第2期。

专志》编辑部更是花大力气、苦功夫，将入志资料作了“地毯式”考订，使志书质量特别是资料质量得到了极大提升，在后来省方志办和浙江人民出版社开展的志书质量检查中，该志名列第一。此举得到了魏桥的充分肯定。[①]

（十）借力科技，辅助编纂

在《浙江通志》启动之初，总编室会同省方志办综合处，在相关信息技术公司的大力支持下，自主研发了“《浙江通志》编纂信息系统”，免费安装到全体编纂人员的计算机上，并分批进行“《浙江通志》编纂信息系统”使用方法的培训，要求各卷编辑部及全体编纂人员规范使用。该系统由资料卡片制作、资料长编生成、志稿编写等 3 个子系统组成，利用现代信息技术的优势，将资料卡片制作、资料长编生成、志稿编写的要求统一、规范、细化、明确，不仅方便编纂人员开展各阶段相关工作，加快了编纂进度，更有助于提高志书的编纂质量。

（十一）注重交流，取长补短

《浙江通志》各卷编辑部在志书编纂过程中，虚心好学，认真思考，积极探索，在实践中摸索和创造了许多好做法、好经验。省方志办及时发现这些好做法、好经验，通过召开各种不同规模、不同形式的培训班、交流会，请优秀单位代表介绍相关做法与经验，尽力把一个单位的好经验转化为各卷编辑部的普遍做法，以达到相互借鉴、取长补短、共同进步、提升质量的目的。如省方志办在《浙江通志》编纂业务研讨会和主编培训班上，邀请《国土资源卷》主编王松林和副主编梁敬明作经验介绍。此外，我们也注重与省外同行的交流，学习其好的经验和做法。

（十二）抓实碰硬，摈弃虚招

对确实存在问题的稿子，我们严格遵守质量要求，严把最后一道关。

根据俞文华指示，总编室经过认真调查、分析，于 2019 年 4 月 3 日起草了《〈浙江通志〉终审稿质量把关标准（试行）》，同时建议改变终审志前志稿把关方式——终审稿由总编室按统一要求审核后上报总编，由总编决定相

---

① 颜越虎：《魏桥先生与〈浙江通志〉》，《浙江方志》2020 年第 6 期。

关终审稿是否允许参加终审。《〈浙江通志〉终审稿质量把关标准（试行）》经总纂工作会议和总编办公会议讨论通过后，省方志办于2019年4月22日印发并开始执行。有的志稿未通过专家复审，退回修改后再复审；有的志稿虽通过了复审，但因存在史实错误、记述混乱、体例不规范等问题，仍退回修改再审。全志有6部终审稿先后被退回，经修改并再次审核、确定合格后，才被允许参加终审。通过这一"切实保证《浙江通志》终审稿质量"[①]措施的实施，终审稿质量明显提高，为编纂、出版优秀志书打下了坚实基础。

（十三）强化督促，确保成效

2015年6月18日，副省长、省地方志编纂委员会副主任郑继伟主持召开《浙江通志》编纂工作座谈会，督促各单位根据省委、省政府的要求，按时保质完成《浙江通志》编纂任务。[②]通过这样的督促方式，原本相对落后的编纂责任单位有了压力，并迅速把压力转化为动力，迎头赶上，编纂进度和质量都有了明显的改观。

（十四）搞好评优，激励争先

为鼓励先进，更好地推动各卷编辑部编纂优质志书，在《浙江通志》编纂过程中，省地方志编纂委员会开展了5次"《浙江通志》创优工程年度编纂工作先进单位"评选工作。该项评选立足于"创优"——编出优秀志书，结合志书各个编纂阶段的实际情况，确定不同的评选条件和要求，每次评出若干个先进单位，以此作为一种抓手，推动《浙江通志》编纂工作的持续"创优"。

（十五）积极介入，协调服务

《浙江通志》编纂是一个庞大的系统工程，省方志办做了大量协调工作。

省方志办专门建立电子阅览室，配备了《申报》电子版、《浙江日报》电子版等非常重要且涉及面很广的材料，为各卷编辑部便捷、免费提供相关资料；出面协调省档案馆、浙江图书馆，为各卷编辑部查阅档案资料和图书

---

① 参见《〈浙江通志〉终审稿质量把关标准（试行）》，省方志办2019年4月22日印发。

② 郑继伟：《郑继伟副省长在〈浙江通志〉编纂工作座谈会上的讲话》，《〈浙江通志〉编纂工作简报》2015年第2期。

资料提供了极大的便利[①]；为《财政志》《出入境检验检疫志》《海洋经济专志》等介绍、推荐方志专家担任志书统稿或总纂工作，解决其统稿力量不足的问题。凡此种种，都对志书质量的提高产生了积极作用。

（十六）编纂出版，配合协同

我们认为，编纂单位要与出版社同心协力，同舟共济，与之一起打造优质志书。于是，我们为出版社编辑人员进行地方志业务知识培训，让其了解《浙江通志》及志书编纂的相关情况与要求，这有助于在出版阶段进一步提升志稿质量。在出版阶段，省方志办、编纂责任单位与出版社同步进行“三审三校”工作。通过这样一种双方步调一致、协同配合、密切协作的方式，全面提高《浙江通志》的最终质量。

（十七）学术引领，助力创优

长期以来，省方志办依托落户于浙江省社会科学院的特点与优势，注重以学术引领提升志书质量。

在编纂过程中，浙江省社会科学院积极支持省方志办开展科研工作，省方志办全体人员努力做好相关科研工作，推动编纂高质量的《浙江通志》。省方志办不仅开展“《浙江通志》篇目研究”等课题，出版《〈浙江通志〉篇目研究》[②]一书，还发表《省志政治部类如何突出时代特征和地方特色》[③]《〈浙江通志〉部分卷篇目设计的实践与思考》[④]《从志书功能探析资料收集的要求——以〈浙江通志〉自然与经济部类一产组为例》[⑤]等论文，较好地实现了

① 参见《〈浙江通志〉编纂查档工作座谈会召开》，《浙江档案》2013年第11期。

② 董郁奎主编：《〈浙江通志〉篇目研究》，河海大学出版社2015年版。

③ 李迎春：《省志政治部类如何突出时代特征和地方特色》，载于潘捷军主编：《浙江方志研究论坛第四届学术研讨会论文集》，浙江人民出版社2015年版。

④ 王兆保：《〈浙江通志〉部分卷篇目设计的实践与思考》，《广西地方志》2014年第2期。

⑤ 周修宇：《从志书功能探析资料收集的要求——以〈浙江通志〉自然与经济部类一产组为例》，载于潘捷军主编《浙江方志研究论坛第四届学术研讨会论文集》，浙江人民出版社2015年版。

方志理论研究与指导修志实践、提高志书质量共赢、多赢的目标。

（十八）不断完善，永不止步

在2015年2月开始的《浙江通志》初审、复审中，我们学习、参考了《广西壮族自治区三级地方志书审查验收评分表》，设计制作了《〈浙江通志·××志〉志稿质量评审表（初审）》等评审表并在相关卷的初审、复审中使用。后来发现各组之间打分的差别很大，所以光从分数上很难看出志稿质量的高低。于是总编室及时向总编、总纂建议叫停使用评分表评审志稿。

至于前面所述的终审稿质量把关方式的改变，更是我们不断追求高质量的一个明证。从出版后的情况及社会各界的反响看，完善终审稿质量把关方式的举措是完全正确的、十分有效的。

四、有关《浙江通志》质量建设的基本认识

（一）领导重视志书质量与人人重视志书质量并重

志书编纂是一项庞大的系统工程，众手成志是其鲜明的特征，因此，需要上至各级领导，下至普通编纂人员，都重视志书质量，都参与质量建设，这样才有诞生高质量志书的可能。

浙江省从省委、省政府领导，到普普通通的编纂人员，都有一种强烈的质量意识，“质量第一”“质量是志书的生命”成为大家不可动摇的共识。省长夏宝龙在全省地方志工作电视电话会议的讲话中强调“质量是地方志的生命，是关系地方志事业发展的根本，必须把精品理念贯穿于编史修志始终，严守标准、严守史实、严守关口，着力打造能够惠及当代、传承后世的经典之作。”[①]省长李强批准成立《浙江通志》编纂委员会并担任主任，他主持召开《浙江通志》编委会会议，在讲话中指出，“质量是志书的生命所系、价值所在。要妥善处理好进度与质量的关系，既要树立效率意识，加快编纂进

① 夏宝龙：《为民修志　传承文明　资政育人——在全省地方志工作电视电话会议上的讲话》，《浙江日报》2013年8月18日。

度，也要树立全员、全方位、全过程的质量意识和精品意识，坚持‘三审’程序，严把专家评审关，狠抓志书质量，打造精品通志”[①]。此后担任编纂委员会主任的车俊、袁家军、郑栅洁和王浩一如既往，高度重视编纂质量。

参与编纂工作的12400多名编纂人员，也大都树立起了质量第一的意识，并落实在行动中，为精品志书孜孜不倦，乐此不疲。正因为上下一起努力，打造高质量《浙江通志》的理想才变成了现实。

（二）遵循通常做法与坚持从自身实际出发并重

首轮修志以来，方志界形成了志书编纂的一些常规性的工作步骤、方法、措施、规范等，对志书质量建设发挥了良好的作用。但有的通常做法是否适合自己的编纂工作实际，需要由实践来检验，不可生搬硬套。

我们之所以建立总编班子和总纂班子两套班子，完全是从编纂工作的实际，从编纂人员的结构来考虑、来安排的。《浙江通志》编纂进度与编纂质量双赢的局面，就是我们坚持实事求是、坚持一切从实际出发的可喜结果。

（三）抓质量意识的提高与抓质量措施的落实并重

意识是行动的先导。因此，我们不仅在《浙江通志》编纂之初抓质量意识，把《习近平同志谈修志工作》等材料印发编纂给各编辑部，让全体编纂人员认真学习，树立起坚定的质量意识，而且在《浙江通志》编纂的各个阶段，结合实际，不断提高全体编纂人员的质量意识，真正使质量意识贯穿编纂工作的全过程与全方位，真正做到全员重视志书质量。

同时，我们狠抓质量措施的落实。如前所述的诸多措施各个阶段，层层贯穿；各个方面，人人落实，使得这些意识、这些措施，变成了实实在在的成效，促成了高质量志书的诞生。

（四）抓质量与抓进度并重

志书的编纂进度与编纂质量看似矛盾，但就其本质，则是一致的、不矛

---

① 李强:《以崇高使命担当编纂精品通志——李强同志在〈浙江通志〉编委会会议上的讲话要点》，浙地办〔2016〕17号文件。

盾的。如果光有速度，没有质量，或者以牺牲质量来换取速度，这样的速度当然是不可取的、毫无意义的；反之，如果以保证质量为借口，一味拖延进度，使得编纂周期变得望不到头，也同样是不可取的。

我们认为在抓好质量的同时，花大力气抓编纂进度，把控好编纂进度和编纂节奏，做到质量、进度两手抓、两手硬，这样，在相对较短的时间内高质量完成《浙江通志》编纂任务的目标是可以实现的。《浙江通志》的编纂、出版用时11年，这不能不说这是我们抓质量与进度并重的一种最佳结局。

（五）抓质量保障体系建设与抓机构队伍建设并重

质量保障体系建设是我们花大力气持之以恒在抓的一项主要工作，而这一体系得以建设、结果得以呈现，都取决于能办事、能办成事的机构与队伍。因此，我们一直重视抓好机构队伍建设。在编纂之初出台的《关于〈浙江通志〉各卷编纂出版工作的规定》中就作出了规定，许多卷最终的编纂结果也充分证明编纂人员的优劣在很大程度上决定了相关卷志书的质量。

同时，我们还注重编纂人员能力与素质的不断提升。持续不断的培训与辅导，使全体编纂人员在各个阶段都能适应编纂工作、胜任编纂工作，从而使《浙江通志》的质量在各个阶段都能得到保证。

（六）抓担当意识与抓担当能力并重

编纂高质量的《浙江通志》的重任历史地落在我们这一代地方志工作者的肩上，这是百年难逢的机遇，也是重如泰山的责任。每一位参与《浙江通志》编纂人员，必须有强烈的担当意识、责任意识。

但是，要编纂高质量的《浙江通志》，仅有担当意识、责任意识还是远远不够的，还需要有足以承担编纂高质量的《浙江通志》的能力与水平。所以，在《浙江通志》编纂过程中，我们既注重抓担当意识、责任意识的教育，更注重担当能力的培养、担当水平的提升，真正做到使编纂人员在编纂工作中得心应手，游刃有余。

（七）抓志书编纂质量与抓志书出版质量并重

为了进一步提高志书质量，我们自我加压，与出版社商定，在出版社“三审三校”的同时，省方志办和编纂责任单位也同步开展“三审三校”。志书出版阶段的这些事务虽然大大增强了我们的工作量，但志书质量得到了进一步提升。从最终结果看，这些为提高志书出版质量（在某种意义上说，也是继续提高编纂质量）的付出都是很有意义、很有价值的。

（八）抓志书质量与抓志书应用并重

修志为用，我们强调抓志书质量与抓志书应用并重。2021 年 7 月 13 日，我们组织召开了《浙江通志》编纂成果应用工作会议，省委常委、省委宣传部部长、《浙江通志》编纂委员会副主任朱国贤出席会议并讲话。会议之后，各有关单位进一步增强了做好《浙江通志》编纂成果应用工作的积极性，掀起了读志用志的热潮。

省方志办于 2022 年年初开展了《浙江通志》编纂单位地方志成果转化应用"十佳"典型案例评选工作，并于 2022 年 3 月评选出"十佳"典型案例 10 个、优秀案例 20 个。[①]该评选活动在《浙江通志》各编纂责任单位中产生了巨大反响，获得一致称赞。

余论：几点反思

一是志书质量建设制度刚性落实的难题有待进一步破解。

二是非业务因素对志书质量建设的影响有待进一步清除。

三是高校教师直接参与志书编纂和志书质量建设的关系有待进一步探究。

（颜越虎，浙江省人民政府地方志办公室省志工作部主任、《浙江通志》总编室主任、《浙江通志》副总纂，研究员）

① 参见《关于公布〈浙江通志〉编纂成果转化应用"十佳"案例和优秀案例的通知》，浙地办〔2022〕13 号文件。

攻坚克难不辱使命　善作善成画圆句号

——关于《浙江通志》编纂中碰到的若干问题的思考和意见

《浙江通志》总编　俞文华

（2019 年 6 月 14 日）

同志们：

时间过得很快，转眼间，2019 年已经过一半。《浙江通志》编纂工作已进入攻坚克难的决战阶段。全体编纂人员在过往岁月中，默默无闻、任劳任怨、辛勤工作、无私奉献，为《浙江通志》编纂这一宏伟的文化工程倾注了心血、付出了辛劳，当然，也收获了部分成果。到目前为止，已出版 12 卷，交付出版社 22 卷，同时有一批志稿先后通过初审、复审，有的可以提交终审，成绩是有目共睹的。在此，我代表《浙江通志》编纂委员会、省方志办，向在座各位以及所有参与参编人员表示衷心的感谢！

然而，“行百里者半九十”。通志编纂的“硬骨头”在后面，打通这“最后一公里”是一场硬仗。现在是时间紧、任务重，离完成编纂任务的目标，剩下只有一年半时间，我们丝毫没有松懈的理由。今年以来，省方志办潘捷军主任两次提出，要我就通志编纂的有关问题再讲一讲。前一阶段，我因身体不好，来不及准备。最近一段时间，我参加了志书稿的初审，审看了一些志稿，作了一些调研和思考。今天，我就通志编纂工作中若干重要工作和业务问题讲一讲，一共讲 13 个问题。这 13 个问题，我讲的时候，有长有短，不强求字数的齐整对称，唯求言之有物、言之有用。

一、关于坚持底线思维、决战攻坚阶段的问题

多年来，全体编纂人员不辞辛劳，兢兢业业，为《浙江通志》编纂尽心尽力，努力奋斗。

今年1月21日，中共中央专门召开专题研讨班。习近平总书记发表重要讲话，着重讲了坚持底线思维，增强忧患意识，提高防控能力，着力防范化解重大风险，保持经济持续健康发展和社会大局稳定，为决胜全面建成小康社会、夺取新时代中国特色社会主义伟大胜利、实现中华民族伟大复兴的中国梦提供坚强保障。

习近平总书记的重要讲话，对通志编纂工作具有十分重要的指导意义，我们要按照坚持底线思维的要求，合心合力，攻坚克难，坚决完成省委、省政府交给我们的光荣任务。今年，是攻坚克难的关键年；明年，是通志编纂的收官年。有鉴于此，我今天讲课的题目是《攻坚克难不辱使命　善作善成画圆句号》。

我这里所指的底线，就是到2020年全面完成《浙江通志》编纂任务，总编办公会议对2019年和2020年的志稿评审、出版等，已经作出了明确的安排与要求，即2019年完成30卷初审、43卷复审、41卷终审，51卷出版，2020年完成9卷复审、34卷终审，54卷出版。这是省委、省政府对我们提出的一个刚性任务与要求，我们必须认真对待，坚决完成。

各卷在工作安排时，尽量做到紧前不紧后；在具体工作中，可以有适当的调整，但2020年全面完成的总目标不能突破，这就是我们工作的底线。希望大家齐心协力，扎实工作，一步一个脚印，切实保证完成任务。

二、关于通志编纂工作现状的基本分析和判断的问题

我们说，通志编纂工作总体情况是好的，也取得了一定的成绩，这一点必须充分肯定。气可鼓而不可泄，劲可加而不可减。但是，我们也必须清醒地看到，通志编纂工作，问题确实很多，困难、矛盾相互交织，令人十分忧虑。

我看问题主要有两个方面：一是编纂进度上迟缓，与原计划要求距离较

大。究其原因，主要是部分责任单位领导对这项工作不够重视，所采取的措施不够有力，部分编纂人员的素质不够高、工作的责任心不够强等。

二是编纂工作进度虽然有问题，但是质量方面存在的问题更大。有的志稿初审、复审以后一年多了，迟迟不能进入下一轮的评审；有的志稿终审后修改次数达10多次，甚至近20次，原因是原先志稿质量没有把好关，其后就只好不停地“补课”；有的志稿，终审并交付出版社后，被出版社正式行文退稿。为什么？因为志稿质量存在较大、较多问题。

志稿质量存在的问题，有重大原则、资料考证、篇目设置和内容记述等方面的问题，但更多的问题是在体例、规范及常识性方面的问题，比如，志稿的记述，必须是第三人称，这是最基本的常识，有不少“我国”“我们”“我省”等第一人称的记述。有一部志稿，仅在《概述》中，这类记述就有多达20余处。这是很不应该的。依我看，在这方面，恰恰是我们方志办人员应该发挥更大、更多作用的地方。没有规矩不成方圆，没有规范不成通志。我在去年9月举办的培训班上说过，出现这些问题的原因，主要有两个：一是由于编纂人员责任心不强所致，二是由于编纂人员业务水平不够高导致的。然而我认为，绝大多数问题是由于编纂人员责任心不强所致（如前面提到的用第一人称记述的问题）。这里所说的编纂人员，既包括各编纂责任单位的人员，也包括我们省方志办的同志。在这里，我必须强调，我们大家既要增强使命感，又要增强责任心，自觉加强通志编纂业务知识的学习与把握，以切实提升通志编纂的质量。

这里说的通志编纂业务知识的学习与把握，既包括“横排门类、纵述史实，横不缺项、纵不断线”等10句话40个字的“编纂口诀”，也包括《〈浙江通志〉编纂备览》《〈浙江通志〉编纂手册》中所提出的要求。我们每一位编纂人员对这些要求都必须认真学习，烂熟于心，深入理解，准确把握，熟练运用，并贯穿于通志编纂的始终。

三、关于编纂时间与志稿质量的关系问题

我认为，志稿编纂有其自身的规律，有质量的志稿是需要有一定的时间

作保障的。所谓“慢工出细活”，说的就是这个道理。然而，客观情况是，编纂时间与志稿质量不一定成正比，编纂时间长，编纂质量不一定好。要不然，为什么同时启动的编纂工作，有的已经出版了，有的至今连初稿也没有；有的初审、复审后，一年多未进入下一个审核程序，一直拖在那里。这是为什么？再则，通志编纂工作从2011年启动至今，已整整9个年头，时间已经不算短了。这里的关键还是要增强使命感、紧迫感、责任心，我们所有参与编纂工作的人员，尤其是老同志，说实在的，从事通志编纂工作，不是为名，不是为利。论名，我们都有过了；论利，我们的钱也足够用了。我们之所以愿意从事编纂工作，这是使命使然、事业使然、责任使然，这就是我们的初心所在。现在，正在开展“不忘初心、牢记使命”的主题教育，我们就是要攻坚克难，逐一突破编纂的薄弱环节，如期保质完成编纂任务，以实际行动，交出一份教育活动的合格答卷。我曾经多次说过，不忘初心担使命，拼尽心力铸精品。去年我讲课的题目就是这个。这就是我们的目标和决心。因此，我们没有理由再拖时间了，进度上，一定要抓紧抓紧再抓紧；质量上，一定要提高提高再提高。

四、关于习近平等中央领导同志批示的记述问题

这个问题，根据中央有关规定，我们专门请示了省委办公厅，并经总纂、总编专门研究，并作了规定。具体怎么操作？我想，要把握三点。

一是习近平等中央领导同志在浙江工作期间，有许多重要批示和讲话，对指导和推动浙江的工作起到了十分重要的作用，在通志中必须有所体现，这就是通志的时代特色和浙江特点。

二是习近平等中央领导同志的批示，除《人民日报》《浙江日报》和新华社公开发表过的外，应作适当处理，记述其精神。具体方法是：第一，不要引用原文；第二，文句作适当改写。比如，删去一个或几个字；句式上用“批示指出”“批示强调”“批示要求”等。

三是在记述批示内容时，必须准确无误，符合批示原意，切不可随意改

变。这是政治态度问题，也是政治纪律问题。

至于省级领导的有关批示，可以引用原文，也可以不引用原文。各卷根据具体情况自行处理。

五、关于政治方面的把关问题

政治方面和重大原则问题的把关十分重要，一定要高度重视，千万不能马虎。这个问题，我要多说几句。前一阶段，我在审读一部志稿时，就发现几个必须修改的重大问题。比如，体现时代特征和浙江特色方面，浙江是习近平新时代中国特色社会主义思想的重要萌发地。我认为，习近平总书记留给浙江的最突出、最宝贵的精神财富有两项：一是“八八”战略；二是“两山”理念。后者不仅对浙江，对全国乃至世界都有重要指导意义。然而，在一部志稿的《概述》中，讲到省委的主要工作，只讲了“八八”战略，未涉及“两山”理念。这是一个严重的缺失。习近平总书记一贯非常重视生态建设、环境保护。我们大家都知道，习近平总书记当年在安吉余村视察时，明确提出“绿水青山就是金山银山”的重要思想。之后，又多次在不同场合特别强调绿色浙江、生态浙江的建设。因此，这个问题必须要加以补正，一定要体现其思想性，体现其鲜明的时代特征和浙江特色。

又比如，一部志稿在记述信访工作时，提到信访事项受理办理工作是在各级人民政府领导下，这个提法显然不对。信访工作历来是在党委、政府的领导下，相关工作机构的名称也叫省委（市委、县委）、省政府（市政府、县政府）人民来信来访办公室，各级都是如此。这是一个常识性的政治问题，必须加以修正。

以上是我看到的志书稿中涉及政治把关的事例。下面，我想说一说在政治问题和重大问题把关方面，特别需要重视和加以注意的几个问题：

（一）关于历次政治运动的有关问题

对历次政治运动记述，总的来说要以两个“决议”为准，这两个“决议”就是《关于若干历史问题的决议》（1945 年 4 月 20 日中共六届七中全会通过）

和《关于建国以来党的若干历史问题的决议》(1981 年 6 月 27 日中共十一届六中全会通过)。前一个《决议》，总结了中国共产党成立以来的历史经验，对若干重大历史问题作出结论；后一个《决议》，对中华人民共和国成立 32 年来党的重大历史事件作出了科学的总结，标志着中国共产党顺利地完成了指导思想上的拨乱反正。

(二)关于港澳台问题

涉及港澳台，特别是涉及台湾时，必须按照中共中央台办关于涉台宣传用语的规定执行。比如对 1949 年 10 月 1 日之后的台湾地区政权，应称之为“台湾当局”或“台湾方面”；不使用“台湾政府”一词，不直接使用台湾当局以所谓“国家”“中央”“全国”名义设立的官方机构名称。

在《浙江通志》记述对外贸易、外商投资、旅游、人物等内容时，需要注意以下 6 点：

一是外贸进出口统计中，往往容易将港澳台贸易列入其中(“外贸”一般含港、澳、台商投资贸易)，切不可将其称作“国家”。尤其是多个国家和地区名称并用时，应格外注意不能漏写“国家和地区”的字样。比如，可以这样记：“该产品主要销往美、日等国家和中国香港、澳门地区”。在列表记述时，这一点比较容易疏忽，务请大家注意。

二是在记述外商投资等时，不能将台湾、香港、澳门与中国并列提及，如“中港”“中台”“中澳”等。可以使用“内地与香港”“大陆与台湾”“浙港(合资)”“闽台”等。

三是不能将海峡两岸和香港并称为“两岸三地”，规范的提法为“海峡两岸暨香港”。同样，“两岸四地”的提法也是不规范的，应称“海峡两岸暨香港、澳门”。

四是“台湾”与“祖国大陆(或大陆)”为对应概念，“香港”“澳门”与“内地”为对应概念，不能混淆。不涉及台湾时，我们不能称中国为“大陆”，也不使用“中国大陆”的提法，只有相对于台湾方面时方可使用这个概念。

五是不能说“港澳台游客来华旅游”，而应称“港澳台游客来大陆旅游”，或"港澳台游客来内地旅游"。也不能将进出台湾称为"出国""回国"。

六是一般不用"海外华人"一词，应称"海外侨胞"。

(三)关于"解放前(后)"的有关问题

"解放前(后)"作为一个特定概念可以使用，但应注意与"中华人民共和国成立前(后)"的区分。在我们浙江省，绝大多数地区在中华人民共和国成立前已经解放，只有个别海岛在中华人民共和国成立后才解放。在志稿中经常出现的差错是，将1949年5月解放后至9月的内容归于"中华人民共和国成立后"项下，特别是在《大事年表》和有关机构沿革的记述中，时常会出现此类问题；而在记述一些海岛县份的相关情况时，有的误将中华人民共和国成立至当地解放为止的内容归于民国时期。"民国39年(及以后年份)"是绝对不允许出现的，因为中华人民共和国成立后，便不再承认所谓的"中华民国"。

另外，还有用词也应注意政治意识体现的问题。词语有褒贬之分，文句表述也有立场问题。比如，有的志稿写道："5月3日，中国人民解放军占领杭州"。"占领"一词是贬义词，明显使用不当，应改为"解放"。

六、关于志稿文字量的控制问题

《浙江通志》总的规模为113卷，1亿字左右。2013年6月，省方志办印发了《关于下发〈浙江通志〉文字总量控制方案的通知》，对各卷文字量控制数作了大体安排。应该说，志书必要的文字控制数量是需要的。以后，根据各编纂责任单位的意见，对文字控制量作了适当调整，规定各卷原则上应按相关的控制数执行，不增加文字量；如确实需要增加的，一般不超过5万，最多不超过10万。

我总的认为，文章是长的容易写，短的难写。文字冗长的原因，我看无非是两条：一是生怕人家不懂，翻来覆去叙述；二是解释性的东西、无关紧要的内容太多。编写志稿，一句能写清楚的，千万不要用两句，而且用词要尽量准确，文句务必精练。

七、关于记述内容的下限问题

国务院《地方志工作条例》指出："地方志书，是指全面系统地记述本行政区域自然、政治、经济、文化和社会的历史与现状的资料性文献。"《地方志书质量规定》要求："内容完整，横不缺要项，纵不断主线。"志书记述好下限的内容，是"内容完整"的一个重要标志。从目前情况看，一些志稿中下限内容记载缺失的情况还是比较严重的。

《浙江通志》编纂的下限是2010年12月31日，除了2010年前已经消失的事物和那些阶段性、专项性、突击性和已经结束的工作外，绝大部分内容都必须记述至2010年年底。按理说，2010年离现在时间最近，有关资料相对容易收集，不应该在记述下限内容时，有这么多的缺失。这一点，我希望大家要引起重视，认真对待，一定要补充、补齐志书下限内容。有的地方下限如果实在无法作具体记述的，可作一些技术性处理，进行一些定性记述，以免下限缺失。

八、关于全称、简称的表述问题

对《〈浙江通志〉行文规范》中全称、简称的表述，根据实际情况，我们作了一些修改，并在2018年10月22日印发的《〈浙江通志〉编纂中需要明确的几个问题(一)》中，对《〈浙江通志〉行文规范》有关全称、简称的表述作了修改，《〈浙江通志〉行文规范》原来要求："各章首次出现时使用全称并括注简称，其后出现直接使用简称。"这在实际操作中显得比较烦琐，确实需要修改，后来我们调整为："各卷首次出现时使用全称并括注简称，其后出现直接使用简称"。

此外，要在各卷记述机构队伍的有关章节和《大事年表》时，应按照有关文件的名称，完整地加以记述，这里不涉及全称、简称的问题。

针对《浙江通志》编纂工作的实际，对一些规范作出调整、补充，是允许的，也是应该的。因为编纂通志的工作，我们大家都是第一次，对某些问题的认识和把握有一个过程，尤其是像我这样的人，本来就是半路出家，是外行，慢慢才熟悉、了解一点，这也是符合认识论、实践论的要求的。对此，我们大家都应当有一个正确的认识。另外，我还要说的是，就通志编纂业务而言，方志办的同志都是我的老师，这绝不是客气话，事实就是如此。所以，希望方志办的同志多做一点工作，多负一点责任，多有一点担当。

九、关于时间概念与文句表述的问题

地方志书作为资料性文献，时间概念的表述一定要十分明确，不能含糊其词，而且有关时间概念必须统一、规范。我看到一些志稿中常常出现“近日”“近期”“过去”“以前”等模糊的时间概念，这是不符合规范的，也是不允许的。

在这方面，《〈浙江通志〉行文规范》作过明确的要求：“时间表述应明确。不用‘今年’‘前年’‘本月’等时间代词，不用‘目前’‘现在’‘最近’‘以前’‘以后’等不明确的时间概念。”“时间段表述应详细、准确，写明起讫年份、月份、日期等，不能写作‘几年前’‘四五年前’。”“年份表述应完整，不能简化。如：‘1990 年’不能写作‘90 年’；‘2008 年’不能写作‘08 年’；‘20 世纪 80 年代’不能写作‘1980 年代’。”我们必须严格按照相关规定编写，这就是规范。

还有一些志稿中副词、形容词使用过多，叙述言过其实；还有的志稿句型复杂，令人费解。我审读过的一部志稿初审稿中，长句、复句很多，有一个句子就长达 76 个字，这不符合文字精练的要求，应当尽量避免。

《〈浙江通志〉行文规范》要求：“具体年份后的‘前’‘后’均不包括该年份，包括该年份的统一用‘起’，不用‘始’。”“‘至 ×××× 年’等，用‘至’不用‘到’。”就是这样十分明确的要求，目前一些志稿还是没有做到，希望能够引起注意。

十、关于统稿的问题

统稿，是一部著作在发稿之前或出版前，由主编对全书结构、逻辑关系、文稿风格、体例规范进行统一的必要环节，只有这样，才能使书稿连贯和完善。

做好统稿工作是志书主编的职责，也是提高志书质量的重要环节。但是，目前一些志稿没有很好地进行统稿，有的甚至根本没有统稿，以至于志稿质量问题不少，说严肃一点，这是不负责任的一种表现。我在这里要特别强调的是，主编必须统稿或参与统稿，如果主编实在没有时间保证，执行主编必须统稿，否则就是不称职的主编。而且，我们一定要明白，志书出版后，主编的名字是永远留在书上的，这就是责任，就是名声。

如何做好统稿工作，《国土资源志》主编王松林同志曾经结合他自己的工作体会与经验，谈了8个方面的要求，我认为谈得很好。在这里，我不妨再重复介绍一下这8个问题的标题，供各卷借鉴。一是资料的真实性问题；二是记述的完整性问题；三是内容重复交叉的问题；四是内容归类不当问题；五是重点不突出、特色不鲜明的问题；六是记述顺序错乱的问题；七是记述体例及规范的问题；八是记述片面性的问题。

十一、关于找准位置，明确职责，协调配合，确保编纂进度，质量齐头并进的问题

总编、副总编、总纂、副总纂、责任编辑、编纂责任单位的职责应该是十分明确的，也都有书面的条文。我这里要强调的是，我们一定要找准位置、明确职责，副总编要对分管的部分负总责，包括进度、质量，要强化行政推动，压实编纂单位责任，抓检查督促、抓协调配合、抓落实到位，让编纂责任单位真正负起责任；同时，对重大问题要把好关口，搞好协调。时至今日，有的问题，必须采取果断措施，临阵换将固然是兵家之大忌，但优柔寡断必将贻误战机。我们必须权衡利弊，采取有效措施，千万不能久拖不决。副总纂应全面把好志稿质量关，重点是把好体例关和记述关，责任编辑

要加强对各有关卷的业务指导、检查与督促，重点是把好志稿的行文关，确保志稿在规范方面合格。

这里，我还要强调两点：一是从程序上讲，副总编、副总纂和责任编辑的工作责任，要贯穿志书编纂的全过程，只要志书尚未出版，副总编、副总纂和责任编辑，就责无旁贷，一定要负责到底；二是明确分工，意在减少重复劳动，提高工作效率，提升志书质量；但分工不是分家，分工必须合作，一定要相互配合、相互理解、相互支持、相互补台。总纂班子、方志办尤其是总编室，一定要五指紧握向内，一个声音对外，坚决清除噪音、杂音，以形成强有力的工作核心。只有这样，我们才能形成合力，顺利完成编纂任务。

十二、关于编纂纪律的问题

《浙江通志》的编纂必须按照统一的要求、统一的规范进行，绝不能自行其是。如果在编纂过程中遇到不明确、没有把握的内容和提法，要及时请示、报告，不要自己想当然、拍脑袋，以免造成差错。

前面提到，《〈浙江通志〉凡例》和《〈浙江通志〉行文规范》，在编纂过程中，根据实际情况，作适当的修改，是必要的。对这些统一的规范性要求，如有不同看法，可以保留意见，但在工作中必须按照统一的要求和口径办，决不允许固执己见、自行其是、另搞一套。有的规范性的内容，很难有是非之分，只能是既然定了，就必须执行。这也是《浙江通志》的编纂工作纪律。

此外，为避免出现工作差错、程序混乱，《浙江通志》各卷与出版社的交接，一律通过总编室，其他个人不得自作主张、随意处置。

十三、关于团结和谐、快乐修志的问题

目前，《浙江通志》编纂工作进入了背水一战的关键时刻，任务重、时间紧，矛盾凸显，困难众多，需要大家互相理解，互相包容，团结一致，众志成城。

在此，我要特别强调团结和谐、快乐修志的问题。我始终认为，一个团结和谐、心情舒畅的工作环境，比什么都重要，比金钱重要、比官位重要。我衷心希望大家共同努力，一定要创造这样一个工作环境。人生是短暂的。人的一生中，能真正体现自身价值的机会是不多的，有的人有一次两次，有的人或许一次也没有。我认为通志编纂是一次体现自身价值的机会。通常来说，编修志书20年一轮，那就是20年一遇；如果从清·雍正《浙江通志》算起，时近300年，那就是三百年一遇。所以，我们这些人能在一起共事一段编纂工作，这的确是历史的机遇、是难得的缘分。再说，我们好多人，这可能也是人生工作的最后一站，我衷心地希望大家一定要十分珍惜这个难得的机遇和缘分。

寸有所长尺有所短，山外有山天外有天。我们大家一定要以使命为重、以事业为重、以友情为重、以团结为重，多看人家的优点、多看人家的长处，切不可自我感觉良好。看自己一朵花，看人家豆腐渣。我们一定要团结一致搞编纂、合心合力攻难关。大家在编纂工作中，有事好商量、有事多商量，有问题、有意见可以讨论，甚至可以争论，但千万不能影响相互之间的关系、影响同志之间的关系、影响工作的进度和质量。说到底，同事、同志之间，没有不可调和的矛盾，也不必要事事都争个是非对错。忍让绝不是软弱，而是一个人的美德、是一个人的修养、是一个人的气度。安徽桐城六尺巷“礼让”的故事，至今传为美谈。清·康熙年间大学士张英的家人，因与邻居发生宅地纠纷驰信京都，张英阅后函告家人：“千里修书只为墙，让他三尺又何妨？万里长城今犹在，不见当年秦始皇。”古代官员尚且有如此气度，我们今人为何不能就些许小事“忍让”呢？进一步剑拔弩张，退一步海阔天空。我们大家在从事通志编纂事业的集体中，一定要努力成为好同志、好同事、好朋友，在相互学习、相互切磋、相互帮助中，结下兄弟姐妹般的深厚情谊，留下终生难以忘怀的美好回忆。

最后，我再一次衷心希望大家在《浙江通志》编纂的最后一年半时间里，团结团结再团结，包容包容再包容，努力努力再努力，加油加油再加油，在编纂工作中共同度过一段富有意义的美好时光，共同画圆通志编纂的句号！

认真处理相关问题　努力打造精品志书

——在《浙江通志》主编培训班上的发言

《浙江通志·国土资源志》主编　王松林

（2018年5月28日）

根据省方志办的安排，在此，我介绍一下编纂《浙江通志·国土资源志》（以下简称《国土资源志》）的一些做法和体会，供大家参考。

一、志书编纂中遇到的几个问题及处理办法

（一）资料的真实性问题

国务院颁布的《地方志工作条例》，明确将志书定位为“资料性”文献，要求志书“全面、客观、系统”地记述一个特定行政区域“自然、政治、经济、文化与社会的历史与现状”。因此，我们在编写和修改《国土资源志》中，始终把资料的真实性和完整性尤其是真实性放在首位，作为衡量志书质量的第一标准。

作为主编，在审阅志稿时，要善于发现资料失实的问题。途径是：认真听取和分析本单位及各位专家在评审志稿时提出的资料失实的问题，通过考证与核实，确有差错的，要一一改正。对有关数据，尤其是表格、图件中的数据，要通过一一核对，发现差错。《国土资源志》全志共139张表格、24张图件，我在统稿时都一一作了核对，发现差错有200多处，都作了纠正。

数据核对无差错必须做到：总计数与其中数之和相一致；一个整体其中各项的占比之和应为100%（少数因四舍五入也应达到99.99%或100.01%）；表格与文字记述的数据应一致；同一数据前后表述应一致。

（二）内容重复交叉的问题

一种是卷与卷的重复交叉，解决的办法是按照部门职能，各有侧重，妥善处理。

另一种是卷内的重复交叉，解决的办法是按照各章、节的具体内容，记述各有侧重。完全重复的内容，视情保留一处，另一处删去，但为了保持章节结构的完整性，可保留标题，说明具体内容参见 × 章 × 节。

要注意处理好内容归类不当的问题，因为这是造成内容交叉重复的原因之一。如：资源的利用与管理，若归类不当，往往互相交织在一起，造成交叉重复。

（三）记述顺序错乱问题

按照志书记述事件的要求，在同一编写单元内，必须按照事件发生发展的时间顺序编写，不能颠倒。解决的办法有以下3种。

一是按照时间顺序调整过来。

二是缩小编写单元，即将原编写单元，按照具体内容分设为若干细目记述，以避免记述的时间颠倒。

三是对同年内发生的几起事件，有的有具体的年月日，有的只有发生的年份，没有具体的月日，可将该事件放在该年的最后记述，记述为“是年……”。

（四）体例上存在的问题

主要存在3种情况。

1. 记述“流水账”问题。解决的办法是按照事物发展的起伏转折阶段分段记述，而不要只按照时间平铺直叙。这里很重要的是，要对事物发展的阶段进行认真的分析。

2. 记述总结式、报告式问题。解决的办法是删去总结式的语句，如：某项工作的成绩主要有以下几个方面；存在的问题主要有以下几个等，应直接记述成绩或者问题。

3. 以文件摘录代替对工作记述的问题。初稿一般情况是，×年×月×日，省政府或省国土资源厅发出什么文件，然后摘录文件的主要内容，说明文件的重要作用。修改的办法是介绍省政府或部门出台的文件后，着重记述各地各单位贯彻落实的情况，所做的工作，取得的成绩等。至于文件的重要作用不必阐述，因为这有议论之嫌。若文件中有关政策规定，属全国首创，这方面的内容还是需要说明的。

（五）记述的不完整问题

1. 记述时间未达到志书规定的下限。解决的办法是要继续收集资料，补充完善至2010年。此类问题较多，《国土资源志》初稿中至少有20多处，主要原因是资料收集不完整。初审之后，我们花了较大力气，继续收集有关资料，进行补充完善。因此，要将资料的收集补充工作贯穿于志书编纂的全过程。对阶段性的工作，即2010年前结束的工作，则要写明该项工作至××××年已经完成。

2. 内容方面的不完整。如：矿产法规中的节前小序，初稿只记述到清代末期。初审后，根据专家评审意见，补上了民国时期和中华人民共和国成立后至2010年的矿产法规建设情况，这样内容就比较完整。内容的不完整性还表现在表格中，有的标题缺少时间，有的缺少资料来源等。初审后，我们都一一作了补充。

3. 注释方面的不完整。主要是引文无出处，既没有在正文中交代，也没有页下注。还有一些专有名词没有括注，如：矿业“三废”，没有括注，后修改为：矿业“三废”（废水、废气、废矿）。这些毛病，比较普遍。初审后，都按照《〈浙江通志〉行文规范》作了修改。

（六）表述不准确、不规范的问题

这方面的问题比较多，需要认真分析研究，仔细推敲，加以修改。如：将浙江省土地改革以后的“农民土地所有制”修改为“个体农民土地所有制”；

“矿业规费”改为“矿产规费”；“矿产资源登记发证”改为“矿产勘查开采登记发证”，等等。这里虽然只有几个字甚至是一个字的修改，但其表述的准确性是显而易见的。

还有一些事物发展阶段性的表述，初稿有的用时间段，有的用文字，且全志前后都不统一。根据评审意见，在修改中我们作了统一规范，即用文字表述阶段的内容，在括号中注明时间段。如：自20世纪50年代初以来，浙江省萤石开发利用经历了4个阶段：

1. 萤石生产恢复期(1950—1957年)

2. 萤石生产形成规模期(1958—1983年)

3. 萤石生产粗放发展期(1984—1996年)

4. 萤石生产整顿规范期(1997—2010年)

类似情况要做到全志前后表述一致。

二、按照打造精品志书的要求，需要着力把握好的几个问题

(一)要努力突出重点，做到特色鲜明

要处理好说“北京话”与说“浙江话”的关系。全国的、中央的情况只能作为背景，应重点记述浙江省独有的、在全国具有开创性的、走在全国前列的工作、事物和业绩。按照明古详今的要求，在记述的时间上，要重点记述中华人民共和国成立以后，尤其是改革开放以后浙江省发生的重要事件，使志书具有鲜明的时代特色。

如：第二章《制度与法规》、第三章《开发利用》、第五章《保护》、第六章《税租费》、第七章《地籍管理》、第八章《矿产资源与地质环境管理》，在比较简要地记述了中华人民共和国成立之前的历史事件后，用较大篇幅比较详细地记述了中华人民共和国成立以后，特别是改革开放以来的重要事件。在记述内容上，则重点记述具有浙江特色的内容。一是浙江在全国独有的或位居全国前列的。如：至2010年浙江省发现的113种矿产，重点记述了在全国占有优势的以萤石、明矾石、石灰石、花岗石、大理石、叶蜡石、硅灰

石、沸石、珍珠岩、伊利石和硅藻土、膨润土、高岭土为代表的“十块石头三把土”。具有悠久开采历史的昌化鸡血石和青田石，是浙江省在全国独有的宝玉石矿种，志稿也作了比较详细的记述。又如：在第六章税租费中，民国时期国民党中央制定的“二五减租”政策，在全国得到切实实行的只有浙江一省，志稿作了详细的记述。二是具有开创性的工作。如：20 世纪 90 年代后期浙江省开展土地整理和标准农田建设，土地利用总体规划和矿产资源总体规划的编制与实施，21 世纪初期开展的绿色矿山建设，农业地质环境调查，征地制度改革，建立被征地农民基本生活保障制度等工作，都是在全国首创的，志稿作了详细的记述。三是走在全国前列的工作。如：培育和发展土地市场与矿业权市场、低丘缓坡开发利用、围垦造地、节约集约用地、土地利用现状调查、矿山生态环境治理、地质灾害防治等工作，都得到了原国土资源部（现自然资源部）的肯定，有的得到中央领导的称赞。对这些具有浙江特色的内容，志稿都作了重点记述。

（二）要注重总结经验，努力揭示规律

揭示规律，昭示未来，发挥志书对后人在经济社会发展中的借鉴作用，是编纂志书的重要目的之一。在编纂《国土资源志》的过程中，我们重视浙江经验的总结和有关工作规律的探索，努力做到在战争中学习战争，在游泳中学习游泳，学中干，干中学。当然，这种经验的总结和规律的探索，主要是通过资料和记述来体现的。

如：改革开放以后，特别是 20 世纪 90 年代以来，浙江省经济社会以前所未有的速度与规模快速发展，带来土地资源供求矛盾十分尖锐。如何正确处理保护耕地与为经济社会发展提供土地资源保障的关系，是摆在各级政府及国土资源管理部门面前的一大难题。浙江省围绕“为经济社会可持续发展提供土地资源保障”的工作目标，坚持“在保护中开发，在开发中保护”的原则，采取法律的、行政的、经济的、生态的、技术的措施，制定《基本农田保护条例》并严格执行，实行土地用途管制制度，落实占用耕地补偿制度，开展土地整理和标准农田建设，划定并建设基本农田保护区、示范区，运用信息技术将基本农田“上图入库”，运用遥感技术开展保护耕地情况执法检查，加强耕地污染情况的调查与防治，执行保护耕地行政首长负责制，确保全省在土地利用规划期内，国务院下达浙江省的耕地和基本农田保护面积不减少，质量不下降，用途不改变。同时，加大土地开发资金投入力度，通过耕地后备资源开发、建设用地复垦、扩大建设用地空间、大力推进节约集约用地，千方百计为全省经济社会发展提供必需的建设用地。浙江省的这些做法和经验，在志稿中都作了较为详细的记述。

又如：绿色矿山建设是建设生态省的重要内容之一。21世纪初期，浙江省按照省委书记习近平提出的“生态资源是最宝贵的资源，绿山青山就是金山银山”的科学论断，在全国率先开展绿色矿山建设，研究提出了绿色矿山建设的涵义和标准，采取有效措施，使绿色矿山建设取得了显著成绩，为生态省建设做出了积极贡献，主管该项工作的省国土资源厅连续5年被评为生态省建设的先进单位。这些做法和经验，志稿也作了详细的记述。

志稿在概述结束语中对国土资源管理工作进行了展望，将带有普遍性的几个问题概括为必须正确处理的5个关系：即保护资源与保障发展的关系，人与自然和谐相处的关系，国土资源所有者、使用者和经营者之间的权益关系，政府调控与市场配置的关系，法治与人治的关系。无论过去、现在和将来，国土资源管理工作都无法回避这五个关系的处理。志稿提出了这些带有普遍性的问题，意在给后人有所启示，在国土资源管理工作中继续思考，探索其中内在的必然的联系。

（三）要重视细节问题的处理，尽量减少遗憾

2018年4月3日，省政府组织对《国土资源志》等6卷志稿进行终审。省政府领导提出：在志书最后出版前，要再给志书“洗把脸”，对细节问题认真修改。“细节决定成败，细节决定精品”。我们又用了一个多月的时间，对《国土资源志》终审稿又重新梳理了一遍，发现了一些细节上的问题，作了认真的修改。

一是尽量减少差错。如：对宁波市“三北”地区的括注，终审稿是“余姚、慈溪、镇海三地的旧称”。我们觉得这种注释有问题，查阅了高三山主编的《中共浙江党史》(第一卷)，该卷的注释是“余姚、慈溪、镇海三县的北部”，据此，我们作了修改，避免了一个差错。

二是修改前后表述不一致的问题。如：将到 ×××× 年改为至 ×××× 年，并做到全志统一。

三是修改表述不简洁的问题，删繁就简，努力做到用最简洁的文字表述最丰富的信息。

四是修改错别字和标点符号使用不准确的问题等。

三、几点体会

(一)要有责任心

要对省委、省政府和浙江人民负责，对本单位、本系统负责，也要对自己负责。因为《国土资源志》是省政府组织编纂的记述浙江省 2010 年之前全省的自然、经济、政治、文化与社会的历史与现状的志书，是要向社会公开出版发行的，要经得起时间的检验，经得起社会各界和广大读者的检查。因此，作为一名编纂人员，必须具有高度的责任感、事业心。

(二)要肯下功夫

“宝剑锋从磨砺出，梅花香自苦寒来。”但凡要做成做好一件事，都要付出艰辛的劳动。《国土资源志》的编纂从 2012 年开始算起，至今已有 6 年多的时间。6 年多来，我们编辑部的 15 位同志(其中 1 位已去世)，还有多位指导专家，不辞辛劳，不厌其烦，精耕细作，终于克服种种困难，基本完成了志书的编纂任务。

在几年来的编纂工作中，我有很多体会，其中最重要的一点是，要有一颗对事业执着追求的恒心，要有一股不怕困难、坚持到底的韧劲，要肯下功夫、反复打磨。《国土资源志》形成初审稿前就经过了“三审三改”(即志稿每章每节经过编辑部集体审议修改、专家组审议修改、厅各处室审议修改)，后又经过厅编委会、省方志办和省政府分别组织的初审、复审和终审，可谓“过五关斩六将”。《国土资源志》全稿我至少审阅、修改了6次，一些重点章节，审阅、修改更是不少于10次。有的修改后仍不满意，就干脆自己动手重新编写，其中所花的功夫自然难以计算。但这一切，都是为了志书质量，都是值得的。

（三）要讲究方法

要做好编纂工作，首先要掌握利器，这就是中国地方志指导小组制定的《地方志书质量规定》和省方志办制定的《〈浙江通志〉凡例》《〈浙江通志〉行文规范》。这是评判志书质量的依据和标准，也是志书编纂应当遵循的“政策法规”，必须认真学习，熟悉和掌握其基本要求。不然，编纂工作特别是主编的统稿工作无从谈起。其次，在具体的志稿审阅、修改过程中，也有一个讲究方法的问题。因为一个人的精力有限，统稿时想一次发现、解决所有存在的问题是有难度的。因此，我在统稿时，将问题分门别类，一次统稿集中抓住一个问题，这样，就比较容易发现毛病，然后进行修改。统稿看不出毛病，不完全是水平问题，主要是精力是不是集中的问题。所以，每位编纂人员，特别是主编，必须集中精力，做好工作。

以上发言，仅供参考。不当之处，敬请指正。

充分认识通志的价值　遵循志书编纂的要求 规范系统地推进资料搜集和整理工作

《浙江通志·国土资源卷》副主编　梁敬明

（2013 年 9 月 29 日）

《浙江通志》按照自然、政治、经济、文化、社会的逻辑顺序设立卷目，其中第四卷为《国土资源志》（以下简称《国土资源志》）。《国土资源志》编辑部自成立以来，在省国土资源厅的领导下，扎实地推进志书编纂的各项工作，进展顺利，成效显著。我们充分认识到通志的价值和意义，严格遵循志书编纂的要求和原则，在篇目通过论证以来的整整一年时间里，全力以赴，兢兢业业，规范有效地开展资料搜集和整理工作，高质量地完成了志稿编纂主体资料的汇集任务，目前正与长编编写相结合，整理资料，制作卡片。下面就我们对于通志编纂的认识和理解，并结合资料搜集过程中的一些具体做法，谈一些感受和思考，以供交流、讨论。

一、充分认识《浙江通志》的价值

众所周知，地方志作为全面、客观、系统记录历史和现状的资料性文献，具有“存史、资政、教化”的功能。在各级、各类志书中，通志又有着最为重要、最为独特的价值和意义。

就浙江而言，自明嘉靖三十年（1551）创修《浙江通志》，至今 460 多年间，共有明嘉靖《浙江通志》、清康熙《浙江通志》、清雍正《浙江通志》、民国《浙江续修通志稿》、民国《重修浙江通志稿》五部。其中康熙版数月仓促而成，价值不高；民国两部虽名续修、重修，但均只是志稿。从中可见通志成志之不易，反观亦显其价值之独特和重要。

历代通志的编纂，大多网罗、集中了当时著名的仕宦、学问家等。这些专精人才深知通志之价值，并以能够组织、主持、参与通志的编纂而倍感荣耀。故而，方志中人虽感清苦，但总欣慰于其能垂鉴后世，功业久远。

以上情形，尤其是通志的价值以及编纂通志的重要意义，在方志学界并不是问题。但是，毋庸回避，由于目前通志编纂时间紧、任务重，加之方志专业人才缺乏，队伍比较庞杂，对于通志的认识自然也会存在偏差：任务意识浓，事业意识淡；应对意识浓，责任意识淡；本位意识浓，主体意识淡；现实意识浓，历史意识淡。此等问题，实际上很大程度是由于对通志的价值，对通志的地位和高度，对通志和部门志、专业志的根本差异认识不清而导致的结果。

这些问题带有一定的普遍性。在《国土资源志》编辑部成立后一段时期，由于编辑部成员的专业背景、知识层次、年龄结构不同，对于通志的认识也不甚一致，也存在上述诸多问题。我们注意到了这些问题，也寻求解决这些问题的方法和途径。好在我们编辑部成员主要是由国土资源管理专业人员和史志研究编纂专业人员两部分组成，这些问题较早、较好地逐步得到了克服，得到了解决。

回顾过去的一年半时间，我们在《浙江通志》编纂委员会和省方志办各位领导、专家的帮助下，不断加强学习，提高了自身的认识水平。在篇目设计过程中，逐步体会到通志与部门志、专业志的差别，认识到国土资源卷是《浙江通志》整体的一部分；在学习《地方志工作条例》《浙江省实施〈地方志工作条例〉办法》《〈浙江通志〉编纂工作实施方案》《地方志书质量规定》等文件、规定的过程中，我们认识到通志编纂工作的科学性和重要性；在编辑部内部研讨过程中，逐步统一思想和行动，深感生逢其时，能够参与《浙江通志》编纂的重大事业，增强了责任感和使命感。

二、严格遵循志书编纂的要求

《浙江通志》是文化强省建设的一项标志性工程。《〈浙江通志〉编纂工作实施方案》明确提出编纂要求："突出时代特征、地方特色和专业（行业）特点，做到思想性、科学性、资料性和可读性高度统一，努力提高工作效率和志书质量，把《浙江通志》编纂成为服务当代、垂鉴后世的名志佳作"。"时代特征、地方特色和专业（行业）特点""思想性、科学性、资料性和可读性高度统一""服务当代、垂鉴后世的名志佳作"，这可以理解为三个递进层次的、很高的编纂要求，也是我们努力的方向。

当然，最基本的要求，还是由地方志书的特性所决定：资料性是地方志书最本质的特征。《地方志工作条例》第三条明确指出："地方志书，是指全面系统地记述本行政区域自然、政治、经济、文化、社会的历史与现状的资料性文献"。《地方志书质量规定》第六章《资料》第 23 条为"资料真实、准确。资料经过鉴别、考证、核实，时间、地点、人物（单位）、事实、数据等准确。有歧义但不可或缺的资料，多说并存"；第 24 条为"资料全面、系统。自然、政治、经济、文化、社会、人物等方面的资料齐全。反映事物发生、发展过程的资料连贯、系统。人、事、物，时间、地点、事件经过等要素齐备"；第 25 条为"资料具有代表性、权威性。注重使用原始资料"。

《国土资源志》核心内容包括土地和地质矿产两大部分。多年前也已经编纂出版了《浙江省土地志》和《浙江省地质矿产志》。一般的认识，可以以这两部专业志为基础，简单剪辑、拼接，适当补充、完善，再糅合处理、统稿，就可轻松应付了事。在刚开始讨论体例篇目的时候，由于对通志的认识不够深刻，确实也存在这样的想法，包括对土地和地质矿产两大部分内容是分开写还是合起来写，意见也不统一。为此，我们设计了两套方案，一套是"分"的方案，上篇土地部分，下篇地质矿产部分，分开写；一套是"合"的方案，土地和地质矿产统一到"国土资源"概念和内涵上来，统合编写。编辑部经过多次反复讨论，请示了《浙江通志》编纂委员会和省方志办领导、专家，也征求了省国土资源厅各处室的意见，最后根据通志编纂的总体要求，按照“合”的方案设计体例篇目，并获得论证通过。

在此过程当中，从主编到各位成员，编辑部全体同仁提高了对通志和编纂工作的认识，理解了志书编纂的步骤和方法，决心严格按照编纂要求，用较长时间、下大力气，从头开始、深入细致地进行资料的搜集工作。

三、规范系统地推进资料搜集和整理工作

2012 年 8 月，《国土资源志》通过篇目论证。此后，我们即进入规范、全面、系统搜集资料的工作。通过一年时间的努力，高质量地完成了志稿编纂主体资料的汇集任务，目前正与长编编写相结合，整理资料，制作卡片。总结过去一年来的资料搜集工作，我们的具体步骤和方法如下。

第一步，做好资料普查工作，编制资料目录。我们通过网络搜索、实地检阅等方法，掌握了各级、各类志书（包括历代《浙江通志》，新编省市县国土资源志、土地志、地质矿产志等），各级、各类档案馆、室所藏档案（主要是浙江档案馆、浙江省国土资源厅档案室、浙江省农业厅档案室，以及市县档案馆等），各级、各类图书馆馆藏图书资料（主要是浙江省图书馆古籍部、浙江大学图书馆等），以及相关刊物文章（如《浙江省建设月刊》《浙江经济》《浙江国土资源》等）、研究论著等情况，编制资料目录。

第二步，根据目录评估资料价值，确定查检目录。我们通过第一步工作，获取了规模庞大的资料信息，并分类编辑成册。如果要按目录全部查阅是不可能的，实际也是没有必要的。因此，根据《国土资源志》的篇目设计，经过分析、比较，可以发现重要的、核心的资料，确定为拟查阅的资料目录。从中还可以发现一些具有特殊价值的资料。

第三步，根据确定的拟查目录，分工赴各部门调阅资料。在资料查阅过程中，土地部分采取先古后今、先外后内的方法，地质矿产部分采取先今后古、先内后外的方法，两大部分交叉进行。耗时虽长，但进展尚属顺

利。其间，我们收集到各市县已经编纂出版的国土资源志、土地志等专业志书几十部。

第四步，归总查阅所获资料，初步分类处理。查阅所得资料，有的是复印过来的，有些是拍摄过来的，也有部分是抄录的，全部集中按篇目设计的章节目归类处理，并建立电子资料库，为后续卡片制作和长编编写打下扎实的基础。

以上工作具有以下几个特点：一是注重资料搜集的规范、全面、系统，保证存量资料基本不遗漏；二是注重资料的丰富性和多样性；三是注重史志专业性与国土资源专业性的结合；四是注意汲取国土资源相关领域的研究成果。

我们深感通志编纂责任重大，需要继续付出艰苦的努力！

附件：

关于《浙江通志》各卷编纂出版工作的规定

为规范《浙江通志》编纂出版的各项工作，确保质量，根据国务院《地方志工作条例》的规定和中国地方志指导小组《地方志书质量规定》的精神以及省委办公厅、省政府办公厅下发的《〈浙江通志〉编纂工作实施方案》提出的目标、任务与要求，制定本规定。

一、机构的设立

1. 成立各卷编纂委员会。编纂委员会是各卷修志工作的领导机构，其名称为《浙江通志·××卷》编纂委员会。

编纂委员会设主任一人，由承编单位主要领导担任；副主任若干人，由单位分管领导担任；编纂委员会成员若干人，由单位所属各处室及其他相关负责人担任。如该卷由多个单位承编，主任由牵头单位主要领导担任；编纂委员会副主任若干人，由各承编单位领导担任；编纂委员会成员若干人，由有关单位负责人担任。如单位主要领导和分管领导调整，编纂委员会也需作相应调整。

2. 设立各卷编辑部。其名称为"《浙江通志·××卷》编辑部"。编辑部设主编一人，副主编、编辑若干人，具体负责编纂工作。

3. 各卷编辑部受省地方志编纂委员会（以下简称省地方志编委会）和各卷编纂委员会的领导，在业务上受省地方志编纂委员会办公室（以下简称省地方志办公室）的指导。编辑部每季度至少召开一次有省地方志办公室业务人员参加的工作例会。

二、人员的组成与培训

1. 编纂人员需熟悉本专业（行业）的相关情况，具有较高的政治、业务素质，较强的文字功底，以及独立工作能力和协作精神。

2. 编纂人员可实行专兼职相结合的管理体制，每个编辑部至少配备两名以上专职人员，并有一名以上在编人员参与编纂工作，同时保持人员的相对稳定。

3. 编纂人员应当参加志书编纂业务的系统培训。编纂业务培训包括省地方志办公室组织的《浙江通志》综合业务培训和专题业务培训。综合业务培训主要包括与地方志编纂相关的业务知识等方面的培训，形式为集中培训；专题业务培训是根据各卷实际情况所作的针对性培训，形式为分散的小型培训。如条件许可，也可根据实际情况自行组织培训，还可通过参加中国地方志指导小组办公室组织的全国性培训，以不断提高编纂人员业务素质和专业水平。

三、篇目的确定

1. 根据《地方志工作条例》《地方志书质量规定》《〈浙江通志〉编纂工作实施方案》的要求，制定各卷详细的编纂方案，细化各卷的篇目（主要指章、节、目）。

2. 编纂方案拟定后，各卷编委会和编辑部应召开篇目论证会，对方案进行全面论证，广泛征求相关意见，力求使卷目科学、全面、客观、系统地反映本专业（行业）的历史与现状。

3. 编纂方案经修改完善后，应上报省地方志编委会及省地方志办公室，经同意后方能进入下一阶段工作。省地方志办公室将设立专门奖项，以奖励在篇目设计阶段工作成效显著的单位。

四、资料收集、整理与考订

1. 全面、充分地收集各卷相关资料，包括文献资料、口碑资料、实物资料等。资料收集的量（主要指文字量）一般不少于志书定稿文字量的5倍。

2. 各卷编辑部要根据统一规定使用纸质资料卡和电子资料卡，用于摘录资料的名称、类别、来源、时间、内容等信息。要按卷、章、节、目将资料卡分类整理、分类存放。

3. 对收集到的资料，要运用各种科学方法进行考订，确保资料的真实可靠。

4. 各卷纸质资料和电子资料应与总纂稿一起上报省地方志办公室。

五、资料长编编辑

1. 各卷在资料收集、整理与考订后应编辑资料长编。

2. 资料长编格式由省地方志办公室统一规定。资料长编为汇辑型，其文字量一般不少于志书定稿文字量的3倍。

3. 各卷资料长编的电子稿和纸质稿应与总纂稿一起上报省地方志办公室。省地方志办公室将设立专门奖项，以奖励在编辑资料长编阶段工作成效显著的单位。

六、初稿编写

1. 初稿编写应当以资料长编为基础。

2. 初稿编写实行试写评议制度。各卷编辑部应按《〈浙江通志〉行文规范》的要求，选择若干章节进行试写，然后组织编辑部人员及其他有关人员对试写稿进行评议，作出修改，报省地方志办公室审核通过后，全面进入初稿编写工作。

3. 各卷编辑部编纂人员以审核通过后的试写稿为蓝本，编写初稿，在编辑部内部进行评稿、修改，形成各卷总纂稿。

七、志稿总纂

1. 各卷总纂稿形成后应报送各卷编纂委员会，同时上报省地方志办公室，由《浙江通志》总编、相关副总编及责任编辑结合全志实际进行修改。省地方志办公室应将修改意见书面反馈给各卷编辑部。

2. 各卷总纂稿由主编进行总纂，以解决初稿中观点不当、内容重复、资料矛盾、文笔各异等问题。

3. 根据有关要求，副主编和其他编纂人员协助主编对各卷总纂稿进行修改。修改可以在编纂人员间相互交叉进行，也可以按专门的项目分类进行。

4. 各卷总纂稿经反复修改后形成送审稿。

5. 省地方志办公室将设立专门奖项，以奖励在志稿编写阶段工作成效显著的单位。

八、评审验收

1.《浙江通志》实行审查验收制度。

2. 各卷的初审由各承编单位组织进行。各卷编辑部根据初审提出的意见与建议，对志稿作出修改，形成复审稿。复审稿由各卷编纂委员会主任和各卷主编签字、承编单位盖章后，上报省地方志办公室。

3. 各卷的复审由省地方志办公室组织进行。各卷编辑部根据复审意见与建议，对志稿作出修改，形成终审稿。

4. 各卷的终审验收由省地方志编纂委员会组织进行。志稿报省政府批准后方可出版。志稿终审验收通过后，不得再作擅自修改。

5.《浙江通志》审查验收的具体办法由省地方志办公室另行制定。

九、志书出版

1.《浙江通志》的出版工作由省地方志办公室负责。省地方志办公室统一确定志书的开本装帧、出版时间、印刷数量等事宜。

2. 各卷编辑部按要求做好志书校对等工作。

《浙江通志》凡例

一、宗旨

以马克思列宁主义、毛泽东思想、邓小平理论、“三个代表”重要思想、科学发展观、习近平新时代中国特色社会主义思想为指导，遵循辩证唯物主义和历史唯物主义原理，全面、客观、系统地记述浙江省自然、政治、经济、文化和社会的历史与现状。服务当代，垂鉴后世。

二、起讫时间

上溯事物发端，下限为2010年12月31日，必要时以注释等形式作适当下延。

三、地域范围

以下限时浙江省行政区域为界，原则上越境不书。

四、体裁

采用述、记、志、传、图、表、录等体裁，以志体为主。

五、结构

以卷章结构为主。

卷的设置以科学分类与现实社会分工（现行管理体制）相结合。凡具有特别重要地位、文化积淀深厚且体量较大者，设为专志，各置为卷。

卷下设章、节，节下根据需要设目、子目与细目等。凡时代特征、地方特色显著，又难以在正文中展开记述者，设为专记。

六、文体

使用规范的现代语体文。直接引用资料使用原文文体。

七、文字

以经中华人民共和国国务院批准、1986 年 10 月 10 日国家语言文字工作委员会重新发表的《简化字总表》，1955 年 12 月 22 日中华人民共和国文化部、中国文字改革委员会发布的《第一批异体字整理表》及 2013 年 6 月 5 日中华人民共和国国务院公布的《通用规范汉字表》为准，异形词以 2001 年 12 月 19 日中华人民共和国教育部、国家语言文字工作委员会发布的《第一批异形词整理表》为准。

人名、地名、书名、文章篇名及引录的原著文句，凡可能引起歧义、误解者，仍用原繁体字或异体字。

八、标点符号

以 2011 年 12 月 30 日中华人民共和国国家质量监督检验检疫总局、中国国家标准化管理委员会发布的《标点符号用法》为准。

九、称谓

中华人民共和国成立前的国家、民族、地名、组织、机构、职官等名称，除明显带有歧视、污蔑含义者加以适当处理外，原则上仍用文献记载的原名称。

志书下限时的地名使用各级政府审定的标准地名，必要时括注俗称地名。地名古今不同者，各卷首次出现时在其后括注志书下限时的标准地名；

隶属地域变化者，注明志书下限时所属地域。

外国的国名、地名、人名、民族名，以及政府机构、党派团体、报刊等名称，主要依照《辞海》(第六版)译名及新华通讯社译名室常用译名。各卷首次出现时，根据需要括注外文原名。

生物名称使用学名，记述自然资源涉及有关生物名称的，各卷首次出现时采用二名法，必要时加注当地俗名。

十、简称

各种较复杂的名称重复出现时，各卷首次出现时使用全称并括注简称，其后出现直接使用简称；有关机构、单位2010年的简称均以《有关机构、单位全称与规范化简称对照表》为准；有关机构、单位2010年前的简称及其他简称采用社会上通行、不产生歧义者，且全卷保持一致。

十一、纪年

干支纪年、年号纪年及其他非公历纪年等，以汉字书写，括注公历纪年；非公历纪年后有月日的，同时括注经换算后公历纪年的月日。

民国纪年以阿拉伯数字书写，括注公历纪年。

同一自然段中同一纪年多次出现时，只在首次括注公历纪年，其后不再括注。

括注公历纪年于年份后加“年”字；括注某一时间段，则只在后一个公历纪年后加“年”字。

括注公元前年份，年份前冠“前”字；括注公元元年后年份直接书写年份，不冠“公元”。

自1949年10月1日起，采用公历纪年。

公历纪年及公历的世纪、年代、月、日和时分，均以阿拉伯数字书写。

十二、数字

按2011年7月29日中华人民共和国国家质量监督检验检疫总局、中国国家标准化管理委员会发布的《出版物上数字用法》表述。凡一个数字与“以上”“以下”“以内”等连用的，均含该数字。

十三、数据

中华人民共和国成立前的数据按文献记载入志。

中华人民共和国成立后的统计数据以统计部门公布数据为准。统计部门缺失者则采用相关部门经过核实的数据，并以注释形式说明资料来源。同一内容数据有不同者，也以注释形式加以说明。重要地理信息数据采用测绘部门公布的法定数据。

十四、计量单位

按1984年2月27日中华人民共和国国务院发布的《中华人民共和国法定计量单位》规定表述。行文中使用单位名称或单位符号视具体情况而定。

中华人民共和国成立前的计量单位根据需要沿用旧制。

十五、货币

中华人民共和国成立前的货币币值均按文献记载入志。

中华人民共和国成立后货币币值均指人民币币值。1955年3月1日前后人民币各按当时币值记载，不作换算。

外国货币按文献记载入志，币值不作换算。

十六、地图

按2015年11月26日中华人民共和国国务院公布的《地图管理条例》和浙江省人民政府2014年11月11日公布、2015年12月28日修正的《浙江省地图管理办法》的规定，采用经浙江省测绘行政主管部门审核的地图。

十七、注释

直接引用（引文）、地图、图片、表格及有关重要内容，均注明资料来源。其他需要说明者，亦酌情加以注释。

引用清代及清代以前编纂的志书，注明朝代、纪年、志书名称及卷次（或卷次与篇名）；引用民国时期编纂的志书，注明“民国”两字和志书名称、卷次（或卷次与篇名）；引用1949年10月1日（含）以后编纂、出版的志书，注明志书名称、出版单位、出版时间及页码。志书名称与篇名均用书名号。引用私修志书，除上述各项内容外，于志书名称前注明作者姓名。

十八、资料

取之于档案、书籍、报刊、网络及社会调查等，均经考订、核实。凡记载不一者，正文采其一说，其余说法以注释形式记述。

十九、大事记述

以编年体为主，兼用纪事本末体，专设《大事记》记载全省大事；其余各有关卷设置《大事年表》记载相关大事。

二十、人物

以“生不立传”为原则，专设《人物传》予以记载；其余各有关卷所涉人物按“以事系人”“人随事出”方法处理。

关于进一步做好《浙江通志》资料工作的通知

《浙江通志》各编纂责任单位：

《浙江通志》编纂工作已全面展开，以资料收集、资料长编编辑和资料库开发等为主要内容和形式的资料工作，是通志编纂的一项重要的基础性工作，也是确保志书编纂质量的一个重要前提。2011 年，省地方志编纂委员会下发《关于〈浙江通志〉各卷编纂出版工作的规定》（浙地委〔2011〕9 号），对资料工作提出明确要求。为进一步规范做好《浙江通志》资料工作，现就有关事项通知如下：

一、对各单位前期有关资料工作的认定

一是对“浙江省志丛书”（以下简称“丛书”）等相关志书编纂过程中所积累的有关资料的认定。

“丛书”是上世纪 80 年代始，在省地方志编纂委员会统一组织下，在各有关单位参与支持下所编纂出版的重要志书。有的部门（单位）也编纂出版了部门志、行业志。省方志办认为，有关单位和人员付出的劳动与心血应当得到充分尊重，其成果应当在《浙江通志》有关卷的编纂过程中得到充分利用。但由于各种原因，“丛书”等相关志书中有些资料工作不尽规范，有的资料不够真实准确、全面系统，代表性和权威性不足。在编纂《浙江通志》过程中，使用“丛书”等相关志书的有关资料时，要认真研读，发掘亮点特色；要认真梳理，选择重要资料；要认真考订，核实入志资料。“丛书”等相关志书中的有关资料如需作为《浙江通志》资料的，须由各责任单位按省方

志办要求，通过录入“《浙江通志》资料摘录卡”，再编辑为规范的资料长编。

二是《浙江通志》编纂工作开展以来所做的有关资料工作的认定。《浙江通志》编纂工作启动以来，不少单位已先行一步，通过制作卡片、编辑长编等形式，做了大量基础性资料工作。

对各单位已做的上述工作，凡按照《关于〈浙江通志〉各卷编纂出版工作的规定》，通过录入“《浙江通志》资料摘录卡”等形式进行资料工作的，即视为合格；复印、扫描的资料应转换成电子资料卡，然后编辑为规范的资料长编。

此项工作由省方志办相关责任编辑初步确认，各分管副总编把关。

二、对下一阶段资料工作的要求

为提高《浙江通志》编纂效率，强化编纂规范，确保编纂质量，省地方志办公室会同有关单位，开发了一套拥有自主知识产权的“《浙江通志》编纂信息系统”，其重要内容就是资料卡片的制作和资料长编的编辑。该系统将原先制作资料摘录卡和资料长编编辑两项工作合二为一，既减轻了编纂强度，提高了工作效率，也有助于资料工作的规范和志书质量的提高。省方志办已举办了数期专题培训班，该系统也将陆续在各责任单位安装使用。

下一阶段，各编纂责任单位原则上都要按《关于〈浙江通志〉各卷编纂出版工作的规定》的统一要求，通过参加统一培训、自行培训等多种方式，学习掌握“《浙江通志》编纂信息系统”，按规范要求制作资料卡片，编辑资料长编，努力使资料工作进一步规范化，以确保《浙江通志》的编纂质量。

三、其他有关要求

各卷都要按《关于〈浙江通志〉各卷编纂出版工作的规定》的要求，在提交志稿的同时，一般须向省方志办提交不少于志稿文字量 3 倍的资料长编电子稿。未按规定提交符合数量要求和质量要求的资料长编的，原则上不能进入评审阶段。

今后，省方志办将通过一定方式对各单位的资料工作进行抽查、考评，其结果将作为各编纂责任单位参评“《浙江通志》创优工程年度编纂工作先进单位”的一个重要依据。

此项工作由省方志办省志工作处(《浙江通志》总编室)负责组织协调，综合处提供技术指导服务。

浙江省人民政府地方志办公室

2013 年 6 月 21 日

关于做好《浙江通志》资料长编工作的意见

《浙江通志》各编纂责任单位：

国务院《地方志工作条例》明确规定，地方志书是“资料性文献”。资料工作（主要包括资料收集考订与资料长编编辑）是《浙江通志》编纂的基础性工作。《浙江通志》资料长编是指在编纂过程中，把收集到的原始资料，经过归类、整理、鉴别、考证、核实、筛选后，按时间或一定的逻辑关系依次排列的一种汇集形式，具有原始性、客观性、准确性、全面性、系统性等特点。它对《浙江通志》的资料保存与检查、篇目的修订与完善、志稿的编写与审改等，都具有重要的作用。根据省地方志编纂委员会下发的《关于〈浙江通志〉各卷编纂出版工作的规定》（浙地委〔2011〕9号）和《关于进一步做好〈浙江通志〉资料工作的通知》（浙地委〔2013〕12号）等有关文件要求，经总编办公会议研究，对做好《浙江通志》各卷资料长编工作提出如下意见：

一、资料长编的主要形式

资料长编以资料卡为基础，主要采用汇辑型和纂辑型两种形式。各编纂责任单位可根据本卷实际情况选择采用一种形式。汇辑型资料长编，是将一个最小编写单元所做的资料卡，按时间顺序或逻辑顺序排列而成，每张资料卡基本保持原有样式；纂辑型资料长编，是将一个最小编写单元所做的资料卡中资料正文和资料来源分别提取、集合，再按时间顺序或逻辑顺序排列而成，不再保持资料卡原有样式。

二、资料长编的工作内容

（一）编辑规范。《浙江通志》资料长编要求根据篇目归类，按最小编写单元编辑整理。每一最小编写单元的资料长编应具备资料代码、资料内容发生时间、资料正文、资料来源4个要素。

（二）开展时间。资料长编工作应当在资料基本收集完成之后进行。所谓“基本完成”是指该查阅、摘录的档案、图书、报刊、网络、图片等资料已尽可能查阅、摘录，该访问的已尽可能访问，该调查的已尽可能调查。

资料长编工作时间一般不超过半年，主要用于在资料长编编辑过程中补充资料及进一步考证资料等工作。

（三）具体方法。各卷资料长编编辑在“《浙江通志》编纂信息系统”中进行。

1. 资料收集工作基本完成后，应对资料卡进行筛选，要求主体资料齐备，同时注意收入典型资料、背景资料等；可以对某些篇幅过长的资料卡进行删节，资料正文有删节的，用省略号标明；可以对资料的差错进行纠正，对有关情况进行说明，纠正与说明性文字括注在相关内容之后，用楷体（资料长编其余文字均用宋体）。以上工作完成后在“《浙江通志》编纂信息系统”中选择“汇辑型资料长编”或“纂辑型资料长编”，点击后系统自动编辑生成初步的资料长编。其中，按逻辑顺序排列的资料长编不能借助该系统自动编辑生成，需人工整理编排。

2. 资料长编的编辑，应在前期考订资料基础上，进一步做好资料鉴别、考证、核实等工作，以达到存真求实的目的。对资料比较欠缺的编写单元，要进一步收集、补充资料，制作新的资料卡，再次点击系统，编辑生成新的资料长编。最后一次编辑生成的资料长编为最终的资料长编。

3. 有的编写单元资料比较欠缺而又确实无法进一步收集到资料，有的编写单元根据收集到的资料需要分别记述，应根据实际情况，对篇目进行适当修改与完善，并报省方志办核准。

三、做好资料长编工作的几点要求

（一）单位高度重视，切实抓紧做好

做好资料长编工作是《浙江通志》编纂工作的重要环节，各编纂责任单位务必高度重视，切实抓紧做好。

（二）妥善处理各种关系，使资料更好地为编纂工作服务

一是要处理好资料长编与资料卡、志书初稿的关系。要统筹兼顾做好工作，防止相互脱节。

二是要处理好内容与形式的关系。资料长编必须有一定的形式和数量要求，但不能只重形式、数量而忽视内容、质量。

三是要处理好资料质量和时间进度的关系。要在确保资料质量的前提下，适当加快编纂进度。

（三）采取有力措施，确保工作达到预期目标

一是各卷编辑部要采取切实措施提高资料长编质量。

二是省方志办要强化对各卷资料工作（包括资料卡制作和资料长编编辑）的考核与评价。

三是省方志办和各卷编辑部要加强培训、研讨、交流，为打造精品通志奠定坚实基础。

浙江省人民政府地方志办公室

2014 年 3 月 7 日

关于处理《浙江通志》记述内容交叉问题的若干意见

地方志书是“全面系统地记述本行政区域自然、政治、经济、文化和社会的历史与现状的资料性文献”。事物间的相互联系决定了志书内容记述上的交叉现象不可避免。

志书中的交叉是指志书在记述同一事物时以不同方式在多个地方出现，旨在反映事物之间的内在联系。

一、《浙江通志》中的主要交叉现象

《浙江通志》根据地方志书“事以类聚”、“类为一志”的基本要求，大致按科学分类与现实社会分工(现行管理体制)的原则设置卷目。但为了突出地方特色，又设置了若干专志，使得交叉现象有所增加。《浙江通志》中的交叉现象主要可分以下两类：

一是各卷之间的交叉，主要是由各卷所记述的对象，即各专业(事业、行业)之间分工和联系所决定的，也有的则是特色专志的设置所形成的；

二是各卷内部的交叉，有两种情况：即卷内部各篇章节目之间记述内容的交叉和卷内不同体裁之间记述内容的交叉。

二、《浙江通志》交叉现象的处理原则

1. 把握主次，注重侧重。任何一项事物、一个专业(事业、行业)都不是孤立存在的，必然要同其他事物、其他专业(事业、行业)发生关系。在志

书编纂过程中，要研究所记述事物的本质属性和次要属性，明确各有关专业（事业、行业）的主要性质和功能，找出该事物的主要归属门类，以便准确地进行全面记述。对于次要的、相关的内容，则作局部的、有所侧重的记载，应当根据各自的专业（事业、行业）特性选择好记述的侧重点，尽量从与专业（事业、行业）有关的角度加以记述。坚持事以类从，专业（事业、行业）归口，在记述时做到同中见异。

2. 把握详略，注重互见。同一事物由于其内部固有的独立性和相互联系，对既要反映事物的完整性，又非分散记述不可的内容，宜采用集中记述与分散记述相结合的方法，此详彼略，详记主要的，略记次要的，也可以运用“参见某卷某章某节”的办法加以处理。

3. 把握志体，注重照应。要处理好不同体裁之间的交叉，主要是把握好卷的概述、章节的无题小序与志的关系。志书设置概述和无题小序，目的是为了强化志书的整体性和系统性。总体上，概述和无题小序，上一级要给下一级预留空间，下一级对上一级的相关综述性内容给予必要的补充；涉及资料的运用，特别是具体的细微的资料、涉及事物源头性的资料等，可采取上简下详、以下为主的办法解决。

4. 把握特性，注重内涵。在处理交叉现象时，并不是有联系的事物都需要作交叉处理。凡是不具专业（事业、行业）特色的内容，如果已经单独设卷，各卷就不再分别记述。如工青妇组织、廉政建设、计划生育等，它们虽然与任何专业（事业、行业）都发生关系，但这种关系是共同的，也不具有明显的专业（事业、行业）特色，且已单独设卷，就无交叉记述的必要。这样的处理并不影响各卷记述的完整性，也有助于消除部门志的痕迹。

三、处理交叉问题的几点要求

1. 各卷编纂人员应充分认识解决好交叉问题重要性和必要性，要树立全局的观念，正确处理好相关的交叉问题，使各卷之间、每卷的各部分之间，彼此配合，相互补充，浑然一体，恰到好处。

2. 互有交叉的相关卷编辑部应加强联系，互相支持，围绕各自记述的内容，讨论确定对相同内容的不同记述角度，既要避免记述上的相互矛盾，也要防止内容上的缺漏。各卷内部交叉现象的处理也应如此。各卷编辑部对本部门不掌握，但本卷必须记述的内容，应主动与有关部门联系，或让其提供资料，或请其撰写初稿。有关卷编辑部对自己掌握的但非本卷主要记述内容的资料，应积极提供给相关卷编辑部。

3. 在资料收集阶段，不应过多考虑交叉问题，要尽最大努力全面系统地收集资料。对交叉内容的划分把握不准的，有关卷编辑部应当按照从先收集好资料、再进行协商的原则，认真做好资料工作，以避免因互相推诿而出现资料散失、空缺的情况。

4. 省地方志办公室要积极做好协调工作，从宏观上把握《浙江通志》的交叉问题的处理，同时指导、协助各卷编辑部做好内部交叉问题的处理工作。一卷内部和一个部类中的交叉问题，原则上，由分管副总编协调处理；涉及两个以上部类及一卷内部和一个部类中难以处理的交叉问题，提交总编办公会议研究，由总编做出决定。总编室和各责任编辑要及时了解相关情况，发现相关问题，研究相关措施，主动向总编和有关副总编提出相应的处理意见、建议。

浙江省人民政府地方志办公室

2013 年 12 月 30 日

《浙江通志》卷目表

表 1

卷序	卷 名	卷序	卷 名
1	总述	20	公安志
2	大事记	21	司法行政志
3	政区志	22	人力资源志
4	自然环境志	23	机构编制志
5	自然灾异志	24	外事志
6	国土资源志	25	港澳台事务与侨务志（3 册）
7	气象志	26	军事志
8	环境保护志	27	武警志
9	人口志	28	经济总情志
10	少数民族志	29	发展计划志
11	中国共产党志	30	统计志
12	人民代表大会志	31	财政志
13	政府志	32	税务志
14	人民政协志	33	国有资产管理志
15	民主党派与工商联志	34	工商行政管理志
16	中国国民党与其他党派志	35	质量技术监督管理志
17	社会团体志（3 册）	36	物价志
18	审判志	37	食品药品监督管理志
19	检察志	38	审计志

续表 1

卷序	卷　名	卷序	卷　名
39	安全生产监督管理志	63	商品市场志
40	农业志（2 册）	64	国内贸易志
41	粮食志	65	对外贸易志
42	林业志（2 册）	66	国际投资与经济合作志
43	畜牧业志	67	海关志
44	渔业志（2 册）	68	出入境检验检疫志
45	水利志（2 册）	69	交通运输业志（2 册）
46	食品工业志	70	邮政业志
47	盐业志	71	电信业志
48	烟草业志	72	金融志
49	纺织工业志	73	房地产业志
50	轻工业志	74	旅游业志
51	石油和化学工业志	75	民营经济志
52	医药制造业志	76	教育志（2 册）
53	冶金工业志	77	科学技术志
54	建材工业志	78	哲学社会科学志
55	机械工业志	79	医疗卫生志
56	信息产业志	80	体育志
57	能源业志	81	文学志
58	建筑业志	82	舞台艺术志
59	城乡建设志	83	美术志
60	测绘与地理信息志	84	公共文化志
61	地质勘察志	85	广播电视电影志
62	开发区志	86	报业志

续表 1

卷序	卷　名	卷序	卷　名
87	出版志	101	天目山专志
88	图书馆志	102	雁荡山专志
89	档案志	103	海塘专志
90	文物志	104	茶叶专志
91	非物质文化遗产志	105	蚕桑丝绸专志
92	民政志	106	名城名镇名村专志
93	社会保障志	107	风景名胜专志
94	人民生活志	108	海洋经济专志
95	宗教志	109	乡镇企业专志
96	民俗志	110	地方志专志
97	方言志	111	越文化专志
98	钱塘江专志	112	艺文志（8 册）
99	西湖专志	113	人物传（2 册）
100	运河专志	总计	113 卷 131 册

编后记

2021年4月，《浙江通志·茶叶专志》首发式在杭州举行。中国地方志学会学术委员，北京市地方志办公室原党组书记、主任王铁鹏看到该信息后，向我办省志工作部主任、《浙江通志》总编室主任颜越虎要了该志的电子稿。在阅读该志后，王铁鹏先生撰写了《试论〈浙江通志·茶叶专志〉的记述特色》一文，发表在《广西地方志》2021年第四期上。

颜越虎看到该文后，把该期杂志交给了我，并和我说："这是王铁鹏主任主动为《浙江通志·茶叶专志》撰写的评论文章，是他作为一名地方志老专家对《浙江通志》编纂质量和编纂特色发自内心的一种肯定与称赞。"确实，在《浙江通志》编纂过程中，上至省委、省政府领导，下至普通的编纂人员，都非常注重志书的质量与特色，为此倾注了极大的心血，成绩令人瞩目。

那么，《浙江通志》质量究竟如何？《浙江通志》有什么特色？这其中有哪些经验与心得能为三轮修志所用？又有什么不足与遗憾应该告诫后来人？这些问题，我们很期待得到最专业的答案。受王铁鹏主任这篇文章的启发，颜越虎建议我们邀请全国各地地方志等领域的专家、学者，就《浙江通志》相关卷撰写评论文章，然后集结出版一本《〈浙江通志〉评论集》。我同意了他的提议，然后着手开始联系有关的专家、学者。

在联系的过程中，我们考虑了各位专家、学者的特点与专长，使之各展其长。如甘肃省地方志办公室原副主任车安宁是一位研究自然灾害的专家，曾著有《灾害学新论》（与尚峰合著），所以，我们约请车安宁评论《浙江通志·自然灾异志》；陕西省地方志办公室原副巡视员张世民对陕西省特别是咸阳地区风情民俗颇有研究，曾著有《咸阳市志·民俗编》等，因此，我们约请张世民评论《浙江通志·民俗志》；浙江与福建都是依山面海，分别有“七山一水二分田”和“八山一水一分田”之说，有鉴于此，我们约请中共福建省委党史研究和地方志编纂办公室室务会议成员、副主任林浩和该室省志指导处二级调研员李连秀评论《浙江通志·自然环境志》；黑龙江省是林业大省，我们约请中共黑龙江省委史志研究室主任何伟志和该室省情信息处处长、一级调研员房波评论《浙江通志·林业志》；西藏自治区是我国的畜牧业重镇，我们约请中共西藏自治区委员会党史研究室（西藏自治区地方志办公室）主任汪德军评论《浙江通志·畜牧业志》；浙江与湖北是迄今为止中国参加的历届夏季奥运会届届都有金牌入账的省份，我们约请原湖北省地方志办公室主任、《湖北省志》专职副总纂文坤斗评论《浙江通志·体育志》……

在联系的过程中，我们得到了各位专家、学者的热情支持和鼎力相助，他们在较短的时间内，集中精力，全力以赴，阅读志书，深入思考，悉心撰稿，写出了高质量的志评，有的还被《中国地方志》《广西地方志》等专业杂志录用刊登。

特别令我们感动的是中国地方志指导小组秘书长，中国地方志指导小组办公室党组书记、主任崔唯航，中国地方志指导小组办公室一级巡视员、中国地方志学会副会长、《中国地方志》主编邱新立，不仅在《浙江通志》编纂过程中给与了多方面的指导与帮助，在得知我们编纂《〈浙江通志〉评论集》后，欣然应约为该书撰写了序言，对《浙江通志》的编纂工作及所取得的成就予以充分肯定，使我们备受鼓舞。

为了进一步深化对《浙江通志》质量与特色的研究，去年年底，我们申报了浙江省社会科学院2022年的研究课题，在邀请专家进行分卷评论的基础上，我还请我办的颜越虎、李迎春两位同志对志书的质量与特色从整体上进行研究阐述，并将书名更改为《〈浙江通志〉质量与特色研究》。让人意想不到的是，我们这一课题得到了全体评委的垂青，《〈浙江通志〉质量与特色研究》被评为浙江省社会科学院2022年度唯一的重点课题。

值此《〈浙江通志〉质量与特色研究》即将付梓之际，特向邱新立先生和为我们提供相关评论文章的各位专家表示诚挚的谢意！

在7月15日召开的《浙江通志》首发式暨编纂工作总结大会上，省委副书记、省长、《浙江通志》编纂委员会主任王浩和中国地方志指导小组秘书长、中国地方志指导小组办公室党组书记、主任崔唯航都对《浙江通志》作出了极高的评价，认为《浙江通志》是浙江省“文化高地建设的一座耀眼丰碑”，“将在中国方志发展史上留下浓墨重彩的一笔，具有里程碑意义”。我们将以《浙江通志》的编纂、出版为契机，进一步做好地方志编纂各项工作，勇于担负起鉴古知今、传承文明、服务社会的使命与职责，为浙江奋力推进“两个先行”提供强大的精神文化力量。

郑金月

2022年5月1日初稿，9月15日改定